国家社科基金
后期资助项目

区域治理中政府间协作的法律制度：美国州际协议研究

The Legal Institution of Intergovernmental Collaborative Governance

吕志奎 著

中国社会科学出版社

图书在版编目（CIP）数据

区域治理中政府间协作的法律制度：美国州际协议研究／吕志奎著． —北京：中国社会科学出版社，2015.12
ISBN 978 - 7 - 5161 - 7172 - 1

Ⅰ.①区… Ⅱ.①吕… Ⅲ.①地方法规—研究—美国 ②地方法规—研究—中国 Ⅳ.①D971.27 ②D927

中国版本图书馆 CIP 数据核字（2015）第 284232 号

出 版 人	赵剑英
责任编辑	孔继萍
责任校对	董晓月
责任印制	李寡寡

出　　版	中国社会科学出版社
社　　址	北京鼓楼西大街甲 158 号
邮　　编	100720
网　　址	http://www.csspw.cn
发 行 部	010 - 84083685
门 市 部	010 - 84029450
经　　销	新华书店及其他书店
印　　刷	北京君升印刷有限公司
装　　订	廊坊市广阳区广增装订厂
版　　次	2015 年 12 月第 1 版
印　　次	2015 年 12 月第 1 次印刷
开　　本	710×1000　1/16
印　　张	20.25
插　　页	2
字　　数	363 千字
定　　价	69.00 元

凡购买中国社会科学出版社图书，如有质量问题请与本社营销中心联系调换
电话：010 - 84083683
版权所有　侵权必究

国家社科基金后期资助项目

出 版 说 明

后期资助项目是国家社科基金设立的一类重要项目，旨在鼓励广大社科研究者潜心治学，支持基础研究多出优秀成果。它是经过严格评审，从接近完成的科研成果中遴选立项的。为扩大后期资助项目的影响，更好地推动学术发展，促进成果转化，全国哲学社会科学规划办公室按照"统一设计、统一标识、统一版式、形成系列"的总体要求，组织出版国家社科基金后期资助项目成果。

全国哲学社会科学规划办公室

目 录

前言 ……………………………………………………………… （1）

第一章 导论 …………………………………………………… （1）
第一节 选题及其研究价值 ………………………………… （1）
第二节 核心概念 …………………………………………… （12）
第三节 文献综述 …………………………………………… （20）
第四节 研究方法 …………………………………………… （32）

第二章 理论视角与分析框架 ………………………………… （37）
第一节 理论视角：协作治理 ……………………………… （37）
第二节 研究思路与结构安排 ……………………………… （66）

第三章 州际协议的历史考察 ………………………………… （71）
第一节 州际协议的缘起、演变和发展 …………………… （71）
第二节 州际协议的基本类型 ……………………………… （95）
第三节 州际河流协议：流域协作治理之道 ……………… （100）

第四章 州际协议缔结过程研究 ……………………………… （120）
第一节 州际协议缔结的背景分析 ………………………… （120）
第二节 州际协议的谈判与协商 …………………………… （128）
第三节 达成州际协作治理承诺 …………………………… （135）
第四节 州际协议治理安排的特征 ………………………… （141）

第五章 州际协议实施过程研究 ……………………………… （145）
第一节 作为州际治理结构的流域管理委员会 …………… （145）
第二节 协作设计流域水资源结算模型 …………………… （153）

第三节　州际协议实施中的多元治理主体 …………………（156）

第六章　州际协议争端治理研究 ………………………………（168）
　　第一节　州际流域水权争端治理的整体性安排 ……………（168）
　　第二节　州际流域水权分配中的争端 ………………………（172）
　　第三节　建设性地将争端转化为协作 ………………………（175）
　　第四节　协作博弈中争端治理机制的多层化 ………………（188）

第七章　州际协议实施效果评估 ………………………………（205）
　　第一节　水资源有效和有益的最大化利用 …………………（205）
　　第二节　促进流域水资源公平分配 …………………………（209）
　　第三节　解决州际争端和促进州际礼让 ……………………（211）
　　第四节　促进成员州与联邦政府的协作 ……………………（217）

第八章　美国州际协议的辩证分析 ……………………………（220）
　　第一节　州际协议的治理功能评价 …………………………（220）
　　第二节　州际协议的治理生态分析 …………………………（227）

第九章　美国州际协议对中国的借鉴 …………………………（242）
　　第一节　我国省际政府间协议的现状 ………………………（242）
　　第二节　借鉴美国州际协议的基本思路 ……………………（255）

第十章　结论与思考 ……………………………………………（265）
　　第一节　研究结论 ……………………………………………（265）
　　第二节　结束语与思考 ………………………………………（277）

参考文献 …………………………………………………………（281）

附录一　《里帕布里肯河流域协议》（RRC） …………………（302）

前　言

区域公共事务协作治理是国家治理的重要方面，是当代公共管理面临的一个重大的理论与实践问题。政府间关系（Intergovernmental Relations，IGR）是现代国家治理体系的重要组成部分，是理解区域公共事务治理的一种重要途径。政府间关系的法治化是中国国家治理制度转型的一个非常重要的内容。随着中国国家治理体系和治理能力现代化建设的加快推进以及区域一体化和新型城镇化的快速发展，传统计划经济体制下的政府间关系模式逐步向现代市场经济体制下的政府间关系模式转型。以边界为基础的政府间关系在全球化、区域化、工业化、信息化、市场化和民主化快速发展的时代背景下发生了重要变革，取而代之的是一种政府间协作治理网络途径。

法律是治国之重器，良法是善治之前提。美国州际协议研究的政治和行政意义在于：借鉴美国合理的政府间协议治理的法律制度因素，完善转型期我国政府间协议治理机制的法律制度框架，促进政府间协议治理走向法治化、制度化和规范化，重构政府间合作共赢的和谐关系。美国《联邦宪法》确立了法治导向的政府间关系制度框架。联邦制在联邦政府与多个成员州政府之间进行法治化的政治分权，自然地产生了各成员州政府间的关系，即州际关系（Interstate Relations）。州际关系是联邦制下一种重要的政府间关系，构成横向联邦主义（Horizontal Federalism）的重要内容。州际竞争与合作是联邦制的内在特征。虽然美国的50个州同在一个联邦体系内，但由于各州的立法、行政、司法在共和政体的原则下各自创造，从指导原则到运作程序都不尽相同，所以州际关系远比单一制国家下的省际关系复杂，州际关系不仅有行政关系，而且有立法关系和司法关系，后两重关系往往是前一重关系的基础。

州际协议（Interstate Compacts）是美国联邦制下州际关系协调的法治化契约安排，被视为一种最重要的跨州区域公共事务协作治理机制。州际协议是最古老的州际合作机制，它在美国殖民地时代就已具有深厚的根源和基础。本书将州际协议（Interstate Compacts）视为美国联邦制下一种政府间法律契约治理制度。美国《联邦宪法》"协议"条款（The Compact Clause）在国家治理制度层面构建了州际协议的宪治原则框架。按照《联邦宪法》"协议"条款，州际协议由两个或者多个州通过谈判和协商缔结，并经国会同意和批准，缔约各州受《联邦宪法》"协议"条款和"契约"条款约束，就像商业交易中双方或者多方当事人受契约约束一样。这是一种有法律约束力的州际合作形式。它使美国的州与州能够按照宪治原则框架，通过订立州际政府间法律契约来分配和分享权力、权利和责任，使所有权力和权利的行使既受到积极激励，也受到严格约束和监督，以维护联邦秩序。

美国《联邦宪法》"协议"条款的出台为州际关系发展创造了广阔的舞台，成为合作联邦主义发展的一种强有力的法律制度，极大地促进了美国建国后州际区域合作关系的稳定快速发展。遵循州际协议宪法制度框架，州与州之间通过契约基础而非科层权威把它们自己联合起来形成自主治理的政府间协作网络，有力地推动了跨州区域公共事务协作治理，有助于整合和增强美国州政府的区域公共治理能力，在区域层面上促进了美国国家的政治经济社会整合。在今天的美国，就大多数州际共同事务、争端与冲突而言，都可以通过州际协议机制得到解决。州际协议被认为是解决州际边界和其他争端，促进各州通过资源整合与联合行动解决跨州区域共同问题的一种强有力的合作机制。州际协议也因此得到了前所未有的广泛运用，成为美国州政府治理的一种重要工具。州与州之间这种相互交往的意义是非常重要的：更多的州日益联合组织跨州区域制度性协作治理行动，那就更有潜力去解决区域性和全国性的公共事务与公共政策问题。

从公共治理的制度层面来说，相对于在割裂、闭合和有界的单位行政区域内形成的各自为政的单中心管理模式而言，州际协议机制既超越了自发性的市场调节机制，又突破了传统的分割和对立的公共管理体制，是一种突破单一行政管辖区和整合行政资源的区域横向一体化空间内的协作治理模式。这种公共治理模式实质上是多个州政府为适应治理跨州区域共同事务的要求而进行的政府间关系制度化建构与行为调整：构建一种包括共同权益、协作机制和有法律约束力的承诺的跨州公共治理关系网络。美国州际协议的成功实践证明了许多州际区域公共问题能够通过集体性和合作性的方式治理，也证明了州际协议作为促进区域性和全国性州际协作的基本法律机制拥有巨大发展潜力。

州际协议代表一种横向政府间法律契约，而契约的执行和管理在许多方面根本不同于传统科层制管理方式，并且需要不同的理论来解释。本书基于协作治理理论视角，运用定性研究方法，通过构建一个基于"协商—承诺—执行"重复系列博弈行动的协作治理过程分析框架，力图从理论上回答如下问题：州际协议历史变迁的内在逻辑和发展动力是什么，在州际协议缔结过程和执行过程中成员州政府主体如何开展州际区域协作治理行动。本书综合运用理论研究、实证研究、历史分析和文本研究等方法，以《里帕布里肯河流域协议》(The Republican River Compact of 1943，简称 RRC，该河流流经美国中部科罗拉多、堪萨斯和内布拉斯加三个州)为案例，进行分析性叙事和理论阐释，从理论与实践相结合的角度，勾画出美国跨州区域治理中政府间协作的知识图景：法治化、多层次、网络化的政府间关系治理模式。

首先，制度变迁是理解历史变迁的关键。本书从协作联邦主义制度演化的角度梳理州际协议历史演变的基本路径：起源于殖民地时代的"协议"程序，初步发展于《邦联条例》"协议"条款，《联邦宪法》"协议"条款则推动了州际协议的法治化、制度化和正式化发展。从一定意义上说，州际协议是美国国家历史发展的产物，其历史演变具有自发性制度变迁和强制性制度变迁相结合的特点。在分析完州际协议的历史演变之后，从州际协议的政策功能（边界管辖政策、分配政策、规制政策和再分配政策）特征和成员结构特征两个维度，将州际协议划分为十种类型，指出州际河流协议是所有州际协议类型中的一种重要协议，已成为美国流域公共治理的重要机制。

其次，对州际协议缔结和实施过程中的政府间关系协调机制的思考，构成了本书理论建构的基本线索。本书构建协作治理过程框架，以《里帕布里肯河流域协议》（RRC）为例，分析州际协议的背景因素，解释州际协议谈判、协商、承诺达成和实施过程，重新解读了政府间协作治理过程模型。本书通过典型案例，证明了作为美国跨州区域公共事务治理制度安排的州际协议的重要价值与意义。以州际协议为依托，美国各州在跨州区域治理过程中建构起州际协作治理的法治化框架。州际协议缔结过程、实施过程和争端治理过程通过"协商—承诺—执行"重复系列博弈行动演化，美国州际流域治理中政府间协作行动制度在实践中形成了一个谱系。从"政府间协议"到"政府间协商""政府间调解"，再到"政府间仲裁"和"政府间诉讼"，州际流域协议争端治理结构的层级化程度渐趋提高。交易成本是一个影响上述五种协调治理机制选择的重要因素。这五种协调机制都作为跨州区域公共事务协作治理制度安排的复合体起着重要作用，形成一种开放、动态的政府间关系协调法律制度框架。这意味着有效的治理体系必须在一定的治理结构下转化为实际治理能力，这就是治理制度重要性和有效性的重要体现。

再次，综合分析美国州际协议成长的政治、经济、文化和社会生态环境。在任何国家，国家治理结构都是基于一定的历史—社会—文化—生态环境综合条件的发展而成的。美国州际协议的成功之处在于其精密化的宪法制度设计，充分贯彻了联邦制中国家主义（国家性）与契约主义（联邦性）、授权激励与限权约束、分权与制衡、民主与法治、自治与共治等基本原则。本书对美国州际协议中所蕴含的区域公共治理体制做了深入分析，解释了对丰富区域公共管理理论具有重要学术价值的跨州区域政府间协作治理逻辑，指出其对于我国区域一体化、新型城镇化进程中政府间关系协调和区域合作治理创新都有重要的启迪和借鉴价值。

任何国家治理制度设计必须立足本国国情。美国联邦制下的政府间关系制度虽然不同于我国单一制下的政府间关系制度，但协调政府间关系和治理区域公共事务所面临的许多问题一样，就是如何通过政府间协作（横向和纵向）提供优质、高效的公共物品和公共服务，提升政府治理效能。美国《联邦宪法》"协议"条款和州际协议的成功实践为我国宪法相关内容的出台提供了许多有益的经验和借鉴。本书主张学习和借鉴美国州际协议的成功经验，要基于行政生态学视角，从中国国情和经验借鉴的效果出发审视美国州际协议的经验及其普适性局限，立足于当前我国特定的"历史—社会—文化"生态环境，以及在明确我国区域协同发展中省际协议与美国州际协议在国家治理制度环境和实践基础方面的差异性的基础上，深度思考我国区域发展中政府间关系协调机制顶层设计以及区域协作治理创新的约束条件和激励因素，提出进一步健全和完善我国区域政府间关系协调的法治机制的思路与对策，促进新时期我国区域治理体系和治理能力现代化。

本书的选题独特且有新意，研究思维兼具历史观和国际视野，具有一定的学术意义与应用价值。本项研究采用了新制度经济学和博弈论的分析方法，特别是利用新制度经济学的思维方法、概念和理论来研究美国州际协议治理制度的历史演变、实践运行过程。交易成本是理解美国州际协议治理过程的一个基本概念和分析单位。本成果通过跨州流域协议治理实践案例，比较具体地解读了区域政府间协作治理过程模型，丰富了对于协作治理理论的认知。对于州际流域协议争端治理机制的整体性模式研究，不仅有助于在协作治理中展开公共冲突治理的讨论，在公共治理的其他研究领域同样具有较强的适用性。以比较公共管理角度看，本书有重要的学术价值。本书在分析美国州际协议治理制度历史演变和设计的同时，引入生态治理（Ecological Governance）分析方法，比较系统地关注了历史—社会—政治—经济—文化等多元生态环境的综合作用，丰富了对州际协议作为美国联邦制下一种重要的区域公共治理机制的认识，不仅对于区域公共管理研究内容的深化和研究视野的拓展具有重要的理论意义，而且对于我国政府间关系协调机制的法治化建设和区域合作治理机制创新都有重要的启迪和借鉴价值。

  本书是在我的博士学位论文《协作性公共管理视野下的美国州际协议研究：以里帕布里肯河流域协议为例》的基础上修改而成。感谢导师陈瑞莲教授为博士学位论文的选题、研究和完稿所给予的精心指导和帮助，感谢美国内布拉斯加（奥马哈）大学公共行政学系 Dale Krane 教授给予的指导。同时，感谢厦门大学陈振明教授、中山大学马骏教授、清华大学孟庆国教授给予的指导和帮助。本书是我主持完成的国家社会科学基金后期资助项目《美国州际协议研究：理论基础与经验借鉴》（项目批准号：13FZZ011）的结项成果。感谢国家社会科学基金后期资助项目为本研究成果提供后期研究和出版资助。感谢国家留学基金资助、教育部人文社会科学研究青年基金项目（项目批准号：10YJC630175）资助和中央高校基本科研业务费专项资金资助（项目批准号：2013221018）以及中国博士后科学基金特别资助项目（项目编号：201104087）的支持。感谢中国社会科学出版社及策划编辑孔继萍女士为本书的出版付出的辛勤工作。书中参考和引用了许多学者、机构的研究成果和材料，大都在注释和参考文献中标出，在此表示谢意。

吕志奎
2015 年 5 月 1 日于厦门大学白城

第一章 导论

> 人类生来就有合群的性情，所以能不期而共趋于这样高级政治的组合。
>
> ——亚里士多德

第一节 选题及其研究价值

一 研究背景

国内政府间关系是国家治理体系的重要组成部分。随着中国国家治理体系和治理能力现代化建设的加快推进以及区域一体化和新型城镇化的快速发展，传统计划经济体制下的政府间关系模式逐步向现代市场经济体制下的政府间关系模式转型。区域政府间关系协调是当代国家治理面临的一个重大的理论与实践问题。美国联邦制下的政府间关系制度虽然不同于我国单一制下的政府间关系制度，但其政府间关系治理经验可供我们学习和参考。协调是政府间关系中的一个核心要素。美国联邦治理体制顺利运转需要两种类型的协调与合作：其一是联邦与州之间的协调合作；其二是各州之间的协调合作。[1] 法律是治国之重器，良法是善治之前提。美国《联邦宪法》确立了一套法治化的政府间关系协调制度和规则。州际关系是联邦制下一种重要的政府间关系。从某种意义上说，了解美国联邦治理要从理解州际关系开始。州际协议作为一种跨州区域协作治理机制，为解决州与州在区域公共事务治理过程中的协作问题提供了一种法律制度安排。

---

[1] ［美］戴维·H. 罗森布鲁姆、罗伯特·S. 克拉夫丘克：《公共行政学：管理、政治和法律的途径》，张成福译，中国人民大学出版社2004年版，第131—132页。

其在实践中勾画出一个针对区域公共治理实践中政府间协作的图景：法治化、多层次、网络化的政府间关系治理模式。

（一）州际协议：美国联邦制下跨州区域协作治理的法治化机制

联邦制在联邦政府与多个成员州政府之间进行政治分权，自然地产生了各成员州政府之间的关系，即州际关系（Interstate Relations）。美国《联邦宪法》所创建的各州拥有广泛权力的联邦治理制度的成功运转一定程度上依赖于和谐的州际关系。州际协议（Interstate Compacts）是美国联邦制下州际关系协调的法治契约安排，被视为一种最重要的跨州区域公共事务协作治理机制。《联邦宪法》确立了法治导向的政府间关系治理制度框架。《联邦宪法》"协议"条款（The Compact Clause）在国家治理制度层面构建了州际协议的宪治原则框架。《联邦宪法》第1条第10款这样规定：

> 任何州不得缔结条约、同盟或联盟；……任何州，未经国会同意，不得与其他州或外国缔结协议。

这种宪法制度设计使美国各州可以利用《联邦宪法》中规定的条件，给自己保留有通过与其他州自愿协商缔结合作协议来治理他们自己事务的不可剥夺的权力，创建跨州区域制度性集体行动网络。按照《联邦宪法》"协议"条款，州际协议由两个或者多个州可以通过谈判和协商缔结，并经国会同意和批准，缔约各州受《联邦宪法》"协议"条款和"契约"条款拘束，就像商业交易中双方或者多方当事人受契约约束一样。这是一种最有法律约束力的州际合作形式。它使美国州与州能够按照宪治原则框架，通过订立州际政府间法律契约来分配和分享权力、权利和责任，使所有权力和权利的行使既受到激励，也受到约束。

美国《联邦宪法》"协议"条款的出台为州际关系的发展创造了广阔舞台，成为合作联邦主义发展的一种强有力的法律制度，极大地促进了美国建国后州际合作关系的稳定快速发展。随着一些跨州区域公共政策议题变得越来越复杂和多样化，并且这些政策议题在一个跨边界环境中影响相邻多个州甚至所有州，州际协议被证明是解决许多跨州区域性和全国性公共政策问题的基本答案。治理流域水资源环境，固体垃圾收集，交通运输，港口、环境保护和跨州贸易等跨州边界的区域公共事务，要依靠不同的州政府部门通力协作。

州际协议在处理这些跨州区域公共问题上已经取得了明显的成效，也在一定程度上实现了跨州区域资源共享，节约了区域公共物品与公共服务的提供成本，从而使州和联邦都受益。而缺少足够资源的州可以通过与其他州签订州际协议的办法来解决可能产生的问题，如流域水污染、高等教育和职业教育、突发事件、公共交通、商品销售和犯罪等。由于州政府必须解决一系列涉及交通、能源、环境、污染等跨州区域公共问题，因此州际协议的数量不断增多（见表1-1），其在当今美国政府治理中的作用和影响越来越大。

表1-1 美国主要州际协议列举

序号	签订时间	协议名称
1	1921年	《纽约新泽西港务管理局协议》（纽约州和新泽西州）
2	1922年	《科罗拉多河协议》（流域内7个州）
3	1928年	《缅因—新罕布什尔州际桥梁协议》（缅因州和新罕布什尔州）
4	1935年	《特拉华河联合收费大桥协议》（新泽西州与宾夕法尼亚州）
5	1947年	《新英格兰州际水污染控制协议》（新英格兰地区6个州）
6	1948年	《俄亥俄河流域水质卫生协议》（流域内8个州）
7	1950年	《双城大都市区发展机构协议》（密苏里州与伊利诺依州）
8	1958年	《驾驶执照协议》（目前其成员州超过40个）
9	1966年	《堪萨斯城大都市区交通管理局协议》（堪萨斯州与密苏里州）
10	1966年	《华盛顿大都市区交通管理局协议》
11	1967年	《跨州税收协议》（到2007年底，该协议共有20个成员州）
12	1973年	《南部区域发展政策协议》（美国南部地区13个州）
13	1982年	《州际固体垃圾处理协议》（新罕布什尔州与佛蒙特州）
14	1991年	《中西部区域高等教育协议》（中西部地区8个州）
15	1996年	《州际应急管理互助协议》（49个州，加利福尼亚州除外）
16	2000年	《中西部客运铁路协议》（中西部地区9个州）
17	2005年	《儿童安置州际协议》（全美所有州）
18	2005年	《五大湖—圣·劳伦斯流域水资源管理协议》（伊利诺依、印第安纳和密歇根、明尼苏达、纽约、俄亥俄、宾夕法尼亚、威斯康星等8个州）
19	2014年	《州际医疗资格许可协议》

资料来源：笔者整理。

20世纪90年代以来，美国联邦政府实施"重塑政府"改革运动，联邦部分公共管理职能和项目向州和地方转移，增加了州一级政府的政策责任和自由裁量权。"9·11"事件之后，美国联邦政府更加强调和鼓励政府间合作，加强跨部门跨区域应急管理能力建设，共同对付恐怖主义。同时，州际合作也在加快。州际协议的数目也不断增多。未来联邦向州分权实际上意味着各州将形成跨州共同体（State-Generated Commonalities）。①美国州际协议的成功实践证明了许多州际区域公共问题能够通过集体性和合作性的方式管理②，也证明了州际协议作为促进区域性和全国性州际协作的基本法律机制拥有巨大发展潜力。③ 今天，州际协议仍被认为是解决州际边界和其他争端，促进各州通过资源整合与联合行动解决跨州区域共同问题的一种强有力的合作机制。④

从某种意义上说，州际协议发展至今已经非常成熟，已成为美国国内跨州区域公共事务协作治理的一种基本法律机制。这种区域治理法律机制激励美国各州能够依《联邦宪法》通过州际协议网络而非科层权威组织跨州区域集体性、协作性、制度化的公共管理行动，将州所拥有的资源、技术和信息聚合起来，同时促进这些资源、技术和信息跨州区域流动，并在一个有序的、可预见的环境中共同运用这些资源、技术和信息，满足州际交易方面的各种需求，保障各州的生存和发展。了解到通过州际协议治理跨州区域公共事务的价值，许多州政府希望与其他州联合，于是，通过谈判和协商签订州际协议就成为处理州与州之间协调利益关系的一种更为可取的途径，并借此增强他们的自主治理能力。

（二）省际协议：中国区域协调发展中的政府间协作治理机制

新中国成立以来，由于我国长期实行省制，与省级行政区相对应，逐步形成了以省级政府经济管理和规划为核心，以省会城市为中心，以其所管辖的行政区为边界的自成体系的"行政区经济"格局。⑤ 在中国，省区市不仅仅是一级行政区划，而且也是重要的经济社会发展单元，是国家治理结构体系中的重要主体。省际关系是我国国家治理体系中一种重要的政

---

① Ann O'M. Bowman, "American federalism on the horizon", *Publius*: The Journal of Federalism, 2002, 32 (2), pp. 3 – 10.
② Michael Buenger, "Interstate Compact Law: Interstate Compact Agencies and the 11th Amendment", National Center for Interstate Compacts, 2007.
③ Joseph Francis Zimmerman, *Interstate Cooperation: Compacts and Administrative Agreements*, Westport CT: Greenwood Publishing Group, 2002, p. 62.
④ Joseph Francis Zimmerman, *The Silence of Congress: State Taxation of Interstate Commerce*, Albany NY: State University of New York Press, 2007, p. 16.
⑤ 舒庆、刘君德：《中国行政区经济运行机制剖析》，《战略与管理》1994年第6期。

府间关系。它是在一定的利益基础之上形成的一种经济关系。经济性是这种政府间关系的本质特征。凡谋国家之大和谐,非以省际关系和谐为基础不可。从某种意义上讲,单一制下国家治理制度的成功运转一定程度上依赖于和谐的省际关系。

与新中国成立至改革开放前相比,自改革开放 30 年来,伴随社会主义市场经济体制改革的全面推进,省级政府作为地方经济利益主体的意识逐渐觉醒,其作为理性"经济人"参与和介入区域经济发展行为的动机、意愿和能力都大大增强。改革开放以来的放权运动极大地改革了省和中央政府议价的能力,许多省份努力组建各种跨省区的经济联盟(省际联盟)来与中央政府进行集体的谈判,各省利用这个联盟来进一步满足它们自己的利益。① 从理论上来看,我国横向政府间关系已经由"行政区行政"向"区域公共管理"或"区域公共治理"转变,区域行政主体之间的协作已经成为常态。② 经济区域化不但使国内省级政府间横向关系得到了重构和拓展,而且在国家治理结构体系中正发挥越来越重要的作用,这不仅对省际区域政府间关系产生了深远影响,也对纵向中央与地方关系变革产生了深远影响,深刻地调整和再造着传统计划经济体制下的政府间关系格局。当前,我国省际关系面临着新环境、新挑战和新机遇,如何有效协调省际关系,构建一种法治化的省际关系模式,乃是摆在我国理论界与学术界面前的一个重大课题。

在当前我国国内经济区域化和区域经济一体化发展过程中,市场要素若在各个行政管辖区间自由流动需要区域内各政府积极加强协调和合作。经济区域不同于行政管辖区域,经济区域的发展与以行政管辖区域为单位的省区市经济的自主发展有着显著的差别,大的经济区域涵盖了几个省级行政管辖区,虽然经济区域的发展有着内在的经济因素,但经济区域的协调发展仍需要有统一、完善的法制作保障,这必然需要经济区域内的多个行政管辖区加强法制协作。21 世纪以来,随着"统筹区域发展"战略的实施,从泛珠三角、长三角经济区域的形成到环渤海经济区域的发展,从推进西部大开发、振兴东北老工业基地到促进中部地区崛起,我国经济区域化的发展已经取得令人注目的成就,并日益凸显出在国民经济和社会发展中的重要作用。这些区域合作有一个共同的特点,就是广泛运用省际协议

---

① 郑永年:《中国的"行为联邦制":中央—地方关系的变革与动力》,东方出版社 2013 年版,第 264 页。
② 陈瑞莲、杨爱平:《从区域公共管理到区域治理研究:历史的转型》,《南开学报》(哲学社会科学版)2012 年第 2 期。

6 区域治理中政府间协作的法律制度

作为跨区域省级政府间协调机制,推动区域公共事务协作治理(见表1-2)。

表1-2　　　　　　　　　　国内省际协议列举

序号	签订时间	协议名称
1	2000年8月	《浙江、黑龙江关于促进两省粮食购销及经营合作的协议》
2	2004年6月	《泛珠三角区域合作框架协议》
3	2006年7月	《东北三省政府立法协作框架协议》
4	2006年9月	《吉林黑龙江两省松花江流域环境应急协调机制协议》
5	2007年8月	《京津冀三地打击传销执法协作协议》
6	2009年4月	《泛珠三角区域内地九省(区)应急管理合作协议》
7	2010年9月	《环首都七省市区域警务合作机制框架协议》(北京、天津、河北、山西、内蒙古、辽宁、山东七省区市)
8	2010年12月	《中部五省区域警务合作协议》
9	2011年4月	《长三角城市合作协议》
10	2011年4月	《京津冀区域人才合作框架协议书》
11	2011年12月	《闽滇黔三省省际劳务合作协议》
12	2012年8月	《省际高速公路信息共享与合作协议》(山西、陕西、内蒙古、甘肃、宁夏、重庆、河南、湖北、四川)
13	2014年4月	《京津冀警务航空合作机制框架协议》
14	2014年5月	《京津冀协同发展疾病预防控制工作合作框架协议》
15	2014年6月	《京津冀突发事件卫生应急合作协议》
16	2014年6月	《泛珠三角区域旅游合作框架协议》
17	2014年7月	《长三角地区中等职业教育数字化资源共建共享协议》
18	2014年10月	《京津冀协同发展税收合作框架协议》
19	2014年10月	《泛珠三角区域反走私合作协议》
20	2015年4月	《长江中游城市群战略合作协议》(湖北、湖南)

资料来源:笔者整理。

向公共治理转型代表了政府组织模式的重要变革,公共治理意味着公共服务生产与提供的一种新方式,公共治理关注提升政府与外部环境中的行动者形成组织间战略联盟网络的能力。[①] 近年来,政府间协议(Interg-

---

① B. Guy Peters and John Pierre, "Governance without Government? Rethinking Public Administration", *Journal of Public Administration Research and Theory*, 1998, 8 (2): pp. 223–243.

overnmental Agreements）作为我国跨省区域政府间协作治理的一种特殊组织模式出现。本书把国内京津冀、泛珠三角、长三角、中部、西部和东北老工业基地区域合作中出现的政府间协议称之为"省际协议"（Interprovincial Agreements），以便与美国的州际协议分析对照研究。所谓省际协议，是指某一区域内不同的省级政府单位基于合作的需要，在合法、自愿和互信的前提下所形成的具有一定约束力的区域合作协议。随着这种区域协调机制建设的推进，通过政府及政府部门间的行政协议等制度创新来促进区域协作，为协调区域政府间关系、构建区域协作整体、提升区域资源整合能力与区域整体化发展水平提供基础，将会成为国内区域政府间关系发展的一个新特点，也会是国内区域合作治理模式发展的一种新趋向。

区域层面的公共治理改革创新是推进国家治理体系和治理能力现代化的重要方面。在统筹区域发展和构建和谐社会进程中，区域治理制度安排对区域乃至整个国家和社会的全面协调可持续发展具有非常重要的影响作用。推动区域协作治理机制创新是近年来中央政府落实区域发展总体战略、推进国家治理体系和治理能力现代化的重要手段。党的十八大报告将"区域协调发展机制基本形成"作为全面建成小康社会和全面深化改革开放的目标予以强调。《国家新型城镇化规划（2014—2020年）》提出："城镇化是推动区域协调发展的有力支撑。统筹区域、城乡基础设施网络和信息网络建设，深化城市间分工协作和功能互补，加快一体化发展。建立完善跨区域城市发展协调机制。以城市群为主要平台，推动跨区域城市间产业分工、基础设施、环境治理等协调联动，实现城市群一体化发展。"城市群是经济社会发展最活跃的地区，中国新一轮的经济发展在外表现为"一带一路"建设，在内即表现为以城市群为主导的区域经济发展。推进以人为核心的新型城镇化，实现城市群区域一体化发展，必然要求推进我国跨区域政府间协作治理体制机制创新，增强区域公共事务协作治理能力。2015年4月，国务院批复同意《长江中游城市群发展规划》①，这是国家批复的第一个跨区域城市群规划，对于加快中西部地区全面崛起、探索新型城镇化道路、促进区域一体化发展具有重大意义。

---

① 该规划涉及湘、鄂、赣31市1.21亿人口，国土面积31.7万平方公里。2014年实现地区生产总值6万亿元。而《长江中游城市群发展规划》提出的未来5年城市群发展目标——人均GDP将从2014年的4.97万元增加到2020年的7.5万元；城镇居民人均可支配收入将从2014年的2.51万元增长到2020年的4.3万元。规划内容包括城乡统筹发展、基础设施互联互通、产业协同发展、生态文明共建、公共服务共享和深化合作开放等多个方面。

推进区域治理体系和治理能力现代化建设须建立政府间互信协作治理机制。签订政府间合作协议，是区域治理中政府作出适度干预、发挥其自身作用、推动区域内各种资源自由流动与合理配置、促进区域经济协同发展的一种重要手段。省际政府间协议是目前国内跨区域政府间协作治理的一种机制创新。这表明一种政府间协议机制正在国内区域合作治理框架中逐步发展和成长起来，成为推动区域协调发展的重要机制。那么，作为区域协调发展的政府治理机制，省际协议的法律依据和制度基础是什么？这种协议机制的绩效如何？如何处理这种协议中的地区间法制协调关系？目前，这种政府间协议还缺乏完备的法律制度框架和执行机构、监督机构和约束机制，使协议对缔约各方不存在法律拘束力，协议的形式重于内容。而我国公共管理学界对此问题还缺乏足够的理论回应和准备。尽管中美两国的政治、经济、文化和社会制度存在很大差异，笔者仍然希望通过对美国州际协议的研究，学习美国州际协议在推进跨州区域合作和促进区域共同发展等问题上是如何发挥其独特功能的，从而借鉴其积极经验，为健全和完善我国区域合作治理机制和推进政府间关系治理现代化提供参考。

二　研究问题

从最一般意义上说，州际协议是一种契约式的解决问题的方式。对这种方式的基本理解不可能脱离美国联邦主义的政治背景。伊拉扎在《联邦主义探索》中认为：联邦制思想本身依赖于这样的原则，即政治的和社会的公共机构及其它们之间的关系是通过契约、合同或其他合同式的体制最完美地建立起来的，而不是，或者说是除了简单的有机体的增长之外得以建立的。[①] 奥斯特罗姆在《美国联邦主义》中曾这样指出：如果我们认为联邦制社会是一个能够产生大量集合体的契约社会，那么我们将期望看到一种或另一种形式上相互独立但相互考虑的社会单位以相互通融的方式发挥作用以实现许多不同的秩序模式。[②] 实际上，契约式的解决问题的方式被广泛应用到了美国社会秩序建构的方方面面，包括1787年《联邦宪法》"协议"条款——在国家立宪选择层次为美国州与州之间建构自主治理的州际区域协作治理关系社群提供了一种激励和约束结构。

《联邦宪法》"协议"条款针对的是在美国联邦治理体制下如何实现

[①] ［美］丹尼尔·伊拉扎：《联邦主义探索》，彭利平译，上海三联书店2004年版，第40页。

[②] ［美］文森特·奥斯特罗姆：《美国联邦主义》，王建勋译，上海三联书店出版社2003年版，第230页。

相互独立的各州以把他们自己联合在一起的方式解决他们自己的问题,即在国家立宪选择层次为各州提供一种在跨州集体选择层次的有限选择权,作为建构某种程度的州际协作秩序的途径。在这种宪法制度框架下,那些政治和地理管辖权相互独立的政治单位——州通过政府间谈判和协商、合作与订立解决他们面临的共同问题的州际协议,缔约各方也许展示了相互适应、协调、联合和集体行动的行为模式,可以说充当了一种协作治理的体制。或者说,这些相互独立的政治管辖单位之间在交互作用过程中建构了一种由法律规则治理的协作性公共管理秩序:这些不同的政治单位"在管辖区边界或者超越管辖区边界进行协作性管理"[①]。既然州际协议被理解为美国联邦治理体制中的一种州际合作关系的秩序建构,而"自治社会中的秩序建构仰赖那些关系格局是如何结合在一起的"[②],那么,(1)不同的州政府是如何缔结州际协议的?(2)在州际协议执行(实施)过程中,不同州政府间是如何协调行动的?(3)州际协议实施效果怎样?(4)美国州际协议治理经验对我国有哪些借鉴?

本书对上述问题的研究,是基于对《里帕布里肯河流域协议》(The Republican River Compact of 1943,以下简称 RRC,该河流流经美国中部科罗拉多、堪萨斯和内布拉斯加三个州)案例研究基础之上的。

三 研究价值

本书在充分掌握相关研究成果的基础上,从协作治理理论视角,综合运用新制度经济学和博弈论的分析方法,通过典型案例研究,对美国州际协议这种政府间法律契约安排所蕴含的区域协作性公共管理机制进行颇为深入的探讨,不仅对于公共管理学科研究内容的深化和研究视野的拓展具有重要的理论意义,而且对于推进我国政府间关系协调机制的法治化和区域协调发展机制创新都具有重要的借鉴价值。

(一) 理论价值

虽然美国 50 个州同在一个联邦治理体系内,但由于各州的立法、行政、司法在共和政体的原则下各自创造,从指导原则到运作程序都不尽相同,所以州际关系远比单一制国家下的省际关系更为复杂,州际关系不仅有行政关系,而且有立法关系和司法关系,后两重关系往往是前一重关系

---

① Robert Agranoff and Michael Mc Guire, *Collaborative Public Management*: *New Strategies for Local Governments*, Washington D. C. : Georgetown University Press, 2003, p. 95.
② [美]文森特·奥斯特罗姆:《美国联邦主义》,王建勋译,上海三联书店 2003 年版,第 17 页。

的基础。①州际协议在州际立法关系、州际司法关系、州际行政关系中被广泛应用。从公共管理的视角研究美国州际协议将会以一种有意义的方式扩大公共行政的知识基础。② 从理论意义上讲，通过研究州际协议的历史演变过程和运行机理，可以全面了解美国州际协议的起源、历史和发展，发现和总结州际协议的历史演变规律，了解州际协议与美国国家治理历史变迁的关系。加强对州际协议签订与执行过程中的政府间关系协调制度的研究，其理论意义更为重要。

首先，州际协议已经成为美国联邦制下一种法治化的政府间关系协调机制，研究州际协议将有助于我们加深对州际政府间关系理论的认识和理解，扩大美国国内政府间关系的知识基础，丰富联邦制政府间关系理论的内容，这一点目前国内外学界研究的不多。而里德戈瓦曾经指出，州际协议行为是当代美国政府间关系趋势中的一个重要和必需的内容，是合作联邦主义的一种重要工具。③ 从公共治理视角研究美国州际协议，可以拓展当代美国联邦制下政府间关系的结构与功能，进而构建起理解这种政府间关系结构与功能的理论分析框架。

其次，州际协议行为的环境不是建立在一个中央权威基础之上，而是基于横向联系协调网络；并且不可能以单个州的目标为导向，而是以多个州的共同利益和目标为导向；州际协议提供了一种使单个州能在其中与其他州密切协作，创造战略性共同价值和利益，并节约信息成本和协作成本的法律制度框架。研究州际协议，将有助于我们加深对协作治理实践的学习和理解，并通过这一研究，发现和总结协作治理中的一般规律和原理，进而促进区域公共管理理论的发展和研究内容的拓展。

（二）实践价值

跨州区域公共事务的多样性和公共问题的复杂性需要构建多种制度安排，传统以边界为基础的单中心治理结构显然远不能适应跨州区域公共事务的多样性和公共问题的复杂性发展需要。自20世纪五六十年代以来，美国联邦和州在制定和执行区域发展政策过程中，尤其重视构建跨州政府间的协作关系，并逐步形成了一种新的公共管理机制——跨州区域协议式治理。州际协议成为当代美国一种非常重要的区域法治协作机制。如

---

① 林尚立：《国内政府间关系》，浙江人民出版社1998年版，第226页。
② Ann O'M. Bowman, "Horizontal federalism: Exploring interstate interactions", *Journal of Public Administration Research and Theory*, Vol. 14, No. 4, 2004, pp. 535–546.
③ Marian E. Ridgeway, *Interstate Compacts: A Question of Federalism* Carbondale, Illinois: Southern Illinois University Press, 1971, p. 293.

《双州发展机构协议》(Bi-State Development Agency Compact of 1950)、《特拉华河流域协议》(Delaware River Basin Compact of 1961)、《堪萨斯城地区交通管理局协议》(Kansas City Area Transportation District & Authority Compact of 1966)、《五大湖流域协议》(Great Lakes Basin Compact of 1968)、《铁路客运协议》(Railroad Passenger Transportation Compact of 1969)、《大浩区域规划协议》(Tahoe Regional Planning Compact of 1969)、《南部区域经济增长政策协议》(Southern Growth Policies Agreement of 1971)、《中西部区域高等教育协议》(Midwest Higher Education Compact, MHEC)等。

从某种程度上说，联邦制下美国跨州区域公共问题治理，主要采取州际协议治理机制。这种治理机制注重的是通过州际协议将多个权力中心跨管辖地区联结起来，并构建一体化的和制度性的区域公共管理机构作为跨州政府间协作机构，通过协商和合作实现对跨州区域共同事务的有效治理。那么，了解这些区域协调治理机制的运作过程，进而吸收和借鉴其积极因素，对于完善我国的中央与地方关系和区域协调发展中政府间合作治理机制无疑将具有很强的实践价值。

在今天的美国，就大多数州际争端与冲突而言，都能够通过州际协议的手段解决，也可以通过法院的渠道解决，而且法治的精神已经贯彻到美国社会日常生活的方方面面。近年来，随着横向联邦主义（Horizontal Federalism）和跨州区域主义（Multistate Regionalism）的发展，美国州际关系有了长足发展，相互依赖和合作已经成为州际关系发展的新内容，州际协议也得到广泛运用。州之间这种相互交往的意义是非常重要的：更多的州越来越联合在一起，增加了协作性管理的机会，那就更有潜力去解决全国性的主要问题。[①] 州际协议在推进州际公共项目执行上的合作、实现跨州区域公共事务的联合治理、调和州际关系和强化自主治理、促进各州经济与社会发展、保持州与联邦之间政治平衡等方面的影响和作用是非常显著的。从这个意义上讲，从区域公共管理的角度了解美国州际协议的具体运作实践过程有非常重要的实践意义，将会有助于我们加深对当代美国国内区域公共管理实践与经验的认识和了解。

在一个全球联系更加紧密的时代里，公共管理制度的影响也日益超出了国家的界限，那么，了解和研究美国州际协议的意义就是不言而喻的了。本书的主要目的在于通过对美国州际协议的历史发展与实践运行的研

---

① Ann O'M. Bowman, "Horizontal federalism: Exploring interstate interactions", *Journal of Public Administration Research and Theory*, Vol. 14, No. 4, 2004, pp. 535–546.

究，探索美国州际协议发展的内在逻辑和实践运行的主要机理，寻找这种政府间协作机制的公共治理之道，找到中国学习和借鉴美国州际协议经验的基本路径。纵使中美两国的政治体制存在很大差异，但两国在发展经济过程中都遇到过一些相同的社会问题，这就可以学习和借鉴美国在处理类似问题上的法律机制。美国州际协议经过几百年的发展，已经形成了比较完善的制度框架与运行机制，州际协议虽然与我们概念中的区域政府间协议，如《泛珠三角区域合作框架协议》（2004 年）、《东北三省政府立法协作框架协议》（2006 年）、《中部五省区域警务合作协议》（2010 年）、《京津冀突发事件卫生应急合作框架协议》（2014 年）、《长三角地区中等职业教育数字化资源共建共享协议》（2014 年）和《长江中游城市群战略合作协议》（2015 年）等，并非完全一致，但无疑也具有值得学习和借鉴之处。

我国新型城镇化进程中区域一体化发展问题的公共治理，这一命题涉及如何处理好政府间关系，包括中央与地方关系和地方各级政府间关系以及同层级政府间关系。其中，政府间关系的治理包含如何构建中国单一制环境中的政府间协作治理制度框架。政府间关系治理是在对区域一体化发展问题的根源、诱因和形成机制等分析的基础上，研制治理策略，并形成治理方案，协调利益关系，分配稀缺资源，促进政府间关系良性运行和发展。如何从"推进国家治理体系和治理能力现代化"的战略高度，研究并借鉴国外区域一体化发展问题的政府间协作治理经验，探索具有中国特色的区域公共治理机制设计与构建具有重要意义。本书通过比较系统地学习和研究美国州际协议的历史演变与实践运行机理，并结合当代中国的国情和区域公共治理实践，思考和探索我国学习和借鉴美国州际协议成功经验的基本路径，并通过这种积极的思考和科学的探索，提出健全和完善当前我国区域协调发展机制的思路和对策。

第二节 核心概念

一 州际协议（Interstate Compacts）

从法律层面上理解，协议是平等主体的自然人、法人、其他组织之间设立、变更、终止民事权利义务关系的契约（Contract），是可以依法执行或依法认定的一种合同。从公共管理学的角度来看，协议是一种政府治理工具，是就一定公共问题经过谈判、协商后达成的一致意见和共识，它是界定公共行政组织职能和行为的规范之一，是政府用以实现特定公共政策目标的一种机制。在区域空间中多个行政部门存在着交叉和重叠管理的事务领域，采用协议方式约束各方行为，可以推动行政组织功能深化及组织结构演进，从而整合资源和建立整体化的治理结构，以更好地适应外部环境变化。协议所具有的行政约束力，将为政府间关系协调提供真正的动力。国家间的协议通常采取条约（Treaty）的形式。

作为一种特殊的契约形式，州际协议（Interstate Compact）有其自身法律属性。州际协议是由两个或者多个州之间通过谈判和协商达成，并经国会同意的正式协议，缔约州受《联邦宪法》"协议"条款和"契约"条款的双重拘束，就像商业交易中双方或者多方当事人受契约约束一样。这是一种最有法律约束力的州际合作形式。通常说来，一份州际协议中所包含的基本条款内容有：一是称述和阐明各成员州缔结协议的主要目的，二是界定协议所需要实现的基本目标，三是描述受州际协议作用的地理区域范围，四是有些州际协议还有管理项目的州际机构的规定，五是规定资助州际项目的资金来源或预算，六是规定监督协议执行的责任和控制机制，七是规定批准、修改、执行或终止协议的程序与政策。

当两个或者更多的州通过立法的形式来创造和解释一个州际协议，并获得了其成员州的批准和国会同意时，州际协议就具备了法律效力。其法律效力主要体现在三个方面：第一，作为各成员州的法律（State Statutes），州际协议对各成员州的立法机关、行政机关、司法机关和所有公民都具有法律约束力，州政府及其公民都必须严格遵守州际协议的条款。作为可以被各成员州强制执行的一种法律，州际协议超越了与之相冲突的各成员州的所有其他法律、法规。一旦参加了州际协议，没有所有成员州一致或多数同意，成员州不能随意单方面修改、变更或者撤销该协议。第二，作为成员州之间的一种法律契约（Contract），州际协议与州的其他一般法规是不同的。美国联邦最高法院在1959年的一次司法解释中主张，"州际协议从本质上说是一种契约"。[①] 这种契约关系受《联邦宪法》"契约"条款（Article I，Section 10）的保护。《联邦宪法》的"契约"条款（Contract Clause）对州际协议而言是非常重要的。"任何一州，都不能通过法律来损害契约义务。"当各成员州正式采用和实施一份州际协议时，

---

① Joseph Francis Zimmerman，*Interstate Cooperation：Compacts and Administrative Agreements*，Westport CT：Greenwood Publishing Group，2002，p. 40.

《联邦宪法》"契约"条款禁止成员州违反州际协议条款，或者单方面退出州际协议，除非这些权力得到了成员州的全体一致或多数同意。第三，根据美国联邦最高法院的司法解释：国会的同意和批准使州际协议不仅成为州的法律，而且成为联邦的法律（Federal Law）。而作为联邦法规的州际协议服从联邦法院的强制实施。实际上，国会同意某项州际协议，也就意味着国会享有执行协议和促使各方履行协议的权力，然而，国会通常将这一执法权力留给联邦法院行使。①

这里需要区分"协议"一词的两个英文单词——"Compact"和"Agreement"。从笔者对有关历史文献的考证来看，在美国殖民地时代，各殖民地在签订协议时，使用协议的英文是"Agreement"。例如，纽约与康涅狄格之间的边界协议（1664年），其英文原文为：New York and Connecticut Boundary Agreement of 1664。实际上，Compact 与 Agreement 只是用不同的述语表达同一件事情，彼此的差异主要是，Agreement 的内涵更为广泛，涵盖面更广，其期限相对更短，多用于非正式和普通场合，不必是书面的；而 Compact 更为正式，它是一种严肃的约定和承诺。② 并且 Compact 期限一般相对比较长，具有强制执行力。协议（Compacts）不像一般契约或合同（Contracts）。一般契约或合同不能解决主权实体之间的法律或管辖权问题；不像国际条约，协议（Compacts）可能受到联邦法律的阻止或者来自联邦的监督。③ 为方便起见，本书将英文"Agreements"和"Compacts"都译为"协议"。作者在书中将州际协议译为"Interstate Compact"。

另外，美国学者还从功能角度对州际协议进行分类，这种分类方法将州际协议分为边界协议、咨询协议、规制协议和技术协议等四种类型。④ 也有学者根据州际协议的成员分类，即分为双边协议、多边协议和全国性

---

① Joseph Francis Zimmerman, *Interstate Relations: The Neglected Dimension of Federalism*, Westport CT: Praeger, 1996, p. 39.

② Vincent V. Thursby, *Interstate Cooperation: A Study of the Interstate Compact*, Washington, D. C: Public Affairs Press, 1959, p. 64; Leach Richard H. and Sugg Jr Redding S. , *The Administration of Interstate Compacts*, Baton Rouge LS: Louisiana State University Press, 1959, p. 14.

③ William J. Donovan, "State Compacts as a Method of Settling Problems Common to Several States," *University of Pennsylvania Law Review and American Law Register*, Vol. 80, No. 1, 1931, pp. 5 - 16.

④ Thursby, Vincent V. , *Interstate Cooperation: A Study of the Interstate Compact*, Washington, D. C: Public Affairs Press, 1959.

协议。① 美国全国州际协议中心（National Center for Interstate Compacts）根据协议的管理结构将州际协议分为四种类型：由州际机构管理的州际协议，由协会管理的州际协议，由现有州的相关机构和官员管理的州际协议，由协议管理员管理的州际协议。②

二 协作治理（Collaborative Governance）

协作治理是当代公共管理研究领域的一个新话语。"协作治理"的核心要义是社会多元主体与政府一道共同管理公共事务。从理论上看，协作治理概念和中心主题与囚徒困境（the Prisoners' Dilemma）和博弈论（Game Theory）、集体行动逻辑（Logic of Collective Action）、共同资源管理（Common-Pool Resource）、政府间合作（Intergovernmental Cooperation）、政策网络（Policy Network）和网络化治理（Network-Based Governance）、多中心治理（Polycentric Governance）、参与式治理（Participatory Governance）、协商民主（Deliberative Democracy）、协同政府（Joined-Up Government）、整体政府（WOG：Whole of Government）是联系在一起的。

本书所提及的协作治理主要是指美国学者研究政府间关系和组织间网络所形成的"政府间协作管理"（Intergovernmental Collaborative Management）概念。美国学者在界定协作治理和协作性公共管理的概念时，着重考虑协作的环境背景、主体、目的和过程等因素。阿格诺夫和麦圭尔认为："协作性公共管理可以定义为，在以解决单个组织不能或无法容易地解决问题的跨组织安排中的促进与操作的过程。"③ 尽管在大多数情况下，协作意味着与其他人、其他组织协同工作，协作治理需要一个或者更多的组织参与到有目的的官方伙伴关系或者契约安排中，然而协作有时仅仅意味着通过一定的努力去帮助其他人或其他组织。协作性公共管理可以是正式的，也可以是非正式的，其内容非常丰富，小到简单的获取信息，大到旨在达成大型项目的谈判协定。④

---

① Joseph Francis Zimmerman, *Interstate Economic Relations*, Albany, NY: State University of New York Press, 2004, p.176.
② The Council of State Governments: National Center for Interstate Compacts, 2006, Compact Enactments, 1995 to 2005, http://www.csg.org/programs/ncic/meetings.aspx.
③ Robert Agranoffand, Michael Mc Guire, *Collaborative Public Management: New Strategies for Local Governments*, WashingtonD. C.: Georgetown University Press, 2003, p.4.
④ Ibid..

表1-3　　　　　　　　　政府间管理的两种模型

模型 维度	科层等级模型	协作治理模型
组织环境	单中心的权力结构	分割的多中心权力结构
基础	依法令权威	合意性协议和契约
权力向度	纵向自上而下	横向互动网络
决策机制	中央拍板与集中决策机制	多中心主体协作决策机制
目标结构	由目标清晰和明确界定的问题引导的行动	多样化和持续不断地界定问题和目标
管理者的角色	体系指挥者、资源分配者和控制者	谈判者、联络者、调停者、过程管理者和网络管理者
管理任务	计划、领导、指导、组织过程	指导互动、创造机会和网络
资源配置方式	命令—控制	信任、合作、互惠和自主调节
组织间关系	基于机构或部门间的官僚关系	基于职能或项目的业务关系
危险	长官意志和规则导向	形成专业性/地区性利益集团

资料来源：笔者整理。

布里森等人将跨部门协作（Cross-sector Collaboration）定义为联合实现单个部门独自不能实现的某一结果，在两个或更多部门中组织间的信息、资源、活动和能力等方面的联系或共享，跨部门协作意味着政府、企业、非营利组织、社区和作为整体的公众之间的伙伴关系。[1] 托马斯等认为，协作治理是这样一个过程，自主的行动者通过正式和非正式协商相互作用，建立管理他们之间关系的规章制度和就共同问题进行决策和行动的方式；它是包含准则共享和互惠性相互作用的过程；对于跨组织边界事务的治理，组织间的协作是非常重要的；组织通过协商谈判达成协作性的契约来实现它们的目标。[2] 奥利瑞等认为，协作就是一起工作，在多部门关系中跨边界地工作，合作去实现共同的目标。他们认为，协作对于现代公共管理来说是非常重要的，因此，公共管理者需要学习谈判协商、促进开

---

[1] John M. Bryson, Barbara C. Crosby, and Melissa Middleton Stone, "The Design and Implementation of Cross-Sector Collaborations: Propositions from the Literature", *Public Administration Review*, Vol. 66, No. 1 (Supplement), December 2006, pp. 44–55.

[2] Ann Marie Thomson and James L. Perry, "Collaboration Processes: Inside the Black Box", *Public Administration Review*, Vol. 66, No. 1 (Supplement), December 2006, pp. 20–32.

会和协作性解决问题的技能。①

安塞尔等认为,协作治理是公共机构将多种利益相关者整合进以共识为导向的决策过程,目的在于制定或执行公共政策,管理公共项目或公共财产。② 爱默生等认为,协作治理是指促进人员跨越不同层级政府,跨越公共领域、私人领域和公民社会领域建设性地参与公共政策决策和管理的结构与过程,以达到通过其他途径无法实现的公共目的。③ 还有观点指出,协作治理是指寻求与决策过程中的利益相关者共享权力的过程,目的在于为公共问题的有效解决开发共同的政策建议,合作治理是横跨公共、私人、非营利组织和公民领域的跨部门概念。④

从上述关于协作治理的概念分析看,协作治理是一种不同于传统科层等级制的政府间管理模型(具体见表1-3)。本书将协作治理概念化为协商和整合基础上的一种结构化公共治理过程。即协作治理是指在跨管辖区、跨边界、跨组织或跨部门环境中,为实现共同利益的最大化,多个不同辖区、组织或部门通过对话、谈判和协商,达成协作承诺,并通过执行和实施这些承诺,联合治理单个辖区、组织或部门无法或无能有效解决的问题的过程。由此可知协作治理内涵包括如下六个方面:

第一,协作治理是跨边界环境背景下的社会活动;第二,协作治理的主体包括两个或两个以上政府组织、辖区或部门;第三,协作治理的客体是单个组织或部门无法或无能有效解决的共同问题或共同事务;第四,协作治理的目标是实现共同事务的有效治理和主体共同利益的最大化;第五,协作治理以信任为基础,主要通过对话、沟通、交流和协商等方式整合相关资源,提升集体行动的能力,实现对共同事务的合作管理;第六,协作治理包括四类伙伴关系:政府间伙伴关系(IGP: Intergovernmental Partnership)、公私部门伙伴关系(PPP: Public-Private Partnerships)、公共非营利部门伙伴关系(PNP: Public-Nonprofit Partnerships)和政府与公

---

① Rosemary O'Leary, Catherine Gerard and Lisa Blomgren Bingham, "Introduction to the Symposium on Collaborative Public Management", *Public Administration Review*, Vol. 66, No. 1 (Supplement), December 2006, pp. 6-9.

② C. Ansell and A. Gash, "Collaborative Governance in Theory and Practice", *The Journal of Public Administration Research and Theory*, Vol. 18, No. 4, 2008, pp. 543-571.

③ Emerson, K., Nabatchi, T., Balogh, S., "An Integrative Framework for Collaborative Governance", *Journal of Public Administration Research and Theory*, Vol. 22, No. 1, 2012, pp. 1-29.

④ Purdy, Jill, M., "A Framework for Assessing Power in Collaborative Governance Processes", *Public Administration Review*, Vol. 72, No. 30, 2012, pp. 409-471.

民伙伴关系（GCP：Government-Citizens Partnerships）。协作治理实质上是一种多元伙伴治理（Multi-Partner Governance）模式，强调社会多元行动者在政策议程设置、政策方案设计与协商、公共决策、政策执行以及公共服务提供网络中的作用，构建基于信任、协商和协作的网络化治理机制，以最有效地利用各种资源实现公共管理目标。通过协作机制来解决跨地区、跨部门公共事务问题时，具有很多优势（见表1-4）。

表1-4　　　　　　　　　　协作的优势

1. 对问题领域的广泛而综合的分析改善了解决方案的质量
2. 回应能力更加多样化
3. 有利于重启谈判僵局
4. 最小化谈判僵局的风险
5. 协作过程确保每位利益相关者的利益在任何协议中得到考虑
6. 协作各方拥有问题解决方案的所有权
7. 最熟悉问题的成员方设计解决方案
8. 多方参与提高了问题解决方案的可接受性和执行方案的意愿
9. 发现新的创造性的解决方案的潜力得到提高
10. 利益相关者之间的关系得到改善
11. 节省了与其他解决方法相关的成本
12. 建立了利益相关者之间未来行动的协调机制

资料来源：GrayBarbara, *Collaborating*: *Finding Common Ground for Multiparty Problems*, San Francisco, California: Jossey-Bass Inc., Publishers, 1989, p. 21。

关于"协作"（Collaboration）与"合作"（Cooperation）的区别，阿格诺夫和麦圭尔认为，协作是一种用来解决问题的有目的的关系，它在既定的限定条件下（例如，知识、时间、金钱、竞争和传统智慧）创造或者发现一个解决办法；而合作是指人们为了追求有益的目标，反对有害的目标而共同工作。[1] 笔者认为，协作与合作之间的区别主要体现在如下几个方面：第一，协作的目的是明确的而且是经过协商详细说明的，而合作则可能无须这种具体的事先协商、详细说明和双方同意；第二，协作过程更体现为一种资源"交换"与共享过程。在协作的过程中，协作各方以

---

[1] Robert Agranoff and Michael Mc Guire, *Collaborative Public Management*: *New Strategies for Local Governments*, Washingtong D. C.: Georgetown University Press, 2003, p. 4.

自己所拥有和所能提供的资源去与他人的那些可以补足自己不足的那些资源进行交换。而合作过程则通常不是这样一种交换过程，它不一定会是以资源交换和共享为目的；第三，协作可以理解为一种高层次的合作。协作是现代政府组织管理的一项重要内容，或者说政府组织本身就是一个协作系统。协作，就是连接、联合、协调所有的活动和力量。总之，协作是在组织内部不同部门间或不同组织之间建立信任、协调和合作关系，以最有效地利用各种资源实现共同预期目标的社会活动。

三　省际协议（Interprovincial Agreements）

作为政府间合作协调机制的省际协议，是指某一区域内不同的省级政府单位基于合作的需要，在合法、自愿和互信的前提下所形成的具有一定约束力的协议。这种政府间协议具有以下特征：

第一，协议的主体是区域内的各级政府，以省级政府为主，因此，协议应该具有公法性质，同时也属于行政机关内部行为。第二，协议的主体具有平等性，协议的各方均为行政主体，任何一方都不具有行政权上的优越性。第三，协议的主要目的是促进协议各方合作管理区域共同事务。第四，协议不具有可诉性，协议的强制力不是来源于国家的强制力，而是基于相互信任而产生的自我约束力，因此，违约责任是通过内部责任形式来解决的。第五，由于区域政府间协议具有公法性质，即非民事主体之间的私法合同/契约，它适合由行政法和行政诉讼法来调节和处理区域政府间协议中的各种法律关系。第六，法律效力弱。从省际协议条款中的权利义务逻辑结构上看，协议的法律规则性不强，条款内容具有原则性、政策性和宣言性特点，缺乏明晰的权利义务约束力。

实际上，目前国内省际协议属于各地方政府之间关于执行政治、经济、社会政策所达成的一种一致的政策性文件。政策性文件与法律文件最大的区别在于，政策性文件没有系统规定不执行政策的法律后果，不明确指向相关的法律责任条款，也不是其他规范性法律文件指向的配套文件。政府间许多共识的达成是靠领导人作出的承诺来保障的，缺乏宪法和法律效力，使这种政策性文件缺少稳定性和可持续性，一旦地方领导变动便容易使合作机制架空。

第三节　文献综述

在有关美国州际协议研究的各种文献中，美国学者很早就关注州际协议，并从多种视角探讨州际协议的历史变迁、结构与功能。根据文献涉及州际协议的主要内容，可以将这些文献分为四大类：第一类文献关注州际协议的法律内涵或从法律视角展开研究；第二类文献关注州际协议的政治内涵或从政治学角度展开研究；第三类文献关注州际协议的执行和管理机制或从公共管理学角度研究州际协议；第四类文献运用经济学中的外部性和比较优势等概念理解州际协议中的集体行动。

一　法律视角

美国联邦制的一个主要特点，就是强调宪法制度设计。《联邦宪法》是美国国家治理的根本制度架构。它具有高于州宪法的地位，并得以通过联邦最高法院贯彻之。《联邦宪法》所确立的各项原则，今天仍然是美国国家政治、经济和社会生活的基本准则。美国当代著名政治学家罗伯特·A. 达尔指出："支配美国政治生活的不只是这一文件（宪法），然而它对于形成美国政治制度的特点、形式的特殊性、实质和程序，从而使其区别于其他政治制度所起的作用，比任何其他单个因素都大得多。"[1] 因此，要了解和研究美国州际契约关系治理制度，就应该从学习美国宪法开始。

现有文献中，最早研究美国州际协议的是法律途径。法律途径主张，州际关系的指导原则是联邦宪法，州际协议所代表的契约安排对于特定的政府间目的是一种宪法上的必要。很多学者注重在联邦宪法框架下解释作为一种法律工具的州际协议的法律与契约基础。弋德威尔 1920 年在《美国国际法评论》（*The American Journal of International Law*）上发表的《州际争端的调解》[2] 是 20 世纪以来研究美国州际协议的最早文献。戈德威尔在该文中比较系统地分析了美国州际协议在殖民地时代的起源和发展。此后法兰克福和兰迪斯的《宪法"协议条款"：州际调节研究》也对美国

---

[1] 转引自李道揆《美国政府与美国政治》，中国社会科学出版社 1990 年版，第 2 页。
[2] Caldwell Robert Granville, "The Settlement of Inter-State Disputes", *The American Journal of International Law*, Vol. 14, No. 1, 1920, pp. 38–69.

州际协议的历史演变做过类似分析。①

从法律视角研究州际协议,关注的焦点是州际协议的法律内涵与宪法框架,主要将州际协议的缔结和履行视为在美国《联邦宪法》框架中应用、实施和处理法律的活动,强调州际协议的法律与契约特性。② 州际协议由州依据《联邦宪法》"协议"条款的授权缔结,一旦得到各成员州的批准和国会同意,就产生了法律效力。从这个意义上说,州际协议行为属于法律行为。齐默尔曼等在《州际协议的法律和使用》中比较系统地研究了美国州际协议的法律源头。③ 他们认为,州际协议研究的法律途径或协议法(Compact Law)可以追溯到六个源头。

(一)行政法规(Statutes)

齐默尔曼等认为:"州际协议填补了管辖区的缺陷,同时可以灵活地将这种模式整合进相关州政府的法律。"④ 在他们看来,州际协议是一种法律工具(Legal Instrument)。因此,起草、管理、解释州际协议或伸张权利和承担义务的人不可避免地面临了解契约法律的哪一部分将要协商以确定它们的意思、操作、特性和与其他法律的关系的需要。

(二)契约法(Contract Law)

齐默尔曼等认为:"州际协议不仅是一种法规,还是一种契约。"这就意味着契约实质法可以运用于州际协议。经批准的协议在参与协议的各州之间建立了一种契约关系(A Contractual Relationship),因而缔结各州受《联邦宪法》"契约"条款保护免受损害。

(三)《联邦宪法》(Federal Constitution)和联邦其他法律

按照《联邦宪法》"协议"条款,经过国会同意,州有权缔结州际协议,并且国会的批准将使一项协议成为联邦的法律和成员州的法规。因此,《联邦宪法》是州际协议的一个重要的法律源头。法兰克福和兰迪斯在《宪法"协议条款":州际调节研究》中指出:"宪法确立了一种对跨州事务进行法律控制的机制,从而准许州际调停,当然要维护国家的根本

---

① Felix Frankfurterand James M. Landis, "The Compact Clause of the Constitution: A Study in Interstate Adjustments", *The Yale Law Journal*, No. 7, 1925, pp. 685 – 758.

② Frederick L. Zimmermann and Mitchell Wendell, *The law and use of interstate compacts*, LexingtonKY: The Council of State Governments, 1976, p. 27.

③ Ibid., pp. 1 – 7.

④ Frederick L. Zimmermann and Mitchell Wendell, *The interstate compacts Since 1925*, Chicago: The Council of State Governments, 1951, p. 104.

利益。"①

（四）行政解释（Administrative Interpretations）

"在州际协议执行和管理过程中，行政官员和机构必须坚持实施赋予他们行动的法律。有时联邦法律在州际协议中是很重要的。"② 而且在某些情况下，这种趋势甚至在增多，即协议赋予管理者有权制定具有执行效力的规则和规章。

（五）判例法（Case Law）

在美国历史上，有许多司法判例涉及州际协议中的各种争端问题。州际协议具有让各州自主协商和根据先前判例而不是通过向联邦最高法院起诉来解决州际争端的优势。恩达尔在《州际协议的建构：一个有疑问的联邦问题》（Construction of Interstate Compacts: A Questionable Federal Question）中通过考察联邦最高法院介入的州际协议司法判例，提出了调解州际协议争端的方法和手段。③

（六）国际条约法（International Treaty Law）

州际协议实质上是享有主权的州之间的一项条约。其与国际条约的共同之处就是，州际协议超越了与之存在冲突的州的法律、法规，因而参与协议的各成员州让渡了各自的部分主权。因而，可以借助国际法来解决州际协议中的争端问题。

二 政治视角

根据研究的侧重点或研究所涉及的主要内容，可以将这类文献分为五类。

（一）合作联邦主义和竞争联邦主义的研究

理解美国州际协议关系不可能脱离联邦主义这一宏观政治制度背景。沃克在《美国联邦主义的复兴》中指出："自1776年以来，政府间关系就已经打上竞争与合作的烙印。"④ 横向州际竞争与合作是美国州际关系中的一对极为重要的矛盾关系。美国政治学者主要运用合作联邦主义

---

① Felix Frankfurter and James M. Landis, "The Compact Clause of the Constitution: A Study in Interstate Adjustments", *The Yale Law Journal*, No. 7, 1925, pp. 685–758.

② Frederick L. Zimmermann and Mitchell Wendell, *The law and use of interstate compacts*, LexingtonKY: The Council of State Governments, 1976, pp. 2–6.

③ Engdahl David E. "Construction of Interstate Compacts: A Questionable Federal Question", *Virginia Law Review*, No. 6, 1965, pp. 987–1049.

④ David B. Walker, *The Rebirth of Federalism: Slouching toward Washington*, Chatham, New Jersey: Chatham House Publishers, 1995, p. 267.

(Cooperative Federalism)理论和竞争联邦主义（Competitive Federalism）理论来解释州际协议与州际关系。合作联邦主义的一个方面就是州际合作关系①，而竞争联邦主义也重视州际关系②。一方面，合作联邦主义强调州际关系的宪政制度框架和跨州合作行动；另一方面，州际竞争是州际关系的内在特征，因而竞争联邦主义（Competitive Federalism Model）是理解州际关系的一个必要框架。③ 这两方面的研究文献相对较为丰富。

从一定意义上讲，20世纪以来州际合作的增加就是与作为联邦主义模型之一的合作联邦主义相联系的。合作联邦主义强调通过政府间合作解决问题，这与州际合作是相一致的。合作联邦主义不仅强调具有纵向方面的内容——纵向联邦主义——联邦与州、联邦与地方、州与地方之间的合作，而且合作联邦主义具有横向方面的内容——横向联邦主义（Horizontal Federalism）——州际相互作用与州际关系。④ 由于美国《联邦宪法》授权各州可以经过国会同意而达成州际协议，因而合作联邦主义理论在一定意义上可以解释州际契约关系。许多类型的州际合作，尤其是行政协议合乎更广泛的合作联邦主义理论。⑤ 此外，合作联邦主义依赖这种观点，那就是在美国联邦制度下更多利益是共享的而非对立的，共同问题可以促进州际合作行动。

政府间竞争是联邦制的一个重要的内在特征。竞争联邦主义模型认为，在为资源而竞争的政府间存在一种零和博弈。⑥ 实际上，联邦制下的各州有一种内在诱因去参与州际竞争。⑦ 各州不仅在边界、流域水资源分配和水污染治理、税收以及其他方面存在冲突，而且，当各州都理性地通

---

① David C. Nice, *Federalism: The politics of Intergovernmental relations*, New York, NY: St. Martin's, Press, 1987. 7.
② Daniel J. Elazar, *Cooperative Federalism*, In Competition among States and Local Governments: *Efficiency and Equity in American Federalism*, By Kenyon, Daphne A, and Kincaid, John, WashingtonD. C.: The Urban Institute Press, 1991, p. 66.
③ Joseph Francis Zimmerman, *The Silence of Congress: State Taxation of Interstate Commerce*, Albany NY: State University of New York Press, 2007, p. 3.
④ David C. Nice, *Federalism: The politics of Intergovernmental relations*, New York, NY: St. Martin's, Press, 1987. 121.
⑤ Joseph Francis Zimmerman, *Interstate Disputes: The Supreme Court's Original Jurisdiction*, Albany NY: State University of New York Press, 2006, p. 2.
⑥ David C. Nice, *Federalism: The politics of Intergovernmental relations*, New York, NY: St. Martin's, Press, 1987. 7.
⑦ Joseph Francis Zimmerman, *Interstate Relations: The Neglected Dimension of Federalism*, Westport CT: Praeger, 1996, p. 153.

过制定各种优惠政策,来吸引联邦政府的基础设施建设、国内和国际工业企业、服务业、旅游业,州际竞争是普遍的。① 作为一种市场模型,竞争联邦主义设想,对于政府来说,存在消费者和纳税人通过在最能满足他们政策偏好的政府管辖区域居住或落户,从而根据他们愿意支付的成本自由选择他们所偏爱的公共物品和服务的市场领域。② 在这种联邦主义模型中,州之间可以最有效率的方式为税收、企业和资源而开展经济竞争。一些州为吸引企业到自己的管辖区,通常争相为工业企业提供最好的公共服务和税收优惠政策;各州还可能通过游说竞争联邦政府的投资和项目。从另一方面来说,竞争联邦主义也可能促使各州政府不断改善各自的公共服务质量和减低行政成本,提高政府治理效能,增强政府竞争力。

齐默尔曼是美国政治学界研究州际协议的一位主要学者。他主要从合作联邦主义视角研究州际关系和州际协议治理问题。他在《州际关系的维度介绍》③《当代美国的联邦主义:国家权力的扩张》④《州际关系:被忽略的联邦主义内容》⑤《州际合作:协议与行政合约》⑥《州际经济关系》⑦《州际关系的趋势》《州际争端:联邦最高法院的初始管辖权》⑧ 和《国会的沉默》⑨ 等著作中探索了美国联邦主义政治背景下的州际协议合作治理机制。他认为,美国《联邦宪法》中的州际协议制度框架建立在合作性州际关系基础之上,州际协议运用合作联邦主义理论行动;州际协

---

① Joseph Francis Zimmerman, *Interstate Cooperation: Compacts and Administrative Agreements*, Westport CT: Greenwood Publishing Group, 2002, p. 3.
② Dye, Thomas, R., *American Federalism: Competition Among Government*, Lexington, KY: Lexington Books, 1990, pp. 14 – 15.
③ Joseph Francis Zimmerman, "Introduction: Dimension of Interstate Relations", *Publius: The Journal of Federalism.*, Vol. 24, No. 4, 1994, pp. 1 – 11.
④ Joseph Francis Zimmerman, *Contemporary American Federalism: The Growth of National Power*, Westport CT: Praeger, 1992.
⑤ Joseph Francis Zimmerman, *Interstate Relations: The Neglected Dimension of Federalism*, Westport CT: Praeger, 1996.
⑥ Joseph Francis Zimmerman, *Interstate Cooperation: Compacts and Administrative Agreements*, Westport CT: Greenwood Publishing Group, 2002.
⑦ Joseph Francis Zimmerman, *Interstate Economic Relations*, Albany NY: State University of New York Press, 2004.
⑧ Joseph Francis Zimmerman, *Interstate Disputes: The Supreme Court's Original Jurisdiction*, Albany NY: State University of New York Press, 2006.
⑨ Joseph Francis Zimmerman, *The Silence of Congress: State Taxation of Interstate Commerce*, Albany NY: State University of New York Press, 2007, p. 3.

议可以在区域基础上集中一定的政治权力①；除边界协议之外的州际协议在各州管辖范围内确立同一法律，结果在美国更大的联邦中建立一种有限联邦类型；州际协议使美国《联邦宪法》所创建的政治和经济联盟更加完善。

萨斯比在《州际合作：州际协议研究》中指出：州际协议是美国联邦主义政体下的一种发明和设计②；作为合作联邦主义中的州际协议工具是解决州际冲突和跨州、次国家问题的一种重要方式；里德戈瓦在《州际协议：联邦主义的一个问题》中指出："越来越多的州参与州际协议预示着美国联邦主义的一种新形式——一个复杂的政治系统正变得更加复杂。"③ 格里斯顿在《美国联邦主义》中则指出："州际合作是在联邦主义政治框架中进行的。由州际协议所创建的跨州区域政策制定组织提供了解决公共问题的一种可行途径。没有这种协议，州之间的对抗可能没有解决的办法，这将导致难堪的政治和经济后果。"④

（二）实用联邦主义理论研究

实用联邦主义者关心到底"什么有用"，选择多种机制或手段推进联邦各级政府解决现实问题。帕雷斯和马瓦斯在《实用联邦主义：一种美国政府间管理的视角》中将州际协议视为解决州际问题的一种政策工具（Policy Instruments），并根据州际协议的用途，将其区分为四种类型——规制的；大都市地区；河流盆地发展；州公共服务。⑤ 麦莉萨娜在《州际协议：阻力与动力》⑥ 中从政策工具角度分析州际协议执行过程中存在的各种阻力与动力因素。

（三）作为权力共享途径的州际协议

马斯特尔等在《州际协议：州际权力共享的一种有用工具》中写道："州际协议坚持这种承诺，即各州在没有联邦政府干预的条件下解决他们

---

① Joseph Francis Zimmerman, *Contemporary American Federalism: The Growth of National Power*, Westport CT: Praeger, 1992, p. 162.
② Vincent V. Thursby, *Interstate Cooperation: A Study of the Interstate Compact*, Washington D. C: Public Affairs Press, 1959, p. 64.
③ Marian E. Ridgeway, *Interstate Compacts: A Question of Federalism. Carbondale*, Illinois: Southern Illinois University Press, 1971, p. 308.
④ E. Gerston and Larry, N., *American Federalism: A Concise Introduction.*, ArmonkNY: M. E. Sharpe, 2007, p. 139.
⑤ Parris N. Glendening, Mavis Mann Reeves, *Pragmatic Federalism: An Intergovernmental View of American Government*, Second edition, Palisades Publishers, 1984, pp. 280.
⑥ Melissa Taylor Bell, "Interstate Compacts: Obstacles and Support", Spectrum. Lexington, Vol. 77, No. 4, 2004, pp. 12 – 16.

自己的问题。正式的州际协议所创建的治理机构允许各州创造公平和有效率的办法来解决州际问题。"[1] 在马斯特尔等人看来，州际协议提供了一种州际"权力共享"（Shared Power）途径，允许各州对于跨越各州边界并且应该在几个州管辖下的问题上保留主权。实际上，在一个相互联系的环境背景下，相互依存将推动政府官员就跨州政策议题集体行动。通过州际协议，推动各成员州联合集体行动，不仅可以控制解决问题的方法，而且可以就问题变化而塑造未来议程。另有学者认为[2]，州际协议代表了联邦各成员州之间的一种政治妥协，既是州与州之间的权力妥协，也是州与联邦之间的权力妥协。在这些学者看来，州际协议不仅可以被州用来联合解决跨州区域共同问题，还可以用来抗衡联邦政府对州政府的权力干预。

总之，权力共享理论描述一种没有任何一个州能够完全控制或垄断跨州共同事务管理的复杂情景。相反，需要多个州就跨州共同事务进行协作决策、共享资源和分担责任，实现单独行动无法达成的目的和收益。

（四）政治过程中的州际协议研究

巴顿在《政治过程中的州际协议》中提出了州际协议过程中与政治有关的两个基本问题[3]：第一，州际协议是由谁和为何目的而创建的？第二，个人和集团（包括州和国家）可以从协议中获得什么？巴顿以"联邦体制中权威在政治决策上的分配这一问题与政治分析相关"为基本假设，比较详细地考察了作为在各州之间分配经济资源、利益和价值的州际协议，及政治家、公共官僚机构和各种特殊利益集团在州际协议缔结和执行过程中的政治行为。巴顿在该书结尾声称："也许关于州际协议最普遍的说明就是，各州利用州际协议既可合作维护他们在美国联邦政治制度下的权力，减少联邦管辖权向州的扩张和干预；州际协议也可用于促进更广泛的利益和保障特殊的利益；强调州际协议过程中的政治权力是用于社会目的的。"[4] 显然，谁通过州际协议得到什么利益和如何获得这种利益是州际协议缔结与实施过程中的政治内容。

---

[1] Richard Master and Elizabeth Oppenheim, "Interstate Compacts: A Useful Tool for Power Sharing Among the States", *Policy and Practice*, Vol. 64, No. 1, 2006, pp. 24 – 29.

[2] Caroline N. Broun, Michael L. Buenger, Mc Cabe Michael H. and Masters Richard L., "The Evolving Use and the Changing Role of Interstate Compacts: A Practitioner's Guide", *American Bar Association*, No. 21, 2007.

[3] Weldon V. Barton, *Interstate Compacts in the Political Process*, Chapel Hill, North Carolina: the University of North Carolina Press, 1967, pp. 5 – 6.

[4] Ibid., pp. 163 – 166.

(五) 政治整合理论的研究

韦尔奇和克拉克在《州际协议与国家整合：一些趋势的实证评价》中写道："许多分析都提到美国政治、社会和经济生活中越来越多的相似性。政治整合理论框架（Political Integration Theoretical Framework）视这个过程是由'整合'这一概念所构成或公民被整合进一个'共同的政治过程'，州际协议是州之间更多合作和国家更大整合的一种推动力量，州际协议拥有促进这种政治整合的潜在力量。"[①] 换言之，随着各州越来越多地通过缔结州际协议构建"共同的政治过程"，以推进跨州集体行动，而共同的政治过程增加了各州之间的相互作用，促进了州际政治整合。当一份州际协议将各成员州组织在为实现共同的政策和目标而集体行动的政治过程中时，有助于强化跨州同一性和整体化，不论这种同一性和整体化的程度如何，都将有利于促进州际政治经济整合。

最后，州际协议通过创建跨州区域公共管理机构，将选拔和任用一批新型行政管理官员，其职业服务的目标既不是某一个州，也不是联邦政府，而是一个超越各单个州的区域。从这点来看，州际协议在区域基础上通过构建跨州区域协作管理整体，进而有利于促进美国国家政治、经济和社会的整合。

三 管理视角

州际协议的管理，就是针对特定的协议及其环境，建立州际协议机构，通过计划、组织、决策、领导、协调、预算和控制等活动，有效地执行州际协议的规定，以便实现协议既定目标的过程。传统的州际协议很少关注治理与管理问题，现代州际协议需要发展强有力的治理与管理机构，以更成功地处理各种跨州公共问题。[②] 与传统的州际协议相比，以1921年纽约新泽西港务管理局的创建为标志，现代州际协议越来越重视发展有助于处理跨州问题的管理机构与组织制度。随着更多的问题通过区域性和全国性的州际协议得到解决，为了成功地实现协议预期目标，构建有利于执行协议、公共决策、信息交换与共享、实现公共责任的正式管理机构（Governing Body）就显得很有必要。

---

① Susan Welch and Cal Clark, "Interstate Compacts and National Integration: An Empirical Assessment of Some Trends", *The Western Political Quarterly*, Vol. 26, No. 3, 1973, pp. 475–484.

② The Council of State Governments: National Center for Interstate Compacts, 2007, Developing the Right Structure for Success: Compact Governance.

从管理视角研究州际协议的文献将关注的焦点放在如何执行和管理州际协议,以及由多个成员州通过州际协议所创建的跨州政府间机构(Intergovernmental Agencies)——州际协议机构(Interstate Compact Agencies)的公共行政管理活动。例如,纽约州和新泽西州于1921年共建的纽约港务局(PNYA:the Port Authority of New York),是美国历史上最早的州际协议管理机构。这种跨州区域公共管理机构建立了推动州际协作关系运作的组织载体与治理结构,有助于协调州际关系和整合州际资源,对于其所设计的针对跨州区域问题的综合治理作出了重要贡献。

(一)关于州际协议机构的行政管理研究

州际协议机构,即为管理一项州际协议而创建的物质单位和组织机构,它是协议实施机构。州际协议机构或跨州公共机构是州际协议实施的组织机构。州际协议机构的组织结构,是指州际协议机构内部各构成要素以及它们之间的相互关系,它为机构提供决策、执行和监督活动的基本框架。里奇等人最早研究了州际协议的实施与管理问题。里奇等人早在1959年出版的《州际协议的管理》中就指出,关于州际协议,目前的研究,第一步就是力图考察州际协议在美国政府体制中的实施和管理方面,而非仅是其法律和理论方面。[①] 在《州际协议的管理》和《美国的州际公共机构》[②] 中,他们重点研究了州际协议机构的行政和管理,以及州和联邦政府之间的关系,州际协议机构的组织结构、权力、人事、财务和运行等。目前,这种州际协议机构在美国被广泛接受和熟悉,在美国跨州区域公共事务管理中发挥的作用越来越受认可和重视。

现代美国各州通过州际协议推动跨州协作治理,通常建立一个有效的州际协议机构,以防止由于行政协调机制无效而造成的资源配置不合理。这种协议机构属于公共组织范畴,而组织也是由结构来决定其形状的。设计组织结构的目的是为了更有效、更合理地把组织成员组织起来,即把组织成员为组织贡献的力量有效地形成组织的合力,让它们有可能为实现组织的目标而协同努力。

(二)关于州际协议与协作管理研究

凯尔尼等指出,州际协议提供了解决跨州公共政策问题的一种比较灵活的决策框架,为管理州际低放射性废物确立了一种州政府间的公共管理

---

① Richard H. Leach and SuggJrRedding S., *The Administration of Interstate Compacts*, Baton Rouge LS: Louisiana State University Press, 1959, pp. 3–4.

② Richard H. Leach, "Interstate Authorities in the United States", *Law and Contemporary Problems*, Vol. 26, No. 4, 1961, pp. 666–681.

制度安排。① 鲍曼认为："州际协议促进了跨州行政管理结构的建立，将行动者、制度和机构跨州地横向联系起来，使跨州行政管辖区域的协作管理行动增多了，这种跨州协作管理网络的扩大既为跨州共同问题的解决提供了机会，也带来了治理的新挑战。"② 在鲍曼看来，州际协议所构建的跨州协作管理网络不同于传统的行政管理结构，它促进各成员州协作制定和执行治理跨州管辖区域问题的政策方案，在跨州区域基础上促进了一种协作治理模式的发展。

（三）州际协议的管理模式研究

布朗等在《州际协议的使用演变和作用变化：实践者指南》中从管理、政治和法律等视角分析了美国州际协议的历史发展、行政结构、政治过程和法律支撑。他们认为，从根本上讲，州际协议具有契约法和成本法的特点③；州际协议代表各州之间的一种政治妥协④；州际协议管理有四种基本模式⑤：一是由现有州的有关机构和官员管理（Administration By Existing State Agencies and Officials），二是由协议管理员管理（Administration By "Compact Administrator" and/or New State Entity），三是由协会管理（Administration by Association），四是由州际机构管理（Administration by an Interstate Agency）。其中，第四种是州际协议的基本管理模式。州际协议管理机构并非一成不变。在跨州区域合作治理发展过程中，州会根据政府治理环境的变化性、区域合作的阶段性、问题的特殊性与复杂性程度而不断地发展和创造出新的组织载体和治理结构，保障州际协作治理可持续运转。

四 经济视角

经济途径主张，各州参与州际协议的主要目的是为治理跨州外部性、

---

① Richard C. Kearney and John J. Stucker, "Interstate Compacts and the Management of Low Level Radioactive Wastes", *Public Administration Review*, Vol. 45, No. 1, 1985, pp. 21 – 220.

② Ann O'm Bowman, "Horizontal federalism: Exploring interstate interactions", *Journal of Public Administration Research and Theory*, Vol. 14, No. 4, 2004, pp. 535 – 546.

③ Caroline N. Broun, Michael L. Buenger, Michael H. Mc Cabe and Richard L. Masters, "The Evolving Use and the Changing Role of Interstate Compacts: A Practitioner's Guide", *American Bar Association*, No. 1, 2007.

④ Ibid., 2007. 21.

⑤ Ibid., 2007. 133.

共同资源和集体行动问题。① 当一个问题涉及两个或两个以上的州时，跨州外部性或外溢效应就可能发生。奈斯认为，与其他州涉及外部性的州一般更有可能参与签订州际协议。② 当 A 州的行动对其邻州 B 州有影响作用时（包括正作用和副作用），那么就可以说 A 州的行动具有外部性（Externalities）或外溢性（Spillovers）。这就需要通过州际合作来解决这些跨越行政管辖区域的外部性问题。

现实中某个州的一些政策行动可能影响到其邻州；在这种情形下，如果 A 州的行为对其邻州 B 州有正效应或负效应，但 B 州没有补偿 A 州或 A 州没有补偿 B 州。例如，在 A 州产生的水质污染将可能通过河流转移到其邻州 B 州；A 州所在州立大学花费了大量资金和精力培养医生、律师、教师，但这些专业人才可能迁移到其他州，从而使这些州受益。当存在这些外部性效应时，资源分配由市场调节或单个州生产和提供可能没有效率。为治理这种跨州区域外部性问题，有必要加强州际合作行动。③ 事实上，各州之间，特别是邻州之间在很多事务上是相互联系和相互依存的。例如，越来越多的州已经达成了共识，控制跨州流域水污染和保护自然资源可以通过州际协议得以实现。

另外，参与一项州际协议的州所制定的跨州区域政策对于不是该协议成员的州的经济福利可能有一定影响。这种影响一定程度上限制了州际协议的有效运用。斯潘格尔在《州际协议某些用途的经济限制》中认为："经济过程和经济相互关系的内在特性大大限制了那些解决重要经济问题的州际协议的使用。在任何时候，如果一项州际协议引起的生产资源的使用优先满足协议的达成，而不是符合比较和绝对优势的规律，那么美利坚合众国的总体所得减少了。"④ 从交易成本经济学角度讲，交易是州际协议这种政府间契约的一个重要分析单位。在交易成本为正的情况下，一种制度安排与另一种制度安排的资源配置效率是不同的。因此，构建什么样的州际协议治理结构可以有效地节省交易成本就成为契约经济学要解决的一个关键问题。

---

① Joseph J. Spengler, "The Economic Limitations to Certain Uses of Interstate Compacts", *The American Political Science Review*, Vol 31, No1, 1937, pp. 41 – 51.
② Nice, David, C., "State Participation in Interstate Compacts", *Publius: The Journal of Federalism*, Vol. 17, No. 2, 1987, pp. 69 – 83.
③ Ibid..
④ Joseph J. Spengler, "The Economic Limitations to Certain Uses of Interstate Compacts", *The American Political Science Review*, Vol. 31, No. 1, 1937, pp. 41 – 51.

五 对以上文献的评述

目前,美国国内有关州际协议的相关文献总体来说均较为零星散乱,至今没有形成较为鲜明的理论研究视角。并且主要以法学和政治学学者为主要研究群体,公共管理学者和经济学者相对较少涉足这一领域。州际协议不仅具有法律和政治内涵,更具有公共管理特色。上文从法律、政治、管理和经济等视角综合分析美国州际协议研究领域的相关文献。在这方面,法学和政治学的研究内容相对比较丰富,以齐默尔曼为代表的政治学者主要从合作联邦主义和竞争联邦主义视角理解州际协议。在联邦主义政治背景下考察美国州际协议是政治学者在这方面的主要贡献。当然,他们的研究也有值得继续推进和发展的地方,比如,没有比较集中的研究问题和规范成熟的研究方法,而且实证研究不够,理解州际协议治理模式的理论分析框架仍需构建。

目前,我国学者对美国州际关系和州际协议的关注则更少。从当前我国国内公共管理理论的发展趋势看,现有研究对美国政府间关系的研究侧重在纵向的联邦与州、地方之间的关系,而对横向的州际关系的学术研究长期未能得到应有的重视,社会各界对此也缺乏积极关注。实际上,长期以来,国内学者对美国联邦主义的讨论基本上是从"华盛顿"的观点出发,强调的是纵向联邦主义(Vertical Federalism)——联邦与州之间的关系。然而,并非所有的政府间关系都包括联邦政府。譬如,州与州之间的关系,简称州际关系,是联邦制中一种非常重要的政府间关系。而且州际相互作用,或者说横向联邦主义(Horizontal Federalism),是被中国学者忽视了的美国联邦主义的一个重要方面。

公共管理学者在研究美国州际区域公共治理领域应大有可为。首先,从政府间关系角度来看,州际协议是一种州际政府间协作治理机制,研究这种公共治理法律制度的内在机理与运行逻辑显然需要公共管理学和政治学的视野和思维;其次,从区域公共治理角度来看,州际协议是一种跨州区域协作治理机制,研究这种法治机制离不开公共管理学的思维和研究方法。本书运用现代公共管理的基础理论,选择公共管理学的研究方法,从历史发展与现实操作、理论建构与现实分析、美国经验与中国借鉴等方面综合研究美国州际协议,探讨美国州际协议历史发展与实践运行的公共治理逻辑,并从中找到值得我国学习和借鉴的积极方面。

第四节 研究方法

学术研究的工作就是个人之间能够沟通理解的工作,其前提就是要公开说明:从什么角度去研究什么现象。本项研究采用了新制度经济学和博弈论的分析方法,特别是利用新制度经济学的思维方法、概念和理论来研究美国州际协议治理制度的历史演变、实践运行过程。交易成本是理解美国州际协议治理过程的一个基本概念和分析单位。威廉姆森曾经指出:"各种不同的合同都可还原为各不相同的治理结构,即决定着合同关系是否完整的那种组织结构,就形成了交易成本经济学。"[1]而任何治理结构都可还原为一种社会关系或社会结构。新制度经济学的一个突出特点是坚持认为交易是有成本的。交易成本产生于交易过程之中,它的大小影响了人类社会经济活动的组织方式和运行方式以及集体行动组织制度的建构。从20世纪70年代起,交易成本作为新制度经济学的一个核心概念,不但在经济学领域的相关研究中,而且在政治学和公共管理学等其他学科领域中也得到了日益广泛的应用。之所用采用新制度经济学的分析方法,乃是由于州际协议本质上是不同政府之间的一种合作制度安排,交易是理解政府间关系的一个重要概念。因而,新制度经济学的概念和理论适宜于本项研究问题的分析。

一 案例研究的选择

根据罗伯特·K.殷的观点[2],案例研究法是对现实中某一复杂的和具体的现象进行深入和全面的实地考察,是一种经验性的研究方法。案例研究主要回答的是"怎样"(How)和"为什么"(Why)的问题。案例研究作为经验性的研究,通过收集事物的客观资料,并用归纳或解释的方式得到知识。另外,案例研究法通过所选择的一个或多个案例来说明问题,用收集到的资料分析事件间的逻辑关系。本书采取单案例研究方法,以《里帕布里肯河流域协议》(RRC)为个案,主要基于如下考虑:

---

[1] [美] O.E.威廉姆森:《资本主义经济制度》,段毅才等译,商务印书馆2004年版,第64页。
[2] [美] 罗伯特·K.殷:《案例研究设计与方法》,周海涛等译,重庆大学出版社2004年版,第14页。

第一，州际协议类型的考虑。RRC有三个成员州，即该协议属于多边州际协议（Multistate Compacts）。目前，美国州际协议的一个发展趋势就是州越来越依靠多边州际协议解决跨州问题或共同问题，多边州际协议数量目前有不断增多的趋势。RRC属于美国多边州际分配协议中的典型，该河流流经美国中部科罗拉多、堪萨斯和内布拉斯加三个州。流域以水为纽带，将上、中、下游组成一个具有因果关系的复合生态系统，以流域为单元进行综合治理目前成为美国流域治理的主要特征。在实践中，事实上是流域治理和行政辖区管理相结合的流域水资源管理体制，这也在一定程度上导致流域所辖各地区均从地区狭隘利益出发，以流域为单元的管理则不到位，上下游之间、左右岸之间、不同行政区域之间、用水户之间、涉水部门之间缺乏有效协商，引发水权争端甚至冲突，难以发挥水资源的整体效益。跨州流域协议正是美国联邦制下政府间利益关系协调的法律机制。

第二，案例独特性的考虑。RRC是美国跨州流域水资源分配、开发和管理的一个突出例子，它还是美国西部跨州流域管理的典型，反映了现代流域水资源分配中面临的基本问题，包括影响该协议有效实施的成功和不成功的因素。自20世纪80年代初期以来，三个成员州对河流水资源的争夺已开始出现，这使该河流水资源的分配与使用逐渐演变成一个政治问题，甚至引发持续的州际矛盾与冲突。该协议实施过程中的水权争端是美国中西部地区河流水资源冲突管理的一个缩影，反映了河流水资源管理的复杂性、长期性和艰难性。同时，流域水资源的治理问题也是当前我国面临的重要问题。通过学习和了解美国跨州河流水资源管理协议的实践及其成功经验，可以为改善我国的河流水资源管理提供政策建议。

第三，研究的便利性和经济性条件的考虑。社会科学研究是在一定的社会情境之下进行的。研究者需要依赖一定的研究环境和条件，才能获得研究对象的相关信息。而这些客观的环境和条件与研究方法的运用密切相关。不同的研究方法所要求的研究环境是不同的。研究者不能创造研究环境，只能利用现有的研究环境获取经验性资料。因此，研究环境成为研究方法选择的一个制约因素。研究者通常都是选择比较容易介入的研究环境作研究。笔者曾于2007年10月至2008年10月在美国内布拉斯加（奥马哈）大学公共行政学系从事访问学者研究工作，从内布拉斯加州、科罗拉多州和堪萨斯州有关部门获取案例资料非常方便，并通过各种途径开展调研和访谈，收集与RRC有关的资料文献。

第四，研究时间上的考虑。作者利用在美国访问交流学习时间专门收集州际协议的相关资料，受到时间和精力的限制，选择单案例，以集中时间和精力深入分析和解释案例中的区域公共事务协作治理事件。

二 资料收集与分析

本书以州际协议为基本分析单位，收集资料的具体渠道包括：第一，美国全国州际协议中心的州际协议资料库（Interstate Compacts Database）。作为美国州际协议领域的一个专业化政策咨询组织，全国州际协议中心（National Center for Interstate Compacts, NCIC）[①] 创建了州际协议资料库，该数据库收录了200余项的州际协议，包括协议缔结的时间、主题和成员等内容。全国州际协议中心是本书资料收集的一个重要渠道。第二，州际协议机构（Interstate Compact Agencies）网站。州际协议机构通常有专门网站，并将州际协议机构的各类信息在网站上公开。这些网站是本书资料收集的重要来源。第三，政府文件记录。收集和查阅与美国州际协议有关的官方文件和档案。第四，访谈。在研究过程中，笔者通过电话和实地访谈，获取与州际流域水资源管理有关的重要信息和文献资料。第五，电子邮件。主要通过电子邮件向科罗拉多州、堪萨斯州和内布拉斯加州的水资源管理部门获取《里帕布里肯河流域协议》（RRC）和流域水资源管理政策信息。

关于文献资料分析，案例研究的证据分析的三种基本策略是：依据理论支持观点、在竞争性解释的基础上建立框架以及进行案例描述。案例研究的初衷和方案设计都是以理论假设为基础，而该理论假设反过来会帮助作者提出一系列问题，指导检索已有的文献以及产生新的假设和理论。在本书研究过程中，主要采用的方法是通过理论分析为案例研究开发出一个描述性框架，然后在描述性框架内对所选取的案例进行深度分析和解释。

[①] 美国州政府理事会（The Council of State Governments）在2004年创建了全国州际协议中心（National Center for Interstate Compacts, NCIC）来回应这些新的发展趋势。作为州政府理事会的一个附属组织，全国州际协议中心在美国州际协议治理过程中发挥重要作用。其基本职责就是通过将实践与政策研究相结合，推动州际协议作为一种理想工具以满足合作性的州际行动的需要，推动跨州公共问题的解决，发展和执行严格的评估标准，同时为那些能够长期开展满足新的和变革需要的州提供适应性结构（NCIC, 2004）。成立全国州际协议中心的目的在于将其建设成为信息交换中心，培训和技术援助的提供者，协助各州审查、修订和缔结新的州际协议以解决跨州公共问题的主要推动者。[The Council of State Governments, National Center for Interstate Compacts (NCIC) Mission (http://www.csg.org/programs/ncic/mission.aspx)].

罗伯特·K. 殷认为[①]，在单案例（Single - Cases）研究中，研究者首先要对一个案例及其主题进行深入的分析，在此基础上，研究者将对案例进行分析、归纳和总结，并得出一般的、抽象的和精辟的研究结论。在本书中，笔者首先运用协作治理过程模型分析和理解 RRC 的背景、签订过程和执行过程，在此基础上，提炼、归纳和总结研究结论。

三　本书的研究贡献与不足

（一）研究贡献

首先，本书在一定重要意义上属于目前国内在美国州际政府间关系领域的一项创新研究，这正是本书的主要贡献和重要价值所在。本书将州际协议视为美国联邦制下跨州区域公共事务协作治理的一种法治化机制，运用协作治理过程模型展开历史研究和案例研究，解释州际区域协作治理关系是如何建构和发展的，以及这种协作关系建构和发展背后的基本逻辑。利用政府间协作治理理论框架，对美国州际协议的历史演变与现实运行机理进行综合考察和分析，构成了本书的鲜明特色。

其次，本项研究力图为区域治理和政府间关系领域贡献一项基础理论成果，并为当前中国正在实施的新区域协同发展战略提供理论见解。本书从协作联邦主义制度演化的视角分析美国州际协议的历史演变，从协作治理视角研究州际协议的谈判、签订和执行，这为我们观察和理解美国国内的政府间关系提供了新的视角，对于我们更全面地观察和理解政府间关系或许会有更多的启发性作用。本书总结出了美国州际河流水权争端治理的三种基本模式："内部—官方"解决模式、"外部—非官方"解决模式和"外部—官方"解决模式，三种基本模式作为州际协作治理制度安排的复合体都起着重要作用。并指出州际河流水权争端治理模式的整体性安排呈现多样性的一个基本源泉是各种模式之间一定程度上存在着相互支持的互补性关系。这种互补性的存在意味着州际争端治理模式整体性安排的结构可以是协调一致的。其中，交易成本是这种治理制度选择过程的一个重要考量因素。

最后，本项研究兼备历史感和国际视角。在全球化时代，学术研究越来越需要具备国际视野。无疑，在美国国内区域治理制度安排和实践经验中，有一部分是中国可以参考和借鉴的。本书中的历史研究和实证研究部

---

① Robert K. Yin, *Case Study Research*: *Design and Methods*. 2nd edition. Thousand Oaks, California: SAGE Publications, 1994, pp. 38 - 39.

分，有助于增进对美国州际协议治理历史和过程的理解，这对于我们观察和分析我国区域发展中政府间关系有启示和借鉴意义。学术研究要有继承性和创造性，政府间协议研究的发展现状，反映出它在我国是一个亟待开拓的学术领域。本书从行政生态学视角提出我国借鉴美国州际协议经验的基本思路：立足于当前我国独特的行政生态环境，审视美国州际协议的普适性空间，坚持国家性与地方性双重原则的紧密结合，坚持信赖保护原则与权力公平性原则的结合，坚持可管理性原则与操作性原则的密切结合，构建具有中国特色的区域政府间协议治理体制机制。

(二) 不足之处

首先，单案例研究得出的结论可能并非普遍性结论。受时间和研究资源的现时约束，本书暂不能对每种州际协议类型都进行研究，而在选择典型案例上又可能存在有效性和可信度问题，因此，本书的研究结论面临能否被普遍推广的挑战。其次，定性研究作为一项对特殊社会现象的解释工具，在资料分析和综合的过程中，涉及研究者的研究能力和主观价值判断，即本书的研究结果面临能否被实践检验的挑战。最后，受笔者英文水平的限制，一些专业术语的翻译离"信、达、雅"的要求还存在一些差距。

第二章　理论视角与分析框架

协作是人类文明的真正的黏合剂,对于社会及其政治而言,合作行动是最重要的。

——里普森(2001)

第一节　理论视角:协作治理[①]

州际协议代表一种横向政府间法律契约,而"契约的执行和管理在许多方面根本不同于传统科层制管理方式,并且需要不同的理论来解释"[②]。迪南和克瑞认为,在碎片化的制度安排中,有效的政府间绩效始终是一个重要挑战,而构建一个政府间协作管理的框架是对美国联邦主义动态性的一种更好的理解。[③] 作为美国《联邦宪法》制度框架内一种最重要的州际合作机制,州际协议提供了就跨州边界的重要政策议题进行协作管理的机会。[④] 协作治理(Collaborative Governance)提供了理解美国州际协议的一种新视角。

协作治理成为当前政府改革与治理的热门领域和学术研究的热门话

[①] 本节部分内容曾发表在《学术研究》2010年第12期,《新华文摘》2011年第5期全文转载。

[②] H. George Frederickson and Kevin B. Smith, *The Public Administration Theory Primer*, Cambridge, Maryland: Westview Press, 2003, p. 118.

[③] John Dinan and Dale Krane, "The State of American Federalism, 2005: Federalism Resurfaces in the Political Debate", *Publius: The Journal of Federalism*, Vol. 36, No. 3, 2006, pp. 327–374.

[④] Ann O'm Bowman, "Horizontal federalism: Exploring interstate interactions", *Journal of Public Administration Research and Theory*, Vol. 14, No. 4, 2004, pp. 535–546; Gerston Larry, N., *American Federalism: A Concise Introduction*, Armonk NY: M. E. Sharpe, 2007, pp. 136–137.

题，反映了公共管理研究的理论转向。用协作治理来描述资源相互依赖时代公共管理的新模式，日益为学者们和官员们所认可和接受，大有成为公共管理新范式的趋势。夏书章在《复旦公共行政评论》第9辑《公共管理的未来十年》发表专文，发出了"加强合作治理研究是时候了"的呼吁。[①] 夏书章认为："加强合作治理（Collaborative Governance）研究显得很有必要。尤其是在新的历史条件下，其中理论和实践都大有文章"，并指出他所看好的公共管理未来十年前景，也正是在很大程度上寄厚望于合作治理研究。本书从这一视角出发，将州际协议视为一种区域公共事务协作治理机制，力图通过一个简单的模型来理解美国州政府在联邦制下如何通过州际协议组织区域公共治理行动，治理跨州区域公共事务。

一　协作治理兴起的背景

20世纪90年代末期以来，全球化、区域化、工业化、信息化、市场化和民主化的快速发展，推动政府治理模式发生了重要变革。以边界为基础的公共管理方法在21世纪已经过时了，取而代之的是一种协作网络途径。[②] 越来越多的公共政策议题具有跨越行政管辖边界特性，边界在公共管理中的意义和重要性被削弱。这种变革趋势给公共管理带来相当大的挑战。在这种复杂性生态环境下，理论界和实践者开始重新定义和理解公共管理转型。协作治理逐渐成为公共管理的核心概念，构成当前公共管理学研究的重要主题，关于协作治理的学术讨论也趋于热烈。关于协作治理的兴起背景，主要有两个方面的观点（如图2-1所示）。

（一）社会变革论（Social Change）

主流观点认为，当前社会转变步伐和特性是协作治理兴起的主要因素，或者说，政府治理面临的社会问题类型促进协作治理快速发展。社会变革论主张，社会的变革使政府治理面对一种全新的生态环境——各种"跨边界公共问题"不断涌现，地区间、组织间、部门间相互依赖性不断加强，这使公共部门及其管理者经常在一种复杂的组织间安排环境中工

[①] 夏书章：《加强合作治理研究是时候了》，载敬乂嘉主编《复旦公共行政评论》第9辑，上海人民出版社2012年版。

[②] Donald F. Kettl, "Managing Boundaries in American Administration: The Collaborative Imperative", *Public Administration Review*, Vol. 66, No1, (Supplement), December2006, pp. 10-19.

作。这是当今协作治理兴起和发展的主要因素。① 过去几十余年的公共管理实践使人们认识到，地方层面的管辖区、政府机构、非营利组织和营利组织之间相互依赖关系普遍存在。我们今天正生活在一个涉及许多组织和群体或这些组织和群体有责任解决公共问题的权力共享的世界里。这个世界是多样化的，权力是分散而非集中的；工作任务正变得更加分化，而不是再次分工和专业化；世界范围内的社会需要更多的自由和个性，而不是整合。②

社会变革论主张，在一个高度复杂的社会中，需要有不同的组织——公共部门、私人部门和非营利部门协作提供高质量的公共服务和协同解决复杂性社会问题，最大限度地克服基于部门职能分割所导致的组织碎片化问题。协作通常被认为是发展解决这些复杂问题的新策略的一种方法。③而信息通信技术在政务流程中的广泛运用，保证了部门内部、部门之间有同一和共享的信息环境，提高部门间的协同工作效率。这些因素使跨部门协作成为可能，也使跨部门协作成为必要——当今是网络与协作管理时代。④

（二）部门失灵论（Sector Failure）

在21世纪，组织间网络时代的来临，给公共管理者带来了跨边界相互依赖的挑战，对公共部门协同行动、提供整体服务的需求前所未有地高

---

① Robert Agranoff and Michael Mc Guire, "American Federalism and the Search for Models of Management", *Public Administration Review*, Vol. 61, No. 6, 2001, pp. 671 – 679; Russell M. Linden, *Working Across Boundaries: Making Collaboration Work in Government and Nonprofit Organizations*, San Francisco California: Jossey – Bass, 2002; Robert Agranoff and Michael Mc Guire, *Collaborative Public Management: New Strategies for Local Governments*, Washington D. C.: Georgetown University Press, 2003; John M. Bryson, Barbara C. Crosby, and Melissa Middleton Stone, "The Design and Implementation of Cross-Sector Collaborations: Propositions from the Literature", *Public Administration Review*, Vol. 66, No. 1 (Supplement), December 2006, pp. 44 – 55.

② Robert Agranoff and Michael Mc Guire, *Collaborative Public Management: New Strategies for Local Governments*, Washington D. C.: Georgetown University Press, 2003; John M. Bryson, Barbara C. Crosby and Melissa Middleton Stone, "The Design and Implementation of Cross-Sector Collaborations: Propositions from the Literature", *Public Administration Review*, Vol. 66, No. 1 (Supplement), December 2006, pp. 44 – 55.

③ Thomas B. Lawrence, Cynthia Hardy and Nelson Phillips, "The institutional Effects of Interorganizational Collaboration: The Emergency of Proto-Institutions", *Academy of Management Journal*, Vol. 45, No. 1, 2002, pp. 281 – 290.

④ Michael Mc Guire, "Collaboration Public Management: Assessing What We Know and How We Know It", *Public Administration Review*, Vol. 66. No. 1 (Supplement), December 2006, pp. 33 – 43.

涨——公共行政进入了一个对许多社会活动者之间开展协作有更大需要的时代。① 正如在工业社会时期官僚组织是标志性组织形式一样，新兴的信息或知识时代产生不太固定的、渗透力更强的组织结构，在这种结构中，人们能够跨越内部功能划分、组织边界甚至地理管辖边界而相互联系。② 显然，传统科层制已经不能适应当今信息时代和网络社会的需要，社会公共事务的广泛联系性和渗透性，使相应的管理不得不打破科层制的严格界限，不断开发各种新的治理模式，走向跨边界、跨领域、跨部门、跨层级的协作治理。

部门失灵论主张，当今政府所面临的许多问题不可能通过传统官僚制和以边界为基础的科层制手段解决。③ 治理这些非常复杂的问题，比如经济竞争力、工业、教育与医疗健康、区域经济与地区贫困、跨界基础设施、环境污染、共同资源开发与利用、公共安全和灾难等。跨部门协作日益被认为是成功地治理这些问题与难题的一种必须和必要的战略。④ 阿格诺夫和麦圭尔则强调，协作性管理有补充甚至在一些情况下取代官僚制过程的趋势。⑤ 按照这些观点，官僚部门体制失灵催生了跨部门协作治理的兴起。为了增加公共服务有效供给，改善公共服务质量，必须突破狭隘的部门本位主义行政思维，建立健全的跨部门治理机制，政府广泛利用财政资金，采取市场化、契约化方式，与具有专业资质的社会组织和企事业单位建立合作，提供公共服务或购买公共服务的制度安排。

---

① Eran Vigoda Gadot, *Managing Collaboration in Public Administration: The promise of Alliance among Governance, Citizens and Businesses*, Westport, Connecticut: Praeger, 2003, p. 1.
② Robert Agranoff and Michael Mc Guire, *Collaborative Public Management: New Strategies for Local Governments*, Washington D. C.: Georgetown University Press, 2003, p. 23.
③ Catherine Alterand Jerald Hage, *Organizations Working Together*, Newbury Park, California: SAGE, 1993; O'Toole Laurence J., "Treating Networks Seriously: Practical and Research-Based Agendas in Public Administration", *Public Administration Review*, Vol. 57, No1, 1997, pp. 45 – 52; RobertAgranoff and Michael Mc Guire, *Collaborative Public Management: New Strategies for Local Governments*, Washington D. C.: Georgetown University Press, 2003; Kamensky John, Burlin Thomas J. and Abramson Mark, A., "Networks and Partnerships: Collaborating to Achieve Results No One Can Achieve Alone", In Kamensky John M. and Burlin Thomas J. (ed.), *Collaboration: Using Networks and Partnerships*, Lanham, Maryland: Rowman & Littlefield Publishers, 2004, pp. 8 – 14.
④ Bryson John, M., Crosby Barbara C. and Stone Melissa Middleton, "The Design and Implementation of Cross-Sector Collaborations: Propositions from the Literature", *Public Administration Review*, Vol. 66, No1 (Supplement), December 2006, pp. 44 – 55.
⑤ Robert Agranoff and Michael Mc Guire, *Collaborative Public Management: New Strategies for Local Governments*, Washington D. C.: Georgetown University Press, 2003, p. 1.

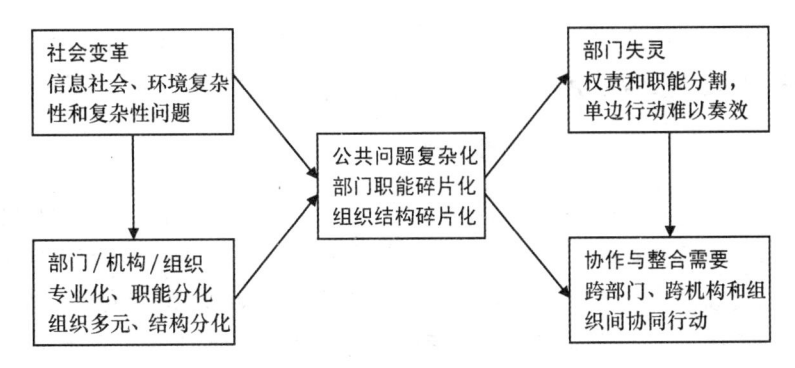

图 2-1　社会变革、部门失灵与协作需求之间的关系

当前政府面临的挑战要求政府全面理解公共价值链（PVC：Public Value Chains），更注重科层制组织系统外部合作，通过与社会组织和私人部门加强战略协作，共同分享公共领导权和决策权，以更有效地管理经济社会转型带来的风险和问题。共享权力是协作治理内涵的中心内容，即根据多个中心而非一个中心的原理组织公共事务治理的制度安排。协作治理建立在利益相关者之间面对面对话的基础上，这就要求克服官僚体制对民主合作治理的对峙，消除"民主赤字"，设计开放式公共决策过程，实现多元主体共同参与、跨界协作寻求创新性的解决公共问题的战略和策略，为公众和社会提供更好的公共服务、公共价值和结果。

作为近年来西方国家公共管理实践探索与理论研究的一个新趋向，协作治理是在反思传统官僚制行政模式和碎片化新公共管理模式的基础上形成和发展起来的。它代表了当前公共管理新的发展趋势或研究途径。或者说，未来的公共管理将是一种"协作性公共管理"模式。[①] 它的兴起与发展绝非偶然。社会的变迁、组织模式的变革及其带来的其他规范性价值的转变，意味着政府及其管理者都必须面对一个不断强化的、必须履行的公共责任，那就是，在所有类型的公共管理过程中，以公共需求为导向，以资源整合为主线，突破和超越基于管辖区和部门边界的公共管理模式，构

[①] Laurence J. O'Toole, "Treating Networks Seriously: Practical and Research-Based Agendas in Public Administration", *Public Administration Review*, Vol. 57, No. 1, 1997, pp. 45–52; Russell M Linden, *Working Across Boundaries: Making Collaboration Work in Government and Nonprofit Organizations*, San Francisco, California: Jossey-Bass, 2002; Robert Agranoff and Michael Mc Guire, *Collaborative Public Management: New Strategies for Local Governments*, Washington, D.C.: Georgetown University Press, 2003; Ann Marie Thomson and James L. Perry, "Collaboration Processes: Inside the Black Box", *Public Administration Review*, Vol. 66, No. 1 (Supplement), December 2006, pp. 20–32.

建跨边界区域公共事务协作治理模式，提升公共事务的整体治理绩效，创造公共管理的战略价值。

二 协作治理研究的主要视角

协作网络构成当代复杂社会公共治理的一种重要机制，它是加强其公共治理合法性的有效工具。如果说当今世界正在进行一场公共管理创新的话，我们或许可以把这场创新称作"协作治理创新"。20世纪90年代中后期以来西方国家"整体政府"改革（Whole-of-Government Reform）的核心特征就是跨部门合作。[1] 实际上20世纪90年代后，为克服"竞争政府"的弊端，英国开始了以整体政府、合作政府为核心的现代化政府改革，其根本目的就在于构建一个中央政府与地方政府各司其职、协调一致、分工合作的现代化政府系统。[2] 在过去20余年中，公共管理学最重要的进展就是对多元利益主体之间共同治理研究兴趣的蓬勃兴起。在此过程中，公共管理学与政治学、经济学、社会学、心理学和生态学等多学科交叉融合。今天，协作治理将被描绘成为政府治理的新模式。协作治理研究的兴起，代表当前公共管理的一个重要发展方向，其学术价值与实践意义是明显的，代表公共管理现实世界中人们持续不断地改进政府治理质量的努力方向。其兴起反映了当前公共管理理论与实践发展的新趋势，对于理解公共管理转型和政府治理创新具有指导价值。

近20余年来，在国外公共管理研究领域涌现了协作治理的丰富文献，代表性著作有帕瑞（Perri）的《整体政府》（*Holistic Government*，1997）、巴达赫（Eugence Bardach）的《跨部门合作：管理"巧匠"的理论与实践》（*Getting Agencies to Work together: The Practice and Theory of Managerial Craftsmanship*，1998）、林登（Russell M. Linden）的《跨界工作：使政府和非营利组织中的协作运转起来》（*Working Across Boundaries: Making Collaboration Work in Government and Nonprofit Organizations*，2002）、阿格诺夫和麦圭尔（Robert Agranoff and Michael Mc Guire）的《协作性公共管理：地方政府新战略》（*Collaborative Public Management: New Strategies for Local Governments*，2003）、格瑞等（Andrew Gary, Bill Jenkins, Frans Leeuw, John Mayne）的《公共服务中的协作》（*Collaborations in Public Services*，2003）、

---

[1] 周志忍、蒋敏娟：《整体政府下的政策协同：理论与发达国家的当代实践》，《国家行政学院学报》2010年第6期。

[2] 张成福、边晓慧：《超越集权与分权，走向府际协作治理》，《公共管理与政策评论》2013年第2期。

戈多特（Eran Vigoda Gadot）的《公共行政中的合作管理：政府、公民、企业之间的联盟承诺》（*Managing Collaboration in Public Administration：The Promise of Alliance Among Governance, Citizens, and Businesses*，2003）、戈德斯密斯和埃格斯的（Stephen Goldsmith and William D Eggers）的《网络化治理：公共部门的新形态》（*Governing By Network：The New Shape of the Public Sector*，2004）、阿格诺夫（Robert Agranoff）的《网络管理：促进公共组织价值》（*Managing Within Networks：Adding Value to Public Organizations*，2007）、奥利瑞等（Rosemary O'Leary and Lisa Blomgren Bingham）的《协作性公共管理者：21世纪新思维》（*The Collaborative Public Manager：New Ideas for the Twenty-First Century*，2009）、奥斯本（Osborne）的《新公共治理？公共治理理论与实践新视角》（*The New Public Governance? Emerging Perspectives on The Theory and Practice of Public Governance*，2010）和奥斯特罗姆（Ostrom，2010）的《共同合作——集体行动、公共资源与实践中的多元方法》（*Working Together：Collaborative Action, The Commons, and Multiple Methods in Practice*）等。

  近年来，国内外学术界围绕合作治理主题展开一系列学术研讨。2006年年初，雪城大学马克斯维尔公民与公共事务学院教授奥利瑞（担任雪城大学"冲突与合作研究"项目主任）在华盛顿发起举办了一场"协作性公共管理学术会议"（Collaborative Public Management Conference），与会者有来自公共部门、私人部门以及非营利部门的，具有不同的专业知识领域。此次会议的论文集也于2009年由乔治敦大学出版社出版，书名叫《协作性公共管理者：21世纪的新思维》（*The Collaborative Public Manager：New Ideas for the Twenty-First Century*），该书可以看作协作性公共管理学派的"宣言"。此后，奥利瑞、宾哈姆和凯特尔、阿格诺夫等学者于2006年12月在《公共行政评论》（*Public Administration Review*，Vol. 66，No. 1）期刊上组织了协作性公共管理专题研讨。2007年1月，奥利瑞和宾哈姆又在《国际公共管理期刊》（*International Public Management Journal*，Vol. 10，No. 1）上组织研讨相同话题。2008年9月，由雪城大学马克斯维尔公民与公共事务学院主办的第三届明诺布鲁克会议（Minnowbrook III Conference）在雪城召开，这次会议以"全球公共行政、公共管理与公共服务的未来"为主题，来自全球十余个国家近200名学者参加了大会。"合作""参与""民主""网络""治理"构成了会议研讨的重要话题。

  2011年6月，由复旦大学国际关系与公共事务学院主办、《国际公共管理期刊》协办的"中国大陆、台湾与香港的合作治理——趋势、视角及展望"国际学术研讨会在上海召开。这次会议的部分论文于 2012 年以专题栏目刊登在《国际公共管理期刊》第 4 期。2013 年 5 月，复旦大学合作治理研究中心（Center for Collaborative Governance）联合美国公共政策分析与管理协会（Association for Public Policy Analysis and Management，APPAM）在上海共同举办"政府、市场、社会之间的协作（Collaboration Among Government, Market, and Society）"国际学术研讨会，来自《公共行政研究与理论期刊》（Journal of Public Administration Research and Theory）、《国际公共管理期刊》（International public Management Journal）、《政策分析与管理期刊》（Journal of Policy Analysis and Management）、《公共管理评论》（Public Management Review）、《公共行政与发展》（Public Administration and Development）等国际学术期刊的主编参会。这是合作治理研究领域的一次国际盛会。

与此同时，一些大学纷纷成立合作治理领域的专门研究机构。如雪城大学冲突与合作研究促进项目（The Program for the Advancement of Research on Conflict and Collaboration, PARCC），这是一个跨学科研究中心，致力于推进冲突管理和合作治理理论与实践领域的发展。PARCC 创建于 1986 年，最初因其在国际领域的冲突管理研究而出名，从事冲突解决与合作技能教育培训已有 26 年，目前其研究领域包括环境冲突治理、政策倡导和合作治理等。另有斯坦福大学国际冲突与协商研究中心（Center on International Conflict and Negotiation）和科罗拉多（博尔德）大学冲突、合作与创造性治理研究中心（Center for the Study of Conflict, Collaboration and Creative Governance）。复旦大学在 2007 年成立合作治理研究中心（Center for Collaborative Governance）。

在后新公共管理改革时代，政府对能够解决跨边界协调挑战的创新性合作安排的需求日益增加，需要发现和设计有助于提升治理民主性和治理能力的组织形式。英国在 1997 年布莱尔领导的工党执政后，强调公共服务中协作的好处，并于 1999 年发布《政府现代化》（Modernising Government），提出通过积极采取措施建立政府各部门间的伙伴关系，提供更加协调的和回应性的公共服务。新西兰在 2001 年就将实现整合的、关注公民的公共服务提供和解决碎片化与改善协调作为政府改革的优先议题。2004 年，澳大利亚政府总理管理顾问委员会发布一份《联合政府报告》（Connecting Government），推行整体政府改革，要求提升组织间协调能力。2010 年美国国会通过了《政府绩效与结果现代化法案》（Government Per-

formance and Results Act Modernization Act，GPRAMA），以弥补 1993 年出台的《政府绩效与结果法案》（*Government Performance and Results Act*，GPRA）的不足，构建更加有效的政府绩效管理系统。GPRAMA 要求创建绩效改进理事会作为机构间实体，以促进跨部门合作；要求美国政府管理与预算局（Office of Management and Budget，OMB）与其他机构一起开发跨部门优先治理目标，利用跨部门合作以实现政府治理目标。

推进协作治理创新是我国国家治理领域一场广泛而深刻的变革。党的十七大提出"健全部门间协调配合机制"，作为深化行政管理体制改革的重要内容之一；《国家基本公共服务体系"十二五"规划》指出："创新基本公共服务供给模式，引入竞争机制，积极采取购买服务等方式，形成多元参与、公平竞争的格局，不断提高基本公共服务的质量和效率"；党的十八大强调"加快形成党委领导、政府负责、社会协同、公众参与、法治保障的社会管理体制"；党的十八届三中全会通过的《中共中央关于全面深化改革若干重大问题的决定》（以下简称《决定》）将协作治理理念引入国家治理体系和治理能力现代化转型的顶层设计，强调增强改革的系统性、整体性、协同性，中央成立全面深化改革领导小组，负责改革总体设计、统筹协调、整体推进、督促落实；2014 年 11 月，《国务院关于创新重点领域投融资机制鼓励社会投资的指导意见》提出："在公共服务、资源环境、生态建设、基础设施等重点领域进一步创新投融资机制，充分发挥社会资本特别是民间资本的积极作用，建立健全政府和社会资本合作（PPP：Public-Private Partnerships）机制。"财政部是落实"允许社会资本通过特许经营等方式参与城市基础设施投资和运营"改革举措的第一责任部门。按照党中央、国务院的统一部署，财政部在基础设施及公共服务领域大力推广运用 PPP 模式，从制度建设、机构能力、政策扶持、项目示范等方面开展了一系列工作。2014 年 12 月，财政部政府和社会资本合作（PPP）中心正式获批，主要承担 PPP 工作的政策研究、咨询培训、信息统计和国际交流等职责。为了更好地支持政府与社会资本合作的实际运作，财政部于 2015 年 1 月 19 日发布通知，规范政府与社会资本合作合同管理工作，并同时发布《PPP 项目合同指南（试行）》。这反映出中央对跨部门协作治理的重要性给予了高度重视。近年来，我国从中央到地方围绕构建公共服务协作提供的政策制度、体制机制、方式方法等进行了一系列实践探索，在拓宽公共服务领域、优化公共服务提供主体、提高公共服务质量等方面取得了重要成果。

由上述分析可知，虽然最近的研究将协作治理或协作性公共管理

(Collaborative Public Management) 描述为非常新奇的用语，但在此之前它有着丰富的发展历史。目前，协作治理大有成长为一种新的公共管理途径的趋势。作为公共管理领域一个正在不断发展的新主题，协作治理研究有助于弥补已有公共管理理论的知识基础，已经形成了多种研究视角或多元化研究途径。

(一) 政府间关系视角 (Intergovernmental Relations)

政府间关系的研究重点是各级政府之间的交互活动、政府间决策过程及协调互动。联邦主义、政府间关系和政府间管理的研究就将公共管理描述为实践中的协作活动。伊拉扎1964年在《19世纪美国联邦与州的协作》中从合作联邦主义的角度分析19世纪美国联邦政府与州政府间的协作。[①] 他认为，作为联邦主义背景下的一种政府间协作管理模型，政府间协作植根于联邦主义自身。这种政府间合作模式在北美独立战争期间就得到了非正式发展，北美殖民地时代和独立战争期间的协作技术在《邦联条例》和《联邦宪法》中得到了具体体现。他还指出，美国联邦主义的演变与发展以政府间协作（联邦与州的伙伴关系）为主线，这种政府间协作模型的持续演化就是我们今天所称的"合作联邦主义"（Cooperative Federalism）。从这个意义上说，合作联邦主义也可被称为"协作联邦主义"。1972年他又提出，政府间协作（Intergovernmental Collaboration）是美国政治生活中的一个准则。[②] 根据这种观点，在联邦制度下政府间的利益更多是共享而非对立，强调通过政府间协作解决问题。

奥斯特罗姆主要集中研究了美国大都市区域的多中心协作治理和地方公共物品与服务提供的组织间协作安排。他认为，"美国的政府体制在很大程度上依赖权力的非集中化，在这种体制下，关系的协调是通过同等地位的权力间的协作而不是由一个突出的单一权力中心的主宰来实现的"[③]。阿格诺夫和麦圭尔是目前美国公共管理学界研究协作治理的两位重要学者，二人在该领域的学术研究甚为丰富。他们在《协作性公共管理：地方政府新战略》中主要研究了美国地方政府间协作性管理实践，特别是基于管辖区的协作性公共管理模式（Jurisdiction-Based Management），指

---

① Daniel J. Elazar, "Federal—State Collaboration in the Nineteenth-Century United States", *Political Science Quarterly*, Vol. 79, No. 2, 1964, pp. 248–281.

② Daniel J. Elazar, *American Federalism: A View from the States*, New York: Harper & Row Publishers, 1972, Preface.

③ [美] 文森特·奥斯特罗姆：《美国地方政府》，井敏、陈幽泓译，北京大学出版社2004年版，第15页。

出："协作性公共管理可以定义为，在以解决单个组织不能或无法容易地解决问题的跨组织安排中的促进与操作的过程。"① 他们认为，"美国联邦主义可能是最为持久的协作性管理模型。而组织间网络时代的来临，给公共管理者带来了跨界相互依赖的挑战"。② 在过去几十年间，联邦、州、地方三级政府和各种非营利组织、营利组织都曾经正式和非正式地通过多种机制在许多领域合作过。

赖特从政府间管理（Intergovernmental Management，IGM）角度分析政府间协作问题。③ 政府间管理是在高度不确定性和复杂性的条件下，建立和利用政府和非政府网络解决共同问题的过程。④ 政府间管理开始于20世纪七八十年代。20世纪60年代，随着美国联邦政府权力的日益集中，美国社会要求改变联邦政府与州政府间权力失衡状况的呼声也越来越高。在这一阶段出现了政府、市场、社会共同参与，以公共需求为导向的公共管理模式。通过公共与私人部门，管理机构以及政府间的对话以一个协商平台来进行对话，以需求和结果为导向来解决公共问题。政府间管理的模式因为有政府、市场以及社会的共同参与，这有利于公共物品以及公共服务的供给，发挥政府对社会的协调作用，而且这也有利于处理政府间存在的竞争与合作问题，有利于政府间协调、信息共享和合作。⑤

凯特尔指出，边界是美国联邦主义体制中政府间冲突的焦点。⑥ 他认为，组织间、部门间协作是联邦制政治环境下的一个基本特征，边界的重要性在下降；将公共行政设计为与今天政府中跨组织、跨部门的运作实践整合的新战略，需要一种协作网络途径（Collaborative, Networked-Approach）。拉塞尔·林登关于无缝隙政府的研究为跨部门协作提供了重要

---

① Robert Agranoff and Michael Mc Guire, *Collaborative Public Management: New Strategies for Local Governments*, Washingtong D. C.: Georgetown University Press, 2003, p. 4.

② Ibid., pp. 36 – 37.

③ Deil S. Wright, *Understanding Intergovernmental Relations*, Pacific Grove, California: Brooks/Cole Publishing Company, 1988, p. 450.

④ Deil S. Wright and Dale Krane, "Intergovernmental Management", In Shafritz, Jay M (ed.), *International Encyclopedia of Public policy and Administration*, Boulder, Colorado: Westview Press, 1998, pp. 1162 – 1168.

⑤ Deil S. Wright, "Federalism, Intergovernmental Relations and Intergovernmental Management: Historical Reflections and Conceptual Comparisons", *Public Administration Review*, Vol. 50, No. 2. (Mar. – Apr., 1990), pp. 168 – 178.

⑥ Donald F. Kettl, "Managing Boundaries in American Administration: The Collaborative Imperative", *Public Administration Review*, Vol. 66, No. 1, (Supplement), December 2006, pp. 10 – 19.

理论依据。① 他指出，所谓的"无缝隙组织"是可以用流动的、灵活的、弹性的、完整和透明连贯的等词语来形容的组织形态。"无缝隙政府"或协作型政府就是政府打破传统的部门边界和职能分割的局面，整合政府所有的职能部门、人员和其他资源，以公众而非部门为导向，再造公共部门运作流程，以单一的界面为公众提供整体、优质、高效的信息和服务。

（二）政策执行视角（Implementation Perspective）

美国政府从20世纪60年代末开始，推出了一系列的社会公共工程，如向贫穷开战、扩大就业等。这些庞大的政府计划，听起来非常鼓舞人心，但执行的结果却没有预期的那样令人满意，政策项目的公共目标并没有得到有效实现，它们或是成就有限，或是遭受挫折，甚至以失败告终。这种政策设想与现实层面的巨大反差，开始引起人们（尤其是政策研究者）的相当关注。政策执行研究的目的是为了找出政策失败的原因，及解决问题的办法，克服所谓的"执行鸿沟"（Implementation Gap）或减少"执行赤字"（Implementation Deficit），保证政策目标的实现。

普雷斯曼和韦达夫斯基在《执行：联邦政府的美好愿望是如何失败的》② 中描述了政策执行过程中的协作需要。首先，政策执行中共同行动的复杂性，参与项目执行的人员过多，必然持有不同的观点，导致执行过程协调的困难；其次，多个决策点因此减少成功概率，为实行奥克兰大项目，项目的参与者和组织必须通过的决策点（Decision and Clearance Points）竟有70个。这种情况可能容易导致拖延、扯皮和讨价还价，增加执行过程的交易成本，阻碍项目的有效执行。③ 80年代的许多政策研究揭示了政策执行中的协作内容。赫恩和波特尔的"执行结构"（Implementation Structure）研究，彻底抛弃了传统科层组织的政策执行观，从多元行动者互动角度探讨政策执行过程。④ 他们认为，政策执行需要相关的众多组织（包括公共组织和私人组织）和行动的共同协作。这是因为政策执行涉及社会利益的权威分配，而且政策涉及的各种组织分别掌握了实现政策目标的相关资源。因此，这些不同的组织和社会成员通过公共政策纽带

---

① ［美］拉塞尔·林登：《无缝隙政府——公共部门再造指南》，汪大海等译，中国人民大学出版社2002年版。
② Jeffrey L. Pressman and Wildavsky Aaron, *Implementation*, Berkeley: University of California Press, 1973.
③ J. 普雷斯曼、A. 韦达夫斯基：《执行》，杰伊·M. 沙夫里茨、艾伯特·C. 海德：《公共行政学经典》，中国人民大学出版社2004年版，第354—355页。
④ Benny Hjern and David O. Porter, "Implementation Structure: A New Unit of Administrative Analysis", *Organization Studies*, Vol. 2, No. 3, xxx 1981, pp. 220 – 233.

发展了一种相互依赖的"执行结构"。

政策执行研究的结果表明，在国家层面新政策项目的有效执行需要联邦政府管理者与政府内部和政府外部的各种不同行动者一起协同工作，这些行动者具有不同的组织文化背景、受不同的动机所影响以及受不同的目标所指挥。因而，需要从多个权力中心出发，建立一种协作结构（Collaborative Structure）来执行公共政策。[1] 目前比较流行的政策执行网络研究途径，则批评了传统层级制的行政模式和自上而下的政策执行模式，强调政策主体之间是通过交换而达到协调与合作，而不是通过传统科层制下的命令与规制，从而更好地揭示出政策执行过程实际上是多元利益相关者之间的协作管理过程。组织间关系是政策执行过程中的重要因素。而作为冲突和协商的政策执行，组织是具有不同利益关系的个人和下级单位围绕行使权力和资源分配而相互竞争的冲突与协商场所。政策执行是一个政治过程，执行活动是具有多种利益和不同影响力的组织之间或参与者之间的冲突和协商的结果，它反映了组织或参与者的资源和偏好。

（三）**网络治理视角**（Network Management Perspective）

许多公共行政学者视跨部门协作为"网络"，运用网络理论研究协作问题。虽然并非所有的协作关系都发生在多元行动者网络中，但协作性公共管理的文献确实被网络研究加强了。[2] 罗茨认为，治理意味着一种新的统治过程，主要指具有相互依存、资源交换、博弈规则和自主治理的组织间网络。[3] 弗雷德里克森认为，理解今天的地区间、组织间、机构间关系通常借助网络理论或治理理论。[4] 奥利瑞等在《协作中的公共管理者》中指出，学术界对协作治理的回应部分原因是公共、私人和非营利组织网络的增长；他们工作的背景、环境和限制因素；网络中公共管理者所处的情境；网络治理过程和决策规则；公共管理者如何界定他们的工作、任务和

---

[1] Laurence J. O'Toole , "Treating Networks Seriously: Practical and Research-Based Agendas in Public Administration", *Public Administration Review*, Vol. 57, No. 1, xxx1997, pp. 45 – 52; Hall Thad E. and Laurence J. O'Toole Jr, "Structures for Policy Implementation: An Analysis of National Legislation, 1965 – 1966 and 1993 – 1994", *Administration and Society*, Vol. 31, No. 6, 2000, pp. 67 – 86.

[2] Alter Catherine and Hage Jerald, *Organizations Working Together*, Newbury Park, California: SAGE, 1993; Goldsmith Stephen and Eggers William D., *Governing By Network: The New Shape of the Public Sector*, WashingtonD. C.: The Brookings Institution, 2004.

[3] R. A. W. Rhodes, "Understanding Governance: Policy Networks, Governance, Reflexivity and Accountability", Open University Press, 1997, p. 15.

[4] H. George Frederickson and Kevin B. Smith, *The Public Administration Theory Primer*. Cambridge, Maryland: Westview Press, 2003, p. 226.

目标，以及他们对公共政策和政策过程的影响。① 从一定意义上讲，现代公共治理是一种协作性网络治理，或者说协作网络是现代公共治理的核心内容。

奥图尔认为，公共管理者正处于一种纵横交错的协作网络环境中工作，因此在公共行政中有必要认真地对待网络。② 鲍威尔认为，网络时代已经来临，科层制和市场制正在被网络机制所取代。③ 网络是一种组织间安排，这种组织间安排主要是为了解决单个组织不能或无法有效解决的那些问题。网络世界中的公共管理需要更多关注组织间协作。④ 网络管理过程是一个协作管理过程，包括启动、规划、动员和协同。⑤ 公共网络管理（Public Network Management）寻求一种与官僚制管理下的科层组织权威范式具有相同地位的公共管理范式。戈德史密斯和埃格尔在《网络化治理：公共部门新形态》（Governing By Network：The New Shape of the Public Sector）中指出⑥：作为一种协作型政府模型，网络化治理代表了四种发展趋势——第三方政府（Third - Party Government）、协同政府（Joined-Up Government）、数字革命（the Digital Devolution）和顾客需求（Consumer

---

① Rosemary O'Leary, Beth Gazley, Michael Mc Guire and Lisa Blomgren Bingham, "Public Managers in Collaboration", In Rosemary O'Leary and Lisa Blomgren Bingham, *The Collaborative Public Manager：New Ideas for the Twenty-First Century*, Washington D. C.：Georgetown University Press, 2009, pp. 1 - 12.

② Laurence J. O'Toole, "Treating Networks Seriously：Practical and Research-Based Agendas in Public Administration", *Public Administration Review*, Vol. 57, No. 1, 1997, pp. 45 - 52.

③ Walter W. Powell, "Neither Market Nor Hierarchy：Network Forms of Organization", In Thompson Grahame et al (ed.), *Markets, Hierarchies and Networks：The Coordination of Social Life*, Newbury Park, California：SAGE, 1991, pp. 265 - 275.

④ W. J. M. Kickert and J. F. M. Koppenjan, "Public Management and Network Management：An Overview", In Kickert Walter J. M., Klijn Erik-Hans and Koppenjan Joop F. M. (ed.), *Managing Complex Networks：Strategies for the Public Sector*, Thousand Oaks, California：SAGE Publications, 1997, pp. 35 - 61; W. J. M. Kichert, et al, "Introduction：A Management Perspective on Policy Networks," In W. J. M. Kickert, Klijn Erik-Hans and Koppenjan Joop F. M. (ed), *Managing Complex Networks：Strategies for the Public Sector*, Thousand Oaks, California：SAGE Publications, 1997, pp. 1 - 13; Acar Muhittin, Guo Chao and Saxton Gregory D., "Managing Effectively in a Networked World", *The Public Manage*, Vol. 36, No. 2, 2007, pp. 33 - 38.

⑤ Robert Agranoff and Michael Mc Guire, "Big questions in Public Network Management research", *Journal of Public Administration Research and Theory*; Vol. 11, No. 3, 2001, pp. 295 - 326.

⑥ Stephen Goldsmith and William D. Eggers, *Governing By Network：The New Shape of the Public Sector*, Washington D. C.：The Brookings Institution, 2004, pp. 9 - 19.

Demand）的综合，将第三方政府高水平的公私合作特性与协同政府充沛的网络管理能力结合起来，然后再利用技术将网络连接到一起，并在公共服务运行方案中给予公民更多的选择权。① 网络化治理包括不同层级政府、非营利组织和营利组织之间的协作，政府必须管理网络中的组织间关系，网络中的参与应该通过合作伙伴关系而非官僚体制得以建构。②

卡米斯基等认为，协作可能被认为是利用一种或多种工具建立新的网络，在这些新网络中，有些可能还包含正式的伙伴协议。③ 他们认为，网络和伙伴关系是公共部门中的两种协作途径，信任的存在、对协作成功的共同义务和建立共识的能力是成功的协作性管理的基本前提。④ 马尼等人视协作安排为网络中的一种正式安排。协作安排具有三个基本特征⑤：第一，与某一公共政策意图相联系的共同的目标；第二，共享治理；第三，就治理达成书面协议。他们总结了公共服务供给中的三种协作模式：政府间协作（Intergovernmental Collaboration），如市县协作；政府内部协作（Intragovernmental Collaboration），如机构间、部门间的协作；政府外部协作（Extragovernmental Collaboration），如政府与志愿者组织、政府与私人部门、政府与非营利部门、政府与公众之间的协作等。

格瑞等在《协作政府与评估：一种新型政策工具的意义》中指出，协作和网络机制正在成为许多政治体系中变革治理的中心内容。他们的研

---

① Stephen Goldsmith and William D. Eggers, *Governing By Network*: *The New Shape of the Public Sector*, Washington D. C.: The Brookings Institution, 2004, pp. 9 – 19.
② Ibid., p. 147.
③ John Kamensky, Thomas J. Burli and Mark A. Abramson, "Networks and Partnerships: Collaborating to Achieve Results No One Can Achieve Alone", In Kamensky John M. and Burlin Thomas J. (ed.), *Collaboration*: *Using Networks and Partnerships*, Lanham, Maryland: Rowman & Littlefield Publishers, 2004, p. 8.
④ John Kamensky, Thomas J. Burli and Mark A. Abramson, "Networks and Partnerships: Collaborating to Achieve Results No One Can Achieve Alone", In Kamensky John Mand Burlin Thomas J. (ed.), *Collaboration*: *Using Networks and Partnerships*, Lanham, Maryland: Rowman & Littlefield Publishers, 2004, p. 12.
⑤ John Mayne, Tom Wileman and Frans Leeuw, "Networks and Partnering Arrangements: New Challenges for Evaluation and Auditing", In Gary Andrew, Jenkins Bill, Leeuw Frans, Mayne John (ed.), *Collaborations in Public Services*, New Brunswick NJ: Transaction Publishers, 2003, pp. 29 – 51.

究建立在三个基本假设基础上①：第一，协作共享信息、解决问题的方案和学习；第二，协作创造社会资本；第三，协作减少了正式控制的需要和降低了交易成本。他们认为，协作机制应被视为一种经常运用的新的治理工具，它可以重新定义组织间、部门间和部门内的政治。托马斯和皮尔瑞在《协作过程：透视这一黑箱》中研究了协作过程的五个维度：治理的维度，协作治理的过程；管理的维度，协作管理的过程；自治的维度，调和个人与集体的利益；共同的维度，形成互利关系；信任与互惠的维度，构建社会资本准则的过程。②

协作治理倡导参与式治理（Participatory Governance）：公民积极参与政府决策。③ 库伯等在《以公民为中心的协作性公共管理》中通过分析美国历史上公民参与运动的演变和发展，研究了公民参与如何影响协作性公共管理。④ 他们强调公众在协作性公共管理过程中的作用。库伯等发展了在以公民为中心的协作性公共管理（Citizen-Centered Collaborative Public Management）过程中公民参与途径的一个概念模型，该模型包括基于共识、公民社会、信息交换、选举和对手五种公民参与途径。这种以公民为中心的协作治理有助于提升政府对公民的信任度和公民对政府的信任度，提升公民参与的效果和公民的能力。马克在《利用作为政府战略的协作：来自六个流域管理项目的教训》中运用案例比较分析方法，研究了协作性管理在操作、政策制定和制度三个层面是如何发生的，以及协作型组织是如何发展的。⑤

---

① Andrew Gary, Bill Jenkins and Frans Leeuw, "Collaborative Government and Evaluation: The Implications of a New Policy Instrument", In Gary Andrew, Jenkins Bill, Leeuw Frans, Mayne John (ed.), *Collaborations in Public Services*, New Brunswick NJ: Transaction Publishers, 2003., pp. 14 – 16.
② Ann Marie Thomson and James L. Perry, "Collaborative Process: Inside the Black Box", *Public Administration Review*, Vol. 66, No. 1 (Supplement 1), xxx2006, pp. 20 – 32.
③ Rosemary O'Leary, Beth Gazley, Michael Mc Guire and Lisa Blomgren Bingham, "Public Managers in Collaboration", In Rosemary O'Leary and Lisa Blomgren Bingham, *The Collaborative Public Manager: New Ideas for the Twenty-First Century*, Washington D. C.: Georgetown University Press, 2009, pp. 1 – 12.
④ Terry L. Cooper, Thomas A. Bryer and Jack W. Meek, "Citizen-centered collaborative public management", *Public Administration Review*, Vol. 66, No. 1 (Supplement), 2006, pp. 76 – 88.
⑤ Mark T. Imperial, "Using Collaboration As A Governance Strategy: Lessons From Six WatershedManagement Programs", *Administration & Society*, Vol. 37, No. 3, 2005, pp. 281 – 320.

弗里斯曼在《参与还是不参与：协作的动力与阻力》中指出一种高度整体化的协作结构——组织间网络在资源分散化、管辖权共享和重叠的许多公共政策领域日益普遍。资源依赖、网络优势和共同目标是组织参与协作的重要动力。① 公共管理者通常运用协作作为改善组织间网络治理的战略。协作被认为是一种特殊的网络关系，而网络是多个组织间相互依存的结构，组织间网络的构造特性为协作能力的发展创造了机会。当一群个体或组织开始拥护协作过程，作出联合决策和作为单一实体行动时，这其实是作为更整体化的新组织——"协作型组织"行动。协作既是个体的一种理性战略，又是集体改进网络治理的一种手段。

萨拉蒙和伊利奥特认为，协作是当代新治理的一个重要特征，或者说，协作途径是新治理的基本途径。② 萨拉蒙在《公共服务中的伙伴——现代福利国家中政府与非营利组织的关系》中运用"第三方治理"理论来解释政府与非营利部门的合作关系——无论是志愿部门替代政府，还是政府替代志愿部门，都没有二者之间共享权力和合作提供服务有意义。③ 奥斯本在《新公共治理》一文中提出：是否非常需要发展一种更整体性的公共行政与管理理论，形成公共行政与管理理论与实践的一种更加综合和整合的途径。④ 这种新的理论可以称为新公共治理（New Public Governance：NPG）。他认为，新公共治理（20世纪90年代以来）综合了传统公共行政（20世纪70年代前）和新公共管理（20世纪70—80年代）的优点，以组织社会学和网络理论为基础，关注组织间治理，侧重相互依存的多元行动者之间协同提供公共服务，更多关注组织间合作关系和合作过程的治理，认识到了政策制定与执行/公共服务提供之间的相互关联性，强调公共服务提供的效能和结果。

布里森等从初始条件、协作过程、结构与治理、偶然性与限制性因

---

① Rachel Fleishman, "To Participate or Not to Participate? Incentives and Obstacles for Collaboration," In Rosemary O'Leary and Lisa Blomgren Bingham, *The Collaborative Public Manager: New Ideas for the Twenty-First Century*, Washington, D. C. GeorgetownUniversity Press. 2009, pp. 31 –52.

② Lester M. Salamon and Odus V. Elliott, *The Tools of Governement: A Guide to the New Governance*, New York, NY: Oxford University Press, 2002, p. 8.

③ [美] 莱斯特·M. 萨拉蒙：《公共服务中的伙伴——现代福利国家中政府与非营利组织的关系》，田凯译，商务印书馆2008年版。

④ Osborne S., "The new public governance?" *Public Management Review*, Vol. 8, No. 3, 2006, pp. 377 –387.

素、结果与责任等五个方面构建了理解跨部门协作的基本框架（见图2－2）。① 他们认为，要考虑如此多的变量，跨部门协作的设计和执行很难实现和维持；并且跨部门协作并非万灵药，它不能解决所有的问题，有时甚至带来新的问题。安赛尔和阿利森认为，协作治理是公共机构将多种利益相关者（非政府部门和公众）整合进以共识为导向的决策过程。他们构建了一个协作治理模型（见图2－3）。②

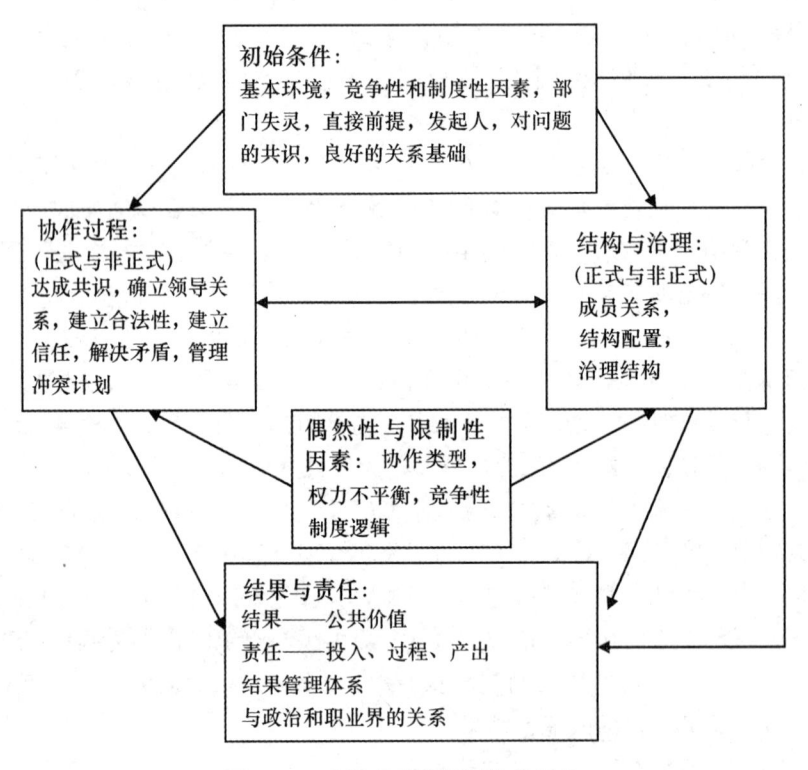

图2－2 布里森的跨部门协作框架

---

① John M. Bryson, Barbara C. Crosby and Stone Middleton Melissa, "The Design and Implementation of Cross-Sector Collaborations: Propositions from the Literature", *Public Administration Review*, Vol. 66, No. 1 (Supplement), December 2006, pp. 44－55.
② Chris Ansell and Alison Gash, "Collaborative Governance in Theory and Practice", *Journal of Public Administration Research and Theory*, Vol. 18, No. 4, 2008, pp. 543－571.

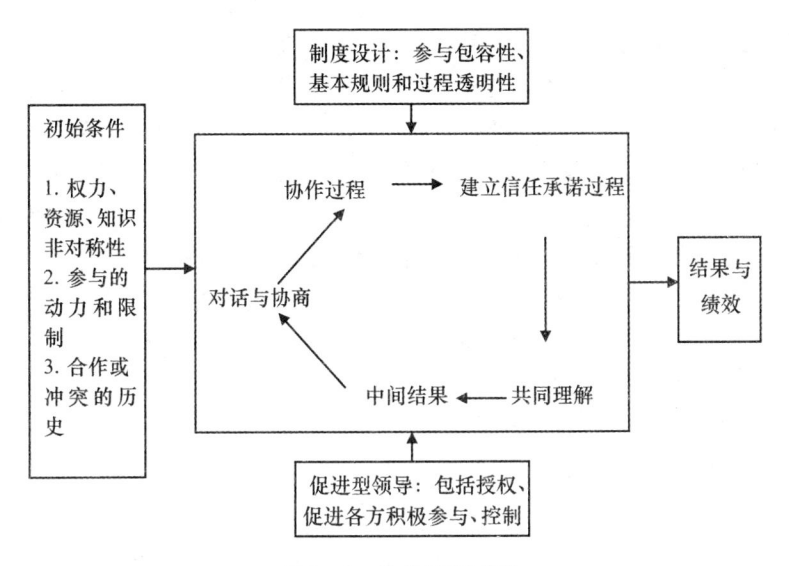

图 2-3 协作治理模型

戈多特在《管理公共行政中的协作》中提出理解公共行政中协作管理的科际整合模型：政治—国家层面的协作分析，关注政府和公共行政机构；社区层面的协作分析，关注公民和公民社会；管理层面的协作分析，关注企业和私人部门。该模型关注现代社会治理过程中不同行动者间的伙伴关系与协作，强调政府、非政府组织、公民社会和公民之间的协作性公共管理。① 还有学者通过案例分析，提出建立协作能力（Building Collaborative Capacity）的共同途径：通过基本术语理解工作任务，平衡创新与责任的关系，让公众参与和关注政治价值，频繁地跨边界沟通和交流工作，利用和建立以信任为基础的关系，了解和熟悉从内到外的任务与环境。②

随着协作治理改革在各国的深入发展，英国学者汤姆·林对协作治理改革的实践经验进行了理论总结，归纳出一种最佳实践的"协同政府"模式。③ 协同政府是对20世纪80年代公共服务提供碎片化和这种碎片化

---

① Eran Vigoda Gadot, *Managing Collaboration in Public Administration*: *The promise of Alliance among Governance, Citizens and Businesses*, Westport, Connecticut: Praeger, 2003, pp. 7-25.
② Edward Weber and Anne, M., Khademian, "Managing Collaborative Processes: Common Practices, Uncommon Circumstances", *Administration & Society*, 2008, 40 (5): 431-464.
③ Tom Ling, "Delivering Joined-up Government in the UK Dimensions, Issues and Problems", *Public Administration*, Vol. 80, No. 4, 2002, pp. 615-642.

阻碍了公共政策的重要目标实现的回应。① 这是20世纪90年代中期公共部门改革背后的突出思维。它建立在这种观点基础上,即公共政策的重要目标既不能通过现有组织的独自行动来提供,也不能通过创建一个新的"超级机构"(Super Agency)来提供。因而,针对公共政策的特定目标,进行寻求协调和整合现有正式的独立组织的行动。因此,协同工作的目标就是在不消除边界的情形下协调跨组织边界的行动,协同政府的不同层级和机构共同提供更为整体化的公共服务。这些边界包括部门间、中央与地方之间、单位间的边界。为了协同工作,必须用不同的文化、动力、管理体制和目标调整组织,制定跨部门政策(Cross-Cutting Policies)。②

波利特指出,协同政府是描述实现横向和纵向协调性的思考和行动的愿望的用语。③ 这种协调可以带来许多好处:第一,损害彼此利益的不同政策的情形可以消除;第二,有利于更有效地利用稀缺资源;第三,将某一特定政策领域或网络中的不同的主要利益相关者组织在一起,可以实现协同效应;第四,它可以为公民提供一系列无缝隙或整体化而非碎片化的公共服务。他认为,协同政府与公共管理中出现的三种伙伴关系有关:包括公共部门与私人部门之间的伙伴关系、公共部门与志愿者部门之间的伙伴关系以及中央与地方之间的伙伴关系。在波利特看来,协同政府并非新事物,它实际上是政治学与公共管理领域最古老问题的最新体现——政策制定(政治)与执行(行政)的协调。

(四) 资源依赖视角 (Resource Dependence Perspective)

资源依赖视角是解释组织间协作关系的一种非常成熟的理论。④ 因为没有任何一个政府组织拥有充分的权威、资源和知识去影响政策意图的立法和实现。相反,政策制定和执行需要所有拥有重要能量并且彼此相互依赖对方去影响政策出台和目标实现的多个行动者的协同工作。这种视角的

---

① Tom Ling, "Delivering Joined-up Government in the UK Dimensions, Issues and Problems", *Public Administration*, Vol. 80, No. 4, 2002, pp. 615 – 642.
② Ibid..
③ Christopher Pollitt, "Joined-up Government: a Survey", *Political Studies Association*, No. 1, 2003, pp. 34 – 49.
④ Rachel Fleishman, "To Participate or Not to Participate? Incentives and Obstacles for Collaboration", In Rosemary O'Leary and Lisa Blomgren Bingham, *The Collaborative Public Manager: New Ideas for the Twenty-First Century*, Washington, D. C. Georgetown University Press, 2009, pp. 31 – 52; Mary Tschirhart, Alejandro Amezcua and Alison Anker, "Resource Sharing: How Resource Attributes Influence Sharing System Choices", In Rosemary O'Leary and Lisa Blomgren Bingham, *The Collaborative Public Manager: New Ideas for the Twenty-First Century*, Washington, D. C. Georgetown University Press, 2009, pp. 15 – 29.

基本假设,就是任何单个组织不拥有实现其目标的所有资源,而依赖来自由一系列相互作用的组织、群体和个人所构成的环境的输入。① 资源依赖与权力共享构成了中央与地方构建政府间协作关系的基础。一方面,中央与地方之间相互依赖关系的增强是促成协作的基础力量。另一方面,权力共享体现了现代公共治理的"合权"思维。以"合权"思维为基础的中央与地方关系强调权力在多元主体之间的共享,进而在权力共享基础上强调协同共治与责任共担。②

根据这种研究视角,组织间存在资源依赖,一个政府必须依赖其他组织提供资源才能存在下去,产生合作的动机和意愿,因而需要建立资源共享安排(Resource-Sharing Arrangement)。换言之,协作建立在互惠价值基础之上③,协作过程体现为资源"交换"与共享过程。资源依赖视角认为组织追求自身利益是其参与协作的主要动机,同时组织间协作也提高了组织有效使用其资源的能力。2013年9月,国务院办公厅发布《关于政府向社会力量购买服务的指导意见》,提出充分发挥政府主导作用,有序引导社会力量参与服务供给,形成改善公共服务的合力。随着政府面临许多复杂性问题和对稀缺资源需求的增加,政府开始转向依靠外部合作伙伴提供资源。由于组织之间存在资源依赖性,因而交换关系发生了。交换关系通过降低未来资源提供的不确定性来稳定组织间联系,并且维持组织间持久性的互动伙伴。④ 在公共服务的许多领域,公私部门服务提供伙伴关系正在取代由公共机构直接提供服务的传统模式。这种分析视角主张相互依赖和共同利益是组织间协作得以发生的前提条件。

应对资源相互依赖环境中的普遍战略就是与其他组织建立合作关系,最大限度克服组织间合作的障碍。因而,资源整合和共享是协作治理过程中的核心要素之一。波兹曼在《公共管理战略》一书中指出,现代公共

---

① Rachel Fleishman, "To Participate or Not to Participate? Incentives and Obstacles for Collaboration", In Rosemary O'Leary and Lisa Blomgren Bingham, *The Collaborative Public Manager: New Ideas for the Twenty-First Century*, Washington, D. C. Georgetown University Press. 2009, pp. 31 – 52.

② 张成福、边晓慧:《超越集权与分权,走向府际协作治理》,《公共管理与政策评论》2013年第2期。

③ Rosemary O'Leary and Lisa Blomgren Bingham. , *The Collaborative Public Manager: New Ideas for the Twenty-First Century*, WashingtonD. C. : Georgetown University Press, 2009, p. 1.

④ W. J. M. Kickert and J. F. M. Koppenjan, "Public Management and Network Management: An Overview", In Kickert Walter J. M. , Klijn Erik-Hans and Koppenjan Joop F. M. (ed.), *Managing Complex Networks: Strategies for the Public Sector*, Thousand Oaks, California: SAGE Publications, 1997.

管理是一种战略管理,不同于传统政府管理之处在于意识到公共组织外部环境的重要性,特别是组织间(包括地区间)相互依存环境,公共管理战略目标的实现通常更需要意识到组织相互依存和追求组织间合作。[1] 从资源依赖视角看,现代公共管理的有效实施需要运用比较优势原则(任何组织都有比较优势,组织间网络中责任在组织之间分配通常是建立在比较优势原则基础上),并以这种信念为前提,推进组织间合作行动产生整和结果——至少一些参与者的境况会由于协调变得更好,并且没有参与者的境况变得更差。协作治理通过资源交换,实现资源优势互补和整合,进而增进和改善各方总体福利。

(五)交易成本视角（Exchange and Transaction Cost Theories）

在西方一些国家,作为公共服务提供中的协作治理安排,合同制和契约制方式相当普遍,几乎覆盖了公共服务的所有设计和方式,政府在许多公共事务领域表现得越来越像合同转包商或发包方。无论公共产品和服务的提供以及公共规则采用何种方式,政府在公共治理过程中并不直接行动,而是根据服务生产者与提供者分离的原则,委托其代理人来具体生产公共物品和服务,以及管理某些公共事务。这样,由于最基本的交易成本的缘故,就产生了公共部门中的委托—代理关系。[2] 实际上,一切合约治理机制,都可以运用交易成本理论来解释。

交易成本理论的核心就是交易成本,研究构建什么样的制度安排可以有效地节省交易成本。威廉姆森强调,节省人们在政治、社会或经济方面发生交换的交易成本正是制度的主旨和效果。[3] 交易成本理论从比较制度分析角度进行解释,区分了各种备选制度安排(市场机制、科层制和混合制)的差别及其组合,并且着眼于一种经济组织活动在这些不同的制度安排之间进行选择和设计所产生的资源配置绩效。而交易成本概念被一般化后,其内涵扩展为经济制度的运行成本,为治理制度分析奠定了基础。交易成本理论认识到,如果所有的参与者可以找到节约交易成本的方法,那么他们都可以从经济交易中获利,就像他们能够通过节约生产资料费用获得共同的收益一样。因而,政治过程中的参与者有自然的内在动力

---

[1] Bozenman, Barry and Straussman, Jeffrey, D., *Public Management Strategies*: *Guidelines for Managerial Effectiveness*. California, San Francisco: Jossey-Bass Inc., Publishers. 1990, p. 157.

[2] [英]简·莱恩:《新公共管理》,赵成根译,中国青年出版社2004年版,第5页。

[3] [美] O. E. 威廉姆森:《资本主义经济制度》,段毅才等译,商务印书馆2004年版,第8页。

去减少那些制度的交易成本或最小化它们的影响,并且我们必须仔细观察政治过程和制度如此运行的各种机制。[1]

协作治理作为一种治理制度安排,有助于降低资源优化配置的交易成本。鲍威尔认为,协作机制是一种既不同于市场协调,也不同于科层管理的独特制度形式[2],为组织间关系协调提供了一种可选择性的治理机制。不管是基于资源交换还是合法性动机选择合作伙伴,组织都将追求降低相关的交易成本,包括协作的监测成本、信息成本等。[3] 交易成本理论将跨部门协作的组织效率解释为一种能够减少组织间协商的时间和努力的行动。[4] 在现代公共管理过程中,以政府为核心的公共组织与其他社会组织组成了一个动态、复杂、整体的网络系统。对这种网络中的主体间相互依赖性进行管理在公共管理世界中正变得越来越普遍、复杂和重要,并且已不容易通过市场机制和科层机制得到协调。[5] 换言之,跨部门协作是一种可以替代市场和科层制的新型治理机制。

依据这种理论视角,不管公共组织是为了交换资源还是合法性考虑而寻求协作伙伴关系,公共组织应该追求减少相关的交易成本(见表2-1)。为了降低机会主义的威胁,公共组织必须确定其能够信赖的伙伴。如果公共组织能够确定信赖的伙伴,他们就能够降低与协作相关的监测成本,并且更重要的是增加有效的伙伴关系的机会。这种交易成本有三个确定指标:第一,组织应该寻求与其共享愿景或使命的伙伴,具有不同愿景的组织间伙伴关系难以建立和维持;第二,组织应该寻求与其具有合作经历的伙伴,先前具有合作经历,有助于降低交易成本,因而增加了组织间

---

[1] [美] 阿维纳什·K. 迪克西特:《经济政策的制定:交易成本政治学的视角》,刘元春译,中国人民大学出版社2004年版,第32页。

[2] Walter W. Powell, " Neither Market Nor Hierarchy: Network Forms of Organization ", In Thompson Grahame et al (ed.), *Markets, Hierarchies and Networks: The Coordination of Social Life*, Newbury Park, California: SAGE, 1991, pp. 265 – 275.

[3] A. Graddy and Bin Chen, "Partner Selection and the Effectiveness of Interorganizational Collaborations, Elizabeth", In Rosemary O'Leary and Lisa Blomgren Bingham, *The Collaborative Public Manager: New Ideas for the Twenty-First Century*, Washington, D. C. Georgetown University Press, 2009, pp. 53 – 69.

[4] Rosemary O'Leary and Lisa Blomgren Bingham., *The Collaborative Public Manager: New Ideas for the Twenty-First Century*, 53 – 69, WashingtonD. C.: Georgetown University Press, 2009, p. 8.

[5] Michael Mc Guire, "Collaboration Public Management: Assessing What We Know and How We Know It", *Public Administration Review*, Vol. 66, No. 1 (Supplement), December2006, pp. 33 – 43.

建立伙伴关系的意愿；第三，存在与发现协作伙伴相关的信息搜索成本。协作伙伴选择的三个动机是获取实用资源、提高组织的合法性和降低交易成本。这三种因素都影响协作结果和协作效能（Collaborative Effectiveness）。有效的协作的三个维度是客户目标的实现、改善政府间关系和组织发展。[①] 当协作治理强调共同价值和利益时，参与者通常可以找到有效率的方式协同工作，并创造单独行动难以实现的更大价值。[②] 总之，跨部门协作的潜在好处包括在组织效能和效率方面取得成功，比如抵抗外部不确定性的能力、分担责任和风险、整合部门资源和获取竞争优势、节省交易成本、改善组织学习和生产高质量的公共服务等。

表 2-1　　　　　　　　　　协作治理的交易成本结构

发展阶段	交易成本结构	来源
协作前	信息成本	获取潜在合作方偏好、资源及机会信息，以及对这些信息进行分析加工处理的成本
	谈判成本	各参与方就协议所涉及的内容，达成的目标以及各自的分工，约束机制的建立等进行磋商的时间、物资及机会成本
协作中	执行成本	实施协议偏离最低执行成本的额外成本
	代理成本	协议的签署由代理机构完成。地方政府作为区域民众的代理人在进行合作时能否按照委托人的意愿进行合作，以及可能出现的机会主义和道德风险所产生的社会成本

（六）制度创新视角（Institutional Innovation Perspective）

这种视角主要研究组织间协作与制度创新的关系。托马斯等从协作组织间互动的模式、协作伙伴形成的联盟结构和协作伙伴之间信息共享的模式三个方面分析组织间协作的制度影响以及这种制度影响（包括制度变革和创新）与组织间协作的关系。协作是由持续沟通过程所协商的合作

---

① Elizabeth A. Graddy and Bin Chen, "Partner Selection and the Effectiveness of Interorganizational Collaborations. In Rosemary O'Leary, Lisa Blomgren Bingham", In *The Collaborative Public Manager: New Ideas for the Twenty-First Century*, Washington, D. C.: Georgetown University Press. 2009, pp. 53–69.

② Mark T. Imperial, "Using Collaboration As A Governance Strategy: Lessons From Six Watershed Management Programs", *Administration & Society*, Vol. 37, No. 3, xxx2005, pp. 281–320.

性组织间关系,这种组织间关系既不依赖市场机制,也不依赖科层控制机制。① 在他们看来,组织间协作可以承担制度领域变革启动阶段的催化剂,因而为组织一起行动,克服资源和规模限制,形成其自身的制度领域创造了前提条件。换句话说,组织间协作能成为小规模和非强势组织制度变革的一种方法。而制度环境的变革要求组织服从"合法性"机制,选择那些在现存制度环境下"广为接受"的组织间协作形式。他们发现,组织间协作不仅影响组织间协作行动的参与者,而且通过对新制度的创建和组织间网络中变革的贡献影响其他组织。② 蒂莫西·斯塔格奇在《协作领导力》中从组织生态、社会文化、系统理论和群体学习角度研究了协作型组织、协作群体和协作型领导。③ 他认为,协同是社会组织和自然界生物生存的基本原则,组织是社会整体协同系统的组成部分,组织成员及其领导者通过协作学习,建立了一种更高级的思考和交流方式,推进整个组织或社会中协作群体的发展。

当代协作治理理论主张通过建立信任、协作、协商和伙伴关系,确定共同的目标等途径,实现对公共事务的协作管理,维护和实现公共利益,走向善治。协作治理理念,在某种程度上能够进一步为公共治理结构的调适与转型提供创造性的思维路径。这就是:基于整体化治理思维,有效开放公共事务的治理边界,政府以对话、商谈、合作的方式,以真诚、正确、和谐的态度建立与非政府组织和公民社会的多中心协作治理关系。协作治理在公共管理实践与研究的很多领域被广泛应用,如公共服务提供、社区治理、执法部门合作、区域经济政策、危机管理和风险治理、公共卫生管理、环境保护和流域治理、气候变化政策、自然资源管理和社会冲突管理等。这些研究逐步培育出了协作治理的新途径。可以说,协作治理仍处于不断发展的过程中。持续改善政府治理质量是一个永恒的目标,而协作治理有助于促进这一目标的实现,并为探索新政府治理体系和治理能力现代化实践开辟道路。

三 理解协作治理的基本框架

本书将协作治理概念化为一种组织间环境背景下协商与整合基础上的

---

① Thomas B. Lawrence, Cynthia Hardy and Nelson Phillips, "The institutional Effects of Interorganizational Collaboration: The Emergency of Proto-Institutions", *Academy of Management Journal*, Vol. 45, No. 1, 2002, pp. 281–290.

② Ibid..

③ [美]蒂莫西·斯塔格奇:《协作领导力》,燕清等译,机械工业出版社2005年版。

协作治理过程。通过这种协作治理过程，一种新的协商性的协作秩序在一系列利益相关者之间产生。协作秩序是指关系在其中被协商和再协商的社会环境。里恩格和瓦迪文在《组织间合作关系的发展过程》一文中构建了理解组织间合作关系的发展过程框架（Cooperative Interorganizational Relationships）。[1] 他们认为，合作性组织间关系是一种社会性的集体行动机制，这些行动是由成员方的行动和象征性解释所不断形成和再建构的。他们将合作性组织间关系看作由协商（Negotiation）、承诺（Commitment）和执行（Execution）三个阶段组成的一个重复系列，并根据效率与公平两个基本原则评价每一阶段的效果。这是理解组织间协作关系发展过程的一个有用框架。本书以里恩格和瓦迪文提出的组织间合作关系的发展过程框架为基础，力图构建一种更加动态的、过程导向的能够解释政府组织间互动关系的区域公共事务协作治理过程框架（见图2-4）。

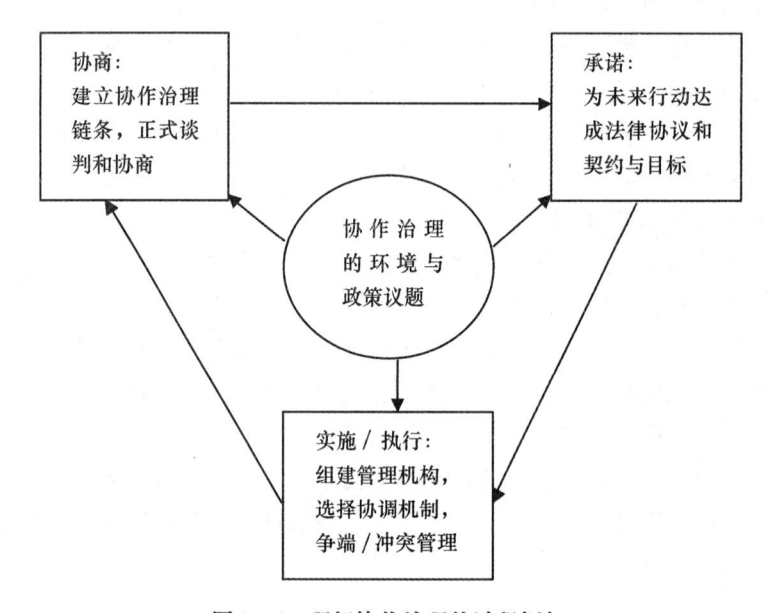

图 2-4 理解协作治理的过程框架

现代区域治理是政府、市场和社会多元利益主体合作推动区域制度创新、开发区域制度资源、提升区域制度效能的公共管理过程。当不同政府

---

[1] Peter Smith Ring and Andrew H. Van De Ven, "Developmental Process of Cooperative Interorganizational Relationships", *Academy of Management Review*, Vol. 19, No. 1, 1994, pp. 90 – 118.

组织或部门为了解决他们面临的共同问题或推动共同的政策议程,通过"协商、形成承诺和执行这些承诺"重复系列活动正式和非正式地互动交往时,协作治理行动就发生了。这种模型实质上是一种网络管理模型(Network Management Model),它主张通过促进成员间的协商与共识而非某个集中权威来协调和促进集体行动。协作并非自动实施的事业,政府组织间协作是因为它们为了达到一个特定的目的,为实现这一特定目的的愿景,各方走至谈判桌前。[1] 根据该框架,协作治理并不是存在于真空之中,而是在一定的行政生态背景和环境下发生,并在此背景和环境下以联合治理某一特定的公共问题或共同推进某项公共政策议程为目标。

(一) 协商:启动协作治理行动

在协商阶段,通常需要利益相关者之间通过一系列互动,促进各参与方对他们所处环境和面临的问题的一致性理解,通过共同学习,形成协作的动机和理念,促进参与方达成法律性互惠协议。协作治理始于谈判和协商,谈判(Bargaining)和协商(Negotiation)是协作治理过程的核心和政府间关系中的显著要素。谈判过程背后是社会—心理性的意义确立过程,这促使独立的成员方与其他方进行协商。[2] 建立对彼此身份关系的一致性理解和相互认同是开展谈判和协商的一个必要条件。谈判者应当认识到他们是一道解决问题的,而不是相互攻击的;要避免将问题的客观目标与感情因素纠缠在一起。[3] 协作管理是多个组织的代表一起形成新体制,通过信息流动来连接整个体制。[4] 为了增进成员方对他们联合去解决的问题的认知和理解,信息交流和共享在协作管理过程中是必要的。最后,通过正式谈判和非正式意义建立过程开展的协商中的重复行动对于为参与方提供评价与交易有关的不确定性、彼此作用的性质和对方的信任程度是重要的。交易成本是政府间协商过程中需要考虑的一个重要变量。对于协作治理制度的交易成本研究,应有两条重要的研究主线:一是分析和识别那些增加交易成本的协作治理制度安排与治理机制;二是分析和识别那些降低

---

[1] Ann Marie Thomson and James L. Perry, "Collaborative Process: Inside the Black Box", *Public Administration Review*, Vol. 66, No. 1 (Supplement), 2006, pp. 20 - 32.

[2] Peter Smith Ring and Andrew H. Van De Ven, "Developmental Process of Cooperative Interorganizational Relationships", Academy of Management Review, Vol. 19, No. 1, 1994, pp. 90 - 118.

[3] [美] 格罗弗·斯塔林:《公共部门管理》,陈宪等译,上海译文出版社 2003 年版,第 111 页。

[4] [美] 罗伯特·阿格拉诺夫、迈克尔·麦圭尔:《协作性公共管理:地方政府新战略》,鄞益奋、李玲玲译,北京大学出版社 2007 年版,第 164 页。

交易成本的协作治理制度安排与治理机制。因此,需要选择最能节约交易成本的政府间协商机制。

(二) 承诺:形成协作治理契约

在承诺阶段,当各参与方就他们合作性关系中将来行动的义务和规则达成了协议时,他们的意愿也就实现了。[1] 而当各方当事人不能够通过谈判和协商达成互惠性的合作协议时,他们也就失去了来自合作的收益。因此,当存在共同的利益或集团利益时,理性的各参与方总期待通过谈判和协商,乃至讨价还价,促成各方对他们所面临问题的共同理解,形成促进协作行动的共识和承诺,达成正式的法律契约和心理契约,确立成员间利益关系和治理的结构,从而将各方整合进一个协作的整体——区域利益共同体或区域集体行动集团。一旦达成协议,这些协议就构成对协作各方的行为进行正面(激励)或负面(约束)协调的基础。同时,追求协作的各参与方需要通过权力共享安排,创建就协作行动和目标达成共识的组织、管理结构;这其实是协作治理的核心内容。[2] 在美国,州际协议作为一种具有法律约束力的政府间契约,为跨州区域集体行动提供法律制度基础。就如诺思所言:"制度提供了人类在其中相互影响的框架,使合作和竞争的关系得以确定,从而构成一个社会特别是构成了一种经济秩序。"[3]

(三) 执行:履行协作治理承诺

在执行阶段,承诺和行动的规则通过一系列管理机制和政策工具被实施生效。承诺会产生期待,但是无法兑现的承诺会导致期望的破灭与失望。承诺和协议的生命力都在于实践和执行。执行阶段是将协议承诺转化为现实效果的过程。各参与方在执行承诺过程中通过协作管理机制和协作管理链条(Collaborative Management Linkages)所进行的一系列相互作用的行动对于促使协作治理行动产生预期效果是非常必要的。在此阶段,通过协作管理机构的一系列交互作用行为,各参与方可以增进相互了解,提升集体认知能力,培养协作共同体意识,使各参与方形成协作行动的理念

---

[1] Peter Smith Ring and Andrew H. Van De Ven, "Developmental Process of Cooperative Interorganizational Relationships", *Academy of Management Review*, Vol. 19, No. 1, 1994, pp. 90 – 118.

[2] Ann Marie Thomson and James L. Perry, "Collaborative Process: Inside the Black Box", *Public Administration Review*, Vol. 66, No. 1 (Supplement), 2006, pp. 20 – 32.

[3] [美]道格拉斯·C. 诺思:《经济史上的结构和变迁》,厉以平译,商务印书馆1992年版,第227页。

和技术。在承诺实施过程中，只要参与方确信其他参与方正在合作，共同的利益正在被提供，他们通常会自愿地通过贡献资源的方式提供集体利益。同时，还必须锻造跨组织间的执行技术，以达成相互的理解，超越等级制形成的协调机制和沟通机制。①

布坎南和塔洛克认为："任何一种集体选择理论都必须尝试解释或描述用以协调冲突的利益的手段。"② 在某种意义上说，协作治理理论也是一种集体选择和集体行动理论，也因此为我们提供了一种解释：协作各方在协作治理框架中如何通过协调行动的机制来解决各种争端或冲突的利益。协作治理是多个组织和利益相关者的代表为了对潜在权益空间的追求而一起通过谈判和协商，达成协作行动的承诺，并通过执行来履行承诺。显然，这里的权益空间包括两个方面：一是各个组织的自身权益，二是组织间协作的共同权益。前者是各个组织参与协作的出发点，其行为的基本准则是最大限度地实现"自身权益"；后者是前者的集合和抽象，是前者得以实现的基本保证。对于协作过程中的领导者和管理者来说，一个管理上的两难困境是如何管理自我利益与集体利益之间的张力。③

在实际的协作治理过程中，一方面，由于各成员方首先是"自身权益"的行为执行者，都从"自身权益"的角度从事活动，因此权益上的差别和结构上的不平衡必然产生各成员方之间权益上的差别和协作过程中的矛盾。协作治理过程中的争端、矛盾和冲突并不一定是坏事，适当的矛盾和冲突还可能有助于促进各方的行为调整与适应，实现利益的有机整合。另一方面，各成员方又是共同权益实现的推动者。由于每一方都要求自我权益实现得到有效的保护，共同的权益基础必然要求对协作治理过程中所发生的争端、矛盾和冲突进行调和与化解，这种调和与化解的基础是协作各方之间可以通过适当的协调机制或争端治理机制进行有效的谈判和协商，协调彼此的权益分配并最终达成有约束力的权益分配协议。因此，围绕某一特定的组织间协作关系框架处理有关权益争端和冲突的问题，促进具有不同目标的行动者的行为相互协调就显得非常重要。问题是如何更

---

① ［美］罗伯特·阿格拉诺夫、迈克尔·麦圭尔：《协作性公共管理：地方政府新战略》，鄞益奋、李玲玲译，北京大学出版社 2007 年版，第 164 页。
② ［美］詹姆斯·M. 布坎南、戈登·塔洛克：《同意的计算——立宪民主的逻辑基础》，陈光金译，中国社会科学出版社 2000 年版，第 3 页。
③ Ann Marie Thomson and James L. Perry, "Collaborative Process: Inside the Black Box", *Public Administration Review*, Vol. 66, No. 1 (Supplement), 2006, pp. 20 – 32.

有效地协调和平衡这种组织间的权益关系，正是现代协作治理的艺术精髓所在。

第二节 研究思路与结构安排

一 研究思路

本书认为，(1) 在跨州区域治理过程中，各成员州对其所面临的问题的一致性理解 (Congruent Understanding)，增加了州际协作的可能性。(2) 州际协作减少了来自外部的正式控制，同时增加了内部的协调成本。因此，州际政府间协作机制的选择存在交易成本问题。在协作治理过程中，围绕利益，协作各方期待在他们的交互作用中建构由规则治理的协作秩序，并通过谈判、相互学习、协商和调整适应去有效处理一些存在于具有相互依存关系的社群中的共同问题。(3) 州际协作各方可以被理解为有限理性的，各州通过适当的行为协调机制来解决政府间契约关系中的有关事宜。这里隐含着两个基本假设。首先，有些协调机制比其他机制更有利于解决某些类型的问题。其次，缔约各方或各参与方将会考量由于不断变化的经济社会环境发展条件而产生的交易成本，选择适当的协调机制；也就是说，某种协调机制将会被选择运用于它相对而言可有效解决的问题上。

本书基于协作治理理论框架研究 RRC 案例。运用协作治理的基础理论，揭示出州际协作关系、州际协议签订和执行过程中的内在逻辑与运行机理，其中最主要特点是把州际协议视为一种跨州区域协作治理的法律制度，并从立宪选择层次、《联邦宪法》"协议"条款、集体选择层次——州际协议的谈判和缔结与形成法律规则、具体操作层次（州际协议的实施）三个层次展开分析。在协作治理理论视角之下，本书将重点围绕如下问题展开：协议各方为什么会缔结州际协议？在州际协议签订与执行过程中，州际协作治理行为是怎样展开的？协议执行过程中的利益争端是如何治理的？州际协议实施效果如何？

为回答上述研究问题，首先，从协作联邦主义制度演化的视角分析美国州际协议的历史起源和演变，明确州际协议是联邦主义背景下政府间协作治理的法律机制，这种协作治理机制是美国殖民地时代的"协议"程序在联邦治理体制下正式制度化和永久化发展的结果。从州际协议的历史发展总结出州际协议至今存在的四种基本类型——边界协议、分配协议、规制协议和再分配协议，其中州际分配协议的数量最多，成为最主要的州际协议类型，而州际河流协议又是州际分配协议中非常重要，并且有实际意义和影响的州际协议。因此，本书选择州际河流协议展开案例研究，具体以 RRC 为例。

其次，运用协作治理过程模型，分析和解释 RRC 谈判和协商、承诺与执行过程。在这里，重点从两个层面分析政府间协作：横向协作治理链条——成员州之间的谈判和协商，纵向协作治理链条——成员州与联邦政府之间的协商和沟通。当各方正式签订协议时候，一致性承诺达成了，并且当协议获得州立法机关和国会批准时，协议承诺正式产生法律效力，州际协作的法律制度秩序初步建构了。执行和实施协议是协作治理模型中"协商、承诺和执行"重复行动的第三阶段，也是协作治理过程中非常重要的阶段。因此，本书着重分析协议执行过程中成员州是如何解决利益争端的，州际争端治理机制有哪些，州际协议实施过程中的相关制度安排——利益协调机制是如何选择和建构的，这种选择和建构背后的逻辑是什么。在研究了州际协议执行过程后，本书结合实证案例，将州际协议的预期目标转化为一套绩效指标，评估州际协议的执行效果。

最后，通过对美国州际协议治理的理论基础和实践案例研究，总结研究结论，提出我国学习和借鉴美国州际协议治理经验的基本路径。

二 结构安排

本书的结构安排如下：

第一章 导论

主要内容包括研究背景、研究问题、研究意义、界定核心概念、国外相关文献综述和研究方法。

第二章 理论视角与分析框架

第一节，首先，从社会变革论和部门失灵论两个方面分析协作治理研究兴起的社会背景。其次，从政府间关系研究视角、政策执行研究视角、网络治理研究视角、资源依赖研究视角、交易成本研究视角、制度创新研究视角等多个学术层面梳理协作治理理论研究的历史与进展。最后，构建协作治理过程分析框架，这一理论分析框架将政府间协作治理关系看作由协商、承诺和执行三个阶段组成的一个重复系列博弈行动框架。第二节，本书的研究思路和整体结构安排。

第三章 州际协议的历史考察

第一节，从协作联邦主义制度演化的视角，从美国殖民地时代、邦联和联邦三个阶段分析州际协议的历史起源与演变，梳理州际协议历史演变的基本路径：起源于殖民地时代"协议"程序，初步发展于《邦联条例》"协议"条款，《联邦宪法》"协议"条款则推动了州际协议的正式化、制度化发展。第二节，从州际协议的政策功能（边界管辖政策、分配政策、规制政策和再分配政策）特征和成员结构特征两个维度，将州际协议划分为十种类型：（1）双边州际边界协议；（2）多边州际边界协议；（3）双边州际分配协议；（4）多边州际分配协议；（5）联邦—多边州际分配协议；（6）双边州际规制协议；（7）多边州际规制协议；（8）联邦—多边州际规制协议；（9）双边州际再分配协议；（10）多边州际再分配协议。第三节，指出州际河流协议（Interstate River Compacts）是美国州际协议中的一种重要协议，成为跨州流域公共治理的重要机制。

第四章 州际协议缔结过程研究

以《里帕布里肯河流域协议》（*The Republican River Compact of 1943*，简称RRC，该河流经美国中部科罗拉多、堪萨斯和内布拉斯加三个州）为例展开实证研究。第一节，主要从共同资源依赖和集体行动角度分析州际协议缔结的背景。第二节，从纵向和横向两个层面分析州际协议缔结过程中的政府间谈判、政府间协商与政府间博弈行动。第三节，分析州际协议所达成的政府协作治理承诺。第四节，分析州际协议治理制度安排的主要特点，包括有共同目标的区域协作整体、以协商为核心的多中心治理和正式的有法律约束力的书面承诺。

第五章 州际协议实施过程研究

第一节，分析州际协议的实施和管理机构——流域管理委员会的组织结构、决策规则和主要职责，将流域管理委员会视为州际政府间协作治理结构的重要组成部分。第二节和第三节，分析联邦政府、成员州政府以及非政府组织和公众在州际协议实施过程的行动与策略。州际协议的实施过程，区别于传统科层制的自上而下（Top—Down Perspective）执行模式和自下而上（Bottom—Up Perspective）的执行模式，强调执行主体之间是通过流域协作管理机构而达到协调与合作，而不是通过传统科层制下的命令与控制，从而更好地揭示出州际协议实施过程是以信任和合作为基础的组织间协作治理过程。

第六章 州际协议争端治理研究

第一节，分析州际利益争端治理的整体性制度安排及其主要功能，包括国会立法调控、联邦最高法院司法调节和政府间协商、外部第三方调解等。第二节、第三节、第四节,以 RRC 为例研究州际协议实施过程中的争端治理机制,包括政府间协议（Intergovernmental Compacts）、政府间协商（Intergovernmental Negotiation）、政府间调解（Intergovernmental Mediation）、政府间诉讼（Intergovernmental Litigation）和政府间仲裁（Intergovernmental Arbitration）,并解释州际协作博弈策略选择的内在逻辑。从"政府间协议""政府间协商"到"政府间调解",再到"政府间仲裁""政府间诉讼"州际水权争端治理结构的层级化程度渐趋提高。跨州流域水权争端治理机制的选择遵循动态交易成本最小化的路径。

第七章 州际协议实施效果评估

以 RRC 为例,将州际协议预期目标转化为一套绩效指标,评估其实施效果。第一节,评估流域水资源有效和有益的最大化利用。第二节,评估促进流域水资源公平分配。第三节,评估解决州际争端和促进州际礼让。第四节,评估促进成员州与联邦政府的协作。通过绩效评估,可以发现跨州流域治理协议执行中成功与不成功的因素。从总体上看,RRC 促进了该地区水资源有效和有益的最大化利用、三个成员州与联邦政府间的协作关系,但在促进流域水资源公平分配和解决州际争端与促进州际礼让等方面的治理效果有限。

第八章 美国州际协议的辩证分析

第一节,州际协议的治理功能评价,包括促进州际协作行动制度化、推动跨州公共事务治理区域化、增强州际区域治理自主化、保障州际关系民主化、实现联邦治理结构多元化和促进州际关系秩序化等。第二节,州际协议的治理生态分析。从行政生态学视角出发,分析州际协议赖以顺利发展的政治、经济、社会和文化生态环境,在此基础上总结州际协议作为跨州区域协作治理机制的成功之道,并指出美国州际协议经验的普适性局限,丰富了我们对州际协议作为美国联邦制重要的区域公共管理法治机制的认识。

第九章 美国州际协议对中国的借鉴

第一节,从公共治理的制度、组织与管理、技术三个层面综合分析我国省际协议的发展现状和面临的法律制度困境,包括制度层面法治框架不够健全、组织层面管理机构不够健全、技术层面操作机制不够健全。第二节,提出立足当前我国特定的"历史—社会—文化"生态环境,比较分析美国联邦制和我国单一制的差异,借鉴州际协议治理的成功经验,完善我国省际协议法律治理机制,促进转型期我国跨省区域治理制度和区域协调发展机制创新，重构政府间合作共赢的和谐关系。

第十章 研究结论和思考

本章主要总结美国州际流域协议实施过程中的政府间争端和冲突治理模式，包括"内部—官方"解决机制、"外部—非官方"解决机制和"外部—官方"解决机制等，并指出美国州际流域协议治理实践经验对我国包括流域治理在内的区域公共事务治理的启示与借鉴意义，以及美国州际协议治理领域有待进一步研究和探索的理论与实践问题。

第三章 州际协议的历史考察*

> 人类只能是结合并运用已有的力量；所以人类便没有别的办法可以自存，除非是集合起来形成一种力量的总和才能够克服这种阻力，由一个唯一的动力把它们发动起来，并使它们共同协作。
>
> ——卢梭

第一节 州际协议的缘起、演变和发展

作为一种最古老的州际合作形式，州际协议的历史和美国自身的历史一样悠久。州际协议最早起源于北美殖民地时代英属殖民地间边界和土地争端治理中的"协议"程序，经由美国邦联时代的初步发展，到美国《联邦宪法》的正式出台，则标志着州际协议进入了法治化、正式化与制度化、永久化发展阶段。至今，美国州际协议已有几百年的发展历史。本节从协作联邦主义制度演化的角度分析和叙述美国州际协议历史演变的故事。

一 北美殖民地时代的"协议"程序

（一）殖民地人民的契约式治理实践：协作联邦主义的非正式发展

解释某种制度安排的关键在于理解它所试图解决的问题的性质。[①] 既然州际协议起源于美国殖民地时代的"协议"程序，它在美国殖民地时代就已具有深厚的根源和基础。那么"协议"程序在当时是针对什么问

---

* 本章部分内容曾发表在《学术研究》2009年第5期。

[①] [新]穆雷·霍恩：《公共管理的政治经济学：公共部门的制度选择》，汤大华、颜君烈等译，中国青年出版社2004年版，第5页。

题设计？为什么要设计"协议"程序？谁来设计？又是怎样设计的？回答这一系列问题，需要从生态环境—生长制度—制度发展的观点出发，从理解美国殖民地时代的历史—社会—文化生态环境背景入手。

英国移民和殖民者的到来，给北美殖民地带来了契约、民主、产权和法治等思想观念，并在殖民地之间传播、扩散和影响，将这些先进的思想观念运用于他们的生产、生活与管理实践，推动了这些新的思想观念在北美新大陆的生根发芽。同他人以及上帝之间的契约关系的观念，被视为建立世俗国家中管理人与人之间的关系的准则。① 这种契约思想被北美殖民地人民转化成为治理当地公共事务的制度安排。契约式的解决问题的技艺在当时被广泛应用于北美殖民地的公共事务治理中。

在1620年英国移民驶往北美的第一艘船只——"五月花"号船上，移民们就已按照"契约"原则制定了一个叫作《"五月花"号协议》(The Mayflower Compact)② 的合作协议：

> 以上帝的名义，阿门。我们，这些签字者，我们令人敬畏的国王詹姆斯的忠诚臣民，承蒙上帝之恩，承蒙大不列颠、法兰西及爱尔兰之恩，承蒙国王、护教功臣之恩，为了上帝的荣耀，为了基督教信仰的进步，以及为了我们的国王和国家的荣誉，我们航行至弗吉尼亚北部，在此建立第一块殖民地；凭借这些恩赐，我们订立圣约，把自己组成为一个民治政治体，以实现我们较好的管理和上述目标的坚持与改进，因此，凭借美德，我们制定、组建及形构如此公正而平等的法律、条例、法案、宪法及政府官员，不时地将最大程度地满足和便利殖民地的整体利益；我们承诺全部服从和遵守它们。③

该协议旨在促进殖民地的普遍利益，签约者保证制定、遵守公正的和公平的法律和规则来治理他们自己的事务，承诺在建构民治政治体时互相

---

① [美] 文森特·奥斯特罗姆：《挑战政策分析家和民主社会的认识问题》，载[美] 迈克尔·麦金尼斯《多中心治道与发展》，上海三联书店2000年版，第505—531页。
② 1620年秋，普利茅斯的弗吉尼亚公司102名清教徒和贫苦移民乘坐"五月花"号船和32名来自荷兰莱登的快乐号船贫苦移民会合，驶往北美新大陆，经60—70天的艰难航行，1620年12月底在马萨诸塞湾的科德角登陆，建立了以普利茅斯命名的定居点。在上岸前的11月11日，41名成年男子签署了《"五月花"号协议》(The Mayflower Compact)。
③ [美] 文森特·奥斯特罗姆：《美国联邦主义》，王建勋译，上海三联书店2003年版，第55页。

订立契约。他们这样自作主张订立自治制度,虽然没有什么法律根据,但是,也没有人反对他们那样做。《"五月花"号协议》确立了一个典范:为保障人们的生存和发展,规则和制度是人们互动的指南,按照规则和制度来解决争端和冲突,创造合作治理的前提。从某种重要意义上讲,《"五月花"号协议》被认为是美国联邦治理体制的基本的预先承诺。[①]这是以"社会契约"为象征所表达的一种为一定的目的而建立起来的合作秩序,奠定了新英格兰诸殖民地自治的基础。根据这个协议,北美殖民地的移民后来多年都在没有外界干扰的情况下治理他们自己的公共事务。同时这种契约式的解决问题的技艺还有一个重要影响,就是促使美国人从这时起就开始培养自身的合作、契约和规则意识,并制定推动集体合作的规则和法律,治理他们自己的事务,为维护一个有良好规则和法治的社会至今他们仍在这样做。从那时起,协作联邦主义(Collaborative Federalism)就开始在北美新大陆非正式地发展。

亚当·斯密指出:"一切新殖民地繁荣的两大原因,似乎是良好土地很多和按照自己方式自由处理自己事务。"[②] 在 17 和 18 世纪的美国,殖民地实际上由殖民地人民自己管理,即"主权王有,治权民有"。唯有协作治理自己事务才能够培养和提高殖民地的自治能力。殖民地人民在那时就成功地开创了小规模制度治理,能够使当地人民依赖该制度所带来的社会资本,以更大更复杂的制度安排去解决更大更复杂的问题。早在 1619 年,弗吉尼亚开始建立殖民地议会(The Colonial Assembly),各殖民地相继组建自己的议会。殖民地人民一般派代表参加殖民地所建立的议会,制定管理日常经济与社会关系所需要的规则。哪里应该修路、应该怎样给公共滋扰行为下定义,都可以通过殖民地的集体行动,通过公共辩论而最后决策。这是殖民地发展起来的自主协商治理殖民地事务的公共管理方式,并逐渐成为抗衡英国殖民统治的重要手段。北美殖民地时代的这种自治实践在一定意义上创造了美国历史上有关将各种冲突和斗争转化为协商、妥协与合作的政治传统。这种政治传统一直保持到今天。

英国政府当时还鼓励和授权北美各殖民地之间通过谈判和协商解决争端和冲突问题。而各殖民地人民也更崇尚通过谈判和协商建立解决争端和冲突的基本规则。特别是 1689 年英国议会颁布的《权利法案》所列举的

[①] [美] 文森特·奥斯特罗姆:《美国联邦主义》,王建勋译,上海三联书店 2003 年版,第 8 页。

[②] [英] 亚当·斯密:《国民财富的性质和原因的研究》(下卷),商务印书馆 1972 年版,第 143 页。

"人的权利"主张逐渐弘扬到英国之外的北美殖民地,殖民地人民要求享有《权利法案》①中规定英国公民所享有的不可被剥夺的民事与政治权利。这也创造了一种自主管理殖民地事务的文化传统和习惯,增强了殖民地人民的谈判和讨价还价能力,也一定程度上培养了他们的规则意识、法治理念和协作精神。这种以契约、权利、协作和规则为特征的自治实践在北美整个殖民地时代发生了深远影响,促进了北美殖民地时代公共事务之合作治理理念和机制的发展,也使"政府间合作模式和协作技术在北美殖民地时代就得到了非正式发展"②。这为以后以权力共享为核心的美国联邦主义政治制度的发展奠定了坚实的根基。③

(二) 中央调控制度:英国枢密院调解机制和女王裁决机制

伴随成群结队的移民涌入殖民地,第一件事是需要获得聚居的土地等必需的生活资源。④ 土地是财富之母,是国家的基础性资源。移民们需要拥有自己的土地,建立容纳这些他们生活居住的市镇。在初期,土地和其他资源比较容易得到,这些移民就在自己的土地上建立住所,并获得了独立。当他们在某一地站稳脚跟后,便马上将自己的亲朋好友招引到自己的聚居地。⑤ 随着聚居地人口的增加,对土地资源的需求也不断增加,也促使殖民地土地边界范围不断扩张。这种扩张促使聚居地之间、殖民地之间为获得更多土地而竞争,也引发了一些殖民地间的土地争端,甚至冲突。特别是相邻殖民地的土地扩张导致边界相邻殖民地的人口开始影响到其他殖民地人口的权利和财产,那么边界纠纷的解决就成为当时殖民地所面临的主要问题之一。⑥ 而当时广泛存在的英国女王特许状还使北美各殖民地

---

① 《权利法案》(Bill of Rights),全称《国民权利与自由和王位继承宣言》(An Act Declaring the Rights and Liberties of the Subject and Settling the Succession of the Crown)。《权利法案》规定英国人民拥有不可被剥夺的民事与政治权利的主要内容有:国王不得干涉法律;没有议会同意,国王不得征税;人民有向国王请愿的权利;人民有配带武器用以自卫的权利;人民有选举议会议员的权利;国王不得干涉议会的言论自由;人民有不遭受残酷与非常惩罚的自由;人民有在未审判的情况下不被课以罚金的自由;国王必须定期召开议会。

② Daniel J. Elazar, "Federal—State Collaboration in the Nineteenth-Century United States", Political Science Quarterly, Vol. 79, No. 2, 1964, pp. 248 – 281.

③ Larry N. Gerston, American Federalism: A Concise Introduction, Armonk NY: M. E. Sharpe, 2007, p. 19.

④ Jack P. Greene, Negotiated Authorities: Essays in Colonial Political and Constitutional History, Charlottesville, Virginia: The University Press of Virginia, 1994, p. 14.

⑤ Ibid., p. 14.

⑥ Felix Frankfurter and James M. Landis, "The Compact Clause of the Constitution: A Study in Interstate Adjustments", The Yale Law Journal, Vol. 34, No. 7, 1925, pp. 685 – 758.

的边界不断变更，从而有关殖民地边界和土地产权的争端也不可避免。特别是随着殖民地边界范围的扩大和人口向西不断移居，大西洋沿岸的殖民地便奢侈地对内陆土地提出要求。很显然，调节这种竞争资源状态，减少殖民地间冲突在当时已是十分迫切的问题（如图3-1所示）。

```
欧洲移民涌入北美殖民地 → 获得聚居的土地等生活资源
        ↓                        ↓
将亲朋好友招引到聚居地 ← 建立固定的聚居地
        ↓                        ↓
更多移民涌入聚居地    →   聚居地人口增加
        ↓                        ↓
促使殖民地扩充土地范围 ← 对土地等资源的需求增大
        ↓                        ↓
殖民地的边界范围扩大  →  相邻殖民地边界范围扩大
        ↓                        ↓
如何解决殖民地之间的边界、
土地和财产纠纷？      ←  殖民地间边界和财产纠纷
```

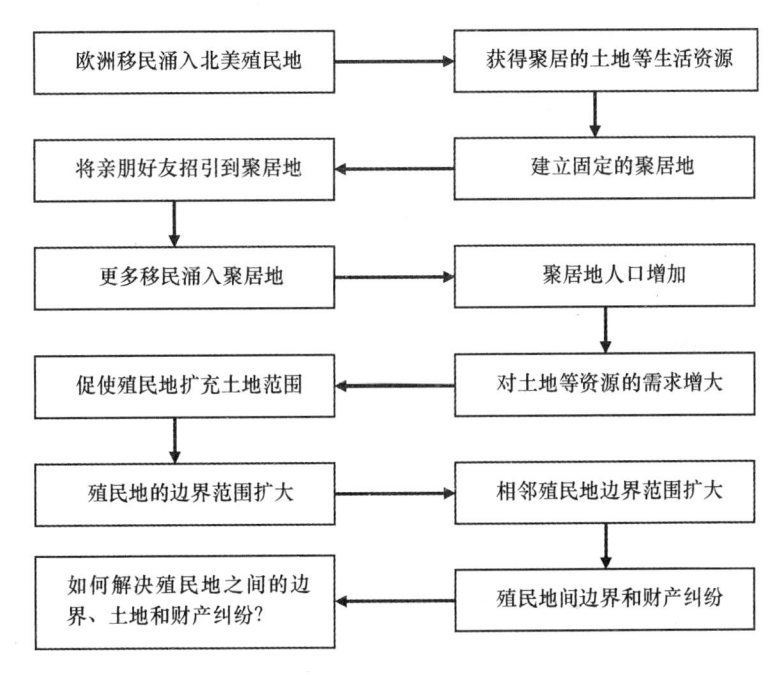

图3-1 北美殖民地间边界争端解决机制的催生动因

在当时，北美殖民地还缺乏独立解决殖民地间冲突和管理殖民地间关系的权力，移民们最渴望的也就是英国政府及其殖民地总督能够制定合理的规则和制度来保护他们的土地产权和其他生活资源。[①] 因此，当时所有殖民地间的争端基本上都提交英国女王解决。[②] 在那时，英国女王已经授权英国枢密院（The Privy Council）解决了北美殖民地间的许多边界争端和土地产权冲突。具体程序是：由殖民地先向英国女王起诉，然后由英国皇家调查委员会（A Royal Commission）审理这些争端案件。当皇家调查

---

① Jack P. Greene, *Negotiated Authorities: Essays in Colonial Political and Constitutional History*, Charlottesville, Virginia: The University Press of Virginia, 1994, p. 16.

② Caroline N. Broun, Michael L. Buenger, Michael H. Mc Cabe, Richard L. Masters, The Evolving Use and the Changing Role of Interstate Compacts: A Practitioner's Guide. American Bar Association, 2007. p. 3.

委员会作出判决时，争端各方可以向英国枢密院上诉。显然，这种争端治理机制类似今天的法庭诉讼（Litigation）。

英国枢密院在1675—1679年根据殖民地上诉调解了新罕布什尔与马萨诸塞的边界争端，这是北美殖民地时代最早的争端案件。此后，英国枢密院在北美殖民地时代所调解的这种边界争端案件总共有八件：宾夕法尼亚与马里兰（1683—1709年），纽约与康涅狄格（1700年），罗德岛与康涅狄格（1725年），弗吉尼亚与北卡罗来纳（1726—1727年），罗德岛与马萨诸塞（1734—1746年），新罕布什尔与纽约（1764年），宾夕法尼亚与马里兰（1734—1769年），纽约与魁北克（1768年）。英国枢密院有时在伦敦裁决这些殖民地之间的边界争端，并且枢密院在调解这些争端问题上的法律权威也从未被质疑过。由此也可以看出，英国枢密院在处理殖民地之间争端问题上发挥了一种司法功能。这也逐渐形成了殖民地时期司法调解争端的传统，并影响到美国建国后联邦司法权力的制度设计。

实际上，由英国女王及其在美洲殖民地的代表总督①来解决殖民地之间的争端与冲突有如下缺陷：第一，女王和总督可能会利用处理殖民地之间的冲突问题，对殖民地加强控制；第二，一定程度上增加了英国女王和枢密院处理这些争端案件的时间负担和精力等成本。殖民地由于自治能力的增强所引起的谈判力量的变化，也导致了重建殖民地新的政治和经济制度的努力。为了防止来自英国女王和总督的控制，拓殖者们逐渐地考虑设计有关殖民地间自主治理边界和土地争端的规则，殖民地人们也希望通过自主协商解决他们的争端问题，借此逐渐摆脱英国政府的殖民统治，增强殖民地的自治能力。

（三）殖民地间的"协议"程序：美国州际协议的原型

为了使北美殖民地间的这种土地竞争与土地资源分配有序化，制定相应的规则和制度，形成合理的激励与约束结构，妥善处理各殖民地间的土地产权和边界争端，在当时就显得尤为迫切和非常重要。这些情形促使当时名义上负责统治殖民地的英国女王代表——总督和其他殖民者重视创建容纳当地市民协商治理殖民地间争端和纠纷的政治结构。② 当时，英国政府和殖民地总督凭借行政命令，规划和设计了治理殖民地间边界和土地产权争端的两种和平方式。英国女王和北美殖民地规定了一个程序来解决边

---

① 总督（Governor）是英国女王任命的在每一块殖民地负责监督女王的命令和要求在当地的执行的官员。

② Jack P. Greene, *Negotiated Authorities: Essays in Colonial Political and Constitutional History*, Charlottesville, Virginia: The University Press of Virginia, 1994, p.14.

界问题，这就是北美殖民地时代著名的"协议"程序（The Compact Process），它可能是美国州际协议的原型。这种协作技术后来在美国《邦联条例》和《联邦宪法》中得到了具体体现。

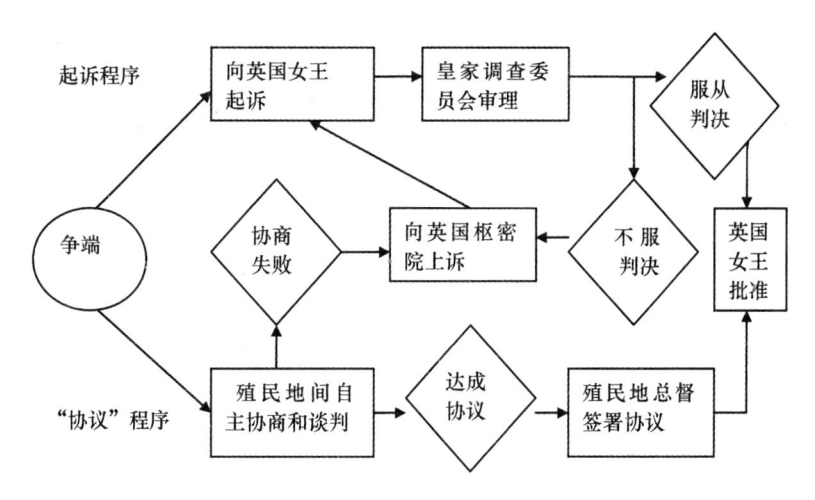

图 3-2　北美殖民地间边界争端的治理框架

如图 3-2 所示：通过"协议"程序，各殖民地的代表（这些代表一般称呼为"委员"①）一起通过谈判和协商，签订边界协议。有时候，英国枢密院派专门的委员到北美殖民地现场监督和促使争端各方达成协议。这些协议必须得到英国枢密院和英国女王的批准后才能发生法律效力——因为女王的批准将使殖民地间通过谈判达成的各种边界协议合法化。英国女王通过颁发特许状（Charter）许可和批准这些协议。当这些协议获得了女王批准后，签订协议的各殖民地必须严格执行，并且英国枢密院和女王在殖民地的王室总督会监督这些协议的实施。如果殖民地间通过谈判和协商的方式，也就是不能通过缔结协议解决边界争端和冲突问题时，则可以通过英国枢密院向英国女王上诉，之后通常交由英国皇家调查委员会（A Royal Commission）对这些争端案件进行调查，并将调查和审理结果移交女王，由女王作最后裁决。这种方式显然带有诉讼特性。

节省人们在政治、社会或经济方面发生交换的交易成本是一种制度安

---

① 一直到今天，代表美国州政府协商和缔结州际协议的州代表一般也称呼为"委员"（The Commissioners）。美国州际协议机构的最高决策机构一般也称"委员会"（The Board of Commissioners）。

排的主旨和效果。① 诉讼增加了英国女王和皇家调查委员会调解这些殖民地间冲突的负担和诉讼成本,因而法庭诉讼被证明不是解决殖民地边界争端和州际问题的一种理想手段。② 制度设计的成本与收益之比对于促进或推迟制度设计起着关键作用,只有在预期收益大于预期成本的情形下,行为主体才有可能会去推动甚至最终实现制度的变迁,反之亦不例外,这就是制度设计的一个基本原则。"协议"程序构造了激励和约束并存的争端解决机制,在当时能为各方所认可和接受。

首先,对于英国政府来说,殖民地之间通过协商和谈判达成协议来解决争端有助于减轻女王的这种负担和分担协调各殖民地之间利益关系的精力。实际上,在1689年《权利法案》和1701年《王位继承法》颁布以后,英国女王的政治权力受到了很大的限制和削弱,逐渐成为英帝国的虚位君主,她很少利用其特权,也缺少足够的权威直接解决殖民地间的各种争端。

其次,对于殖民地来说,通过设计"协议"程序,北美殖民地人民可以获得更多的自治权,他们能够真正自主治理他们之间的争端与冲突。这与当时殖民地人们所进行的各种为争取自治展开的自发性斗争分不开,也创造了一种和平解决殖民地间边界争端的传统。从这个意义上看,殖民地边界与土地产权争端治理的"协议"程序的产生具有一定的自发性制度变迁的内涵。通过这种方式,可以划清各自所有边界的范围,人们相互争吵的根源和冲突就会减少和消除;人们专注自己边界内的事业,各自的福利也就可以改善了。虽然这些殖民地在解决当地问题的方法和手段存在差异,但到1700年,一种普遍的边界争端自治制度实践模式已经在北美新大陆形成。

上述解决殖民地之间争端和冲突的两种机制在北美独立革命以前已经有100年的历史。其中,协议主要被用来通过确定殖民地间的管辖边界、合理界定和保护殖民地间的边界和土地财产。殖民地间边界协议(Inter-Colonial Agreements)在当时是相当普遍的。在北美殖民地时代,殖民地所签订的这种边界协议(Boundary Agreements)总共有十项。其中,康涅狄格(Connecticut)和新荷兰(New Netherlands)在1656年达成的边界协议,是美国殖民地时代最早的边界协议。经殖民地总督签署并经女王批

---

① [美]奥利弗·E. 威廉姆森:《资本主义经济制度》,段毅才、王伟译,商务印书馆2004年版,第8页。

② Vincent V. Thursby, *Interstate Cooperation: A Study of the Interstate Compact*, Washington D. C: Public Affairs Press, 1959, p. 107.

准后，协议将对签订协议各方都具有法律约束力。即使后来美国建国和《联邦宪法》实施以后，这些边界协议继续有效。

"协议"程序在北美殖民地时代确是一种非常有意义的政治发明。当一种制度惯例开始演化时，人们倾向于按照某种特定方式行事。① 从这个意义上说，"协议"程序以英国女王法令形式体现出了北美殖民地之间通过相互订立圣约和"把我们自己联合在一起"的协作治理方式，殖民地遵循"协议"程序隐含的基本规则，共同组织一种公共事务协作治理秩序。它为后来美国国父们学习和创新这种争端治理制度、规则与模式提供了有价值的参考，进而也有助于设计《邦联条例》和《联邦宪法》中协调州际利益关系的制度安排。历史确实是起作用的，到美国建国后，对持续地解决殖民地间边界争端的方法的要求最终导致了"州际协议"最早在《邦联条例》中体现，并随后在美国《联邦宪法》中被继承和被正式制度化了。② 或许可以这样说，1787年美国《联邦宪法》所规定的"协议"条款（Clause of the Compacts），目的在于使北美殖民地时代的这种争端解决模式制度化和永久化。③

二 《邦联条例》"协议"条款

（一）北美独立战争结束后的州际关系：竞争战利品

反英殖民统治的起义于1775年在新罕布什尔爆发，北美13个英属殖民地联合起来发动了反对英国殖民统治的革命战争。这种联合自治行动将殖民地间的协作精神在独立战争中发挥得淋漓尽致。随后在1776年7月4日，13个殖民地签署了《独立宣言》（The Declaration of Independence），宣告13个英属殖民地脱离宗主国，标志着独立的美利坚合众国（The United States of America）正式诞生。

北美独立战争的爆发给这些新独立的州之间带来了新的边界争端和领土所有权冲突。④ 只要他们自己的土地产权不受影响，这些独立后的新州

---

① ［日］青木昌彦：《比较制度分析》，周黎安译，上海远东出版社2001年版，第43页。
② Caroline N. Broun, Michael L. Buenger, Michael H. Mc Cabe, Richard L. Masters, The Evolving Use and the Changing Role of Interstate Compacts: A Practitioner's Guide. American Bar Association, 2007. p. 4.
③ William J. Donovan, "State Compacts as a Method of Settling Problems Common to Several States", University of Pennsylvania Law Review and American Law Register, Vol. 80, No. 1, 1931, pp. 5–16.
④ Joseph Francis Zimmerman, The Silence of Congress: State Taxation of Interstate Commerce, Albany NY: State University of New York Press, 2007, p. 2.

（前殖民地）并不在乎他们的地理边界在哪里。宣布独立后的各州面临的各类复杂问题接踵而来。这些问题牵涉到土地、皮货贸易、印第安人、移民、边界和各州管理属地等复杂的事情。虽然各州曾经联盟反对英国殖民统治，但独立后他们在一系列经济和政治问题上依然是竞争对手。[1]

土地财产争端在相当长的一段时期，是美国地方间冲突的主要原因。美国建国初期，各州对西部土地的争夺，使州际争端与冲突达到了高潮。从一定程度上说，边界和土地争端是在美国建国初期其他州际争端的根源。[2] 例如，纽约和新泽西在对哈得逊河和纽约湾的管辖权上发生了争端。一些独立后的英属殖民地相继对属于大不列颠的阿巴拉契亚以西的领土提出了一些冲突性要求。[3] 佐治亚和北卡罗来纳要求将它们的西部边界扩大至密西西比河（Mississippi River）；康涅狄格和弗吉尼亚同时对俄亥俄河西北部提出了要求。

当时的形势表明，州与州之间的边界和领土产权得到正确界定和保护显得非常必要，通过边界和领土产权的明晰界定，实际上对各州的行为设定了激励与约束，有助于减少州际争端和冲突。一个有效率的产权结构依赖于国家提供的规则和制度对产权的合理界定和保护。大陆会议看到了西部领土所有权上所存在的矛盾，于1779年通过了一项建议所有这些领土要求都应该被停止的解决方案。[4] 到后来，作为兼有中央政府和司法机关双重角色的大陆会议开始关注西部这些领土和边界的治理问题。在这种客观背景下，设计协调州际利益关系的制度安排，缓和各州动荡的局势和州际关系的持续紧张状态就非常重要。而殖民地时期美国人民运用"协议"程序治理边界争端的历史经验则直接推动了州际协议最早在《邦联条例》中体现。

（二）协作联邦主义与1777年《邦联条例》"协议"条款

在美国建国初期，原有殖民地和新独立的州不断发生边界争端和冲突。《邦联条例》是由深深意识到州际争端与冲突和熟悉调节这些争端与

---

[1] Christopher J. Bosso, Portz John H. and Tolley Michael C., *American Government: Conflict, Compromise and Citizenship*, Boulder CL: Westview Press, 2000, p. 52.

[2] Joseph Francis Zimmerman, *Interstate Relations: The Neglected Dimension of Federalism*, Westport CT: Praeger, 1996, p. 24.

[3] Timm, M. H., *State and Local Government in the United States*, Huntington NY: Nova Science Publishers, 2001, p. 2.

[4] Ibid. .

冲突的政治家们制定的。① 加上从17世纪初期至18世纪中后期，英属北美殖民地已经通过协议（Agreements）程序来解决殖民地间的各种争端。这一个多世纪通过协议解决边界争端的政治经验，使美国国父们充分意识到双边和多边州际协议可以用来解决州与州之间的争端和通过合作行动来解决跨边界的问题。②

1777年，北美独立战争后第二届大陆会议通过了《邦联和永久联盟条例》（The Articles of Confederation and Perpetual Union），简称《邦联条例》（The Articles of Confederation）。这一政治文件为这个新国家的治理设计了第一套制度安排。考虑到邦联政治架构下多重的政府结构以及政府间关系的复杂性，契约的方法被应用于确定国家治理的宪法选择之中。1776年8月20日，大陆会议最后审议通过的《邦联条例》中有关协议的条款作出如下规定：

> 第6条（Article VI）③：没有合众国国会的同意，任何州不能与任何国王、君主或国家缔结任何联盟、协议、同盟或条约。……没有合众国国会的同意，两个或更多州不能在他们之间缔结任何条约、联盟或同盟，并且具体指出签订该协议的目的以及持续的期间。

同时，《邦联条例》第4条还设计了协调州际关系的其他相关安排，这些内容后来被分别写进《联邦宪法》第4条第2款、第1款。

> 第4条（Article IV）：每一州的公民得享受其他各州公民的特权与豁免权（Privileges and Immunities）。……某人在任何州被控犯有叛国罪、重罪或其他罪行，若逃避审判，并在其他州被发现，应根据州行政当局之要求，将其引渡（Interstate Rendition）到对罪犯具有管辖

---

① Felix Frankfurter and James M. Landis, "The Compact Clause of the Constitution: A Study in Interstate Adjustments", *The Yale Law Journal*, Vol. 34, No. 7, 1925, pp. 685–758.
② Joseph Francis Zimmerman, *Interstate Relations: The Neglected Dimension of Federalism*, Westport CT: Praeger, 1996, p. 34.
③ 《邦联条例》第6条有关州际"协议"条款原文这样表述：
　　No State without the consent of the United States in Congress assembled, shall enter into any conference, agreement, alliance or treaty with any king, prince or state;
　　No two or more states shall enter into any treaty, confederation or alliance whatever between them, without the consent of the United States in Congress assembled, specifying accurately the purposes for which the same it to be entered into, and how long it shall continue.

权的州。……各州对于他州之法令、档案与司法程序应寄予充分信任与信用（Full Faith and Credit）。

从第6条可以看出，州之间缔结"协议（Agreements）"的权力只有在州与外国之间签订协议时才受限制，即需要得到美利坚国会的同意。这是因为邦联对各州之间的破坏性联盟依然心存芥蒂，特别对政治同盟或者地区同盟的设立非常担忧，州与州之间缔结条约（Treaty）将可能损害甚至毁灭国家主权，所以《邦联条例》限制各州缔结州际条约、联盟或同盟。因此，为了保护新生的美利坚合众国和联盟在国际关系中的主权，《邦联条例》在默认各州有权使用州际协议（Interstate Agreements）的同时，规定州在与外国缔结各种国际协议和条约必须得到邦联国会的同意和许可。"国会同意"（the Consent of the United States in Congress Assembled）的要求是为确保州与州不会联合国外势力签订有损邦联政治权威或针对其他州的协议。这种制度设计的目的也在于确保没有任何州际协议（Agreements）能够抗衡国会的意志。这体现了分权与制衡的政治原则。

然而，当对殖民地或州在它们之间确立某种安排的权力予以限制时，两份《邦联条例》草案和大陆会议最后通过的《邦联条例》都没有使用"协议"（Agreements）一词。这里的实际意思可能就是，殖民地或州之间缔结"协议"（Agreements）是受到许可和授权的，并且没有附带任何限制。从这也可以看出，《邦联条例》承认解决各州之间争端和冲突的必要性与重要性，并对于殖民地之间或州之间缔结"协议"（Agreements）的权力保持了默认的同意。《邦联条例》的起草者们非常含蓄而精巧地使殖民地时代的"协议"程序最早在《邦联条例》中得到了具体体现，后来被明确写进1787年美国《联邦宪法》。

（三）邦联时代州际争端与冲突的治理机制

《邦联条例》继承和发展了北美殖民地时代殖民地间边界争端与土地产权管理的治理经验，从而为新生的美国各州在新国家的政治、经济和社会生产与生活中实现州际合作和解决州际争端与冲突提供了一个基本制度框架。在《邦联条例》所设计的政治制度框架下，州际争端与冲突一般通过三种治理机制解决（见表3-1）。

一是由邦联国会解决。《邦联条例》第9条规定："对于现存的或者今后可能遇到的州际争端，包括边界、司法权等问题的冲突，美国国会有最终的裁决权。"当时相继独立的各州对未开发的西部领土所有权提出了一些冲突性要求，这种州际领土所有权冲突当时由各州让与邦联国会解决。在这种州际冲突治理过程中，邦联国会扮演中间人（Intermediary）的角色，并且是最终的受益者，但邦联国会在州之间实际的政治交易活动上并没有起主要作用。①

表3-1　　　　邦联时代州际争端与冲突的治理机制比较

特点 制度安排	邦联国会	特别法庭/审查小组（邦联国会）	州际协议
中央政府角色	中间人	监督者	审批者
决策方式	斡旋和调停	裁决	谈判/自主协商
权力向度	纵向自上到下	纵向自上到下	横向合作网络
控制机制	外部干预能力弱	外部干预能力弱	自主调节/互惠
使用频率	低	低	高

资料来源：笔者整理。

二是由邦联国会组建的特别法庭/审查小组（A Panel）裁决。邦联国会通过建立一个在其保护之下的特别法庭（Special Court）或审查小组（A Panel），裁决州与州之间的争端和冲突。就这种方式来说，邦联国会发挥了其监督者的功能。例如，国会曾经裁决了康涅狄格州与宾夕法尼亚州之间的边界争端。这是由邦联国会所裁决的唯一一次州际争端。

三是由州协商达成州际协议（Interstate Agreements）解决。美国建国初期，州际关系基本上是由州之间通过谈判和协商解决的。州之间通过协商，签订协议确定州际边界，在一定程度上有助于合理界定和保护各州的领土产权，减少州际摩擦与冲突。州际协议是这一时期解决州际争端和冲突的重要手段。各州也倾向于通过协商来缔结州际协议以解决它们之间的边界争端和领土产权问题。

这一时期的州际协议主要有：（1）1779年8月31日，宾夕法尼亚州和弗吉尼亚州谈判达成了一项边界协议，两个州同意通过联合行动来管理州际边界。宾夕法尼亚州于1779年批准了这项边界协议，弗吉尼亚州于1780年批准该协议。（2）宾夕法尼亚州和新泽西州在1783年签署边界协议。（3）弗吉尼亚州与马里兰州于1785年达成了美国历史上有名的州际

---

① Peter. SOnuf, *The Origins of The Federal Republic：Jurisdictional Controversies in the United States*, Philadelphia PS：University of Pennsylvania Press, 1983, p. 17.

协议——《波托马克河流协议》（The Potomac River Compact of 1785）。[1] 该协议是美国历史上最早的州际河流管理协议。（4）南卡罗来纳州和采佐治亚州在1788年达成了处理这两州萨凡纳河上的管辖边界和航运的州际协议。美国建国初期的这些州际边界协议，有助于确定作为领土实体的各州政治管辖区范围，在当时也在一定程度上消除了对各州政治管辖权的挑战。[2]

三 《联邦宪法》"协议"条款

（一）邦联成立后的州际关系："本是同根生，相煎何太急！"

独立革命结束和邦联成立后，州际来往实际很少，互相嫉妒各自的特权，甚至根本就忽视了合众国的存在。而作为中央政府的邦联国会在处理包括州际争端和冲突等在内的许多问题上显得"心有余而力不足"。与此同时，各州之间的政治管辖边界并没有得到清晰界定。[3] 当时对州之间边界线的划定争执颇多，邦联国会所作的裁决也经常是互相矛盾的。例如，马里兰和弗吉尼亚两个州为波托马克河上的航运权而争论不休。特别是对西部土地的竞争，使州际冲突达到了高潮。战前，若干殖民地曾对阿巴拉契亚山以西的土地，提出广泛乃至相同的领土要求。对于没有提出要求的其他州来说，这些富饶土地的分配似乎是很不公平的。纽约和弗吉尼亚发生了领土争端，弗吉尼亚对独立后自己的疆界非常不满，它想占据密西西比河之间的全部土地，宾夕法尼亚也想拥有这些土地，处于夹缝中的马里兰有随时被吞并的危险，之后还有更多的州之间不断发生土地争端，一些州甚至有退出联盟的举动，使得邦联随时有瓦解的危险。

另外，在18世纪后期，工业革命正席卷北美大陆。随着资本主义经济和工业规模的不断扩大、市场需求的不断增长，各种商品的贸易都呈现出跨州和全国流通的趋势。而缺乏有效的制度安排来调控流动于各州之间的商品制造、运输与买卖，势必将不能为新兴资本主义工业市场的发展创造稳定的制度环境，并极容易在各州之间产生利益冲突。当时各州之间潜伏着大量的贸易争端和纠纷，州际经济关系出现了危机。一些州为保护本

---

[1] The Potomac River Fisheries Commission (PRFC), Maryland and Virginia Potomac River Compact of 1958 (http://www.prfc.state.va.us/commission/commission.htm).

[2] Peter. SOnuf, *The Origins of The Federal Republic: Jurisdictional Controversies in the United States*, Philadelphia PS: University of Pennsylvania Press, 1983, p. 63.

[3] Keith L. Dougherty, *Collective action under the Articles of Confederation. Cambridge*, New York: Cambridge University Press, 2001, p. 3.

州的经济利益，纷纷建立起贸易壁垒，损害了联盟经济市场的开放和统一。

例如，马萨诸塞、纽约和宾夕法尼亚的议会，各自制定的关税法，对弱小的邻州颇有损害。各州之间的贸易限制也造成彼此间的不和，更谈不上积极的州际经济协作。比如，新泽西州的人不付出很高的入口税和出港手续费，就不能渡过哈得逊河到纽约市场上去出售蔬菜。有些州不仅剥夺他们的一些公民的自由权，而且还常常在损害国家整体利益和其他州利益的情况下谋求自己的利益。从一定意义上说，这种州内和州际的管辖范围的冲突事实上也构成了美国早期的宪政发展史的重要内容。[1] 要在美洲新大陆建立资本主义统一大市场，在国家治理体系层面设计调控州际经济关系的制度安排就显得非常迫切和重要。美国的制宪者们已经充分预见到了这一点。正如汉密尔顿等人在《联邦党人文集》中所言：

  联邦对你们政治繁荣的裨益，目前的邦联不足以维持联邦，为了维持一个至少需要同所建议的政府同样坚强有力的政府；新宪法与共和政体真正原则的一致，新宪法与你们的州宪法是相类似的，以及通过新宪法对维持那种政府、对自由和财产的进一步保证。……对于联合的价值和幸福所产生的强烈意识，很早就诱使人民去建立一个联邦政府来保持这种联合，并使之永远存在下去。他们建立这种政府差不多是在政治上刚刚存在的时候；不，是在居民们正被烈火燃烧的时候，是在许多同胞正在流血的时候，是战争和破坏正在进行、无暇在为自由人民组织明智而正常的政府以前必须进行冷静地探索和成熟地思考的时候。在如此不祥的时候组成的政府，在实践上发现许多缺陷不足以符合原定的目的，这是不足为怪的。[2]

总之，美国建国初期的州际边界和贸易争端、州际资源竞争所导致的州际关系恶化，所导致的联盟政治秩序的混乱，引发了国家治理制度的危机，这使美国的立国者们深切意识到从国家根本大法的高度设计大家可信赖的、相当规律的协调州际关系和促进州际协作的制度安排显得非常重要。邦联政府的主要缺点，来自于这个建筑物结构上的基本错误，除了改

---

[1] Peter SOnuf, *The Origins of The Federal Republic: Jurisdictional Controversies in the United States.* Philadelphia PS: University of Pennsylvania Press, 1983, p. 3.

[2] ［美］汉密尔顿、杰伊、麦迪逊：《联邦党人文集》，程逢如等译，商务印书馆2006年版，第6、8—9页。

变建筑物的首要原则和更换栋梁以外,是无法修理的。[1] 换言之,此时以汉密尔顿为首的制宪者们主张改造邦联政府治理结构,即产生对一种效益更高的新的国家治理制度的需求,需要通过国家政治制度的再造,为促进州与州之间建设性的交往互动提供一种更加稳定的制度框架,进而为建立一个州际关系和谐的经济与政治联盟提供制度基础。创建美国联邦制度的目的也正是为了更有效地调和州际冲突和为州际竞争设定规则。[2] 这是促使《邦联条例》被修改和最终导致1787年作为取代《邦联条例》的美国《联邦宪法》(The Constitution of The United States)制宪会议召开的重要因素。[3]

(二) 制宪会议、《联邦宪法》"协议"条款与协作联邦主义正式发展

1. 《联邦宪法》"协议"条款是由谁设计?又是如何设计的?在华盛顿、麦迪逊和汉密尔顿等人的积极组织和推动下,1787年5月25日,制宪会议在宾夕法尼亚州费城召开。这次会议原本是为修改《邦联条例》而开,但后来却成了一个重新设计美国国家宪法制度的机会。所以这次会议也称"制宪会议"。

当时制宪会议面临的一个主要问题就是,如何在中央政府与州政府之间配置合理的权力资源,即既要向州分权,又要对州的权力予以必要制衡;既要扩大中央政府的权力,又要对中央政府的权力予以必要制衡,总之,必须确保中央政府与州的权力能力达到合理平衡。这正是当初美国联邦制设计所需要解决的一个根本问题。制宪会议上出现了联邦党人(Federalists)和反联邦党人(Anti-Federalists)、联邦派和州权派、大州派和小州派之争。《联邦党人文集》就是这次论战的产物,此书被誉为美国宪法解释的"圣经"。以汉密尔顿为首的联邦党人主张建立一个中央高度集权的联邦政府。而以杰佛逊为代表的分权派,则反对联邦党人的过分集权,主张在中央和州地方政府内部各自都实行三权分立的基础上,同时实行中央与州之间的分权。

由于争论双方有共同点,这一如何处理联邦与州地方政府权限划分的

---

[1] [美]汉密尔顿、杰伊、麦迪逊:《联邦党人文集》,程逢如等译,商务印书馆2006年版,第73页。

[2] John Kincaid, "The Competitive Challenge to Cooperative Federalism: A Theory of Federal Democracy", In Daphne A. Kenyon and John Kincaid, *Competition among States and Local Governments: Efficiency and Equity in American Federalism*, Washington, D.C.: The Urban Institute Press, 1991, p. 105.

[3] Joseph Francis Zimmerman, *Interstate Cooperation: Compacts and Administrative Agreements*, Westport CT.: Greenwood Publishing Group, 2002, p. 1.

大规模论战，最后导致了一个双方妥协的结局：既非单一的中央集权，又非多元的地方自治，而是融两者长处于一体的联邦制（The Federal System）。① 制宪会议的最后结果是一种新的国家治理制度——联邦制的形成——目的是要顺利实现各州继续联合的愿望②，达到基于自治和分享治理相结合基础上的某种程度的政治整体化。③ 正如杰伊在《联邦党人文集》中所言：

> 美国人民明智地认为，联合和一个有效的全国政府是必要的，它可以使他们处于和保持在一种不致引起战争，而有助于制止和阻碍战争的状态。这种状态存在于尽可能好的防御状态之中，而且必然依赖于政府、军队和国家的资源。由于全体的安全就是全体的利益，所以没有政府就不能提供安全，不论是一个政府，还是一个以上的政府，还是许多政府。……一个政府能够集中和利用在联邦任何地方的最优秀人物的才能和经验，它能按照全国一致的政策原则行事。它能使各部分和各部门互相协调，对它们进行保护，并使它们都能得到深谋远虑和谨慎从事的好处。④

联邦所要达到的主要目的包括"管理国际贸易和州际贸易"。⑤ 州际经贸关系是制宪会议代表所关注和讨论的一个重要议题。在联邦制下，那些在形式上相互独立的自治单位——州拥有能在恰当和有约束力的条件下联合处理共同事务的法律机制是重要的。邦联时代的经历使美国《联邦宪法》的制定者们充分认识到，要实现州际团结和合作，在他们正在设计的新治理体制中有必要包含创建各州之间多方面相互作用框架的制度安排。⑥ 在调和州际关系上，《联邦宪法》需要努力解决《邦联条例》所没有解决的两个主要问题：第一，州际边界和水资源争端，以及其他问题都

---

① 辛向阳：《大国诸侯：中国中央与地方关系之结》，中国社会出版社 2008 年版，第 298 页。
② ［法］托克维尔：《论美国的民主》，董果良译，商务印书馆 1991 年版，第 429 页。
③ ［美］丹尼尔·伊拉扎：《联邦主义探索》，彭利平译，上海三联书店 2004 年版，第 97 页。
④ ［美］汉密尔顿、杰伊、麦迪逊：《联邦党人文集》，程逢如等译，商务印书馆 2006 年版，第 17 页。
⑤ 同上书，第 114 页。
⑥ Joseph Francis Zimmerman, *Interstate Cooperation: Compacts and Administrative Agreements*, Westport CT.: Greenwood Publishing Group, 2002, p. 19.

留给各州去协商解决；第二，赋予国会规制州际商务的权力。在殖民地和独立战争时期，美国人民就已经运用"协议"程序解决地区间的各种争端和矛盾，并将这种自治经验在新的实践中运用并加以发挥。邦联的经历证明了某些协调州际关系的规则条例是有重要作用的。对此，制宪者们有充分认识，并且有意识地通过立宪选择层次的制度设计，将州际协议机制整合进美国《联邦宪法》。从一定意义上说，殖民地时代的"协议"程序和邦联时代的州际协议经验，直接影响了独立后《联邦宪法》"协议"条款的出台。

制宪会议的代表们认为，"条约"（Treaty）与超越州的立法的至高性相联系，因此，得到委托授权才能缔结条约，显然，他们反对各州缔结任何形式的条约和盟约。但代表们中没有任何人曾经提到过协议（英文为"Agreements"和"Compacts"）。① 到1787年7月25日，制宪会议创建了由五位代表组成的特别工作委员会（Committee of Detail）。这五位代表包括：主席约翰·拉特里得基，来自南卡罗莱纳州；宾夕法尼亚州的詹姆斯·威尔逊；弗吉尼亚州的爱德马·罗得菲；马萨诸塞州的拉斯尼尔·戈哈姆；康涅狄格州的奥利弗·艾斯瓦。特别工作委员会主要是在8月6日制宪会议休会后的一段时间内，负责起草和拟定《联邦宪法》大纲。关于"条约"（Treaty）与协议（"Agreements"和"Compacts"）之间的区别，在詹姆斯·威尔逊手写的宪法草案中曾经第一次提到。宪法草案的这一条款是这样写着：

第10款②：任何州不能缔结任何条约、同盟或联盟；也不能对任何进口商品征税或施加义务……

根据推测，在同詹姆斯·威尔逊和特别工作委员会其他成员讨论后，由主席约翰·拉特里得基手写的宪法草案又有一些修改之处。③ 这些修改体现如下：

---

① 参阅 Abraham C. Weinfeld, "What Did the Framers of the Federal Constitution Mean by 'Agreements or Compacts'?" *The University of Chicago Law Review*, 1936, 3 (3): 453 – 464。

② 原文：No State shall enter into any Treaty, Alliance or Confederation; Nor lay any Imports or Duties on Imports…

③ Abraham C. Weinfeld, "What Did the Framers of the Federal Constitution Mean by 'Agreements or Compacts'?" *The University of Chicago Law Review*, Vol. 3, No. 3, 1936, pp. 453 – 464.

第 10 款①：任何州不能与外国缔结任何条约、同盟、联盟；没有合众国国会的同意，任何州不能与其他州或掌权者缔结任何协议，也不能对任何进口商品征税……

到 1787 年 8 月 6 日，约翰·拉特里得基代表特别工作委员会向制宪会议报告宪法起草情况，并且提交了一份《联邦宪法》草案。其中，包含如下规定：

第 12 款②：任何州不能缔结条约、同盟或联盟；……
第 13 款③：没有合众国国会的同意，任何州不能与其他州或外国缔结任何协议……

从这几份设计草案可以看出：第一，州之间缔结"条约"（Treaty）的权力是以否定形式无条件限制的；第二，州之间缔结"协议"（Agreements 或 Compacts）的权力是以肯定形式有条件限制的。正如联邦最高法院首席大法官约翰·马歇尔在 1833 年"巴罗诉巴尔的摩"（Barron v. Baltimore）一案中所主张的那样④，州与外国的协议（Agreements）插手了联邦政府的国际条约（Treaty）缔结权，因而必须禁止各州缔结条约，而州与州之间的协议（Agreements）则很少妨碍宪法的基本目的和意图。

实际上，到 1787 年制宪会议召开时，州之间缔结"协议"（Agreements）的权力开始受到了限制。出席这次制宪会议的代表基本上都是非常优秀的律师。他们对《联邦宪法》中的有关用词不断讨论。当时有关禁止各州缔结条约，但许可各州经过国会同意可以缔结协议（Agreements 或 Compacts）的用语在这些律师当中讨论了六个星期，从 8 月 6 日持续

---

① 原文：No State shall enter into any Treaty, Alliance, Confederation with any foreign Power nor without Consent of U. S. into any agreement, or compact with another State or Power; nor lay any Imports or Duties on Imports…
② 原文：No State enter into any treaty, alliance, or confederation。
③ 原文：No State, without the consent of the Legislature of the United States, shall … enter into any agreement or compact with another State, or with any foreign power…
④ 转引自 Ridgeway Marian E., *Interstate Compacts*: *A Question of Federalism*. Carbondale, Illinois: Southern IllinoisUniversity Press, 1971, p. 20。

到 9 月 17 日。[①] 在此期间，成立了一个修订委员会（Committee of Revision or Stile & Arrangement），其成员包括汉密尔顿和麦迪逊。修订委员会详细审查了起草的宪法文件，并于 1787 年 9 月 12 日正式提交制宪会议。修订委员会没有对协议（"Agreements"和"Compacts"）做任何改动。正如麦迪逊所言，现存这些被《联邦宪法》模仿，其原因不需要解释。[②] 1787 年《联邦宪法》第 1 条第 10 款最后这样规定：

> 任何州不得缔结条约、同盟或联盟；……任何州，未经国会同意，不得与其他州或外国缔结协议。

这就是美国《联邦宪法》中的"协议"条款（The Compact Clause）。条约、同盟或联盟适应于政治性的条约，如战争与和平条约、邦联条约、主权割让条约等。[③] 州际条约（Interstate Treaty）或州与外国的条约可能对国家主权造成毁灭性的影响。为了保障联邦的主权统一和政治安全，《联邦宪法》明令禁止各州缔结任何形式的条约、同盟或联盟，而州际协议（Interstate Compact 或 Agreement）并不一定对国家主权造成损害或毁灭。[④] 因此，《联邦宪法》第 1 条第 10 款才作出了上述规定——州缔结条约、同盟或联盟以否定形式表述，而州缔结协议是以双重否定形式表述，双重否定实质上是肯定，即任何州，经过国会的同意，可以与其他州或外国缔结协议。换句话说，任何协议（Compact 或 Agreement），而不是条约（Treaty）、同盟（Alliance）或联盟（Confederation），如果得到了国会同意，它就是有法律效力的。这与《邦联条例》中有关规定是一致的。在这一问题上，唯一需要合理解释的就是 Agreements 和 Compacts 两个英文词的差异。本书第一章第二节对此已做详细区分。

1787 年 9 月 17 日，《美利坚合众国宪法》（*The Constitution of The U-*

[①] Abraham C. Weinfeld, "What Did the Framers of the Federal Constitution Mean by 'Agreements or Compacts'?" *The University of Chicago Law Review*, Vol. 3, No. 3, 1936, pp. 453–464.

[②] 转引自 Fairfield Roy P., *The Federalist Papers: A Collection of Essays Written in Support of the Constitution of the United States.* New York: Anchor Books, 1966, p. 126。

[③] 参阅 "The Power of the States to Make Compacts", *The Yale Law Journal*, Vol. 31, No. 6, 1966, pp. 635–639。

[④] William J. Donovan, "State Compacts as a Method of Settling Problems Common to Several States", *University of Pennsylvania Law Review and American Law Register*, Vol. 80, No. 1, xxx1931, pp. 5–16.

nited States），简称美国《联邦宪法》，在费城正式签订。此后经过数个州的激烈公民投票，到1789年《联邦宪法》正式生效。《联邦宪法》"协议"条款在立宪选择层次赋予州享有缔结州际契约的有限选择权，为州与州之间在集体选择层次建构州际协作秩序提供了一种激励与约束共存的制度化结构。《联邦宪法》"协议"条款体现了联邦性与国家性、授权激励与限权约束、分权与制衡、自治与共治等双重原则的有机结合。之所以这样设计《联邦宪法》"协议"条款，是因为：

一方面，基于授权激励的考虑。《联邦宪法》所创建的各州拥有广泛权力的联邦治理制度的成功在一定程度上依赖于和谐的州际关系。州际竞争与合作是联邦制的内在特征。调和这种竞争，促进州际协作对于联邦制的有效治理是非常重要的。[1] 作为准主权的实体，州与州之间的行为需要协调一致。州际合作，不论正式的还是非正式的，都是使美国联邦主义体制团结在一起和促进其成功的基石。[2] 而州际协议已被证明是解决州际争端和加强州际合作的一种重要机制。因此，从国家根本大法的高度，设计这种促进州际协作的法律制度，有助于强化这种州际协议的宪政基础，也可借此激励各州组织州际协作行动的信心。

另一方面，基于限权约束的考虑。由于宪政国家是建立在正义的基础之上的，订立公共合同总是要受到一定的限制。[3] 为了阻止各州之间进行合谋或者颠覆合众国的可能性，从而造成对合众国的政治安全和下级政府间有效竞争的破坏，进而将削弱联邦的政治平衡，州际协议必须得到国会批准才具法律效力。授予国会对州际协议的批准权，即，一项州际协议只有得到国会的同意才能生效，借此可以约束州际协作的滥用。宪法规定国会同意的基本目的在于确保没有任何州际协议能够反对国会的立场。[4] 很显然，这表明国会对能够限制州际商务的州际协议具有最后决定权。当一项州际协议将增加各州的政治权力或者损害联邦政府的至高权威时，即影响到联邦政治权力结构的平衡时，得到国会的同意是非常必要的。这实质上体现了契约主义（联邦性）与国家主义（国家性）的双重倾向，贯彻

---

[1] Andrew Skalaban, "Policy Cooperation among the States: The Case of Interstate Banking Reform", *American Journal of Political Science*, Vol. 37, No. 2, 1993, pp. 415–428.

[2] Joseph Francis Zimmerman, *Interstate Cooperation: Compacts and Administrative Agreements*, Westport CT.: Greenwood Publishing Group. 2002, p. 2.

[3] ［英］简·莱恩：《新公共管理》，赵成根等译，中国青年出版社2004年版，第168页。

[4] Frederick Land Zimmermann and Mitchell Wendell, *The law and use of interstate compacts*, Lexington KY: The Council of State Governments, 1976, p. 22.

了分权与制衡的政治原则——以联邦权力制约州权力，预防州权滥用，确保州际协议不会侵占联邦的政治特权，从而维护了国家的根本利益。

《联邦宪法》还在立宪选择层次建立了一套相对比较完整的法治机制来协调州际关系，弥补了州际协议的不足，并配合和协助州际协议的实施。包括州与州之间政治与法律地位平等①（Equal Protection of the Laws）、充分信任与信用②（Full Faith and Credit）、州际罪犯引渡③（Interstate Rendition）、特权与豁免权、契约保护④（The Contract Clause）和国会立法规制州际商务⑤（Interstate Commerce）、联邦最高法院司法调节⑥（Interstate Suits）。这些宪治规则确立了州际关系的永久特征，使州际合作与竞争的秩序得以确定，至今仍是协调州际关系的基本原则。其中，国会立法调控⑦、州际协议和联邦最高法院司法调节⑧构成了《联邦宪法》制度框架中协调州际关系的三个支柱（如图3-3所示）。

以州际协议、国会立法调控和联邦最高法院司法调节为核心的州际关系治理制度框架，建构了一整套促进州际合作的基本规则和机制，通过以宪法规则的形式界定州际交互行为的选择空间，推动州与州之间在交互作用中建构由法律规则治理的关系模式。这有助于减少州际交往环境中的不

---

① 第1条第3款：联邦各州不分大小，在参议院一律只有两个议席。
② 第4条第1款：各州对于他州之法令、档案与司法程序应寄予完全之信任。国会得以法律规定各州法令、档案与司法程序之验定方法及其效力。各州要互相尊重和承认彼此的法律。
③ 第4条第2款：某人在任何州被控犯有叛国罪、重罪或其他罪行，若逃避审判，并在其他州被发现，应根据州行政当局之要求，将其引渡到对罪犯具有管辖权的州。
④ 第1条第10款：各州不应该制定有损害契约义务的法律。
⑤ 第1条第8款：国会有权规制合众国与外国、州与州之间和州与印第安部落之间的商务活动。
⑥ 第3条第2款：联邦最高法院可以在州与州之间的争端案件中行使司法权。
⑦ 《联邦宪法》第1条第8款列举了国会享有的基本权力，其中国会有规制州际商务活动的权力，即"州际商务"（Interstate commerce）条款。国会正是依据这一宪法条款，通过制定专门的法律，规制和调控州际商贸关系，在促进州际合作和共同州法律的制定和颁布方面发挥重要作用。对于州际商务调控，国会可以明确联邦优占（Federal Preemption）或同意州自行立法。所谓联邦法律优占了某一特定领域，就是指国会已通过立法去全面调控这个领域，并排斥任何与之竞争或冲突的州法或地方法规。当国会颁布的具备联邦宪法授权的联邦法律去优占州法时，那么州法几乎自动失效。
⑧ 除行使《联邦宪法》第3条第2款列举的联邦最高法院的司法权力外，联邦最高法院还通过解释宪法和法律，来调节联邦与州和州与州之间的关系，防止各州的歧视性立法损害州际商务。1799年，联邦最高法院首次运用司法权解决纽约和康涅狄格两个州之间的边界争端。此后，联邦最高法院运用司法权调解了许多州际争端。联邦最高法院有时还应州的请求，对州际协议进行司法解释。

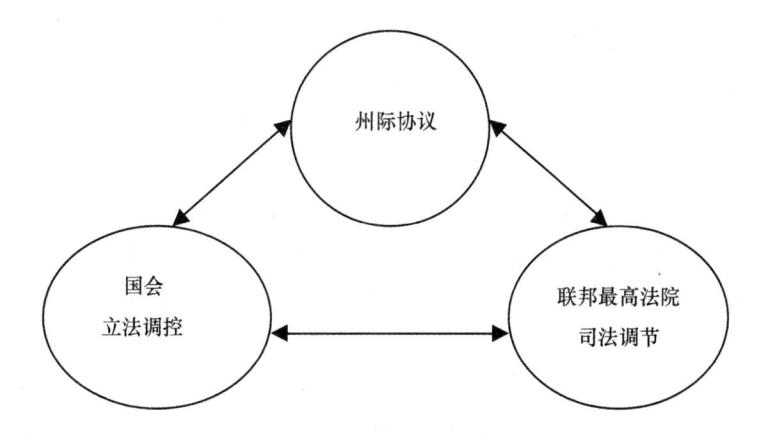

图 3-3 美国州际关系协调的宪法制度框架

确定性，减少跨州交易行为的成本，促进州际协作治理行为，也有力地促进了协作联邦主义快速发展，这就使州际关系能在联邦治理制度框架内保持相对稳定。

第一，国会立法调控。联邦宪法第 1 条第 8 款列举的国会拥有的权力中包括，国会有权规制州际商务活动，即"州际商务"（Interstate Commerce）条款。国会正是依据这一宪法条款，通过制定专门的法律、规制州际商贸关系，在促进州际合作和共同州法律的制定和颁布方面发挥重要作用。1887 年，美国国会颁布了消除各州之间商贸壁垒的《州际商务法》（*Interstate Commerce Act of 1887*）。这是国会对州际经济关系的重要立法。《州际商务法》主要是针对当时私营铁路在垄断经营的情况下对不同地区、不同顾客征收不同费用的情况，通过法律制度来营造一个公平竞争的环境。根据该法案，美国国会为规制铁路行业而成立了联邦规制机构——"州际商务委员会"（Interstate Commerce Commission，ICC）[①]。这被认为是美国作为现代规制国家崛起的起点。至 1890 年，美国国会通过了世界上第一个现代反垄断法——《谢尔曼反托拉斯法》（*Sherman Antitrust Act of 1890*）。该法禁止"任何以托拉斯形式或其他形式的联合、共谋，用来限制州际间或与外国之间的贸易或商业"（第 1 条）。以《州际商务法》和《谢尔曼反托拉斯法》为基准，加上此后的众多相关法律，联邦政府有效地利用法治手段铲除了跨州贸易壁垒，为各州之间低成本、大规模实现工业化和国内统一大市场的形成提供了法治保障。在 1887 年

[①] 到 1995 年 12 月 29 日，存在 108 年的美国州际商务委员会正式解散。

到1934年罗斯福新政之前的40多年间，联邦政府成立了许多独立的监管机构，对跨州商务活动进行规制和监管。

第二，联邦最高法院司法调节。美国联邦最高法院被公认为当今世界上最权威的法院。因为它不仅具有解决在美国宪法和法律制度框架下产生的所有案件和争端的最高审判职能，而且还负有对宪法进行解释和审查法律是否违宪的职能。《联邦宪法》第3条第2款列举的联邦最高法院的司法权力中包括，联邦最高法院享有对两个或更多州之间争端的司法管辖权。不仅如此，联邦最高法院还通过解释宪法和法律，来调解联邦与州和州与州间的关系。例如，《联邦宪法》"州际商务"条款授予美国国会"制定对外以及各州之间贸易规定"的权力。联邦最高法院将这一条款解释为，限制州一级制定有碍州际贸易的州与州之间的贸易规定和州内贸易规定。

从一定意义上说，法院特别是联邦最高法院是联邦主义体系的调解者，没有法院的调解，联邦主义体制几乎不可能成功运转；没有联邦最高法院对《联邦宪法》的解释和维护，1787年美国《联邦宪法》可能早已成了历史。1799年，联邦最高法院首次运用司法权解决纽约和康涅狄格两个州之间的边界争端。[①] 此后，联邦最高法院运用司法权调解了许多州际争端。作为制度实施机制，美国联邦最高法院在州际协议缔结和执行等方面的司法权威是毋庸置疑的。

2.《联邦宪法》"协议"条款的历史意义——推进州际协议法治化发展。1787年《联邦宪法》的出台事实上初步确立了美国协作联邦主义的基本制度框架[②]，促进了美国国家治理体系和治理能力现代化，联邦与州之间的关系和州际关系开始走向法治化、制度化和规范化。协作联邦主义强调联邦制下州与州之间更多利益是共享的而非对立的，政府间需要协作而非对抗，并主张州际协作遵循联邦性与国家性相统一的原则。《联邦宪法》"协议"条款在国家立宪选择层次确立了一种州际利益共享与行为协作的法律制度安排，这种制度安排意味着在一个充满竞争和冲突的治理秩序中各州可以避免退缩到政治管辖边界之后及避免认为超越政治管辖边界的其他州都是对手。

从制度演变的角度讲，美国《联邦宪法》"协议"条款是美国国家历

[①] Joseph Francis Zimmerman, *Interstate Disputes: The Supreme Court's Original Jurisdiction*, Albany, NY: State University of New York Press, 2006, p. 63.

[②] Daniel J. Elazar, "Federal—State Collaboration in the Nineteenth-Century United States", *Political Science Quarterly*, Vol. 79, No. 2, xxx1964, pp. 248 – 281.

史发展的产物,是北美殖民地间边界争端漫长历史的一部分。[1] 它继承和创新了《邦联条例》中起源于北美英属殖民地时代解决边界和土地争端的"协议"程序。[2] 或许可以说,1787年美国《联邦宪法》"协议"条款设定了一种民主合作治理逻辑:它使美国各州于竞争和合作关系中能够和睦相处以探索或以契约式的解决问题的技艺建构由法律规则治理的州际协作治理的秩序模式,建立跨州互动与交易赖以发生的共同体,促进了州与州、州与联邦之间协作。在《联邦宪法》颁布后至20世纪前,州际协议没有得到广泛使用。自20世纪初期以来,州际协议开始被广泛使用,并正式进入了现代化发展阶段,越来越受到美国人的关注和重视。

第二节 州际协议的基本类型

一 州际协议分类的依据

对美国州际协议分类,至少需要考虑两个基本要素:首先,州际协议的政府间政策功能特征。赖特在《理解政府间关系》中提出了四种类型的政府间政策(IGR Policies)[3]:边界或管辖型政策(Boundary or Jurisdictional Policies);分配型和发展型政策(Distributive and Developmental Policies);规制型政策(Regulatory Policies);再分配型政策(Redistributive Policies)。其次,州际协议的结构特征。从现有州际协议的成员数量构成来看,超过一半的州际协议是由两个州参与的,其他州际协议的成员州通常包括三个或三个以上。因此,可以将州际协议的结构分为两种——双边结构(Bistate)和多边结构(Multistate)。另外,联邦政府也参与了某些州际协议。本书将州际协议划分为十种类型(见表3-2)。

---

[1] Felix Frankfurterand James M. Landis, "The Compact Clause of the Constitution: A Study in Interstate Adjustments", *The Yale Law Journal*, Vol. 34, No. 7, 1925, pp. 685 – 758.
[2] Joseph Francis Zimmerman, *Interstate Disputes: The Supreme Court's Original Jurisdiction*, Albany NY: State University of New York Press, 2006, p. 10.
[3] Deil S. Wright, *Understanding Intergovernmental Relations*. Pacific Grove, California: Brooks/Cole Publishing Company, 1988, p. 291.

表 3-2　　　　　　　　美国州际协议的分类框架

联邦政府是否为协议一方	是		否	
成员州个数	双州（2个州）	多州（3个州及以上）	双州（2个州）	多州（3个州及以上）
政府间政策的内容 — 边界或管辖	—	—	双边州际边界协议：《密苏里州与内布拉斯加州边界协议》(1999年)	多边州际边界协议：《密歇根州、威斯康星州和明尼苏达州边界协议》(1947年)
政府间政策的内容 — 分配	—	联邦—多边州际分配协议：《特拉华河流域协议》（特拉华、新泽西、宾夕法尼亚、纽约4个州和联邦政府，1961年）	双边州际分配协议：《纽约新泽西港务局协议》(1921年)，《密西西比—阿拉巴马铁路管理局协议》(1972年)，《堪萨斯—密苏里大都市文化区协议》(1996年)	多边州际分配协议：《里帕布里肯河流域协议》(1943年)，《华盛顿大都市区交通管理局协议》(1966年)
政府间政策的内容 — 规制	—	联邦—多边州际规制协议：《拘留者州际统一协议》(1934年)	双边州际规制协议：《州际滨河协议》（纽约和新泽西，1953年），《波托马克河协议》（马里兰和弗吉尼亚，1958年）	多边州际规制协议：《新英格兰州警察协议》(6个州，1934年)，《俄亥俄河流域水质卫生协议》(8个州，1948年)
政府间政策的内容 — 再分配	—	—	双边州际再分配协议：《州际森林防火协议》（华盛顿州和俄勒冈，1981年）	多边州际再分配协议：《中西部区域高等教育协议》(1953年)，《州际应急管理互助协议》(1996年)

二 多边/双边州际边界协议

州际协议是解决州际边界争端的一种重要手段。州际边界协议主要是用来界定或重新划分州与州之间的边界或行政管辖区范围。美国历史上最古老的州际协议就是边界协议。在殖民时代和建国初期，协议通常用来调解殖民地之间、州与州之间的边界争端和冲突。一旦经过各成员州批准并得到国会的同意，州际边界协议就永久地确定了成员州之间的边界。从现有州际协议的成员构成来看，边界协议主要用来界定两个州之间的边界和管辖范围，即双边州际边界协议。

美国建国以来最早的州际边界协议是1780年宾夕法尼亚与弗吉尼亚缔结的边界协议。[1] 而弗吉尼亚与肯塔基在1789年缔结的边界协议是美国《联邦宪法》颁布实施以来的第一份州际协议。20世纪80、90年代以来，新签订的州际边界协议主要有：北卡罗来纳与南卡罗莱纳边界协议（1981年），加利福尼亚与内华达州际水资源管辖协议（1987年），弗吉尼亚与西弗吉尼亚边界协议（1998年），密苏里与内布拉斯加边界协议（1999年），佐治亚与南卡罗莱纳边界协议（1999年），奥克拉马与得克萨斯边界协议（2000年）等。至今，州际边界协议主要是双边州际边界协议。涉及两个以上州之间边界问题的州际协议，即多边州际边界协议，至今仅有一份，即1947年由密歇根州、威斯康星州和明尼苏达三个州达成的边界协议。对于州际边界协议，只要获得了国会的同意，则不能被终止。

三 双边/多边州际分配或发展协议

州际分配或发展协议的主要特点就是，政策所产生的利益分配给两个或两个以上成员州的居民或具体的行政管辖区，而政策的成本是分散化的。这意味着，双边州际分配或发展协议（Bi-State Distributive or Developmental Compacts）倾向于促使具有明显的利益获得者而很少利益丧失者的政策和政治条件。[2]

目前主要的州际分配或发展协议有：《纽约新泽西港务管理局协议》

---

[1] Felix Frankfurter and James M. Landis, "The Compact Clause of the Constitution: A Study in Interstate Adjustments", *The Yale Law Journal*, 1925, Vol. 34, No. 7, pp. 685–758.

[2] Deil S. Wright, *Understanding Intergovernmental Relations*, Pacific Grove, California: Brooks/Cole Publishing Company, 1988, p. 359.

(1921年)、《科罗拉多河协议》(1922年)、《南普拉特河协议》(科罗拉多与内布拉斯加，1926年)、《阿肯色河流域协议》(堪萨斯和科罗拉多，1949年)、《特拉华河流域协议》(1961年)、《华盛顿大都市区交通管理局协议》(1966年)、《五大湖流域协议》(1968年)、《南部区域发展政策协议》(1973年)、《州际固体垃圾处理协议》(1982年)、《中西部客运铁路协议》(2000年)和《五大湖—圣·劳伦斯河流域水资源协议》(2005年)等。

四 双边/多边州际规制协议

州际规制协议的政策导向就是，政策的成本集中由所针对的目标群体承担，而政策的利益是分散化的。州际规制协议有时由寻求阻止国会立法干预涉及州际问题的州政府的规制权力的经济利益集团所推动。[①] 对于这种规制协议，例如，《州际石油天然气协议》和《俄亥俄河流域水质卫生协议》，由于这些州可以通过正式的合作性规制行动解决他们所面临的跨州问题，因而联邦政府的干预显得没有必要。目前，州际规制协议涵盖的政策领域主要有污染控制、公共安全、营业执照、个人从业资格许可、交通车辆运载、自然资源开采、保险、治安等。

目前主要的州际规制协议有：《波托马克河协议》(马里兰和弗吉尼亚，1958年)、《新英格兰州警察协议》(康涅狄格、缅因、马萨诸塞、新罕布什尔、佛蒙特和罗德岛，1934年)、《新英格兰州际水污染控制协议》(康涅狄格、缅因、马萨诸塞、新罕布什尔、罗德岛和佛蒙特，1947年)、《俄亥俄河流域水质卫生协议》(伊利诺依、印第安纳、肯塔基、纽约、俄亥俄、西弗吉尼亚、宾夕法尼亚和弗吉尼亚八个州，1948年)、《驾驶执照协议》(1958年)、《州际交通工具安全协议》(1958年)、《华盛顿大都市区交通规制协议》(马里兰、弗吉尼亚和哥伦比亚特区，1960年)、《教育从业人员资质州际协议》(1968年)、《州际环境协议》[②] (纽约、新泽西和康涅狄格，2000年)、《州际护士许可证协议》(2000年)、《州际保险品规制协议》(2003年)等。但有些州际协议名为规制，实际上并没有赋予协议以强制和规制的权力效力，如《州际采矿协议》(1971年)等。

[①] Zimmerman Joseph Francis, *Interstate Relations: The Neglected Dimension of Federalism*, WestportCT: Praeger, 1996, p. 44.

[②] 《州际环境协议》(*Interstate Environmental Compact*) 原名为《三州卫生协议》(*Tri-State Sanitation Compact*)，于1935年缔结，2000年改名为《州际环境协议》。

五 双边/多边州际再分配协议

州际再分配协议所涵盖的政策领域包括福利、医疗健康、公共援助、教育、社区公共事务等。双边州际再分配协议比较典型的有：《新罕布什尔—佛蒙特州际学区协议》（1963年），《新英格兰健康服务与设施协议》（缅因和罗德岛，1963年），《新罕布什尔—佛蒙特州际学区协议》（1969年），《纽约—佛蒙特州际学校协议》（1975年），《州际森林防火协议》（华盛顿州和俄勒冈，1981年）等。

多边州际再分配协议主要有：《中西部区域高等教育协议》（1953年），《新英格兰高等教育协议》（缅因、新罕布什尔、康涅狄格、马萨诸塞、罗德岛、佛蒙特，1954年），《州际收养与医疗互助协议》（1984年），《州际地震应急管理协议》（1989年），《五大湖地区森林防火协议》（密歇根、威斯康星和明尼苏达，1989年），《中西部区域高等教育协议》（伊利诺依、堪萨斯、密歇根、明尼苏达、密苏里、内布拉斯加和俄亥俄、威斯康星八个州，1991年），《州际应急管理互助协议》[①]（1996年），《儿童安置州际协议》[②]（1960年，2006年）等。

六 联邦—多边州际分配协议

到目前为止，联邦—多边州际分配协议只有两项：《特拉华河流域协议》（特拉华、新泽西、宾夕法尼亚、纽约四个州和联邦政府，1961年），《萨奎斯哈纳河流域协议》（宾夕法尼亚、纽约、马里兰三个州和联邦政府，1970年）。

七 联邦—多边州际规制协议

这种州际规制协议的最大特点就是，联邦政府作为协议一方参与缔结州际协议。目前，仅有一份联邦—多边州际规制协议——《拘留者州际

[①] 至今，美国49个州（加利福尼亚州除外），包括哥伦比亚特区、波多黎各、美属维尔京群岛都是《州际应急管理互助协议》（Emergency Management Assistance Compact, EMAC）的成员。

[②] 《儿童安置州际协议》（Interstate Compact on the Placement of Children）最早在1960年签订，在2006年重新修订。

统一协议》（1934年）。[1]

第三节　州际河流协议：流域协作治理之道

一　州际河流治理的理念与机制

（一）治理理念：综合性、多元协作与制度化

美国本土的内河、湖泊分布甚广，是极其重要的饮用水源及生态资源。在美国50个州中，只有阿拉斯加州和夏威夷州两个州没有和其他州共享地下水或地表水资源，即没有共同的河流，而其他48个州都或多或少有共同的河流。由于流域作为一个完整的自然区域往往被不同州行政管辖区域所分割，这不可避免地在各州之间、部门之间以及各治理主体之间产生利益冲突，亟须州际协作予以解决。就美国的州际水资源冲突而言，可以将48个州分为两类：一类是正在或已经卷入州际水资源冲突的州，另一类是将要卷入州际水资源冲突的州。事实上，几乎很少州属于第二类。[2]

美国州际水资源政策理事会（The Interstate Council on Water Policy，ICWP）制定的《全国水资源政策宪章》指出跨州水资源政策的基本原则包括："认识到人类的需要和水资源赖以存在的生态系统的保护意义，为长远目标管理水资源；流域内各部门，作为一个整合系统管理地下水和地表水；提高政府绩效，重组和整合增强公众回应性和其有效性的政府水资源管理项目；了解和考虑水资源政策制定过程中的所有受影响的利益因素；注重水资源管理项目的结果，而非官僚过程；加强就水资源问题进行公共对话的意义并持续改善这种对话的质量。"[3] 归纳起来，美国跨州流

---

[1] 联邦政府在1970年加入《拘留者州际统一协议》（Interstate Uniform Agreement on Detainers），目前的成员有48个：阿拉巴马、阿拉斯加、亚利桑那、阿肯色、加利福尼亚、科罗拉多、康涅狄格、特拉华、佛罗里达、佐治亚、夏威夷、爱达荷、伊利诺依、艾奥瓦、堪萨斯、肯塔基、缅因、马里兰、密歇根、马萨诸塞、明尼苏达、密苏里、蒙大拿、内布拉斯加、内华达、新罕布什尔、新泽西、新墨西哥、纽约、北卡罗来纳、北达科他、俄亥俄、奥克拉马、俄勒冈、宾夕法尼亚、南卡罗莱纳、南达科他、田纳西、得克萨斯、犹他州、佛蒙特、弗吉尼亚、华盛顿州、西弗吉尼亚、威斯康星、怀俄明、罗德岛和哥伦比亚特区。

[2] The Nebraska Farm Bureau Federation, October 2007 Republican River Basin Newsletter (http://www.nefb.org/search.aspx?search_string=+Republican+River+compact).

[3] The Interstate Council on Water Policy (ICWP), National Water Policy Charter (http://www.icwp.org/about/about.htm).

域水资源管理的基本哲学理念包括：第一，综合性流域途径（Comprehensive Watershed Approach）与规划作为水资源开发与管理的前提；第二，政府间、公私部门间、公众与政府间的合作与协调；第三，正式化主要机构间合作的制度结构。①

（二）治理机制：州际协议、国会立法调控和法院司法调节

目前，美国在水资源管理上实行以流域为基础，以州为基本单位的管理体制。全美无统一的水资源管理法规，主要实行以各州自行立法与州际协议为基本管理机制。州以下往往分成若干个水务局，对供水、排水、污水处理及回用等涉水事务统筹考虑、统一管理。以州为主的水资源管理体制，并不意味着联邦政府在此方面只能袖手旁观。历史上，美国联邦政府有关部门一方面进行过大量水利基础设施工程的建设，另一方面也协调制定并监督执行了许多州际分水协议。州际水资源开发和利用的矛盾和冲突有时由联邦政府有关机构（如农垦局、陆军工程兵团和相关流域管理机构）进行协调。

跨州流域管理在美国已有多年历史。跨州流域公共管理的模式多种多样。在美国《联邦宪法》确立的制度框架下，解决跨州流域水资源分配问题有三种基本机制（见表3-3）。

一是国会立法（Federal Legislation）。由于国会具有绝对权力规制州际商务行为，并且根据《联邦宪法》"州际商务"条款，国会有权干预和调控州际争端事务，但这种方式的运用是非常有限的，并且许多州实际上并不信任联邦政府能够有效解决它们自己的问题。因而国会立法以权力干预州际事务的行为，在实践中经常遭到各州的厌恶和反抗。

二是向联邦最高法院提起诉讼（Litigation）。美国联邦最高法院有权处理和调节州际争端。《联邦宪法》第3款第2条赋予各州有权在联邦最高法院寻求解决州际争端的办法。② 由于国会通常很少介入处理州际争端，联邦最高法院事实上是解决州际争端最后所诉诸的手段。但同时，美国许多州也不太信任联邦最高法院能解决它们自己的问题，也不愿意花费太多时间和金钱向联邦最高法院起诉或应诉。毕竟，这种法庭诉讼途径对各州来说，花费的成本太高，并且面临巨大的政治压力。

---

① The Interstate Council on Water Policy（ICWP），"Interstate Water Solutions for the New Millenium"（February 2006）.（http://www.icwp.org/ic/interstatecomm.htm）.
② 1789年，美国国会颁布《司法条例》（*The Judiciary Act of* 1789），阐明联邦最高法院的职责和权力，授予联邦最高法院享有对州际争端/冲突案件和州与其他州公民之间诉讼的排他性司法管辖权（Exclusive Jurisdiction）。

三是州际协议（Interstate Compacts）。民主社会中的政府不仅仅需要通过命令和控制实施有效治理，而且还要提供有关各种问题解决方法的多元治理结构。这种方法结合起来，能使人们通过和平的和建设性的途径解决冲突，并能促使人们找到较为有效的解决方法。[1] 美国《联邦宪法》为州政府治理跨州公共事务提供了多样化的选择权。州际协议是《联邦宪法》所期望和促进的一种跨州区域法制协作机制，是在跨州共同利益问题上有法律约束力的一种正式治理机制。[2]《联邦宪法》"协议"条款授权各州经过国会同意缔结州际协议，已成为美国跨州流域公共管理的重要法律依据。

从交易成本政治学角度讲，国会立法调控、联邦最高法院司法调节和州际协议作为治理制度安排，交易成本对于这种制度选择和治理结构具有重要影响。威廉姆森强调，各种制度安排的主要目标和作用都在于节省交易成本；交易的属性不同，相应的治理结构即组织成本与权能也就不同，应该形成了交易与治理结构的不同匹配，主要是为了节省交易成本。[3] 因而，从交易成本理论角度讲，州际流域协议是一种通过政府间自主治理有效降低交易成本的制度设计。作为美国跨州流域水资源管理最为普遍的一种制度安排，州际河流协议（Interstate River Compact）被越来越广泛地用来解决跨州流域水资源问题。[4] 目前，在美国有超过 40 项州际协议涉及跨州河流水资源事务管理。在交易成本为正的情况下，一种制度安排与另一种制度安排的资源配置效率是不同的。与国会立法调控和联邦最高法院司法调节两种机制相比，州际协议在治理跨州河流水资源问题上具有如下优势[5]：第一，州际河流协议的签订和批准依赖正式的法庭程序之外的各种相关问题的彻底和充分的讨论；第二，州际协议对于各州来说是一种互惠性的可以接受的解决方法，而法庭诉讼实质上是一种对抗性的行为，并且在时间和财力资源等方面的交易成本是巨大的；第三，州际协议本质上是各成员州之间一种有法律约束力的契约，它规定了各成员州的法律权利

---

[1] [美] 文森特·奥斯特罗姆：《美国联邦主义》，王建勋译，上海三联书店 2003 年版，第 16 页。

[2] The Interstate Council on Water Policy (ICWP). "Interstate Water Solutions for the New Millenium" (February 2006) (http://www.icwp.org/ic/interstatecomm.htm).

[3] [美] O. E. 威廉姆森：《资本主义经济制度》，段毅才等译，商务印书馆 2004 年版，第 29 页，第 539 页。

[4] Richard H. Leach and Redding S. Sugg Jr, *The Administration of Interstate Compacts*, Baton Rouge LS: Louisiana State University Press, 1959, p. 158.

[5] Kenneth W. Knox, *The Allocation of Interstate Ground Water：Evaluation of the Republican River Compact As A Case Study*, Fort Collins, Colorado: ColoradoStateUniversity, 2004, p. 49.

与义务。这种法律契约可通过法院强制实施。

表 3-3　　　　美国跨州流域公共治理的主要机制比较

机制 特点	国会立法调控	联邦最高法院司法调节	州际协议
资源配置方式	联邦法律	司法裁决	契约与承诺
决策方式	中央集中	中央集中	协作/自主协商
运行机制	纵向自上到下	纵向自上到下	横向协作网络
控制	联邦立法干预	联邦最高法院司法干预	自主调节/互惠
使用频率	低	中	高
实例	《田纳西河流域管理局法》 （1935）	《堪萨斯州诉科罗拉多州》 （1901）	《里帕布里肯河流域协议》 （1943）

注：1901年5月20日，堪萨斯州就阿肯色河流域水资源的分配问题，向美国联邦最高法院起诉科罗拉多州。这是美国联邦最高法院首次运用司法管辖权调解跨州河流水资源纠纷。

根据科斯定理，如果交易制度的运行毫无成本，最终的资源配置（权利的重新安排会导致产值的增加的话）结果是不受法律状况影响的。[①] 换句话说，零交易成本的情况下，则不论制度怎样安排，流域水资源的使用都相同。这意味着，在没有交易成本的情况下，州际关系协调的各种制度安排都提供不了选择的根据。现实中任何一种制度的运行都存在正交易费用，而且这种正交易费用在数量上有时还是非常大的。在跨州河流治理领域，尽管州际协议是一种最重要的合作治理机制，但在实践中，它在实施过程中有时需要联邦最高法院司法调节机制的协调和配合。这种治理机制的组合与协调有助于弥补州际协议的不足，提高州际协议的执行力和实施效力。

二　州际河流协议

州际河流协议所涵盖的政策功能包括水资源的分配和供应、水污染控制和水质保护、防洪、捕鱼管理、休闲，以及共同水资源的协调规划与开发（见表3-4）。它的一个基本目标就是，为灌溉工程确保充足的水资源供应，其次是保证饮用水、工业用水、休闲和环境等方面的需要。作为各成员州之间能够强制执行的一种法律合同，州际河流协议的核心目标就

---

① ［美］R. 科斯、A. 阿尔钦、D. 诺斯等：《财产权利与制度变迁——产权学派与新制度学派译文集》，刘守英等译，上海三联书店1994年版，第11、20页。

是，在没有联邦政府强加的控制或监控的情况下，提供一种解决跨州区域问题的途径。① 作为一种协作治理机制，州际河流协议为州之间实现合作创造条件，规范州际关系，减少信息成本和不确定性，实现外部性内在化，把阻碍州际流域协作治理的因素减少到最低限度。

表3-4　　　　　　　　　美国州际河流协议列举

协议名称	成员州
《波托马克河协议》（1785年）	马里兰州和弗吉尼亚州
《哥伦比亚河协议》（1918年）	俄勒冈州和华盛顿州
《科罗拉多河协议》（1922年）	怀俄明州、犹他州、科罗拉多州、内华达州、新墨西哥州、亚利桑那州和加利福尼亚州（流域内7个州）
《拉普拉特河协议》（1925年）	科罗拉多州、新墨西哥州
《普拉特河协议》（1926年）	科罗拉多州与内布拉斯加州
《科罗拉多河上游流域协议》（1922年）	亚利桑那州、科罗拉多州、新墨西哥州、犹他州、怀俄明州
《特拉华河港务管理局协议》（1932年）	新泽西州和宾夕法尼亚州
《里帕布里肯河流域协议》（1943年）	堪萨斯州、科罗拉多州与内布拉斯加州
《俄亥俄河流域水质卫生协议》（1948年）	伊利诺依、印第安纳、肯塔基、纽约、俄亥俄、西弗吉尼亚、宾夕法尼亚和弗吉尼亚8个州
《阿肯色河协议》（1949年）	堪萨斯州、科罗拉多州
《克拉马斯河流域协议》（1955年）	加利福尼亚州、俄勒冈州
《五大湖流域协议》（1955年）	伊利诺依州、印第安纳州、密歇根州、明尼苏达州、纽约州、俄亥俄州、宾夕法尼亚州和威斯康星州
《波托马克河协议》（1958年）	马里兰州和弗吉尼亚州
《特拉华河流域协议》（1961年）	特拉华、新泽西州、宾夕法尼亚州、纽约州和联邦政府
《五大湖—圣·劳伦斯流域水资源管理协议》（2005年）	伊利诺依、印第安纳和密歇根、明尼苏达、纽约、俄亥俄、宾夕法尼亚、威斯康星8个州

资料来源：The Council of State Governments（CSG），Interstate compact and agencies. Lexington，KY：The Council of State Governments，2003。

---

① FelixFrankfurter and James M. Landis, "The Compact Clause of the Constitution: A Study in Interstate Adjustments", *The Yale Law Journal*, Vol. 34, No. 7, 1925, pp. 685–758.

通过签订州际河流协议，创建跨越多个州行政管辖区的流域公共管理委员会，乃是目前美国州际流域公共管理的一种基本模式。流域公共管理委员会，通常由代表流域内各州和联邦政府的委员组成。各州的委员通常由州长担任，来自联邦政府的委员由美国总统任命。委员会的日常工作（技术、行政和管理）由委员会主任主持，在民主协商的基础上，起草和制定流域管理政策，经流域内各委员同意后开始试行，然后作为法案由国会通过。根据其法律授权，流域公共管理委员会制定流域水资源综合规划，协调处理全流域的水资源管理事务。目前，这样的流域公共管理委员会、特拉华流域管理委员会、俄亥俄流域水质卫生委员会、《里帕布里肯河流域协议》管理委员会[①]和波托马克河渔业管理委员会等。

州际河流协议（Interstate River Compacts）是一种重要的州际协议类型。目前它已经成为美国跨州流域公共管理的重要法律依据，有力地推动了美国跨州流域水资源的利用、开发与管理。美国目前绝大多数州际河流协议（Interstate River Compacts）所确立的水资源分配体系局限于地表水资源（Surface Waters）的分配问题，并没有涉及或解决地下水资源（Ground Waters）的水文或法律影响。这实际上为跨州河流水资源分配中的州际争端甚至冲突提供了空间。例如，RRC主要涉及地表水的跨州分配，即没有将地下水包括在该协议所建立的跨州水资源分配体系中。这正是近年来里帕布里肯河流域水资源争端的关键所在。本书第四、五、六、七章以RRC为例，分析州际河流协议的签订、执行过程和争端治理过程中的政府间协调机制，以及州际协议实施的绩效。

案例3—1，州际河流捕鱼规制协议：《波托马克河协议》（1785年、1958年）

波托马克河（Potomac River）是美国东部的主要河流之一，全长约665公里，流域面积40608平方公里，最大支流为南岸的谢南多亚河，为全美第21大河流。波托马克河源出阿巴拉契亚山脉西麓，从北由马里兰州向南，从哥伦比亚特区西端流向大海。波托马克河有两个源头，北源发源于西弗吉尼亚州普雷斯顿县、格兰特县和塔克县交界处，南源发源于弗吉尼亚州海兰德县，二者在汉普夏县境内汇合后

[①] 《里帕布里肯河流域协议》管理委员会（Republican River Compact Administration, RRCA）（也可译为管理局）创建于1959年，The Republican River Compact Administration（RRCA），What is the RRCA？（http：//www.republicanrivercompact.org/about.html）．

东流，后折向东南，成为马里兰州和西弗吉尼亚州、弗吉尼亚州和华盛顿哥伦比亚特区的边界，最终注入切萨皮克湾。美国首都华盛顿在波托马克河的东北岸，距河口约200公里，中型海轮可达。多年来，波托马克河为华盛顿地区的民众提供了不可替代的美丽休闲场所，这有各级政府的政策和财政支持，也有民众的积极参与。

马里兰州与弗吉尼亚州在波托马克河上的管辖权争端可以追溯到邦联和永久联盟时代。北美独立战争结束后，各州把重点放在从他们现有存在的资源来获取最大收益。[1] 一些州之间在土地、商业、税收方面纠纷四起，摩擦不断，甚至到了动武的地步。各州为保护本州的经济利益，纷纷建立起贸易壁垒。在邦联政治制度架构下，中央政府实际上有名无实。国会既无财权，又无军权，在处理州际和邦联事务时完全没有与之相应的权力资源。当时邦联条例下的州际关系开始恶化。马里兰和弗吉尼亚两州为波托马克河上的航运权而争论不休。马里兰州和弗吉尼亚州在1785年通过协商达成了一项关于波托马克河（The Potomac River）航运和贸易的协议——《波托马克河协议》(The Potomac River Compact of 1785)。[2] 这是美国历史上第一份州际河流管理协议。为批准该州际协议，弗吉尼亚州建议将该协议扩大至所有州，并且邀请所有州派代表参加于1786年在安纳波利斯召开的制定统一的商业和贸易制度的会议。

1785年的《波托马克河协议》规定马里兰和弗吉尼亚两个州的公民"对与他们的领土相邻的波托马克河河岸、码头和其他设施拥有完整权，并且两个州因此不得妨碍或损害波托马克河的航运"。该协议解决了马里兰和弗吉尼亚两个州在波托马克河捕鱼和航运的权利争端，但是没有清晰地确定两个州之间的边界线/政治管辖范围。两个州之间的边界争端持续到1874年，这一年两个州将争端提交由联邦最高法院任命的仲裁小组裁决。[3] 仲裁小组在1877年1月16日裁决这两个州之间的边界是波托马克河弗吉尼亚沿岸的下游水域线。美国国会接着也同意了联邦最高法院的裁决。1894年，联邦最高法

---

[1] Larry N. Gerston, *American Federalism: A Concise Introduction*, Armonk NY: M. E. Sharpe, 2007, p. 25.

[2] The Council of State Governments. Interstate Compacts, 1783 – 1977 (Lexington, KY: Council of State Governments, CSG), 1977.

[3] Joseph Francis Zimmerman, *Interstate Disputes: The Supreme Court's Original Jurisdiction*, Albany NY: State University of New York Press, 2006, p. 132.

院裁定：国会对1877年联邦最高法院关于马里兰州和弗吉尼亚州在波托马克河上的边界争端的裁决的同意包含了对1785年这两个州所缔结的《波托马克河协议》的同意。

1957年，马里兰州和弗吉尼亚州之间就波托马克河的管辖范围再次发生了边界争端。联邦最高法院受理了这一州际争端案件，任命一位特别仲裁官（Special Master）负责调查这两个州之间的边界争端案件，并向最高法院提出报告。通过调查此案，特别仲裁官建议马里兰和弗吉尼亚两个州通过缔结取代1785年那份州际协议的新的州际协议来解决它们之间的争端。

由于马里兰与弗吉尼亚两个州在保护和改善波托马克河沿岸的渔资源具有重要利益关系，马里兰与弗吉尼亚两个州在1958年再次通过协商签订了《波托马克河协议》（The Maryland and Virginia Potomac River Compact of 1958）。① 该协议在1962年得到美国国会批准。1958年《波托马克河协议》的签订是对20世纪四五十年代这一流域的渔民和执法之间历史性冲突的一个直接回应。

根据1958年签订的《波托马克河协议》，马里兰州与弗吉尼亚州在1963年创建了双边州际规制协议机构——波托马克河渔业管理委员会（The Potomac River Fisheries Commission，PRFC）。该委员会主要负责保护和改善波托马克河渔业资源项目的建立，规制在波托马克河所有的娱乐和商业捕鱼行为，并对这些捕鱼行为颁发许可证。② 该委员会在1963年1月10日召开了第一次全体会议。

波托马克河渔业管理委员会由八位委员组成，由马里兰州和弗吉尼亚州各委派四位代表构成。根据协议规定，来自马里兰州的委员应是该州自然资源部长或部长所指定的人，以及其他三位由该州州长任命并经州参议院同意的成员。③ 来自弗吉尼亚的委员中，其中三位应是该州水产资源委员会的成员，另外一位是由该州州长任命的成员。委员会从其成员中推选一位主席，主席应由马里兰和弗吉尼亚两个州的委员代表轮流担任。比如，当主席是马里兰州的代表时，则副主席

---

① The Potomac River Fisheries Commission（PRFC），Maryland and Virginia Potomac River Compact of 1958（http：//www.prfc.state.va.us/commission/commission.htm）．
② The Potomac River Fisheries Commission（PRFC），History and Mission Statement of the PRFC（http：//www.prfc.state.va.us/index.htm#NOAA%20Acknowledgement）．
③ The Potomac River Fisheries Commission（PRFC），Maryland and Virginia Potomac River Compact of 1958（http：//www.prfc.state.va.us/commission/commission.htm）．

应是弗吉尼亚州的代表。委员会主席和副主席任期为一年，作为委员会的领导，主席和副主席是负责主持各种会议，任免咨询委员会负责人，签订各种正式文件和命令，以及赋予委员会主席的其他职责。《波托马克河协议》第4条规定："规制政策决策至少需要委员会的六位委员同意。"即委员会实行多数决策规则。如果没有得到委员会多数委员的同意，委员会的任何决策和行动都不能生效。

　　波托马克河渔业管理委员会的工作目标就是[①]：让更多的鱼种在水中栖息。委员会有权制定、采用、颁布和执行各类必要的和可行的规则与规章，规制和调节在波托马克河及其沿岸的各种捕鱼行为，并推行捕鱼许可制度。委员会通过颁布规章制度，规定在其管辖范围内可以被捕的所有鱼种的类型、大小和形状。同时，委员会与两个成员州政府相关规制机构建立了良好的协作关系，与马里兰州自然资源部和弗吉尼亚州水产资源委员会等机构协调规制波托马克河的捕鱼行为。委员会还在其管辖区内执行与鱼种资源保护和养育有关的各类项目，为达到这一目的，它还与本行业的研究机构和研究人员合作和建立联系。

　　各咨询委员会的成员一般是来自商界和两州的公民。咨询委员会委员来自马里兰州和弗吉尼亚州的代表数量应是相同的。其主要职责就是，展开针对性的政策研究，并就现有的法令或规章或新的条令，接受波托马克河渔业管理委员会的政策咨询，或向波托马克河渔业管理委员会提出建议。波托马克河渔业管理委员会经常也针对一些议题向相关的咨询委员会寻求政策建议。咨询委员会主席可以针对其感兴趣的政策议题，组织召开各种研讨会，提出相关政策建议。

　　作为州际河流规制性机构（Regulatory Authority），波托马克河渔业管理委员会在规制波托马克河上的捕鱼行为和维持波托马克河生态平衡和活力方面功不可没。委员会的规制权力已经成为波托马克河流监管维护工作中不可或缺的部分，且已对非法捕鱼行为形成了明显的威慑作用。由于委员会的辛勤工作，波托马克河的生态系统维护工作已经进入一种良性循环。

资料来源：笔者整理。

[①] The Potomac River Fisheries Commission (PRFC), History and Mission Statement of the PRFC (http://www.prfc.state.va.us/index.htm#NOAA%20Acknowledgement).

案例 3—2，州际河流分水协议：《科罗拉多河协议》(1922 年)

科罗拉多河是北美洲西部主要河流，发源于上游怀俄明州，流经科罗拉多州中北部盆地，再向西南流经犹他州、亚利桑那州、内华达州、加利福尼亚州等州和墨西哥州西北端，注入加利福尼亚湾。科罗拉多河是美国最干旱缺水的西南部地区的主要水源。由淘金热带来的美国西部大开发，使加利福尼亚、内华达和亚利桑那三个下游州对科罗拉多河水的使用量大幅度增加，这一现象引起了科罗拉多、怀俄明、犹他、新墨西哥四个上游州的严重不满。

为解决这种州际水资源分配争端，1922 年 11 月，在美国商务部长的主持下，科罗拉多河流域内七个州——怀俄明、犹他、科罗拉多、内华达、新墨西哥、亚利桑那和加利福尼亚的代表开始举行马拉松式的谈判和协商，经过 15 天的 17 轮谈判协商，最后达成了具有重要历史意义的《科罗拉多河协议》(Colorado River Compact of 1922)。[①] 该协议根据当时各州实际和将来所需的用水量，对科罗拉多河的水权进行首次跨州分配。其中，上游科罗拉多、怀俄明、犹他、新墨西哥四个州的分配量分别为 388 万英亩—英尺/年 (51.75%)、105 万英亩—英尺/年 (14.00%)、173 万英亩—英尺/年 (23.00%)、84 万英亩—英尺/年 (11.25%)；下游加利福尼亚、亚利桑那和内华达三个州的分配量分别为 440 万英亩—英尺/年 (58.70%)、285 万英亩—英尺/年 (38.00%)、30 万英尺/年 (4.00%)。

《科罗拉多河协议》主要是为了解决科罗拉多河水权分配问题，为在河流上游和下游合理分配水资源提供了一种法律制度框架，促进科罗拉多河水资源的合理利用。其重要意义在于它是美国历史上第一个用于解决河流水资源分配问题的州际协议，紧接着在美国西部出现了一系列分配河流水资源的州际协议，它也是美国历史上第一个由三个以上州参加的州际协议，即多边州际协议（Multistate Compacts）。

2008 年 1 月 31 日，科罗拉多河流域七个州——怀俄明州、犹他州、科罗拉多州、内华达州、新墨西哥州、亚利桑那州和加利福尼亚州再次达成《科罗拉多河水分配协议》。这一水协议修正了河流法

[①] The Colorado Division of Water Resources (Office of the State Engineer), Colorado River compact (http：//water.state.co.us/wateradmin/compacts/coloradocompact.pdf).

律，但是没有改变1922年在七个州间划分科罗拉多河流量的法案基础，这样避免了七个州继续长期无休止的"国会或法庭血腥的法律争斗"，从而使各州都受益。

资料来源：笔者整理。

案例3—3，跨州流域水污染合作治理协议：《俄亥俄河流域水质卫生协议》（1948年）

俄亥俄河（Ohio River）是美国中东部的一条重要河流，是密西西比河最东的支流，也是密西西比河水量最大的支流。俄亥俄河流经美国中东部的八个州：伊利诺依州、印第安纳州、肯塔基州、纽约州、俄亥俄州、宾夕法尼亚州、田纳西州和西弗吉尼亚州。全长1579公里，流域面积490603平方公里。历史上它是西北领地的南界，也是美国南北的分界。

水污染曾经是俄亥俄河流域水环境的一个突出问题。俄亥俄河流域与水有关的环境污染问题包括污水，城市生活污水处理厂，污水和雨水溢流口，城市暴雨水，酸性矿井排水，农业和森林土地的径流，泥沙淤积，石油和天然气的回收卤水，水库泥沙淤积，地下水污染，饮用水污染。20世纪初期，俄亥俄河流域地区人口的快速增长和工业活动的迅速增加，导致这一流域的水污染日益严重，对生活在这一流域的人们的健康、生活和休闲设施构成了严重威胁，并带来了严重的经济损失。特别是在经历1933年、1934年两次使饮用水质不安全和水量减少的严重干旱灾害后，俄亥俄河流域的环境污染问题变得更为严重。

跨越不同政治管辖区流域水污染治理中的一个关键性问题就是，能否协调好各管辖区在跨界流域水资源开发与使用、水环境规划和水污染防控中的利害关系。治理跨州流域水污染问题，有必要打破固有的行政管辖界限，促进跨州区域政府间合作治污。

在20世纪30年代的干旱和水污染危机过后，来自伊利诺依、印第安纳、肯塔基、纽约、俄亥俄、西弗吉尼亚、宾夕法尼亚和弗吉尼亚八个州的代表开始共同起草防治俄亥俄河流域水污染问题的州际协议，促进各州在解决水污染问题上加强合作。[①] 1936年6月，国会授

[①] Barton Weldon V., *Interstate Compacts in the Political Process*, Chapel Hill, North Carolina: the University of North Carolina Press, 1967, p.37.

权俄亥俄河流域的这八个州签订防治水污染的协议——《俄亥俄河流域水质卫生协议》（the Ohio River Valley Water Sanitation Compact）。[1] 1938 年，来自这八个州的代表就协议的内容和形式达成一致，并提交国会和各成员州立法机关批准。1940 年 7 月，国会批准了该协议，1948 年 6 月 30 日，经过各州立法机关审议和批准，来自八个州的州长正式签订了《俄亥俄河流域水质卫生协议》[2]，并创建了俄亥俄河流域水质卫生委员会（The Ohio River Valley Water Sanitation Commission，ORSANCO），作为该协议的管理机构。同一年，美国国会颁布了《水污染控制法》（the Water Pollution Control Act of 1948）。之后，在 1956 年、1961 年、1965 年和 1966 年，国会先后对该法案做了修改。该法案授予各州可以通过缔结州际协议治理流域水污染问题的权力，同时，还授权联邦政府机构向州、大都市区、州际机构和地方就解决水质问题提供拨款和支持。该法案为《俄亥俄河流域水质卫生协议》提供了重要的法律支持。

《俄亥俄河流域水质卫生协议》不仅是一个区域治污合作宣言，它还设定了治污的绩效标准和规定条件下的执法活动，为流域水污染控制中的区域合作提供了一种制度框架。[3] 俄亥俄河流域水污染整治的对象为流域内的涉水污染源，重点是化工、焦化、造纸、食品加工、制药等重点行业，以及污水处理厂、涉及饮用水源地保护的企业。《俄亥俄河流域水质卫生协议》第 1 条指出：各成员州互相承诺，在控制和减轻俄亥俄河流域水污染问题上充分合作。各州同意制定必要的法律，促进每个州都对流经其境内的俄亥俄河流域水质保持令人满意的卫生状况，使这些水经过有效处理后能够作为民众和工业用水安全使用，适合休闲设施利用，能够维持鱼类和其他水生生物的生存。

根据该协议，八个成员州联合创建了俄亥俄河流域水质卫生委员会作为该协议的管理与执行机构。各成员州委派三位代表和总统任命的联邦政府代表组成委员会，州的代表一般来自其所在州的环境保护

---

[1] The Ohio River Valley Water Sanitation Commission (ORSANCO), The Ohio River Valley Water Sanitation Compact (http://www.orsanco.org/orsa/compact1.asp).

[2] The Ohio River Valley Water Sanitation Commission (ORSANCO), The Ohio River Valley Water Sanitation Compact (http://www.orsanco.org/orsa/compact1.asp).

[3] Edward J. Cleary, *The ORSANCO story; water quality management in the Ohio valley under an interstate compact*, Maryland, Baltimore: the Johns Hopkins Press, 1967, p.47.

部门。联邦政府代表一般来自环境保护署（Environmental Protection Agency，EPA）。委员会从其成员中选出主席和副主席。所有委员都是无偿服务的，但被支付履行与其职责有关的实际开支。该委员会应该在其适当的时间内向各州州长提交预算报告，以便提交给各州立法机关审批。委员会应保存其所有准确体现其全部收益和支出的会计账本，而且这些会计账本应该在合理的时间公开，接受来自各州代表的检查见图3-4所示。

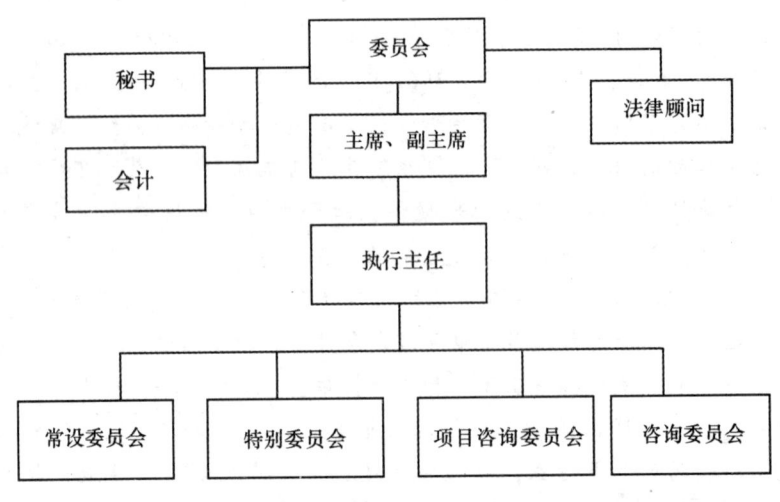

图3-4 俄亥俄河流域水质卫生委员会的组织结构

俄亥俄河流域水质卫生委员会实行多数决策规则。《俄亥俄河流域水质卫生协议》第4条规定：出席委员会会议的每个州都享有一票表决权。除非得到来自不少于多数成员州的至少多数委员的同意，否则委员会的任何决策、规定和法令都不能生效。由于俄亥俄河流域水质卫生委员会委员们的广泛代表性，委员会每一项决策和政策的批准能够尽可能地代表流域内最大多数州和民众的利益，因而它的许多决策都比较科学合理。委员会的决策是独立自主作出的，不容易受到干预，并且根据《俄亥俄河流域水质卫生协议》的规定，委员会具有规制权力要求各成员严格遵守委员会制定的污染排放标准和水污染控制标准，因而其作出的决策具有较高的权威性。

俄亥俄河流域水质卫生委员会的办公地点在俄亥俄州辛辛那提

市。其主要官员由主席、副主席、秘书和执行主任组成（见图3-4）。① 主席和副主席是委员会的行政领导，负责主持各种会议，任免各专门委员会负责人，签订各种正式文件和命令，以及赋予委员会主席的其他职责。秘书主要负责委员会的会议记录和文件档案管理。会计主要负责保管委员会的所有资金，建立和保存委员会的各类收支项目，并向项目与财务委员会（The Program and Finance Committee）提交每季度的财务报告，向行政委员会提交年度财务报表。

执行主任（The Executive Director）是俄亥俄河流域水质卫生委员会的首席执行官（The Chief Executive Officer, CEO）和委员会所有工作人员的行政领导②，在主席和副主席领导下，负责处理委员会的日常事务和执行委员会作出的各种决策。执行主任应履行的职责包括，签署由委员会、主席或行政委员会所指派的各种合同和协议。

俄亥俄河流域水质卫生委员会的下属委员会有四种类型③（见图3-4）：

1. 常设委员会（Standing Committees），包括11个委员会：执行委员会、审计委员会、提名委员会、项目与财务委员会、养老保险委员会、人事委员会、污染控制标准委员会、研究委员会、技术委员会、国会联络委员会、水质审查委员会。

2. 特别委员会（Special Committees），通常由俄亥俄河流域水质卫生委员会的委员组成。

3. 项目咨询委员会（Program Advisory Committees），包括4个委员会：俄亥俄河流域用水户项目咨询委员会、公共信息主管咨询委员会、优秀企业经营者登记项目咨询委员会和特别工程督导委员会。

4. 咨询委员会（Advisory Committees），包括用水户咨询委员会、企业行为委员会、公众利益咨询委员会和公有污染处理工程咨询委员会。

俄亥俄河流域水质卫生委员会主席任免上述这些委员会的负责人（主席）。

---

① The Ohio River Valley Water Sanitation Commission (ORSANCO), Commissioners (http://www.orsanco.org/orsa/comm.asp).

② The Ohio River Valley Water Sanitation Commission (ORSANCO), The Ohio River Valley Water Sanitation Compact (http://www.orsanco.org/orsa/compact1.asp).

③ The Ohio River Valley Water Sanitation Commission (ORSANCO), ORSANCO By-Laws (Revised June 6, 2002) (http://www.orsanco.org/orsa/Docs/ByLaws/bylaws.pdf).

《俄亥俄河流域水质卫生协议》第3条规定：作为一个法人实体，俄亥俄河流域水质卫生委员会拥有协议所赋予的规制权力和职责。委员会有权制定、采用、颁布管理和执行协议内容的规则、规章和标准。[①] 委员会的主要任务就是，通过直接行动和协调各成员州的行动，促进州际协作，贯彻落实《俄亥俄河流域水质卫生协议》。[②] 为实现这一主要任务，俄亥俄河流域水质卫生委员会制定了保护俄亥俄河的水生生物和饮用水的水污染控制标准，并有权通过法庭行动确保各项政策和法令的实施。

根据《俄亥俄河流域水质卫生协议》的规定，俄亥俄河流域水质卫生委员会的主要职责包括：第一，制定和颁布管理与执行协议内容的规则、规章和规范。第二，执行改善俄亥俄河及其支流水质的项目，包括：设置废水排放标准；监控水道中的化学物质；进行专题调查和研究。第三，促使流域内的每家企业认识到控制和减轻水污染的必要性和重要性。第四，调查和研究这一流域内的水土污染问题，并就水污染的防治提出综合报告。第五，委员会应起草和向各成员州州长提出处理这一地区河流水污染问题的统一立法。第六，委员会应与各州、社区、市县、企业、个人或其他机构，就与水污染特别是污水、工业垃圾处理场所的兴建进行协商和告知。第七，协调俄亥俄河中泄漏或意外排放所引起的应急管理活动，并促进流域水污染控制项目管理过程中的公众参与。

从1959年起，俄亥俄河流域水质卫生委员会开始对俄亥俄河进行水质自动监测。[③] 目前，俄亥俄河流域水质卫生委员会管理俄亥俄河流域沿岸的43个水质监测站网络。[④] 另外，委员会执行了一系列研究项目。委员会的工作人员参与了其自身的一些技术研究，委员会还资助了由州、联邦和私人机构参与的相关研究。在这些研究的基础上，委员会起草了污染减轻和控制建议。同时，委员会还需要协调几个州政府污染控制机构和三个相关联邦机构——卫生部、陆军工程兵

---

① The Ohio River Valley Water Sanitation Commission (ORSANCO), About ORSANCO (http://www.orsanco.org/orsa/default.asp).
② The Ohio River Valley Water Sanitation Commission (ORSANCO), About ORSANCO (http://www.orsanco.org/orsa/default.asp).
③ The Ohio River Valley Water Sanitation Commission (ORSANCO), Water Quality Protection (http://www.orsanco.org/watqual/default.asp).
④ The Ohio River Valley Water Sanitation Commission (ORSANCO), The Pollution Control Standards Revision 2006 (http://www.orsanco.org/watqual/standards/stand.asp).

团以及鱼类和野生动物保护局的水质管理行为。委员会协助各成员州加强他们的反污染立法与机制。委员会具有确保各成员州遵守其规定的水质标准的规制权力，努力说服流域内的工业企业在减轻污染计划上进行合作。

俄亥俄河流经的八个州通过达成州际联合治污协议，组建跨州流域水污染协作治理机构，将流域水环境污染的外部性压力内化为流域各州政府的内在压力。这种流域水污染协作治理安排使原本各州之间分散防治的格局变为统一防治的体制，流域内的水污染防治将会有一个高质量的统一规划和协调行动，通过设定跨州水污染控制标准，水污染的防治效率将大大提高。[①] 俄亥俄河流域水污染治理被看作美国"最有效的大规模水污染控制项目"。俄亥俄河流域水污染控制和减少的成就被看作美国全国、州际、州和地方层面的公共机构协作努力的结果。特别是俄亥俄河流域水质卫生委员会为这一地区流域水污染控制项目的有效实施作出重要贡献。

资料来源：笔者整理

案例3-4，州际流域综合管理协议：《特拉华河流域协议》(1961年)

特拉华河（Delaware River）是美国东北部大西洋流域的一条河流，流域面积仅3.3万平方公里，跨特拉华、新泽西、纽约和宾夕法尼亚四个州，这些州是美国经济发达人口稠密地区。是宾夕法尼亚州和纽约州、新泽西州和特拉华州边界的一部分，特拉华州和宾夕法尼亚州的全部边界。纽约市的地理位置虽不在特拉华河流域之内，但其日常生产和生活用水对特拉华河存在很大依赖。自20世纪初期以来，由于特拉华河地区人口的不断增长、社会经济的迅速发展以及城市化进程的加快，人们对时间和空间上分布得当、数量足够、质量合适的水的需求随之迅猛增加。由于水资源供给的有限与人类对水资源需求的无限这一矛盾，特拉华河地区现在面临着严重的水资源匮乏危机。

纽约市是一个有800余万常住人口的现代化大都市，虽然哈得逊河与东河流经纽约，但因濒临大西洋，河水是咸的，而且河上船只往来频繁，有污染，水质不好，所以纽约从建城开始，就打井取水，建

[①] The Ohio River Valley Water Sanitation Commission (ORSANCO), Pollution Control Standards (http://www.orsanco.org/watqual/standards/stand.asp).

立一个覆盖面最广的供水系统。到19世纪中叶，由于城市迅速膨胀，井水已无法满足需要，纽约市开始设法从城外引水，包括从特拉华河的上游三条支流调水。当纽约市在20世纪40年代提出从特拉华河上游引水的要求后，受到下游几个州的反对，为保证纽约市的用水，1954年美国联邦最高法院作出判决，按均等分配的原则，纽约市可从特拉华河引水。目前纽约市在特拉华河上游已建成三座水库，经约200公里长隧洞将特拉华河水东调到哈得逊河流域，供纽约市应用，日平均引水350万吨，约占纽约市供水量的一半。

为管好用好特拉华河流域水资源，1961年10月27日，肯尼迪总统和特拉华河流域四个州的州长在白宫签署了《特拉华河流域协议》(Delaware River Basin Compact)。[1] 该协议经过特拉华、新泽西、宾夕法尼亚和纽约四个州的立法机关批准，并经美国国会同意后，成为国家法律得以实施。该协议的基本目的就是：第一，为这一区域人们的共同利益提供联合行动的权力；第二，促进州际关系和谐；第三，为特拉华河流域水资源提供规划、保护、使用、开发、管理和控制的政策与工具；第四，在特拉华河流域水资源的利用、管理与开发上，促进各成员州之间的合作性的规划与行动；第五，对这一地区的用水户均实行平等与统一处理的原则，而不考虑固有的政治管辖边界。[2]

《特拉华河流域协议》直接导致美国国会一个立法的出台，而后者使联邦政府成为该协议的一方成员，它是美国历史上第一份联邦—州际协议（Federal—Interstate Compact）。这份协议提供了一个特拉华河流域水资源跨州协作性管理的机制，创建了特拉华河流域管理委员会，指导该流域的水资源的保护、利用、开发和管理。从一定意义上说，《特拉华河流域协议》是当代美国跨州流域水资源管理的一种突破。[3] 该协议代表了联邦与州之间关系的新进展，标志着合作联邦主义具有深远意义的发展。[4]《特拉华河流域协议》在美国州际协议的

---

[1] The Delaware River Basin Commission (DRBC): Delaware River Basin Compact (http://www.state.nj.us/drbc/regs/compa.pdf).

[2] Ibid..

[3] The Delaware River Basin Commission (DRBC), DRBC Overview (http://www.state.nj.us/drbc/over.htm).

[4] Grad Frank P., "Federal-State Compact: A New Experiment in Co-operative Federalism", *Columbia Law Review*, Vol. 63, No. 5, xxx 1963, pp. 825–855.

发展史上具有重要意义。从此，政府间协议合作不再限于州与州之间，也扩展到了州政府与联邦政府之间的合作。

根据《特拉华河流域协议》的规定，特拉华河流域管理委员会成员包括特拉华州、新泽西州、宾夕法尼亚州和纽约州的州长以及一名来自联邦政府的代表，联邦政府代表由总统委任。[①] 特拉华河流域管理委员会的主要工作就是[②]，负责协调工作、制订规划、调整计划、进行管理和研究流域综合发展战略与政策。该协议授予委员会足够多的权力，使其能够有效率地管理特拉华流域的水资源。《特拉华河流域协议》第3条规定：作为一个法人机构，委员会应为本流域水资源的短期开发和长期开发制订综合规划并加以实施，并经常对其进行评价和修改。委员会将确保在其管辖权限内协调水资源开发与管理规划。[③] 基于实施协议的需要，该委员会甚至可以支配各州现有的水资源管理机构。

保证特拉华河流域的人们平等共享水资源，是特拉华河流域管理委员会成立时的一个重要宗旨。特拉华河流域的水资源在功能上是相互联系的，并且这些水资源的利用是相互依存的。特拉华河流域的边界由特拉华河及其支流流域形成，而不是行政边界。创建一个单一的流域行政管理机构对有效地和经济性地指导、监督和协调联邦、州和地方政府在该地区的项目和行动是很重要的。[④] 特拉华河流域管理委员会的建立为解决这种跨州水资源管理问题提供了制度、组织与管理的保障。特拉华河流域管理委员会具有促进水资源"多目标"发展的一系列行政管理权力，目的是为了更有效地实现和维护地方、州和联邦在这一区域的基本利益。《特拉华河流域协议》和特拉华河流域管理委员会章程都明确界定了委员会的权力、责任和义务。委员会负责管理重要的监测站点、重要的水利工程和其他工程的调度运行，但更多的是，委员会拥有监督、管理或管制权力，可与有关部门达成管理协议或合同。[⑤]

---

① The Delaware River Basin Commission (DRBC), DRBC Overview (http://www.state.nj.us/drbc/over.htm).
② Ibid..
③ The Delaware River Basin Commission (DRBC): Delaware River Basin Compact (http://www.state.nj.us/drbc/regs/compa.pdf).
④ Ibid..
⑤ 参阅《特拉华河流域协议》第14条。The Delaware River Basin Commission (DRBC): Delaware River Basin Compact (http://www.state.nj.us/drbc/regs/compa.pdf).

《特拉华河流域协议》第 2 条规定：委员会从其委员当中选举出主席、第一副主席、副主席。主席、第一副主席、副主席是特拉华河流域管理委员会的行政领导，负责主持各种会议，任免各专门委员会负责人，签订各种正式文件和命令，以及赋予委员会主席的其他职责。委员会实行多数决策规则。《特拉华河流域协议》第 2 条规定：每位成员都享有一票表决权。除非得到来自多数成员的投票同意，否则委员会的任何决策、规定和法令都不能在任何会议上通过。

作为一个州际流域公共管理机构，在《特拉华河流域协议》授权下，特拉华河流域管理委员会有权处理流域内的与水资源有关的任何问题。该委员会负责制订流域水资源综合规划。这个规划是一个经官方批准的管理和开发流域水资源的蓝图。它不仅是流域委员会的规划，而且也是其成员（特拉华、新泽西、宾夕法尼亚、纽约和联邦政府）的规划，指导它们相关政策的制定。

特拉华河流域管理委员会每年制订一份资本预算（A Capital Budget）计划，内容包括预算期间所承担或继续的资本项目。该委员会运作的资金来源主要是各成员方的财政资助、工程评估收费、用水收费，以及联邦、州和私人机构的拨款。《特拉华河流域协议》第 13 条第 3 款这样规定：各州同意拨款作为委员会的薪水、办公及其他行政管理费用，同意由委员会决定并经各州州长批准的年度预算中的拨款数目，其中一半款项按各州在该流域地区中的人口比例分摊，另一半款项则按各州所在流域地区中的领土面积比例分摊。[①]

资料来源：笔者整理。

从本章的分析可知，美国州际协议历史悠久。自 1787 年《联邦宪法》确立以来，州际协议的宪法制度框架基本上没有改变，但州际协议的具体结构和功能却随美国历史和经济社会的变迁发生了巨大变化。其中最突出的变化特点就是，随着美国经济、政治和社会转型以及这种历史转型过程中的跨州区域公共问题的凸显，州际协议的治理功能逐渐由单一性向多样性变化，即由州际边界协议向州际分配协议、州际规制协议发展；州际协议的管理由简单化向精密化转变，即重视创建专门负责执行和监督协议的实施的跨州区域公共管理机构。可以说，州际协议的

---

① The Delaware River Basin Commission（DRBC）：Delaware River Basin Compact.（http://www.state.nj.us/drbc/regs/compa.pdf）.

功能和机构的变化都是州际协议对变化了的经济、政治和社会客观环境的一种现实反应。在美国联邦制环境下，州是流域水资源管理的主导力量，其所追求的是州（行政管辖区域）的基本利益，州之间通过缔结州际协议联合开发、管理和分配跨州河流水资源实质上就是州际协作治理过程，也体现为州际利益博弈过程，即州际协议是为了寻求能满足各州基本利益前提下实现流域整体利益最大化的制度安排，促成州际协作治理制度框架的构建。

第四章 州际协议缔结过程研究

州与州之间由于自然资源共享所导致的相互依存性是促使州际协作的主要原因之一。在这方面，跨州河流水资源治理协议最为典型。可以说，州际河流协议已经成为美国各州推进跨州区域协作治理的主要方式之一。其主要动机可以归结为整合资源、技术和信息，采取有效的制度规则来治理和管理河流水资源，预防和调解跨州流域水权纠纷，减少负外部性，扩大正外部性，促进流域公共治理中的集体行动，消解或克服流域水资源利用的"公地悲剧"，产出最大范围的规模经济效应。本书第四、五、六、七章将以美国中西部地区的《里帕布里肯河流域协议》为例，深入描述和分析该协议的背景、签订与执行过程中的协作，以及该协议执行中的争端治理，并评估州际协议的治理绩效。

第一节 州际协议缔结的背景分析

一 "三个和尚"共饮一河水

（一）水塑造美国西部区域政治经济生活

里帕布里肯河地处美国中西部干旱地带，跨越科罗拉多州、内布拉斯加州和堪萨斯州三个相邻州的边界。西部是美国本土的干旱地带，是"一块生活写在水之上的土地"。水资源是这一地区非常稀缺的"商品"，是该地区民众最直接、最现实和最关心的基本利益。接触西部的水和那里的环境、科学、资本、政府、观念，以及社会秩序，就会发现，为寻找、开采和控制水资源的斗争比任何其他事情更加塑造了现代的美国西部。[①] 这里的人们甚至把对水的控制看作实现其未来希望和抱负的基本组成部分。[②] 从经济和社会发展对水资源的需要而言，包括里帕布里肯河在内的西部地区水资源的供需矛盾都是非常严重的。水资源匮乏已经成为整个美国西部地区民众和政府官员关注的一个首要政策议题。为获得水资源的公平供应的斗争曾经导致这地区的地方分裂和州与州的对抗。这种斗争一直持续到今天。

里帕布里肯河的南北支流从美国中西部科罗拉多州东北部流出，随之并入内布拉斯加州且最终汇入主干流。河流随后顺流穿过内布拉斯加州的西南部，而后进入堪萨斯的西北部，形成堪萨斯河，最后流入密苏里和密西西比河。其水流通常是东方向，流域总面积约为24955平方英里，其中流经科罗拉多约7722平方英里，流经内布拉斯加9714平方英里，流经堪萨斯约7519平方英里。从地理位置上看，科罗拉多地处上游，内布拉斯加地处中上游，堪萨斯地处中下游。这三个州共享里帕布里肯河流域的水资源。科罗拉多、内布拉斯加和堪萨斯正好地处美国中西部一个存在水资源供应问题的区域。这一地区气候干燥，而农业灌溉面积非常大。由于长期缺水，人口急剧增长，工业和农业用水需求不断扩大，用水紧张是包括里帕布里肯河流域在内的美国中西部干旱地区过去、现在和将来的一个重要问题。

（二）里帕布里肯河流域的水：公共池塘资源

水流跨越人为的政治与地理管辖疆界。水流的这种特性一定会面临如何有效治理的问题，必须采取适当的政策和措施，安排合理的制度和组织。里帕布里肯河流域（The Republican River Basin）是一个典型的自然生态系统，具有整体流动的自然属性。水以流域为单元，地表水和地下水相互转化，上下游、左右岸、干支流之间的开发利用相互影响，水量与水质相互依存。流域内上中下游、干支流，共同形成了这条河流不可分割的组成部分，它们之间有着密切的水利害关系。对于地处里帕布里肯流域的科罗拉多、内布拉斯加和堪萨斯三个州来说，里帕布里肯河的地表水和地下水都是该地区基础性的自然资源和稀缺的经济资源、战略资源。该流域的水资源是科罗拉多、内布拉斯加和堪萨斯三个州的边界地区人们生活、生产和生态环境保护的重要资源。

[①] Stephen C. Sturgeon, *The politics of Western water: the congressional career of Wayne Aspinall.* Arizona, Tucson: UniversityofArizona Press, 2002, p. 3

[②] ［美］埃莉诺·奥斯特罗姆：《水与政治》，载［美］迈克尔·麦金尼斯《多中心治道与发展》，毛寿龙译，上海三联书店2000年版，第39—50页。

美国地质调查局（USGS）在1941年就已经确定里帕布里肯河流域水资源的供应有三个主要来源[①]：一是带走里帕布里肯河流域地表水的各支流体系，二是发源于里帕布里肯河流域和流向小河支流的地下水，三是起源于流向里帕布里肯河流域东北部地表河流的普拉特河流域（The Platte River Basin）的地下水。过去半个多世纪的变化趋势表明美国里帕布里肯河流域水资源将越来越少，而随着人口的增长以及用水需求的增加，水资源越来越成为该地区最宝贵的自然资源。

从经济学角度看，跨州河流水资源具有公共资源与流动资源的双重属性，对于此类资源，由于存在市场的外部性与功能竞争性，需要以流域为基础，建立相应的制度性的跨州流域水资源协作管理机制，实现外部性的内部化与水资源有效利用的目标。里帕布里肯河流域水资源是该地区人们生产、生活的物质基础，是该地区实现可持续发展的根本条件。里帕布里肯河流域水资源的开发与管理不仅关系到这一地区经济发展，还关系到环境保护。然而由于它的公共池塘资源属性，即流域内三个州的人们共同使用整个资源整体，但分别享用资源的单位、理性的个人行动通常会导致资源使用的拥挤或退化。实践经验证据充分表明，没有有效的制度安排，公共池塘资源将处于低度供给和过度使用的状态。市场机制不能有效提供共同资源，而集体行动却是开发和保护这种自然资源的有效方法。

在公共池塘资源（Common-Pool-Resources）[②]利用过程中，人们常常因为实施有效的集体行动困难而造成"公地悲剧"。里帕布里肯河流域水资源具有公共池塘资源的特性。公共池塘资源占用者生活中的一个关键事实是，只要他们继续合用一个公共池塘资源，他们就处在相互依存的联系中。[③] 然而，在现实中，公共池塘资源总是不被人关注，甚至常常面临资源的过度使用、资源系统恶化。亚里士多德早在两千年前就注意到："凡是属于最多数人的公共事物常常是最少受照顾的事物，人们关心着自己的东西，而忽视公共的事物。"[④] 奥尔森阐述了依赖于一个公共池塘资源的占用者所面临的关键问题："当一些个人拥有共同的或者集体的利益

---

① Kenneth W. Knox, *The Allocation of Interstate Ground Water: Evaluation of the Republican River Compact As A Case Study*, Fort Collins, Colorado: Colorado State University, 2004, pp. 101 – 102.
② 一般认为，公共池塘资源就是同时具有非排他性和竞争性的物品，是一种人们共同使用整个资源系统但分别享用资源单位的公共资源。
③ [美]埃莉诺·奥斯特罗姆：《公共事物的治理之道》，余逊达、陈旭东译，上海三联书店2000年版，第64页。
④ [古希腊]亚里士多德：《政治学》，吴寿彭译，商务印书馆1983年版，第48页。

时——当他们分享一个意图或目的时——个人的、没有组织的行动或者根本无力增进那一共同利益，或者不能充分地增进那一利益。"①

河流水资源以流域为单元，地表水和地下水相互转化，上下游、左右岸、干支流之间的开发利用相互影响，水量与水质相互依存。水资源使用不仅会给使用者带来效益，还会给流域内其他地区和其他人带来影响——好的或坏的外部效应。里帕布里肯河流域作为一个完整的自然区域被三个不同州行政管辖区域所分割，这不可避免地在流域内各州之间产生水资源的相互依存性。这种相互依存性源于水流的无地界性。而水流的无地界性决定了水资源管理的主要问题要求超越州界的地域性解决——要求流域内各管辖区政府必须联合起来，突破以行政管辖区边界为基础的单边管理模式，把全流域作为一个整体空间来考虑合作治水，才能使生命之河永续长存。随着河流水资源管理行动跨越具有多个管辖权的地方和州际边界，河流水资源管理和水利工程的复杂性变得更加严重。② 如果这三个州能将它们单边独立行动的情形转变为多边合群行动，形成协作的理念和程序，共同管理和联合开发流域的水资源，则更有可能获取对各方更为有利的好处，实现流域各州的共存共赢，克服"三个和尚没水喝"的集体行动悲剧。所以，有经验的决策者已经意识到为水资源的公平分配建立一种区域协作整合机制的必要性和重要意义。

二 农业：与水紧密相连的主要产业

（一）农业经济

科罗拉多、内布拉斯加和堪萨斯都是美国中西部地区的农业州，作为农业供水重要来源的河流是这一地区农业经济的一个重要组成部分，更是当地经济发展的重要基础。在 1934 年，私人农场拥有里帕布里肯河流域91% 的土地所有权，市、镇和其他公有者等只拥有剩下 9% 的土地所有权。③ 里帕布里肯河流域上、中和下游都是以农业为主要产业，农业取水和用水的总量都是非常巨大的。特别是里帕布里肯河流域的农业灌溉工程的用水量非常大。灌溉工程在里帕布里肯河流域，实际上在美国整个西部

---

① ［美］曼瑟尔·奥尔森：《集体行动的逻辑》，陈郁等译，上海三联书店 1995 年版，第 6—7 页。

② Weldon V. Barton, *Interstate Compacts in the Political Process*, Chapel Hill, North Carolina: the University of North Carolina Press, 1967, p. 89.

③ Kenneth W. Knox, *The Allocation of Interstate Ground Water: Evaluation of the Republican River Compact As A Case Study*, Fort Collins, Colorado: Colorado State University, 2004, p. 96.

地区成为当地经济社会发展的基础设施,发展灌溉农业是里帕布里肯河流域所在州和地方各级政府的一项重点工作。里帕布里肯河流域的农业灌区(Irrigation Districts)绝大多数为常年灌溉带。

与美国中西部地区其他地方一样,里帕布里肯河流域所在地区每个农场的经营规模都比较大,通常一个农户的土地有上千英亩,多的有数万英亩。这一地区的农业用水户,如农场主,主要通过里帕布里肯河流域的灌溉工程将水输送农场主和农户的地边。例如,内布拉斯加是美国中西部地下水最为丰富的州之一。农业是内布拉斯加州的主要产业。内布拉斯加州经济的繁荣与这些地下水和地表水的供应是紧密相连的。①

当多种类型的占用者依赖于某一公共池塘资源进行经济活动时,所做的每一件事几乎都会对他们产生共同的影响;每一个人在评价个人选择时必须考虑其他人的选择。② 既然里帕布里肯河流域的农户主要从该流域取水,如果多数农业用水户在他们的地块都采取措施改善水资源的利用效率,而有一个成员州的农业用水户作为理性决策者并不这样做,这一成员州的农业用水户仍然会不付任何代价然而却能从其他成员州农业用水户所提供的收益中享有一定的份额。所以,无论如何,理性的、专为自己打算的成员州的农业用水户都会选择不采取任何措施。

使问题更为麻烦的是,为了长期维护一个跨州河流水资源灌溉系统需要相关州投入大量人力、物力、精力和资金,而收益却难以衡量,并随着时间和空间的变动越加分散。不管官方为流域水权建立了什么样的分配规则,理性的农户总是想暗地里占有比规定更多的水,在不属于分配给自己的时间里取水,或投入少于按规定对于水资源分配需要做的相应投入。而实践表明,通过集体行动,构建公平有效的跨州河流水权分配制度安排,实现河流水资源的公平分配,对于确保该地区农业经济的繁荣与可持续发展具有十分重要的意义。

(二) 里帕布里肯河流域的水法制度

与水资源开发有关的最重要的问题是制度设计。③ 美国的水法制度是美国水资源管理和水资源开发利用的基础,其水权制度建立在私有制的基

---

① James Aucoin, *Water in Nebraska: use, politics, policies*, Nebraska, Lincoln: University of Nebraska Press, 1984, p.8.
② [美] 埃莉诺·奥斯特罗姆:《公共事物的治理之道》,余逊达、陈旭东译,上海三联书店2000年版,第63页。
③ [美] 埃莉诺·奥斯特罗姆:《水与政治》,载 [美] 迈克尔·麦金尼斯《多中心治道与发展》,毛寿龙译,上海三联书店2000年版,第39—50页。

础上，作为公民的私有财产，受到法律的保护。与其他自然资源法律不同，美国的水资源法律以州法律为主，而不是体现为统一的联邦法律。所以说，不能依照某一单一的法律制度来确定如何获取、分配、开发和利用水资源。目前，美国的水法制度主要有三种类型。[①]

第一种，滨岸使用权制度。滨岸使用权（或称滨岸权）是指合理使用与滨岸土地相连的水体而又不影响其他滨岸土地所有者合理用水的权利。实质上，某一种滨岸使用权是通过拥有了连接水体的土地所有权而获得的。它赋予土地所有者有权使用其土地上的水资源，即水权与土地的私有制紧密相连。这种水法制度基本上为美国东部各州和中西部一些州所采用。根据这种制度，如果土地所有者拥有的土地与某一个流动的地表水源（如河流或溪流）相连，那么他就是河岸土地所有者；如果土地所有者拥有的土地与一个湖泊或池塘相连，那么他就是湖岸土地所有者。所以这种水法制度也称"滨岸使用权"（Riparian Doctrine）水法制度。

第二种，优先专用权制度。即在分配水资源之前，承认水的第一使用者享有优先使用水资源的权利，而水的第一使用者可以将水向不一定位于其土地上的有益利用转让或引水，即将水资源从有水的地方向需要的地方进行转让。这种水权法律制度是按开发利用的"时间先后顺序"来确定谁享有用水权，即对同一水源的不同用户，按谁先用、谁拥有较大的用水权，也就是说，谁先将一定量的水用在"有益的利用"上，谁就可以继续享有用水权。所以，这种水法制度又称"优先专用权原则"（the Doctrine of Prior Appropriation）；它是在干旱和半干旱的西部各州建立和发展起来的，主要是为了解决这些缺水地区的分水问题。其内容主要包括三个法则：一是先占用者有优先使用权；二是水的使用不能损害别人的利益；三是不用即作废。这种水法制度允许存贮水资源用于那些无法获得水资源的地方，还允许将水资源从有水的地方向需要的地方转让（水权交易）。采用这种水法制度的州认为，水资源所有者的利益代表着州内公民的利益。在有关这方面的法律中规定，州政府可以批准一项大量用水的权利，这项权利称作"有用益权"。科罗拉多、堪萨斯和内布拉斯加三个州对其境内的地表水和地下水都采用优先专用权制度。

第三种，联邦为印第安部落居留地保留水权和其他水资源用途则构成了美国的第三种水法制度。

[①] Joseph Francis Zimmerman, *Interstate Disputes: The Supreme Court's Original Jurisdiction*, Albany NY: State University of New York Press, 2006, p. 110.

三　外在动力：联邦政府的支持与推动

在20世纪早期，为开发和建设美国西部，缩小东西部地区经济和社会发展的差距，美国联邦政府通过直接提供资金援助，在西部一些跨州流域建造地表水输送系统，包括水道、水渠等，满足水资源的充分供应。这些公共水利项目始于1902年美国国会颁布的《全国农垦法》（*The Reclamation Act*）。[1] 该法案为联邦政府向包括里帕布里肯河在内的美国中西部农作物产区提供技术与财政援助提供了一种法律机制。该法规定把美国西部和西南部16个州的几乎全部出售公地的收入，用于建立和保养干旱地区的灌溉设施。这样就使一些原来不能利用的土地变为耕地。政府将这批土地出售给农户，并向他们征收灌溉费用，逐步收回投资，资金得以周转后，又可建立新的灌溉系统，逐步扩大可耕地。该法还在美国联邦内务部创建了农垦局（The Bureau of Reclamation），负责西部17州的水资源开发任务。自其创建以来，内务部农垦局依法获得巨额投资，建设了大量的水资源工程，为开发西部建设了良好的水利基础设施，促进了美国西部地区经济的发展。[2]

对于生活在里帕布里肯河流域的居民来说，20世纪30年代中期是一个非常干旱和困难的时期。大容量水库的建造被认为是弥补里帕布里肯河流域地表水供应的一种至关重要的手段，特别是在灌溉季节向灌溉土地供水。然而，在20世纪30年代经济大萧条的背景下，建造大容量水库的成本已经远远超出里帕布里肯河流域农户利益集团的预算能力。[3] 为确保必要的建设资金，里帕布里肯河流域的用水户和他们各自的州政府官员开始向联邦政府寻求财政支援。

虽然联邦拨款数量有限，但联邦政府还是同意在里帕布里肯河流域建造多功能水库，前提条件之一是即将建造的水利工程必须具有经济上的可行性和采用州际协议保障联邦在该流域的利益，即只有当里帕布里肯河流域的三个州签订了如何分配该流域水资源的州际协议之后，联邦政府才会在这一流域建设公共水利工程；前提条件之二是确保州际河流水资源的公

---

[1] Stephen C. Sturgeon, *The politics of Western water: the congressional career of Wayne Aspinall*, Arizona, Tucson: University of Arizona Press, 2002, p. 1.

[2] The Nebraska Department of Natural Resources, Republican River Basin Report of Preliminary Findings (May 20, 2003) (http://www.dnr.ne.gov/Republican/RepRiverImplementation.html).

[3] Kenneth W. Knox, *The Allocation of Interstate Ground Water: Evaluation of the Republican River Compact As A Case Study*, Fort Collins, Colorado: Colorado State University, 2004, p. 113.

平分配。实际上,当时美国联邦政府的态度已经很明确,只有科罗拉多、内布拉斯加和堪萨斯三个州找到了解决里帕布里肯河水资源分配的正确办法后,这三个州才会得到联邦政府在防洪和灾害方面的支持与保护。[1] 联邦政府的这种态度直接推动了三个州之间的协作行动。这也在一定程度上解释了三个州对联邦财政资源的依赖关系是促使三个州形成协作行动的一种凝聚力量。

由于环境因素通常能在很大程度上影响所有组织间关系的形成,跨部门协作在某种程度上受单个部门的行动无法解决某一公共问题的影响。[2] 在联邦制下,由于存在联邦和州的权力划分,有效管理跨州河流水资源无疑是个棘手的问题,但河流水资源管理问题无疑促使各州开始考虑重新建构相互关系。在跨州河流水资源管理领域,走出"公共池塘资源"困境的出路既不能完全靠市场"看不见的手"来调解,因为存在市场失灵问题;也不能完全依靠流域内单个或少数几个州政府的行动,或联邦的强制力量,因为流域内单个或少数几个州政府的行动,或联邦的强制力量都有可能存在失灵问题。帕特南认为:"横向参与网络有助于参与者解决集体行动困境。"[3] 据此,必须依据新的公共管理理论,建立一种流域内所有州积极协作、利益相关者积极参与的新型的流域水资源治理机制。流域公共治理越来越多地发生在相互依赖的协作网络之中。

选择合作首先面临的问题就是制度供给,制度供给作为一种集体行动,需要有效组织,才能避免陷入困境。当多个州拥有共同的或者集体的利益时——当他们分享一个意图或目标时——单个州的、无组织的行动或者根本无法增进那一共同利益,或者不能充分地增进那一共同利益。因此,当存在共同或集团利益时,组织就能一显身手,而且尽管组织经常也能服务于纯粹的私人、个人利益,它们特有的和主要的功能是增进由个人组成的集团的共同利益。[4] 处理像跨州河流水资源这样复杂的问题可能需要发展政府间协作机制。州际河流协作治理的基本路向在于降低流域管理

---

[1] Dreiling, Larry, River Compact Settlement Discussed (http://hpj.com/archives/2004/may2004/rivercompactsettlementdiscu.CFM).

[2] John M. Bryson, Barbara C. Crosby and Melissa Middleton Stone, "The Design and Implementation of Cross-Sector Collaborations: Propositions from the Literature", *Public Administration Review*, Vol. 66, No. 1 (Supplement), December 2006, pp. 44–55.

[3] [美] 罗伯特·帕特南:《使民主运转起来》,王列、赖海榕译,江西人民出版社2001年版,第206页。

[4] [美] 曼瑟尔·奥尔森:《集体行动的逻辑》,陈郁等译,上海三联书店1995年版,第6—7页。

的高额交易费用，这就必然诉诸制度设计，即不断完善跨州河流利益获得机制和地区利益分享与平衡机制，并在新的制度框架下进行制度、组织和机制创新以尽可能克服州际冲突和强化州际合作。

从某种意义上说，当里帕布里肯河流域的三个州和民众偏好更多的州政府行动而同时要求更少的联邦干预时，为了在流域管理上取得成果，这一地区的三个州和民众会要求采用州际协作结构。通过将各方结合成为一种互利的和谐关系，州际协议提供了一种流域水资源协作治理机制，将填补各州在管理里帕布里肯河跨州流域水资源问题上的法律空白，有利于从法律上促进和保障该流域水资源的开发和利用。而且这种政府间协议治理安排还可以使资源、利益和责任在不同行政管辖区间重新配置和调整，有助于更好地解决地区性问题并应付日益上升的区域间交易成本。

当科罗拉多州、堪萨斯州和内布拉斯加州以及该地区的民众要求对流域水资源问题采取共同行动时，三个州政府决定通过州际协议将它们有效组织起来，构建里帕布里肯河水资源协同管理的法律制度框架，实现水资源的公平分配和有效利用。

第二节 州际协议的谈判与协商

根据《联邦宪法》"协议"条款，州际协议的缔结过程包括两个阶段：协商（Negotiation）和批准（Ratification）。协商是协作过程中的一个主要步骤[1]，主要体现为谈判和对话的过程，体现为讨价还价的利益博弈过程。批准是使州际协议获得法律效力或者说建立合法性的过程，通过这一过程，州际协议正式成为一种对协作各方都有法律约束力的契约。

一 RRC 谈判与协商

（一）横向协作链条：州际谈判与协商

谈判和协商是协作治理过程的核心。在美国，州际协议本质上是一种合同或契约，其谈判、协商和签订过程类似于一般的民事合同、商业交易

---

[1] John M. Bryson, Barbara C. Crosby and Melissa Middleton Stone, "The Design and Implementation of Cross-Sector Collaborations: Propositions from the Literature", *Public Administration Review*, Vol. 66, No. 1 (Supplement), December 2006, pp. 44–55.

合同和市场契约。缔结一项州际协议，与美国总统所签订的一份国际条约是截然不同的。一般来说，州长在州际协议谈判和协商过程中不直接发挥作用。通常由相关州州长委任（有时还需要取得州立法机关的同意）其代表就缔结州际协议进行谈判和协商。

在处理与产生稀缺资源单位的公共池塘资源的关系时，如果占用者独立行动，他们获得的净收益总和通常会低于如果他们以某种方式协调他们的策略所获得的收益。[①] 1934年3月，科罗拉多州和内布拉斯加州的州长分别任命亨得里德和威尔斯作为协议委员就有关里帕布里肯河北支流水资源分配问题的州际河流协议进行谈判和协商。[②] 当来自不同州政府的公共管理者，为联合治理他们所面临的共同问题或共同推进某项政策议程，"将知识、金钱和能力等带至谈判桌上时，协作行动就开始了"[③]。不久，美国总统罗斯福任命了迪博尔作为联邦代表，参与RRC谈判和协商。到1935年1月，科罗拉多州水利工程师兼谈判代表亨得里德提出将RRC的范围扩大至包括里帕布里肯河南支流。在这个时候，堪萨斯州非常渴望参与RRC的协商过程中，并且表示，除非在里帕布里肯河南支流建造一座水库，否则堪萨斯州不会参与缔结该协议。

资源分配过程的核心是，谁得到什么，如何、何时及以何种方式得到。决定谁在什么样的条件下以何种方式获得多少水资源是所有水资源分配政策的基本问题。[④] 简单地说，跨州河流水资源管理问题的核心就是，要求由协议成员构建协作机制，并建立解决用水冲突的机制和场所，在这种机制安排中可以明确成员的资源所有权和数量，同时建立相关的执行、监督和评价机制。为了使这一地区的用水户了解州际河流协议的潜在效益，参与协商RRC的科罗拉多和内布拉斯加两个州的委员代表都与他们各自所在州的用水户召开了数次听证会。[⑤] 在调研和协商的同时，内布拉斯加州内的用水户认可了这两个州所采取的协商行动。为了在里帕布里肯

---

① ［美］埃莉诺·奥斯特罗姆：《公共事物的治理之道》，余逊达、陈旭东译，上海三联书店2000年版，第64页。

② Kenneth W. Knox, *The Allocation of Interstate Ground Water：Evaluation of the Republican River Compact As A Case Study*, Fort Collins, Colorado：Colorado State University, 2004, p. 114.

③ Ann Marie Thomson and James L. Perry, "Collaborative Process：Inside the Black Box", *Public Administration Review*, Vol. 66, No. 1 (Supplement), xxx2006, pp. 20 – 32.

④ Sturgeon Stephen C., *The politics of Western water：the congressional career of Wayne Aspinall*, Arizona, Tucson：UniversityofArizona Press, 2002, p. 8.

⑤ Kenneth W. Knox, *The Allocation of Interstate Ground Water：Evaluation of the Republican River Compact As A Case Study*, Fort Collins, Colorado：Colorado State University, 2004, p. 115.

河流域建造三座新的水库和一个足以灌溉 5500 英亩土地的庞大的灌溉系统，内布拉斯加州政府向美国联邦公共工程局（Federal Administration of Public Works）申请了 170 多万美金拨款和贷款。

各参与方对他们所面临的环境和问题的一致性理解是导向协作的一个必要条件。在对里帕布里肯河流域的水文地质和灌溉土地进行广泛研究后，科罗拉多和内布拉斯加两个州的委员代表多次召开有关缔结州际河流协议的谈判会议，并在 1935 年 5 月 8 日提出了一份协议草案。① 虽然该草案是两个州之间的一种协议，并且主要是为了解决储水工程等突出问题，但同一年里帕布里肯河遭受了一次严重的洪水灾害，并导致 100 余人死亡，这一事件对该协议的谈判和协商带来了直接影响。

这次洪水灾害促使内布拉斯加的用水户停止在里帕布里肯河流域建造取水工程，到 1937 年 1 月，内布拉斯加州首席检察官向参与 RRC 谈判的委员提议，由于内布拉斯加人丧失了缔结州际河流协议的兴趣，已经没有必要再继续协商 RRC，并且建议让堪萨斯州参与该协议的谈判与协商过程，此时协议的谈判过程变得非常吃力，最后被迫停止了。② 不久，科罗拉多州和内布拉斯加州之间的正式谈判停止了，这是他们第一次就里帕布里肯河水资源管理议题尝试达成州际协议。

协作是建设性地管理分歧的过程。就州际协议的谈判和协商过程来说，州际协作意味着跨越行政管辖边界而调整、善于处理分歧、反复协商、促成共识和承诺以及进行其他许多建设性的交互行为。到 1937 年夏天，协商 RRC 的激发因素又出现了。科罗拉多、堪萨斯和内布拉斯加三个州的用水户都再次表达了扩大灌溉田亩数的愿望，他们的愿望在农垦服务中心（Reclamation Service）、农业经济局（Bureau of Agricultural Economics）的一系列前期调查和陆军工程兵团（U. S. Army Corps of Engineers）在里帕布里肯河流域建造防洪和扩大水资源供应基础设施的政策建议中体现了。③ 同时，美国联邦最高法院在 1937 年颁布了一项涉及《拉普拉特河协议》（The La Plata River Compact of 1925，科罗拉多州和新墨西哥州）的决定，确认了该协议成员州在州际河流协议框架内公平分配水资源的权利，以及在他们各自境内通过遵循协议的方式管理水权的权

---

① Kenneth W. Knox, *The Allocation of Interstate Ground Water: Evaluation of the Republican River Compact As A Case Study*, Fort Collins, Colorado: Colorado State University, 2004, p. 115.
② Ibid..
③ Kenneth W. Knox, *The Allocation of Interstate Ground Water: Evaluation of the Republican River Compact As A Case Study*, Fort Collins, Colorado: Colorado State University, 2004.

利。联邦最高法院的这一司法裁决实际上坚定了科罗拉多州通过缔结州际河流协议来实现公平分配里帕布里肯河水资源的立场。

在美国农垦局（Bureau of Reclamation）和陆军工程兵团对里帕布里肯河流域开展调研的同时，科罗拉多、堪萨斯和内布拉斯加三个州的州长意识到有必要起草一项州际河流协议，作为里帕布里肯河流域联邦水库工程建设的先兆。[①] 1940 年 5 月 28 日，由科罗拉多、堪萨斯和内布拉斯加三个州的水利和水资源管理工程师组成的 RRCA 在科罗拉多州首府丹佛市举行首次会议，科罗拉多州代表在会上表达了起草州际河流协议的目的：

> 实现河流水资源的有益利用和防洪，促进里帕布里肯河流域水资源的公平分配。

虽然美国农垦局的代表在这次会上介绍了里帕布里肯河流域的初步调查报告，但联邦政府这次没有派专门代表参与 RRC 的谈判和协商活动。之后，RRCA 与美国农垦局的代表协作，继续审查和评价里帕布里肯河流域的水文地质和其他技术调查报告，并对里帕布里肯水资源在三个州之间做了暂时性的分配，定量计算和分析了这一流域过去和目前水资源的利用情况，并审议了协议草案中的有关用语。[②]

1941 年 3 月 19 日，来自分属里帕布里肯河流域上游和下游的科罗拉多、内布拉斯加和堪萨斯三个州的代表经过 22 天的谈判和协商，初步达成并签署了 RRC，确立了各成员州在未来行动中的权利与义务。在三个成员州的代表初步达成和签署 RRC 后，堪萨斯、科罗拉多和内布拉斯加三个州的州长和立法机关分别在 1941 年 4 月 4 日、10 日、18 日批准了该协议。

（二）纵向协作链条：联邦政府介入州际谈判与协商过程

根据《联邦宪法》"协议"条款，州际协议必须得到国会同意后方能产生法律效力。在成员州州长和立法机关批准 RRC 后，三个成员州开始与他们各自的国会议员一起游说国会批准该协议，并且很顺利地获得了国会参众两院的批准。然而，当时的美国总统罗斯福否决了该协议[③]，理由

---

① Kenneth W. Knox, *The Allocation of Interstate Ground Water: Evaluation of the Republican River Compact As A Case Study*, Fort Collins, Colorado: Colorado State University, 2004, p.116.
② Ibid., 2004, p.117.
③ 这是美国历史上唯一被总统否决过的州际协议。

是联邦政府没有参与这一州际协议的协商和签订过程,因为这一地区有联邦政府建造的多座水库和水坝。罗斯福总统实际上支持有必要签订公平分配里帕布里肯河流域水资源的州际协议,他在1942年4月2日的否决信中说[1]:

> 很遗憾的是,该协议试图取消合众国在里帕布里肯河上的航运管辖权……

罗斯福总统最后退回该议案(The Bill),并要求修改这一州际协议。这实际上是美国联邦政府根据《联邦宪法》"州际商务"条款(The Commerce Clause),断定联邦政府在里帕布里肯河流域享有的航运最高管辖权不容置疑。[2]

实际上,联邦政府在该地区有着重要利益,因而需要参与关系到这一地区水资源利益问题的RRC谈判和签订过程。获取内外部利益相关者的支持和资源对于协作网络来说是重要的,这样建立起来的协作的合法性对于内外部利益相关者来说都是认可的。[3] 为了建立地区水利益共同体的政治可行性,以及保证既在总统又在国会那里得到认可和同意,一种新的政治解决策略不得不被选择。在罗斯福总统否决该议案后,三个成员州并未因此取消签订州际协议的计划,而是与他们在国会的议员和联邦政府有关部门机构进行政治协商和游说,从而解决了对于获得协议批准来说非常必要的两个目标[4]:一是邀请联邦代表参与RRC协商;二是与联邦电力委员会(The Federal Power Commission)协作,起草解决联邦政府在里帕布里肯河上的航运管辖权的可接受的协议条款。国会对此表示支持,并且授权科罗拉多、内布拉斯加和堪萨斯三个州通过协商签订RRC。

一年之后,即1942年12月31日,在由罗斯福总统任命的联邦政府代表帕克尔(美国地质调查局官员)的参与和主持下,科罗拉多、内布拉斯加和堪萨斯三个州的代表亨得里德、斯科特和格那伯在内布拉斯加州

---

[1] 转引自 Howard R. Stinson, "Western Interstate Water Compacts", *California Law Review*, Vol. 45, No. 5, xxx1957, pp. 655 – 664。

[2] Ibid. .

[3] John M. Bryson, Barbara C. Crosby and Melissa Middleton Stone, "The Design and Implementation of Cross-Sector Collaborations: Propositions from the Literature", *Public Administration Review*, Vol. 66, No. 1 (Supplement), December 2006, pp. 44 – 55.

[4] Kenneth W. Knox, *The Allocation of Interstate Ground Water: Evaluation of the Republican River Compact As A Case Study*, Fort Collins, Colorado: Colorado State University, 2004, p. 120.

首府林肯市再次磋商，达成州际合作协议，结束了这一马拉松式的政府间谈判，最终起草了一份新的 RRC。①

二 RRC 签订与批准

（一）州立法机关和州长批准协议

制度安排必须与更高层次的法律秩序相一致。新的交往形式如果要想得到稳定发展和提供一种相互作用的模式，就必须以适当方式得到法律的批准。② 当一项州际协议经过各成员州协商成功后，必须提交各成员州立法机关审批。在州立法机关审批过程中，参与协议谈判和协商的各州代表将会接受州立法机关的提问，通常与协议有关的许多问题都将进行再次的审查。③ 州立法机关财政委员会通常会审查任何一份协议中所包含的各州的主要财政义务，并且州立法机关可能直接命令州的委员或代表重新协商州际协议的具体规定。有些州立法机关在审批一项州际协议时，通常要求将州立法或州政府监督写进协议中。在一个或更多的州立法机关没有通过某项州际协议时，则该协议可能被延期颁布。

1943 年 1 月初期，起草该协议的各成员州委员（The Compact Commissioners）正式向各成员州州长提交 RRC 草案，并建议州立法机关批准。经过多方游说，科罗拉多、内布拉斯加和堪萨斯三个成员州立法机关批准了该协议。通过建立这种合法性，使州际协议获得内部行动者的认可和接受。

（二）国会和总统批准协议

《联邦宪法》"协议"条款明确授予美国国会对州际协议的批准权，即一项州际协议只有得到国会的同意才能生效。这表明国会批准是州际协议有效的一个基本前提。虽然美国联邦最高法院在 1893 年"弗吉尼亚诉田纳西"（Virginia v. Tennessee）④ 一案中已经利用司法解释主张只有那些影响联邦政治权力平衡的州际协议才需要得到国会的同意，方有法律效力。联邦最高法院主张，如果协议没有增加州的政治权力或染指联邦政府

---

① The Nebraska Department of Natural Resources, Republican River Compact Document.
② ［美］V. 奥斯特罗姆等：《制度分析与发展的反思——问题与抉择》，王诚等译，商务印书馆 2001 年版，第 12 页。
③ Joseph Francis Zimmerman, *Interstate Economic Relations*, Albany NY: State University of New York Press, 2004, p. 173.
④ The U. S. Supreme Court Center. Virginia V. Tennessee, 148 U. S. 503（1893）（http://www.supreme.justia.com/us/148/503/）.

的权威，那么可以不需要得到国会的同意。① 此后，只有那些触及联邦政治权力或可能改变联邦体制内政治平衡的协议仍须国会批准，而其他的非政治性协议则可以需要国会明示批准。显然，联邦最高法院的上述决定在需要国会同意方能生效的州际协议与不需要国会同意就能生效的州际协议之间作了区分。② 联邦最高法院还认为，国会同意既可以明示的方式作出，也可以暗示的方式作出。

由于联邦政府在里帕布里肯河流域享有航运管辖权，该协议涉及联邦政府利益，因此获得国会的同意和批准是非常重要的。内布拉斯加州参议员巴特尔通过起草《参议院法案649》（Senate Bill 649），建议为获得国会同意该协议而采取联邦行动。③ 联邦政府代表帕克尔于1943年3月29日在向国会和总统的报告中建议采取支持行动。经国会和总统批准后，RRC在1943年5月26，正式生效。

前面已经谈到，当两个或者更多的州通过立法的形式缔结一项州际协议，并获得了各成员州的批准和国会同意时，州际协议就产生了法律效力——它既是成员州的法规（State Statutes），也是成员州之间的一种契约（Contract），还是联邦的法律（Federal Law）。这样的州际协议在其成员州间构建了解决跨州共同问题或推动共同政策议程的正式法律关系；同时还可能根据需要，创建独立的跨州政府间管理机构，这种机构有时比单个州政府机构独自解决问题更有效；为其成员州有关机构建立了统一的规则、标准或工作程序；有助于降低行政成本，实现规模经济效应；与联邦政府协商与建立伙伴关系，对国家的政策议程作出反应；保留了州的主权；解决了州际争端。④

综上所述，三个成员州在联邦政府的参与和支持下，通过长期而复杂的州际谈判和协商，围绕协议条款达成共识，这种谈判和协商过程主要不是依赖科层权威的命令，尽管更高层次的权威有时在协议谈判和签订过程中发挥重要作用，而是横向的作为流域内行政管辖区实体的州——多元利益主体之间的平等协商。为了建立它们之间的协作治理关

---

① Joseph Francis Zimmerman, *Interstate Economic Relations*, Albany NY: State University of New York Press, 2004, p. 174.
② Joseph Francis Zimmerman, *Interstate Relations: The Neglected Dimension of Federalism*, Westport CT: Praeger, 1996, p. 37.
③ Kenneth W. Knox, *The Allocation of Interstate Ground Water: Evaluation of the Republican River Compact As A Case Study*, Fort Collins, Colorado: Colorado State University, 2004, p. 122.
④ John J. Mountjoy, 2005, Promoting State Solutions to State Problems: National Center for Interstate Compacts (http://www.csg.org/programs/ncic/documents/ConnectionsSpring2005.pdf).

系,它们采用了政府间协商机制,体现为会议信息交换、协商和听证会。

在州际协议谈判和协商过程中,美国联邦政府的角色更像是"推动者、促进者和监督者"[①]。联邦政府在各参与方之间促进并加强联系与沟通、进行融合与调整、交换资源和信息、提议和促进州际合作行动。当然更希望通过这种"推动者"角色,促进建立一种稳定的、可靠的和有组织的州际协作秩序,减少州际关系的不确定性和对抗性,既降低该地区州际合作的成本,也有助于减少联邦政府在协调该地区州际关系上的负担。而各参与方正是在这种条件下战略性地寻求它们各自的自身利益与合作的共同利益之间的平衡,促成里帕布里肯河流域协作治理行动的。

第三节 达成州际协作治理承诺

科罗拉多、内布拉斯加和堪萨斯依据契约来建立他们之间的协作关系。这种协作关系本身就是奠立在法律约束和限制的基础上的。三个成员州以及联邦的义务和权利已经经过协商、详细说明,达成共识。并且他们还通过协商,以契约法的形式,达成了相互间的承诺,这种承诺正是他们组织州际协作性管理的基本目标。本节分析《里帕布里肯河流域协议》(RRC)的基本内容。它包括11项条款,具体包括该协议的主要目标、里帕布里肯河流域边界的划定、水资源分配的基本原则、里帕布里肯河流域水资源在三个成员州之间的分配比例、存贮水资源的水利工程建设、上下游之间的水权交易、协议执行和管理机构等。

一 主要目标

《里帕布里肯河流域协议》(RRC)为里帕布里肯河流域水资源公平而合理的分配提供一个法律制度框架,指导该流域水资源的公平分配、合理利用、有效开发与管理。创建该协议的主要目的就是在科罗拉多、堪萨斯和内布拉斯加三个州的水资源管理官员之间以一种合意的气

---

① Joseph Francis Zimmerman, *Interstate Economic Relations*, Albany NY: State University of New York Press, 2004, p. 201.

氛来管理州际河流水资源。① 该协议第 1 条明确规定了该协议有六个主要目标：

第一，促进里帕布里肯河流域水资源有效和有益的利用；第二，公平分配里帕布里肯河流域水资源；第三，消除目前和将来可能引起州际水资源冲突的所有因素；第四，促进州际合作；第五，意识到里帕布里肯河流域水资源的最有效的利用是有益的利用；第六，促进州和联邦政府在里帕布里肯河流域水资源的有效利用和洪水控制方面的协作联合行动。②

二　相关述语的内涵界定

该协议第 2 条将"流域"（Basin）界定为"天然地由里帕布里肯河及其支流排水的科罗拉多、堪萨斯和内布拉斯加内的所有地域"。该协议的谈判人员确定了里帕布里肯河流域的原始供水量。第 2 条将"原始供水量"（Virgin Water Supply）定义为"该流域未经人为耗尽的水资源供应数量"。

建立和完善水权分配规则是流域水资源分配制度化的过程，是流域水资源管理的一个重要内容。该协议第 2 条规定了水资源分配的基础和原则。"水资源的有益的利用"（Beneficial Consumptive Use）是该协议分配水资源的基础和原则。③ 所谓"水资源的有益的利用"就是指，"由人的活动消耗的这一流域所供应的水资源的利用，还包括水库、运河水道、水渠或灌区由于蒸发所消耗的水量"。第 11 条再次强调了"水资源的有益的利用"原则：包括联邦政府和各成员州在一定程度上遵循为多种目的而最佳利用水资源的任何权力和权利的行使都应该认识到，水资源的有益的利用对于里帕布里肯河流域的开发是最重要的，并且这种权力和权利的行使不应该影响该流域水资源有益的充分利用。

---

① Kenneth W. Knox, *The Allocation of Interstate Ground Water: Evaluation of the Republican River Compact As A Case Study*, Fort Collins, Colorado: Colorado State University, 2004, p. 128.
② 参阅《Republican River Compact》Article I, "The Nebraska Department of Natural Resources", Republican River Compact Document。
③ 参阅《里帕布里肯河流域协议》第 2 条。

三 详细说明经过估算的里帕布里肯河流域的平均年度原始供水量 (Computed Average Annual Virginia Water Supply)

要确立一个良好的水权分配方案，必须在可靠、及时更新的基础水资料，保证流域生态环境用水的基础上，通过充分的信息交流与流域内州际合作，依据各成员州的发展现状及发展需求，进行水资源综合评价，确定流域及各成员州境内河段水资源可利用量和开发程度，以明确各成员州在州际河流水资源使用中应占的份额。

该协议第3条作出如下规定：

> 分配到每个成员州的具体水量来自起源于里帕布里肯河流域14条指定的排水盆地（Designated Drainage Basins）经过估算的平均年度原始供水量。

该流域平均年度原始供水量总量约为47.89万英亩—英尺①，约为5.8亿立方米。该协议以历史上记载的里帕布里肯河流域平均年度原始供水量为基础，在成员州之间具体分配了未来的供水量。然而，该协议第3条承认这一流域每年的水流量可能变动，因而做了如下规定：假如将来经过估算的平均年度原始供水量变动量超过上述规定的原始供水量10%，那么源自上述14条指定的排水盆地的分配量应该按照相应比例增加或减少。

四 公平分配流域水资源

水权分配机制是水权制度的核心内容。该协议的基本目标就是在科罗拉多、堪萨斯和内布拉斯加三个州之间公平分配里帕布里肯河流域的水资源，实现这一地区水资源的有效利用和可持续开发。里帕布里肯河流域包括三个不同的州级行政管辖区。每个管辖区的发展对水资源的需求量都非常大，而流域水资源可供应总量是非常有限的。水资源的分配方式和规则将直接关系到有限的水资源是否能够得到有效利用。必须以流域为基本单元，通过水量分配，将水资源在三个州级行政管辖区之间进行科学、合理和公平的配置。

明确界定水权使用边界是长期持久的河流水资源管理制度设计的一项

---

① 英亩—英尺（acre-feet）是体积单位。1英亩约等于4046.7平方米，1英尺约等于0.3米，1英亩—英尺约等于1214立方米。

重要原则。通过界定初始水权，在流域内各行政区域之间进行合理的分配，这被认为是组织州际协作行动的基础。只要谁对水权的边界仍然不确定，那么就没有谁知道它们正在管理什么，或者为谁而管理。① 通过该协议，三个成员州获得了以水资源的有益的利用为目的的流域原始供水量的分配数量，每个成员州利用该流域的水资源都不能超过协议规定的分配总量。根据当时三个州地处里帕布里肯河流域的灌溉土地面积②，该协议第4条对里帕布里肯河流域的年度水资源供应量作出如下分配（如图4-1所示）：

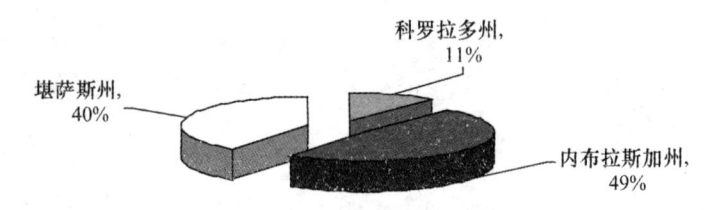

图4-1 RRC水权分配方案

科罗拉多州为5.41万英亩—英尺，约为6567万立方米，占总分配量的11%；堪萨斯州19.03万英亩—英尺，约为2.3亿立方米，占总分配量的40%；内布拉斯加州为23.45万英亩—英尺，约为2.8亿立方米，占总分配量的49%（具体见表4-1）。

表4-1　　　　　　　RRC水权分配方案　　　　（单位：英亩—英尺）

指定排水盆地	平均年度原始供水量	科罗拉多的分配量	堪萨斯的分配量	内布拉斯加的分配量
帕莱里支流	27600		12600	2100
萨普帕支流	21400		8800	8800
海狸支流	16500	3300	6400	6700
麦迪森支流	50800			4600
红威洛支流	21900			4200
浮木支流	7300		500	1200

---

① ［美］埃莉诺·奥斯特罗姆：《长期持久灌溉制度的设计原则》，载［美］迈克尔·麦金尼斯《多中心治道与发展》，毛寿龙译，上海三联书店2000年版，第1—36页。
② 当时科罗拉多州地处里帕布里肯河流域的灌溉土地（Irrigation lands）占11%，内布拉斯加州为49%，堪萨斯州为40%。

续表

指定排水盆地	平均年度原始供水量	科罗拉多的分配量	堪萨斯的分配量	内布拉斯加的分配量
弗里切曼支流	98500			52800
里帕布里肯河南支流	57200	25400	23000	800
洛基支流	11000			4400
野牛支流	7890			2600
阿里卡里支流	19610	15400	1000	3300
里帕布里肯河北支流	44700	10000		11000
里帕布里肯河主干流	87700			
黑木支流	6800			
未分配的、干流和黑木支流			138000	132000
整个流域	478900	54100	190300	234500
百分比（%）	100	11	40	49

资料来源：The Nebraska Department of Natural Resources, Republican River Compact Document (http://www.dnr.ne.gov/Republican/RepublicanCompactDocument.pdf)。

五 水权交易

水是流动的、难以打包和难以分割以进行市场交易；水资源的利用往往是不同群体和个人共享的；任何水资源的利用都存在复杂的、潜在的好与坏的后果，在不同的群体和个人中存在着高度的相互依赖性。为了保障跨州流域水资源安全，需要建立一套有效的制度安排，形成足以有效应对流域挑战的水权治理结构。在水资源稀缺的情况下，同一层面的决策实体之间需要进行权利分割。而要使这种水权被清晰分割，就需要建立完善的水权制度体系。①

在美国，水权作为财产权，其转让程序类似于不动产。该协议第7条规定：

> 任何个人、实体或下游州都有权通过购买获得上游州的必要产权。

---

① 王亚华：《水权解释》，上海三联书店2005年版，第118页。

该协议规定在上下游州之间建立水权交易机制和水权分配机制，有助于实现流域水资源的转让和优化配置，并提高流域水资源的利用效率。

六 协议的执行与管理机构

该协议第 9 条规定了协议的管理和执行方式：

> 三个州的基本义务就是，通过他们各自现在或以后负责管理公共水资源供应的官员执行该协议。并通过这些官员，收集正确管理该协议的必要的信息和资料。这些官员通过全体一致决策行动，可以制定与该协议相一致的规章制度。

联邦政府在决定河流水资源如何分配问题上也发挥着重要作用。但联邦政府不是该协议的成员，也不享有针对该协议的任何形式的行政权力。但由于三个成员州都承认了联邦政府在里帕布里肯河上的航运管辖权，所以该协议也包括承认联邦在这一河流的管辖权的具体规定，联邦政府有关部门也积极参与到该协议的实施过程中。第 9 条同时规定了联邦政府在该协议实施中的角色和功能：

> 就该协议而言，美国地质调查局，或继承该机构功能和职责的其他任何联邦机构，应与三个州负责管理该协议的官员加强协作，为该协议的恰当执行提供必要的资料和该流域水资源的真实情况。

这一规定表明，联邦政府有关部门，主要是内务部农垦局、地质调查局（U.S. Geological Survey）和陆军工程兵团将参与里帕布里肯河流域水资源管理政策的决策和执行过程。[①] 并在决策和执行过程中，协助州际关系协调，促进州际协作和州与联邦的协作。

然而，RRC 条款中没有包含强制执行协议的相关规定，也没有将实施权力赋予专门的管理机构的规定，尽管后来创建了 RRC 管理委员会

---

① 1. 美国内务部农垦局（U.S. Bureau of Reclamation）的主要任务是解决西部 17 州的水资源开发问题。2. 美国陆军工程兵团（U.S. Army Corps of Engineers）是美国河流开发的主管机构和实施组织者，专门负责调查、发展和改进国家的水资源综合利用以及与水有关的土地资源利用，主管大江大河的防洪、航运、水电开发、海岸保护等。3. 内务部地质调查局（U.S. Geological Survey）是联邦政府流域管理及地下水资源管理的政府部门，负责水文观测、地表和地下水监测评价等。

(Republican River Compact Administration，RRCA)，但履行和遵守协议的责任主要依靠三个成员州的自觉行动。然而，科罗拉多、内布拉斯加和堪萨斯三个州在协议中都承诺将积极履行协议，通过跨州区域协作，共同管理好里帕布里肯河流域的水资源。

七　有关联邦政府的权限问题

该协议第 10 条试图解决曾经导致美国总统否决该协议的有关联邦政府在里帕布里肯河流域的权力问题。该协议第 10 条这样规定：

> 协议的任何内容不能损害或影响合众国的任何权利、权力或管辖权。……不能使合众国的任何财产服从任何州或其机构的征税行动，也不能对合众国及其机构施加任何义务。

第 11 条还规定：

> 协议必须得到国会的批准后，方能生效。

第四节　州际协议治理安排的特征

科罗拉多州、堪萨斯州和内布拉斯加州三个州通过投资于流域治理制度资本，缔结州际协议，建构一种制度性的跨州河流水资源协作治理关系网络。所谓跨州河流水资源协作治理指的是成员州政府和以用水户团体为主的利益相关者团体共同承担水资源管理责任的一种制度安排。契约关系和正式的协作机制构成了这种协作治理安排的重要特点。同时，它还包括一系列生成新的制度结构的动态治理程序，据此决定水资源管理部门和利益相关者团体如何协作执行水资源分配方案和流域水公共政策。这种制度性的流域协作治理安排具有三个基本特质。

一　具有共同战略目标和利益的区域协作整体

共同的目标构成了利益，有这种利益的个体为了增进他们的那些共同利益，通常试图建立、维护或提升具有共同目标的行为方式的集团——协作性组织系统。换句话说，如果某一集团中的成员有共同的利益或目标，那么就可以合乎逻辑地推出，只要那一集团中的个体是理性的和寻求自我利益的，他们就会采取行动以实现那一目标。① 对共同目标的承诺或愿景是成功的协作治理的重要前提。② RRC 构建了多元利益主体协同参与和主导下的旨在组织跨州流域协作治理制度框架。"制度提供了人类在其中相互影响的框架，使协作和竞争的关系得以确定，从而构成一个社会特别是构成了一种经济秩序。"③

RRC 构建了一种跨越州级政治管辖区的州际河流协作治理秩序，将可能具有不同目标和价值的三个州和联邦政府整合成为一个具有共同的战略目标和利益的区域性协作集团，即以公平地分配和有效地利用河流水资源为共同的战略目标，通过协调数个行政管辖权，并且建立跨区域政府部门间沟通协调网络，推动州际协作治理行动，协同管理该流域的水资源，以及通过提高这种协同管理绩效来增加流域内各州的总体福利（如图 4-2 所示）。

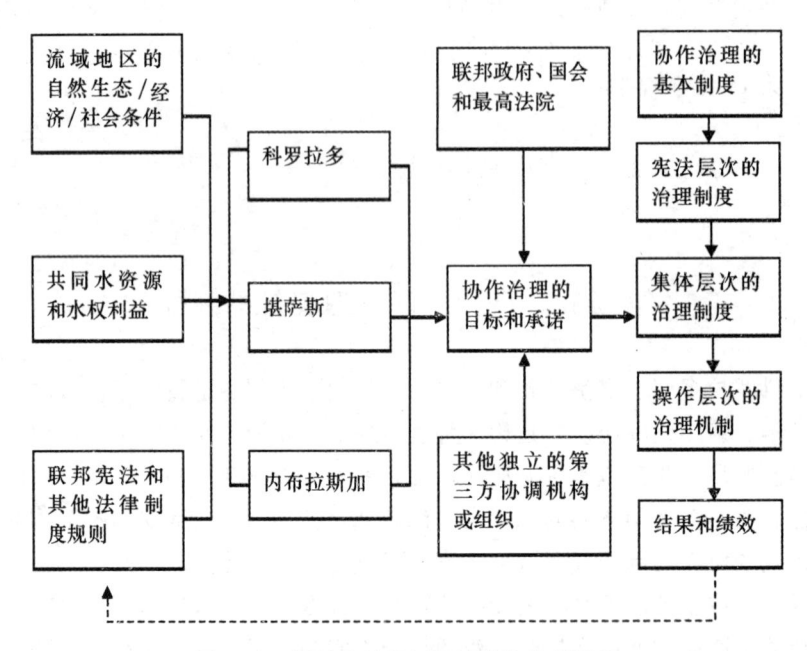

图 4-2 里帕布里肯河流域协作治理关系

---

① [美] 曼瑟尔·奥尔森：《集体行动的逻辑》，陈郁等译，上海三联书店 1995 年版，第 2 页。
② John Kamensky, Thomas J. Burlin and Mark A. Abramson., "Networks and Partnerships: Collaborating to Achieve Results No One Can Achieve Alone", In Kamensky John M. and Burlin, Thomas, J. (ed.), *Collaboration: Using Networks and Partnerships*, Lanham, Maryland: Rowman & Littlefield Publishers, 2004, pp. 8-14.
③ [美] 道格拉斯·C. 诺斯：《经济史上的结构和变迁》，厉以平译，商务印书馆 1992 年版，第 227 页。

二 以对话和协商为特征的多中心协作治理

从公共治理的角度看，RRC 体现为三个州政府在一定区域流域范围内的相互协调与合作，对共同水资源进行跨地区配置、互补和共享，即对流域公共事务进行跨政治管辖区整合与多中心联合治理的一种新型政府间协作治理制度安排。这种多中心协作治理安排包括：（1）多个形式上相互独立的政治管辖单位；（2）这些政治管辖单位之间的关系是通过州际法律契约而非某个外部权威或中央政府最完美地建立起来的，换句话说，作为交易方的三个成员州是法律上的平等关系，这种州际交易关系是属于谈判型和协作型的；（3）竞争、合作和冲突并存，并建立冲突解决机制。

在这种水资源协作治理安排下，流域水资源问题的复杂特性决定了水资源使用权的分配不是单中心的决策行为，而是通过多边合作的网络方式进行协作治理的行为。首先，科罗拉多、内布拉斯加和堪萨斯三个成员州，由于所处地理位置不同，导致他们对里帕布里肯河流域初始水资源供应和水资源的有益的利用始终存在分歧；其次，水资源各级用户和其他水利益相关者都因希望获得更多的水权而存在利益冲突；再次，跨州流域水资源分配实质上体现为一种利益分配，必然是在多个决策主体和参与主体之间进行的，具有典型的多中心主体协作决策特征。

三 正式的有法律约束力的书面承诺

从制度经济学的角度来看，州际协议是一种政府间制度性集体行动承诺。制度构造了人们在政治、社会或经济方面发生交换的激励及约束结构。[1] 为实现流域水资源的公平分配和有效利用，RRC 在科罗拉多、内布拉斯加和堪萨斯三个州之间建立促进政府间互动协作的一整套有法律约束力的承诺。跨州河流水资源管理协议的成员州具有某种作为跨州河流水资源共同所有者的感觉，这使他们愿为河流水资源的长期可持续性利用和开发负更多的责任。作为一种有法律约束力的政府间书面承诺，该协议安排将可能创造出一种可持续发展的州际河流协作治理共同体。同时，利益相关者团体在决策制定和实施过程中的参与有助于使他们对治理制度措施有较高的接受和服从程度，进而强化协作治理的合法性基础。

---

[1] Douglass C. North, *Institutions, Institutional Change and Economic Performance*, New York NY: Cambridge university Press, 1990, p. 3.

任何协议承诺的真正履行都需要协作各方建立和持续投资于相互信任。信任通常被描述为协作性公共管理的实质[1]，也是协作性公共管理成功的一个基本前提。[2] 协议各方对彼此承诺的相互信任将增加协作和在将来继续达成承诺的可能性，也有助于减少交易成本和增加执行和管理协议的灵活性。然而，各成员州在选择合作时也会遇到同样的问题，即怎样才能知道别的成员州也在遵守承诺，而没有私自行动，获得了更多的利益。在现实中，州际流域协议的成员州政府共同承诺要合作保护流域的环境和合理利用流域的水资源，在这种承诺达成后才实现的合作往往也会有背信弃义的事情发生。问题是什么样的承诺才是可信的承诺，如何建立和增进州际相互信任，这是实现州际合作共赢的基础，也是州际协议实施过程中面临的一个重要问题。

　　本章主要分析了 RRC 的缔结背景、缔结过程和基本内容，以及这种协作治理安排的基本特征。从中可以看出，对共同利益空间的一致性预期是导向州际协作治理的动力源泉，州际协议形成的大部分交易成本来自于谈判和协商的成本，包括信息成本和时间成本等。但因为各州在州际协议中都承诺积极履行协议规定，这种承诺至少在形式上有助于降低协调成本和监测成本，也提升了协作治理的公共价值。就州际协议而言，从公共治理的技术层面来说，相对于在切割、闭合和有界的单位行政区域内形成的各自为政的单中心管理模式而言，州际协议治理机制既超越了自发性的市场调节机制，又突破了传统的分割和对立的公共管理体制，是一种突破单一行政管辖区和整合流域资源的区域横向一体化空间内的协作治理模式。这种公共治理模式实质上是多个州政府为适应治理跨州区域共同事务的要求而进行的政府间关系制度化建构与行为调整：构建一种包括共同权益、协作机制和有法律约束力的承诺的跨州流域公共治理关系网络。

---

[1] John M. Bryson, Barbara C. Crosby and Melissa Middleton Stone, "The Design and Implementation of Cross-Sector Collaborations: Propositions from the Literature", Public *Administration Review*, Vol. 66, No. 1 (Supplement), December 2006, pp. 44 – 55.

[2] Kamensky John, Burlin Thomas J. and Abramson Mark A., "Networks and Partnerships: Collaborating to Achieve Results No One Can Achieve Alone", In Kamensky John M. and Burlin Thomas J. (ed.), *Collaboration: Using Networks and Partnerships*, Lanham, Maryland: Rowman & Littlefield Publishers, 2004, pp. 8 – 14.

第五章 州际协议实施过程研究

作为一种跨行政管辖区的流域公共治理机制，《里帕布里肯河流域协议》(*The Republican River Compact of 1943*，RRC)在科罗拉多、堪萨斯和内布拉斯加三个州间构造了行为驱动机制（Behavior Driving Mechanism），目的在于通过明确各种行为，通过有效率的州际区域协作治理，共同确保契约安排的有效实施。和任何合同一样，州际协议中的最大问题在于确保协议各方积极履行承诺，遵守协议规定。[①] 那么，这三个州是如何实施该协议的呢？本章通过分析《里帕布里肯河流域协议》成员州基于流域管理委员会所构建的协作治理机构和各参与方的履约行为，分析该协议的实施过程。

第一节 作为州际治理结构的流域管理委员会

在协作治理背景下，"协作型组织"（Collaborative Organizations）被用于描述公共政策制定与执行和公共服务设计、提供与管理中的政府组织模式。州际河流协议机构（Interstatecompact Agency）是美国跨州流域公共治理的一种主要组织载体，是流域综合治理的执行、监督与技术支撑主体。这种流域公共治理机构有助于将州际协议所有成员之间的协作性交往制度化地联系起来，并将这种关系稳定下来。同时，它还具有议程形成、行为影响、协调关系和联合游说等功能。州际协议机构属于政府间行政管理机构（Intergovernmental Agency）。公共管理者在这种环境下工作需要与不一定是在自己直接控制下的组织合作，管理者处在一个非直接的管理情

[①] Joseph Francis Zimmerman, *Interstate Relations: The Neglected Dimension of Federalism*, Westport CT: Praeger, 1996, p.36.

形中,在这种情形中,权威和责任在许多组织当中分布,而义务却相对集中。①

一 组织结构

RRC 第 9 条规定该协议由各成员州负责公共水资源供应和管理的政府官员执行和管理。这些水资源管理官员称为"协议委员"(The Compact Commissioners)。这些委员有权按照 RRC,制定水资源管理的规章制度。② 协议生效后,来自三个成员州的水资源管理机构开始定期地评估他们各自管理水资源的行动,并在储水水库工程的建造上与联邦政府机构协作,包括负责监督该地区联邦水坝安全的陆军工程兵团(U. S. Army Corps of Engineers),管理流自该地区联邦水坝地表水的美国农垦局(Bureau of Reclamation)和负责监测里帕布里肯河流域水文的地质调查局。

1959 年 7 月,科罗拉多、堪萨斯和内布拉斯加三个州负责水资源管理的政府官员正式制定执行 RRC 授予他们的水资源管理权力的规章制度。根据这一规章制度,三个成员州的水资源管理官员组成了负责执行 RRC 的管理机构(An Administrative Body),这一机构被称呼为"《里帕布里肯河流域协议》管理委员会"(Republican River Compact Administration,以下简称 RRCA)(如图 5-1 所示)。从 1959 年起,RRC 开始由 RRCA 专责管理。

RRCA 基于州际协议和一套规章制度而创建,其主要目的在于聚合各成员州的资源、技术和信息以促进该协议的有效实施。RRCA 的规章制度规定了这一管理机构的组织结构、决策程序、行政权力和财政机制。作为一个跨州流域协作管理机构,RRCA(Board of Commissioners)由三个成员州的三位代表组成:包括科罗拉多州和堪萨斯州的两位工程师,以及内布拉斯加州自然资源部的主管。RRCA 从其三位委员当中选举一位担任主席③,负责召集和主持 RRCA 会议,处理 RRCA 的日常事务,协调各成员州之间的关系。RRCA 委员和主席一般不受薪,主席任期通常为两年,由来自各成员州州际协议委员轮流担任。委员会每年召开一次会议,报告与

---

① [美]格罗弗·斯塔林:《公共部门管理》,陈宪等译,上海译文出版社 2003 年版,第 109 页。
② The Kansas Department of Agriculture, Kansas V. Nebraska and Colorado No. 126, Original Chronology (June 30, 2003) (http://www.Ksda.gov/includes/document_center/interstate_water_issues/RRC_Docs/KvNCCChronology172.pdf).
③ 访谈编号:DW2008425。

协议实施和履行有关的事项，讨论每年分配给三个州的水资源数量，并采取与实施和管理 RRC 有关的必要行动。出席 RRCA 年度会议一般还包括美国农垦局、美国地质调查局、美国陆军工程兵团和里帕布里肯河流域所在地的灌区、自然资源区的代表，以及成员州的水资源管理官员和专家学者。

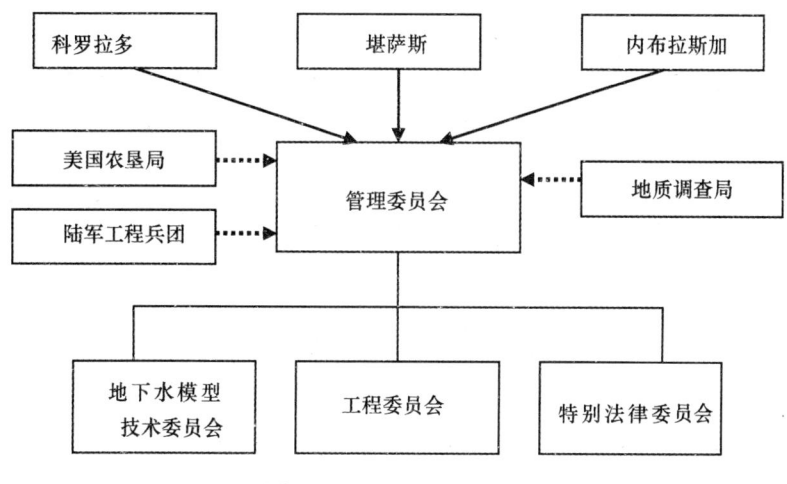

图 5-1 RRCA 组织结构

（一）工程委员会（Engineering Committee）

为加强对里帕布里肯河流域水资源的技术与开发研究，RRCA 在 1965 年创建工程委员会（The Engineering Committee），执行和实施由 RRCA 指定的水资源技术、结算和其他管理任务。[①] 每个成员州的 RRCA 委员任命 1—2 位工程师担任工程委员会成员，这些委员应通过专业性和协作性的方式共同执行 RRCA 分配的工作任务。同时，来自美国内务部农垦局和联邦政府其他有关机构的代表也通过参与工程委员会，共享信息和知识，发挥了政策顾问的功能。

目前，工程委员会的工作职责包括：接管 RRCA 地下水模型的运行和维护；向 RRCA 建议地下水模型应该如何和在什么地方设置；审查 RRC 结算程序（RRC Accounting Procedures），并提出结算项目，供 RRCA 采用；开发数据和更新地下水管理模型。工程委员会通过参与 RRCA 的

---

① The Nebraska Library Commission, Republican River Compact Administration Engineering Committee Report (June 9, 2004) (http://www.nlc.state.ne.us/epubs/i3785/a001-2004.pdf).

许多工作活动和政策制定、政策执行发挥重要作用。

为解决在缺水季节应该如何管理河流水资源的问题，RRCA 在 1974 年创建了特别工程委员会（New Special Engineering Committee）。该委员会的职责就是，分析和评价以一种最公平的方式分配河流水资源的各种计划和方案。经过分析 RRC 第 4 条关于分配水资源的具体规定，特别工程委员会在 1975 年向 RRCA 提出了如下政策建议：

1. 特别工程委员会的目标就是制定一个能为各成员州接受的在用水紧张时期公平分配水资源的方法；
2. 支流恰当的分配量将与 RRC 第 3 条规定一致；
3. 特别工程委员会所制定的任何规章制度的目的都是为了有效地满足 RRC 的要求；
4. 行动管理的程序必须具有可持续性；
5. 每个成员州应该承担其边界范围内管理 RRC 的费用；
6. 特别工程委员会将评价和开发 RRC 中提到的所有河流的管理程序；
7. 特别工程委员会将选择里帕布里肯河流域的某一支流作为管理程序的试验性工程，并开发用水紧张时期管理这一支流的程序。[1]

1975 年 7 月 30 日，特别工程委员会在 RRCA 第 16 次年度会议上阐述了上述政策建议。很遗憾的是，RRCA 委员之间在根据 RRCA 调节水资源分配或如何公平分配匮乏的水资源的问题上不能达成共识。之后，RRCA 要求特别工程委员会停止进一步研究水资源分配的管理程序。目前，工程委员会承担了里帕布里肯河流域地下水模型的设计与管理工作。

（二）地下水模型技术委员会（Technical Groundwater Modeling Committee）

随着里帕布里肯河流域地下水需求的不断增加，并且堪萨斯和内布拉斯加之间争端的焦点也是因为地下水的分配问题，地下水管理成为 RRCA 实施过程中一个极为复杂的问题，从而需要选择和设计一套新的地下水资源管理工具。

---

[1] Kenneth W. Knox, *The Allocation of Interstate Ground Water: Evaluation of the Republican River Compact As A Case Study*, Fort Collins, Colorado: Colorado State University, 2004, pp. 162 – 163.

在解决堪萨斯州与内布拉斯加州两个州之间用水争端诉讼（Kansas v. Nebraska, No. 126 Original, Litigation）的调解协商过程中，科罗拉多、堪萨斯和内布拉斯加三个州曾经通过开发一个联合的地下水模型（a joint groundwater model），对里帕布里肯河流域的水文、地址和其他条件进行联合调查。为此，三个成员州成立了由成员州水资源工程、地下水模拟专家、联邦政府内务部农垦局和地质调查局代表组成的地下水模型技术委员会。美国内务部农垦局和地质调查局的代表一般出席委员会会议，并为委员会提供指导和政策建议。三个成员州和联邦政府机构同意通过地下水模型技术委员会自由和及时地共享信息、数据、专业技术知识和其他有关信息。

如果地下水模型技术委员会委员不能就对 RRCA 地下水模型作出必要修改达成一致，地下水模型技术委员会应及时向各成员州报告争端的实质，并由成员州快速解决。如果成员州不能就 RRCA 地下水最终模型达成一致，或者遇到地下水模型技术委员会无法解决的争端，应将争端提交独立的第三方仲裁官仲裁。在此过程中，各成员州一般通过信函、邮件和电话等方式进行沟通与协商，这种政府间可以避免执行协议过程中出现的信息不对称问题。

到 2003 年 6 月 1 日，地下水模型技术委员会正式开发了代表里帕布里肯河流域地下水流动体系的 RRCA 地下水模型（RRCA Groundwater Model）。[①] 这一模型的主要目的用于量化，定量分析在里帕布里肯河流域由于地下水抽水井所导致的河流水流耗竭的数量、位置和时间，确定从普拉特河（the Platte River）向里帕布里肯河流域引水的水量增加值，预测里帕布里肯河流域的地下水流动，从而为水资源的科学管理决策提供信息。设计地下水模型的主要目的在于管理和调节里帕布里肯河流域在水文上地下水与地表水相连的水资源的利用。联邦最高法院在 2003 年 10 月 20 日正式批准了 RRCA 地下水模型。

里帕布里肯河流域地下水模型建构和测定过程中所使用的各种数据和信息由三个州和联邦政府有关部门以一种合意的方式提供和共享。经过一年多时间的一系列研讨会议，委员会对该模型做了一些修改。这一模型具有可操作性，并且可以在一定程度上充分测定从 1918 年至 2000 年里帕布里肯河流域的自然和水位地质特征。根据 RRCA 结算程序（RRCA Ac-

---

① The Republican River Compact Administration (RRCA), Republican River Compact Administration Groundwater Model (http://www.republicanrivercompact.org/v12p/index.html).

counting Procedures）中所规定的结算公式，该模型将用来确定和量化里帕布里肯河流域地下水消耗和引入水供应的增长情况。从一定意义上说，RRCA 地下水模型是由来自三个州和联邦政府有关部门的技术专家通过协作性的行动建构和测定的。①

根据 2003 年联邦最高法院批准的《最终协定条款》（Final Settlement Stipulation，FSS），三个州的水资源管理机构和里帕布里肯河自然资源区可以利用 RRCA 地下水模型和其他分析与技术工具，制订能够遵守 RRCA 规定和联邦最高法院调解协议的联合的、整合的水资源管理计划。而如果各成员州没有认真遵守 RRCA 和《最终协定条款》，三个成员州之间将可能再现用水争端。

（三）法律委员会（Legal Committee）

1992 年，RRCA 创建了由来自三个州的首席检察官和有关法律专家组成的法律委员会（Legal Committee）。其主要任务就是收集和分析解决将地下水包含在水资源分配体系中的难题的美国历史上所有相关州际协议，对 RRCA 进行法律分析和解释，并解决三个成员州之间的分歧，研究是否应该将地下水包括在 RRCA 所确立的水资源分配体系中。② 但法律委员会委员之间在是否应将地下水涵盖在 RRCA 水资源分配体系中存在重大分歧。当美国联邦最高法院在 2003 年同意科罗拉多、堪萨斯和内布拉斯加三个州达成的《最终协定条款》后，原有的常设法律委员会被解散，取而代之的是特别法律委员会（Ad hoc Legal Committee），主要负责解决与 RRCA 和里帕布里肯河流域水资源有关的任何紧急法律问题。

另外，RRCA 与联邦政府在 2003 年合作成立了水资源保护研究委员会（Committee for the Conservation Study）③，它不是 RRCA 的官方委员会，是由里帕布里肯河流所在地区的水资源研究专家、学者和地方用水户组成的一个非政府组织。该委员会的主要职责就是，评估与研究非联邦水库（Non-Federal Reservoirs）对里帕布里肯河水资源供应产生影响的有关的可能方法和数据；决定这些数据在整个流域的有效性；向 RRCA 提交决定

---

① The Republican River Compact Administration (RRCA), Republican River Compact Administration Groundwater Model. (http://www.republicanrivercompact.org/v12p/index.html).
② Kenneth W. Knox, *The Allocation of Interstate Ground Water: Evaluation of the Republican River Compact As A Case Study*, Fort Collins, Colorado: Colorado State University, 2004, p. 164.
③ The Republic River Compact Administration (RRCA), RRCA Accounting Procedures And Reporting Requirements (Revised January 12, 2005). (http://www.Republicanrivercompact.org/2003/RRCA_accounting_procedures_Jan_12_2005.pdf).

非联邦水库的数量影响的研究计划。

二 决策机制

阿格诺夫认为,在协作性管理机构中,决策和协议需要建立在共识基础之上,因为各参与方是伙伴关系,而非上下级关系[①],因而,他们是共同的会议召集人、共同的战略制定者、共同的行动规划者和项目管理者,等等。跨州河流水资源管理协议所确定的跨州水权分配规则需要一个各方认真遵从和履行承诺的过程,而遵从和履行协议承诺,以及监督协议承诺的执行是需要付出代价和成本的。因此,这种机制在实施过程中需要与其他相关制度安排配套使用,建立有法律约束力的决策机制,使协议所确立的水权分配规则得到公平而有效的执行,使各利益相关者的水权得到最有效的保护。

三个成员州同意将实施和管理 RRC 的决策权力被排他性地授予 RRCA。[②] 流域管理机构作为利益相关方参与的协作性公共决策平台,其权威性往往是各种利益平衡的结果与反映。所有成员州的全体委员构成了委员会公共事务活动的法定人数。RRCA 实行多数全体一致的决策规则,即任何决策需由三个州的委员经过全体一致（Unanimous Action）决定才算有效（协议第 9 条）。每位委员都享有一票否决权。除非全体成员州委员或其代表出席会议,否则委员会或其他委员不能采取任何行动,除非得到来自全体成员州委员的一致同意,否则委员会会议上的任何决策、规定和规则都不具有约束力。

三 管理职责

根据法律授权,州际流域协议机构通常负责制定流域水资源开发和管理的战略规划与政策,协调流域水资源管理中的政府间关系,处理流域水资源分配、利用、开发和管理中的各种争端和冲突。在美国,州际水资源分配机构的主要职责就是,确保参与州际协议的各州严格遵守协议对水资源利用总量的限制。[③] RRCA 的主要职责是,制定和修订促进州际协议

---

① Robert Agranoff, "Inside Collaborative Networks: Ten Lessons for Public Managers", *Public Administration Review*, Vol. 66, No. 1 (Supplement), December 2006, pp. 55 – 65.
② Kenneth W. Knox, *The Allocation of Interstate Ground Water: Evaluation of the Republican River Compact As A Case Study*, Fort Collins, Colorado: Colorado State University, 2004, p. 127.
③ Joseph Francis Zimmerman, *Interstate Cooperation: Compacts and Administrative Agreements*, Westport CT.: Greenwood Publishing Group, 2002, p. 74.

管理的规则和规章,确保各州遵守协议规定;制定水资源分配规则和制度,监督各州履行这些规则,发挥作为解决州际水资源争端问题的场所的功能。然而,RRCA并没有权力发布命令或采取命令性行动,来促使各州遵守州际协议。换句话说,RRCA没有强制执行权。自其创建以来,RRCA已经制定了估算里帕布里肯河流域每年水资源供应和利用的手段和方法。

遵守州际协议主要取决于科罗拉多、堪萨斯和内布拉斯加三个州负责管理边界内河流水资源的州政府官员。作为一个跨州区域协作管理机构,RRCA可以制定或修改协助实施和管理RRC的规章制度,并且可以作为解决各种争论性议题的论坛。在过去几十年间,RRCA制定和完善预测里帕布里肯河流域每年水的供应和饮用的政策和办法。然而,这一委员会无权发布命令或其他针对用水户或单个州履行协议的指令,也无权强制执行该协议和其他有关规章制度。换句话说,它的执行权力是很有限的。另外,RRCA并没有建立一个操作性的年度预算机制。RRCA运行的资金来源,一般由委员会主席所在州承担绝大部分费用。[①] 各个成员州承担其在签订和执行协议过程中的所有费用。资金方面的约束在一定程度上限制了委员会功能的充分发挥。

从上可知,跨州区域协作治理有助于将RRCA改造成为一种"协作性组织"(Collaborative Organizations)。这种协作性组织建立起了全新的组织结构,是出于协作的目的和服务于协作行为的,它为州际协作治理行动的持续发生提供了充分的支持。这种州际协作性组织有如下作用:作为促进各成员州间重复性交互行动的协作平台,有助于增加成员州之间的信息沟通和交换,为思考和分析流域问题提供了场所,也为解决这些问题提供了建设性的对话机制;有时还可作为一个区域政治利益集团[②]来运作,即它在其周围组成了一个利益相关关系网络,联合调动各种相关资源,通过各成员州政府机构向联邦政府提出其要求。

---

① 访谈编号:JW2008523。
② [美] D. B. 杜鲁门:《政治过程——政治利益与公共舆论》,陈尧译,天津人民出版社2005年版,第47页。

第二节　协作设计流域水资源结算模型

一　水资源供应的数量、类型和位置的结算

该协议第2条将"原始供水量"(Virgin Water Supply)定义为"该流域没有被人为耗用的供水量"。虽然该协议界定了用来评估里帕布里肯河流域年度原始供水量，但它没有提供一种精确结算每年可分配里帕布里肯河流域水资源数量的机制或公式。直到1959年7月RRCA正式成立，三个成员州的水资源管理官员开始认识到有必要收集必需的水文数据，以开发计算里帕布里肯河流域原始供水量的程序和公式。[①] 同年年底，RRCA创建了"年度原始供水量结算程序委员会"(Committee on Procedure for Computation of Annual Virgin Water Supply)。该委员会由成员州和美国地质调查局、农垦局、农业部、陆军工程兵团的代表组成。

虽然经过年度原始供水量结算程序委员会的调查和分析，里帕布里肯河流域的原始供水量主要来自于里帕布里肯河及其径流中的自然支流水流，但RRCA并没有将原始供水量来源仅仅局限于地表水。也就是说，RRCA还考虑了地下水流动对RRC中规定的"原始供水量"的影响。[②] 在1960年3月的年度会议上，RRCA接受了年度原始供水量结算程序委员会的建议，即"只有里帕布里肯河及其径流的主要河流底层上的水井才被认为是消耗里帕布里肯河原始供水量的主要水井"。

年度原始供水量结算程序委员会已经意识到位于里帕布里肯河北部高原地带（内布拉斯加州境内）的水井对里帕布里肯河流域水流的潜在影响，由于不能确定这些水井的影响，暂时没有将这些水井包括在该流域原始供水量的结算中。RRCA同意了该委员会的政策建议，在位于里帕布里肯河北部的径流（里帕布里肯河流域东部）某些地区实施水井监测项目(Observation Well Program)。[③] 通过这一项目，在该地区建立了许多监测站，监测该地区水井开发和水资源利用情况。

除了定量分析地表水和冲积地下水的可利用数量之外，年度原始供水

[①] Kenneth W. Knox, *The Allocation of Interstate Ground Water: Evaluation of the Republican River Compact As A Case Study*, Fort Collins, Colorado: Colorado State University, 2004, p. 145.

[②] Ibid., p. 146.

[③] Ibid., p. 147.

量结算程序委员会在结算年度原始供水量的过程中，考虑到了那些未经人为耗尽的水资源供应的天然状态。对于年度原始供水量结算程序委员会来说，问题是是否应该将由这一地区人们的水土保护行为所耗用的水资源的影响也包括在里帕布里肯河年度原始供水量中。对此，RRCA 认为不应将这些由于人们的水土保护行为所耗用的水量包括在年度原始供水量中。

二 水资源结算程序公式

1961 年 4 月 1 日，在 RRCA 第二次年度会议上，年度原始供水量结算程序委员会初步完成了里帕布里肯河流域年度原始供水量的结算公式，并在这次年度会议上提交了《里帕布里肯河流域年度原始供水量结算公式》(Formulas for the Computation of Annual Virgin Water Supply, Republican River Basin) 的报告。[①] 这一公式包括了里帕布里肯河及其支流存在的水井对该流域年度原始供水量的估计性影响。这一公式中所用到的数据包括：

(1) 美国地质调查局所收集到的流自地表水的河流量的记录；(2) 美国陆军工程兵团所结算的水库蒸发总量记录；(3) 美国气象局提供的凝结成雨的水蒸气记录；(4) 有关机构收集到的水库高度、地表水区和储水容量等方面的记录；(5) 成员州提供的灌溉英亩数的记录。

美国地质调查局 (USGS) 是美国各类自然资源管理和信息整合的国家机构，同时收集整理全球相关资源的信息，从国际互联网上可以看到全美几乎所有江河湖泊水文水质信息等资料和它们的数据管理状况。为结算里帕布里肯河流域年度原始供水量，美国地质调查局在该地区建立了 14 个计量站 (The Gaging Stations)，用于结算位量与 RRC 第 2 条规定的排水流域 (Drainage Basin) 汇合的原始供水量。

目前，里帕布里肯河流域有 14 个这种河流计量站。具体结算每个排水河流原始供水量 (Sub-basin Virgin Water Supply, VWS) 的一般程序方法是[②]，年度原始供水量总量等于美国地质调查局计量站所测量到的河

[①] Kenneth W. Knox, *The Allocation of Interstate Ground Water: Evaluation of the Republican River Compact As A Case Study*, Fort Collins, Colorado: Colorado State University, 2004, pp. 147 – 148.

[②] Ibid., p. 149.

流排水量，并加上估算的水资源的有益的利用量（Computed Beneficial Consumptive Use，CBCU），包括地表水和地下水灌溉输送量，减去来自地表水灌溉土地的回流量，再减去来自地下水灌溉土地的回流量，最后加上水库静蒸发量（如果可能），加上或减去水库储水量的变化（具体见公式5-1）。直到1964年，三个州才开始采用这一公式结算水资源的分配。

公式5-1 RRC结算程序公式

支流原始供水量（Sub-basin VWS）= Gage + All CBCU + ΔS – IWS
干流原始供水量（Main Stem VWS）= Hardy Gage – ΣSub-basin gages+
　　　　　　　　　　　　　　　All CBCU in the Main Stem+ΔS – IWS
估算的供水量（CWS）　　　　　= VWS – ΔS – FF
每个州内支流和干流的分配量　　= CWS X %
州的分配量(State's Allocation) = Σ CWS X %
州的结算的水资源的有益的利用（State's CBCU）= ΣState's CBCUs in each
　　　　　　　　　　　　　　　　　　　　　　　Sub-basin and Main Stem
成员州是否遵守协议：State's Allocation – State's CBCU + IWS > 0 或 < 0

术语：
CBCU：结算的水资源的有益的利用
FF：洪水流量
Gage：监测到的河流水流量
IWS：从流域外部调水量(主要是内布拉斯加从普拉特河调水)
CWS：结算到的供水量
VWS：原始供水量
%：用于在州之间分配结算到的供水量的比例，
　　这一比例以协议中规定的分配量为根据。
ΔS：联邦水库储水量的变化

资料来源：The Colorado Division of Water Resources. Republican River Compact Administration：Procedures and Reporting Requirements（December 15，2002）（http：//water. state. co. us/wateradmin/republicanriver/docs/Appendix_ C_ RRCA_ Accounting_ Procedures. pdf）。

为了使里帕布里肯河流域年度原始供水量的测定更为完备，有必要结算该协议第2条规定的"水资源的有益的利用"（Beneficial Consumptive use）。RRCA决定由工程委员会（The RRCA Engineering Committee）负责开发出测定水资源的"有益的利用"。到1964年4月，工程委员会向RRCA提交了里帕布里肯河流域年度水资源的有益的利用的结算公式。对于每个成员州的每一指定的排水流域（Drainage Basin），其年度水资源的有益的利用（CBCU）等于每个排水流域灌溉输送总水量，减去来自这些灌溉水量的回流量，如果在排水流域中有储水水库，还要加上水库的静蒸发量。[①] 在联邦水库建造的同时，工程委员会已经结算了这些水库地表水蒸发量，将水库静蒸发量计算为水库所在州水资源有益的利用的一部分。

在1981年年度会议上，RRCA提出修改里帕布里肯河流域年度原始供水量和水资源的有益的利用的结算公式，要求将城市和工业用水包括在公式中。[②] 之后，工程委员会对原有公式做了修改，将每年超过55英亩—英尺的城市和工业用水也包括在里帕布里肯河流域年度原始供水量和有益的利用的结算公式中。同时，工程委员会根据RRCA的政策指示，开始调查和简化从里帕布里肯河流域冲积层的水井（Alluvial Wells）抽取的地下水的利用的结算方法。促使RRCA授权工程委员会调查冲积层地下水抽取（Alluvial Ground Water Pumping）的主要因素是科罗拉多、堪萨斯和内布拉斯加三个州在界定冲积层水井上采用不同标准。科罗拉多和内布拉斯加认为在一河流任何一边1英里范围内的水井属于冲积层水井，而堪萨斯将整个冲积层所有水井包括在地下水的结算中。工程委员会开展了一系列调查，并在1990年6月提出了里帕布里肯河流域年度原始供水量和水资源有益的利用的经过修正的结算公式[③]，该公式采用了堪萨斯的标准，将从冲积层（in the Alluvium）所有水井抽取的地下水包括在该公式中。

建立河流水资源结算公式，有助于通过水权分配协议执行的评价和监测，使每个成员州都明确自己的权利和义务，增加了相互监督取水和用水行为的积极性。也激励了各州之间合作保护和有效利益水资源的积极性。若每个州都采取这样一致性的积极行动，则会给整个流域用水户带来利益，进而增进流域的总体福利。

第三节　州际协议实施中的多元治理主体

一　联邦政府的执行行为

联邦政府虽不是该协议的成员，但联邦政府拥有和掌握了实现该协议部分目标的重要资源，这在客观上促使三个成员州重视联邦政府在该地区

[①] Kenneth W. Knox, *The Allocation of Interstate Ground Water: Evaluation of the Republican River Compact As A Case Study*, Fort Collins, Colorado: Colorado State University, 2004, p.150.

[②] Ibid., p.151.

[③] Ibid., p.152.

的影响和利益。实际上，RRC 条款中包含联邦政府在里帕布里肯河流域建造公共水利工程的相关规定，如防洪项目和灌溉工程。在该协议获得美国国会和总统的正式批准后，美国农垦局（the Bureau of Reclamation）、陆军工程兵团（Corps of Engineers）和美国地质调查局（USGS）开始综合规划和发展里帕布里肯河流域的水利工程和项目，这些项目和工程的资金主要来自联邦政府的财政拨款和投资。

（一）建造储水水库

第二次世界大战后，美国联邦政府通过扩大农业生产和稳定该地区人口的外迁，在里帕布里肯河流域直接建造大规模防洪和灌溉工程，大力扶持发展里帕布里肯河地区的经济。[①] 从 1945 年至 1964 年，联邦政府在里帕布里肯河流域建造了八座水库。到今天，里帕布里肯河流域内的联邦政府水利工程项目包括农垦局的六座水库（位于堪萨斯和内布拉斯加）陆军工程兵团的两座水库（位于堪萨斯和内布拉斯加州内），以及六个灌区。[②]

（二）建设地表水灌溉工程

与此同时，美国联邦政府制定了一系列优惠政策，扶持里帕布里肯河流域灌溉农业经济的发展。

首先，安排灌溉工程项目，自 1943 年该协议签订以来，联邦政府通过内务部农垦局完成了 4 亿多美元的灌区水渠设施投资。对于灌区一些农业用水户急需而又缺乏资金的工程，只要用水户提出申请，联邦政府一般迅速提供必需的、长期无息贷款或低息贷款，偿还期一般为 40—50 年，年利息一般为 3%。用水户在还清全部贷款后，由联邦投资兴建的这些水利工程产权归用水户所有，这样既提高了灌区用水户兴建水利工程的积极性，又促使这些用水户管好和用好这些灌溉工程，建立起良性循环的经济机制，提高这些灌溉工程的经济效益。

其次，给予长期低息或无息贷款是联邦政府扶持兴建灌溉水利工程的一个有效方法。为了鼓励灌区农业用水户兴建水利工程，联邦政府通常采取向农民赠款建设工程的办法，一般赠款为工程总投资的 20%（Knox，2004：134）。在税收方面，联邦政府也采取了优惠政策。灌溉水利工程一般免交任何税负，并可将所征收的财产税中的一部分收入用于偿还水利贷款。与此同时，灌溉工程已成为里帕布里肯河流域经济和社会发展的基

[①] Kenneth W. Knox, *The Allocation of Interstate Ground Water: Evaluation of the Republican River Compact As A Case Study*, Fort Collins, Colorado: Colorado State University, 2004, p. 132.

[②] The Kansas Department of Agriculture, Federal projects in the basin (http://www.ksda.gov/interstate_water_issues/?cid=847).

础设施（见表 5-1）。

表 5-1　　　　　　　里帕布里肯河流域的灌区　　　　　　单位：英亩

灌区名称	所在州	灌溉土地数量
弗里切曼河流	内布拉斯加	9295
河岸	内布拉斯加	11695
弗里切曼—剑桥	内布拉斯加	45171
阿门那	堪萨斯	5764
内布拉斯加—波士特维克	内布拉斯加	22935
堪萨斯—波士特维克	堪萨斯	42500

资料来源：Kenneth W. Knox, The Allocation of Interstate Ground Water: Evaluation of the Republican River Compact As A Case Study, Fort Collins, Colorado: Colorado State University, 2004, p. 137.

（三）建造河流水资源计量站

为结算里帕布里肯河流域年度原始供水量，美国地质调查局在该地区建立了 14 个计量站（The Gaging Stations）[1]，用于结算位置与该协议第 2 条规定的排水流域（Drainage Basin）汇合的原始供水量。

（四）建设河流防洪体系

防洪是里帕布里肯河流域管理的一项重要任务，为了减小洪灾损失，美国联邦政府在该流域采取了两个方面的治理措施，其一：防洪工程体系建设，即修建水库、堤、分洪区等；其二：防洪非工程体系建设，现已建立了完善的水情自动测报网络系统、防洪自动预警系统及实时监测系统，实现了对里帕布里肯河流域水情的数字化管理。数字流域技术的广泛应用大大提高了数据信息采集的速度和防洪预报预警时效，提高了这一地区的应急预警和反应能力。

为了进一步减少里帕布里肯河流域各种突发灾难带来的生命和财产损失，美国农垦局（The Bureau of Reclamation）定期对地处里帕布里肯河流域的水库水坝进行安全检查，分析这些水坝及其构造的安全性和完整性。[2] 到 1984 年，为有效应对该流域可能出现的各种突发事件，美国联邦政府制订了完备的应急管理计划，在里帕布里肯河流域所有水库上安装

---

[1] Kenneth W. Knox, The Allocation of Interstate Ground Water: Evaluation of the Republican River Compact As A Case Study, Fort Collins, Colorado: Colorado State University, 2004, p. 148.

[2] Ibid., p. 185.

了预警系统（Early Warning System）。当有紧急事件时，这些预警系统将向执法人员和其他官员发出洪水迫近的警报。美国联邦政府主动介入州际流域公共管理过程，并在州际河流协议执行过程中，与三个成员州发展了一种协作性公共管理网络，积极参与和支持这一网络中的各种公共行动，包括财政拨款、联系、沟通、协商、谈判、调停和调解等功能活动，为州际协议的实施发挥了重要作用。

二 科罗拉多州的执行行为

（一）里帕布里肯河水资源保护区与州政府的协作

在科罗拉多州，首先是在1957年创建了由12位成员组成的科罗拉多地下水委员会（Colorado Ground Water Commission，GWC），授权该机构创建地下水管理区，开发地下水抽水系统。其次，制定保护里帕布里肯河流域水资源的法律制度。科罗拉多州立法机关在1965年颁布《地下水法案》（The Ground Water Act of 1965），授权科罗拉多地下水委员会可以批准地方地下水管理区在他们的权限范围内管理地下水资源征税和制定规则。

为了协助科罗拉多州遵守该协议，科罗拉多州众议院在2004年8月通过颁布一项法律（Senate Bill 04-235），在地处里帕布里肯河上游科罗拉多的东北部，包括菲利普斯和屿马两个县的全部地区，以及卡索恩、华盛顿、塞德维克、林肯和洛格安五个县的部分地区，创建里帕布里肯河水资源保护区（The Republican River Conservation District）。[①] 科罗拉多州里帕布里肯河水资源保护区由15位有三年任期的成员组成的董事会（Board of Directors）管理和控制。这些董事会成员一般由水资源保护区所在地区的县、地下水管理区和科罗拉多地下水委员会派代表出任。董事会设有主席、副主席、会计和秘书等，聘任总经理执行董事会的决策。总经理再聘请有关工作人员负责管理保护区的日常事务，包括行政助理、财务管理员和工程管理员。科罗拉多州众议院颁布的法律还规定了促使水资源保护区协助该州遵守RRC的多种资金渠道，包括收入债券、特别评估费、销售税和使用税、财产税和用水收费。[②]

---

① The Republican River Conservation District（RRWCD），RRWCD Information（http：//www.republicanriver.com/information.asp）.

② The Colorado Division of Water Resources，Republican River Compact（Agreement.http：//water.state.co.us/wateradmin/republicanriver.asp）.

(二) 经济激励机制、联邦政府投资与组织间协作

为协助科罗拉多州履行 RRC,科罗拉多州里帕布里肯河水资源保护区在该地区还建立了用水激励与约束机制和基于利益补偿的水权交易机制。2004 年 10 月,里帕布里肯河水资源保护区董事会根据科罗拉多州众议院颁布的法律规定,创立了里帕布里肯河水资源保护区水行动计划(The Republican River Conservation District Water Activity Enterprise)。[①] 通过这一计划,将评估水资源保护区内所有灌溉土地、城市和商业的用水费用,以及博恩尼水库(Bonny Reservoir)由于气候干燥所导致的水资源损失。由这些收费所筹集到的资金,将主要用于向该保护区内自愿减少用水提供经济激励,从而为科罗拉多州获得和保留更多的水权。同时,科罗拉多里帕布里肯河水资源保护区利用联邦投资,实行多样化的资金筹集渠道。里帕布里肯河水资源保护区充分利用联邦政府重要项目——主要包括环境质量刺激项目(Environment Quality Incentives Program,EQIP)和资源保护区增值项目(Conservation Reserve Enhancement Program,CREP)——所提供的联邦资金来满足保护区实施水资源保护项目的需要。

(三) 里帕布里肯河水资源保护区与当地灌区的水权交易合同

为协助科罗拉多州建造履行 RRC 的输送水管工程,2008 年 2 月 22 日,科罗拉多里帕布里肯河水资源保护区(Republican River Water Conservation District,RRWCD)与当地灌区签订每年购买将近 1500 英亩—英尺水量的地下水权的合同。[②] 该水管工程如果得以建造,将可以向地处科罗拉多与内布拉斯加边界的里帕布里肯河北支流输送水资源,从而协助科罗拉多履行该协议。在同一天,科罗拉多水资源保护委员会(Colorado River Conservation Board,CRCB)一致同意批准科罗拉多里帕布里肯河水资源保护区 6 千万美元的贷款申请,以资助水管工程。在其协助科罗拉多履行该协议的重要行动中,里帕布里肯河水资源保护区董事会曾经考虑过建造从南普拉特河流域(The South Platte River Basin)引水的工程。由于这一引水工程耗资巨大,董事会决定放弃这一计划。

(四) 地方用水户集体行动与州政府博弈

然而,科罗拉多州的一些地方用水户和有关的利益群体也曾联合起来为试图游说该州放弃关闭其境内里帕布里肯河流域的水井的政策。2008

[①] The Republican River Conservation District (RRWCD), RRWCD Information (http://www.republicanriver.com/information.asp).

[②] Pipeline for the Republican River Compact (http://www.waterSmartInnovations.com).

年 9 月，科罗拉多境内里帕布里肯河流域的一些灌农自发组织起来阻止该州为履行 RRC 而实施关闭该流域地下水井的政策。① 科罗拉多州农业保护联合会（Colorado Agriculture Preservation Association，CAPA）还召开会议，主张将这些灌农的行动联合起来，阻止州政府关闭这一地区的水井。水是这一地区的重要稀缺资源，这一地区的经济对水的依赖性非常强。科罗拉多农业保护联合会还计划与公民、企业和其他组织在这一问题上建立伙伴关系，寻找有效维护地方社区利益的政策方案。科罗拉多农业保护联合会的这些行动的主要目的在于，促使地方利益相关者在里帕布里肯河流域目前所面临的政策议题上有发言权，同时保护农业经济社区。对于基于现实用水、基于对水资源的法律认定的渐进主义的跨州河流水资源分配过程来讲，流域内利益相关群体的广泛参与都是非常重要的。

三　堪萨斯州的执行行为

堪萨斯州则在 1976 年 3 月在其境内里帕布里肯河流域创建了堪萨斯西北部地下水管理区（The Northwest Kansas Groundwater Management District）。② 由 11 位地方选举产生的董事组成的董事会是该管理区的最高决策机构。创建该管理区的主要目的在于通过董事会监督管理区的四个项目来有效管理这一地区的地下水资源。这四个项目包括③：为整个管理区的利益，推动和实施地下水的恰当管理与保护行动；建立有助于地方灌农和用水户根据该区内地下水资源管理和利用的情况，决定他们自己的政策和项目的基本框架；支持和参与有关如何恰当利用和管理有限的地下水资源的研究和教育活动；为实现该管理区和《地下水法案》的基本目标，与各级政府和管理区所有成员合作。

四　内布拉斯加州的执行行为

（一）里帕布里肯河流域自然资源区与州政府的协作

为合理保护和利用里帕布里肯河流域的地表水和地下水资源，内布拉斯加州议会在 1969 年颁布法律，在内布拉斯加州西南部里帕布里肯河流域上、中、下游创建三个自然资源区（Republican River Natural Resources

---

① The Water Information Program, September 22, 2007—Irrigators organize CAPA to fight well shutdowns (http://www.waterinfo.org/node/830).

② The Kansas Department of Agriculture, Federal projects in the basin (http://www.ksda.gov/interstate_ water_ issues/? cid = 847).

③ Overview of Ground Water Management District 4 (March 10, 2004) (http://www.gmd4.org).

Districts，NRDs）。具体包括里帕布里肯河上游自然资源区（Upper Republican River Natural Resources Districts，UNRDs）、里帕布里肯河中游自然资源区（Middle Republican River Natural Resources Districts，MNRDs）和里帕布里肯河下游自然资源区（Lower Middle Republican River Natural Resources Districts，MNRDs）。[①]

这些自然资源区属于内布拉斯加州的地方政府（Special Districts）。其主要职责包括[②]：保护地下水资源，预防过度用水和水污染；保护植被和土壤；植树和保护野生动物栖息地；防洪；改善城市水资源的保护以及休闲用水。作为具体贯彻实施协议的基层组织单位，这三个自然资源区在促进内布拉斯加州里帕布里肯河水资源的利用和保护、协助内布拉斯加州履行协议等方面发挥了重要作用。这些自然资源区设立了董事会作为其最高决策机构，董事会设有主席和副主席，并聘任总经理（General Manager）负责执行董事会的决策。总经理聘任有关人员管理自然资源区的日常事务，包括总经理助理、行政助理、资源保护项目协调员、保护项目技术专家等。

为协调和配合里帕布里肯河自然资源区的管理，内布拉斯加州自然资源部在2005年制订了流域整合管理计划（Integrated Management Plan，IMP）。在2007年，内布拉斯加里帕布里肯河流域上、中、下游三个自然资源区签订《地方政府间合作协议》（*Interlocal Cooperative Agreement*），并创建了里帕布里肯河流域联盟（Republican River Basin Coalition，RRBC）。[③] 该协议的主要目的就是，按照内布拉斯加州与堪萨斯州在2002年达成的调解协议，在所有涉及或影响自然资源区为确保内布拉斯加州遵守RRC而管理或调节水资源的行动、决策和政策的所有机构、法院和任何行政、立法、执行或司法机构面前，代表自然资源区的利益，并根据需要，行使权力，提供资源、服务、研究和设施。"里帕布里肯河流域联盟"构成了内布拉斯加州的一个法人机构，对外代表上、中、下游三个自然资源区，并具有实施公共权力的职责。董事会是联盟的最高决策机构，其成员由来自每个自然资源区的代表组成，它实质上是三个自然资源

---

① The Upper Republican Natural Resources District, Governance（http://www.urnrd.org/index_files/page1941.htm）.

② The Lower Republican Natural Resources District（LRNRD），About LRNRD（http://www.lenrd.org/about.htm）.

③ The Middle Republican Natural Resources District, Interlocal Cooperative Agreement（http://www.mrnrd.org/downloads/coalition/interlocal_Agreement.pdf）.

区的集体行动组织。

里帕布里肯河流域上、中、下游三个自然资源区之间建立流域联盟表明，地方政府在操作选择层次协助州政府履行州际协议方面发挥重要作用。特别是对于流域上、中、下游的资源用户而言，他们需要设计和选择实现河流水资源可持续利用的联合治理的相关安排，但他们需要来自州政府的协助和支持，使这些地方资源用户在一种支持性环境中设计和实施地下水资源的管理规则。这些规则不是内布拉斯加州政府从外部强制实施干预自然资源区的，而是自然资源区之间通过合作协议，建立协作行动的机构来对地方用水户进行教育、指导、约束和限制。

（二）州政府与地方灌区的协作：流域水经济利益补偿

对于内布拉斯加来说，需要选择能够确保里帕布里肯河下游的堪萨斯可以得到协议规定的足够的里帕布里肯河水量的可行的政策工具。如果不采取可行的政策工具限制地下水抽取行为，则各行其是的抽水者对地下水的抽取会更加严重。这种过度抽水行为不仅严重影响内布拉斯加州履行协议承诺，而且可能毁坏该地区的水资源本身。

为了协助内布拉斯加州履行该协议和 2002 年联邦最高法院颁布的《最终协定条款》，确保地处里帕布里肯河下游的堪萨斯可以得到协议规定的足够的水量，内布拉斯加州政府要求其境内的一些灌区减少他们在里帕布里肯河流域的用水总量。内布拉斯加州政府还提出了这样的政策建议：向其境内里帕布里肯河沿岸的灌区及其用水户支付一定补偿，让灌区减少抽取里帕布里肯河流域的地下水，这实质上是利用流域水利益补偿手段，从里帕布里肯河流域灌区用水户购买水权，从而保证有更多的水输送至堪萨斯。这种利益补偿机制的核心是保障农业用水户和灌区利益、给农户造成节水激励，减少水资源浪费和地下水的抽水量。

在公共管理网络中，可以通过恰当使用奖惩激励调控来引导相互独立的个体进行合作，以达到共同目标。对公共管理人员来说，最大的挑战就是怎样进行奖惩的搭配才能有效实现期望的目标。目前，为协助内布拉斯加州履行 RRC，该州立法机关和里帕布里肯河流域自然资源区正采取行动禁止在里帕布里肯河沿岸开发新的地下水井。为了补偿其境内里帕布里肯河沿岸灌区的经济损失，内布拉斯加州政府早在 2006 年 7 月就宣布对这些灌区实施环境质量刺激项目（Environmental Quality Incentive Program）。2006 年 7 月，内布拉斯加州自然资源部自然资源保护服务中心和里帕布里肯河上、中、下游，以及三个盆地自然资源区向其境内里帕布里肯河沿岸约 300 名灌农提供 170 万美金补贴，目的是让这些灌农减少从里帕布里肯河的取水和用水量，进而保证里帕布里肯河有充足的水流向堪萨斯。①

（三）里帕布里肯河流域自然资源区与灌区的协作：水权交易合同

内布拉斯加州政府承诺履行与堪萨斯州达成的争端调解协议是促进协议执行的必要条件，但是，光靠承诺是不够的。要想达到这个目标，内布拉斯加政府必须有能力动员必要的经济和社会资源，促使地方灌区和用水户与州政府合作，来保证和激励地方用水户适度取水和节约用水行为，以协助该州履行协议。内布拉斯加州立法机关还在2007年5月1日通过立法（LB 701），授权里帕布里肯河流域自然资源区（NRDs）有权向这一地区的灌区租赁或购买地表水和地下水权，为此，还有权向外部投资者发行债券。② 为偿还这些债券（Bonds）③，同时规定里帕布里肯河流域自然资源区可以向该地区（里帕布里肯河流域）的所有居民（农户和用水户）征收财产税（Property Taxes）或土地灌溉费（Fees on Irrigated Lands）："每100美元财产价值课征10美分"；"每英亩灌溉土地征收10美元"，征税和收费所得主要用于购买和租赁水权，确保向堪萨斯州充分输水。

内布拉斯加州这一立法的主要目的就是，准许内布拉斯加里帕布里肯河流域自然资源区从这一流域的用水户购买或租赁水权，增加内布拉斯加里帕布里肯河流域的储水量，从而确保有足够的水到达里帕布里肯河下游的堪萨斯州西北部。这是内布拉斯加履行RRC的一次重要行动，它通过采取经济补贴，利用经济补偿政策工具向灌农和用水户购买或租赁水权，既补偿了灌农和用水户用水利益的损失，也有助于调动里帕布里肯河流域灌区和用水户合理、节约用水的积极性，在一定程度上实现水权的流转，并通过这种基于利益补偿的流域水权交易机制来促进里帕布里肯河流域灌区和用水户配合该州履行RRC。2007年10月，内布拉斯加里帕布里肯河流域上、中、下游三个自然资源区与这一地区的三个灌区——弗里切曼—剑桥（Frenchman-Cambridge）、弗里切曼流域（Frenchman Valley）和河岸（Riverside）达成协议，租赁大约3.8万英亩—英尺的水量给里帕布里肯河流域所在的自然资源区，为此，自然资源区向这三个灌区支付900万美

---

① The Nebraska Department of Natural Resources, Funds Available to Reduce Irrigation in RR Basin（http://www.dnr.ne.govEQIP/EQIPRepublican rIVER-Factsheet2006.PDF）.

② The Nebraska Farm Bureau, Nebraska Implementation of LB 701（http://www.nefb.org/archivej/uploads/FB%20news%20for%20Republican%20Basin%20June%202007.pdf）.

③ 里帕布里肯河流域上、中、下游三个自然资源区各自支付的债券比例为44%、30%、26%。

元租赁费。①

然而，内布拉斯加州在2007年5月1日的立法行动遭到了该州境内里帕布里肯河沿岸许多用水户和产权（财产）所有者的挑战和抗议。这些用水户和产权所有者断言：

"为了向堪萨斯州输水，内布拉斯加州向他们征收财产税是违反该州宪法的。"② 该州宪法规定"禁止州为州的目的而征收财产税"。

2007年10月，内布拉斯加州境内里帕布里肯河流域沿岸的一些居民以该州自然资源部及其主管安·布利德为被告，向州最高法院提起诉讼，请求阻止这一新的财产税的通过。这些用水户和产权所有者在2007年12月还再次向内布拉斯加州最高法院起诉内布拉斯加州政府。由于州最高法院拒绝审理这一案件，这些用水户和产权所有者后来在当地地区法院——兰卡斯特尔地区法院（Lancaster County District Court）再次起诉内布拉斯加州。③ 2008年5月，兰卡斯特尔地区法院裁定内布拉斯加州立法机关2007年5月1日通过的关于授权里帕布里肯河自然资源区向该地区的农户和用水户征收财产税或土地灌溉费的立法（LB 701）违反了该州宪法。④ 内布拉斯加州政府如果不能妥善解决这种冲突，那么这种冲突可能会升级。

（四）内布拉斯加用水户公司：地方公众协作联盟

如果流域管理委员会是宏观上的协作机制，用水户参与则是微观上的协作机制。动员和促进公众参与管理和保护公共水资源行动，较为普遍的途径就是建立和扩大公共参与组织，这些组织属于公众自愿组织和参加的社会团体。这是流域范围内的用水户的自愿组织，用民主管理的方式，参与流域水资源的管理。

例如，1990年，内布拉斯加州内的一些用水户自发组建"内布拉斯

---

① The Nebraska Pulse Political Blog, Nebraska River farmers in lurch with water lawsuit（http://www.nebraskapulse.com/2008/01/19/republican-river-famers-in-lurch-with-water-lawsuit/）.

② The Topeka Capital-Journal Online Network, Battle Over Republican River tax set to begin（http://www.cjonline.com/stories/012408/bre_water.shtml）.

③ The Nebraska Pulse Political Blog. Republican River suit moves to trial court（http://www.nebraskapulse.com/2008/01/31/republican-river-suit-moves-to-trial-court/）.

④ The Nebraska Farm Bureau. RepublicanRiver Basin Newsletter（June 2008）（http://www.nefb.org/archivej/uploads/NE%20fb%20rEPUBLICAN%20River%20Baisn%202008.pdf）.

加用水户公司"（Nebraska Water Users Inc，NWU）。[①] 作为一个非营利性的公民联盟，内布拉斯加用水户公司曾经参与 RRC 在内布拉斯加州的实施过程，并协助内布拉斯加州政府尽力解决可能出现的水资源纠纷，平衡内布拉斯加州内的所有用水户的需要。

1993 年年初，内布拉斯加用水户公司制定了 RRC 教育政策，并颁布《农户水权指南》（*Farmers Guide to Water Rights*）等水资源知识读本，根据需要指导和教育里帕布里肯河沿岸的用水户和普通公众，在用水户中发展一种服务于执行该协议的思想观念。当里帕布里肯河沿岸的用水户都相信 RRC 公平合理的时候，这些用水户能自觉做到不违反协议确立的规则，那协议的实施成本将会大大减少。从其创建开始，内布拉斯加用水户公司就致力于对内布拉斯加州内的所有用水户进行水资源知识教育"投资"，以在这些用水户中形成一种科学用水的思想观念和促进用水户对该协议的理解，而用水户中这种一致的思想观念的形成将有助于逐步接受和认同该协议，并自主组织合理、节约用水的集体行动。

内布拉斯加用水户公司还经常组织召开公众讨论会，并邀请堪萨斯和内布拉斯加两个州的水资源管理官员在会上向公众解释该协议在三个州之间分配水权的差异。[②] 内布拉斯加用水户公司有时候也亲自到堪萨斯城出席与该协议有关的各种公开会议，并与堪萨斯州水资源管理官员会谈，表明内布拉斯加州的立场。这些会议和会谈有助于减少内布拉斯加与堪萨斯两个州之间在里帕布里肯河水资源管理问题上的分歧。为了一个有效管理共同资源的目标，内布拉斯加用水户公司为内布拉斯加州的用水户提供这种"沟通、协调和对话"的公共平台，使州水资源管理当局和用水户能够面对面地进行沟通、对话与交流。这种让基层用水户参与涉及其切身利益的用水权问题的讨论的确有助于增进水资源管理决策的合法性和有效性。

无论从理论还是从实践的层次来看，流域内公众参与水资源管理以及公众自主治理的行动，与流域内州政府的主导作用都并非对立，而是相互促进的关系。流域内各州政府在流域水资源管理和保护中的作用，某种意义上也是在推进公众参与和动员群众自主管理河流水资源过程中实现的。而且，流域内各州政府在这一过程中还可与流域内的公民建立信任与合作

[①] Nebraska Water Users Inc（NWU），Nebraska Water Users Inc，Republican Basin Issues（http://www.nebraskawaterusers.com/issues/issue-rb/index.html）.

[②] Ibid..

关系。当河流水资源分配决策过程能够考虑到所有的利益相关者，那么至少将获得更广泛的接受和认可，由此更有可能增强决策过程的民主性和合法性，更有可能制定出更令人满意的公共政策，政策在执行过程中也更有可能获得利益相关者的协作。

本章的分析表明，在州际协议执行过程中，各成员州通过协作治理制度安排，利用州际协作所带来的资源、信息和技术，强化了协作各方的激励与约束倾向，并选择和构建一套整体性的协调机制来解决利益冲突问题，促成协作各方的利益关系协调和合作行为，也就是通过推动协调的集体行动来提高州际公共事务治理的效能。从第一节的分析可以看出，州际协议的执行过程，区别于传统科层制自上而下（Top—Down Perspective）的执行模式和自下而上（Bottom—Up Perspective）的执行模式，强调执行主体之间是通过流域协作管理机构而达到协调与合作，而不是通过传统科层制下的命令与控制，从而更好地揭示出州际协议执行过程的本质是以信任和合作为基础的组织间协作治理过程。为实施和管理州际协议，三个成员州建立了跨管辖区的协作机构。各参与方和其他利益相关者正是通过河流协议管理委员会所构建的州际河流管理网络，进行正式和非正式互动，共享资源，交换信息和技术，协调目标、策略和价值，以及解决执行中面临的各种问题。从第三节的分析可以知道，为履行州际协议的承诺，各成员州与其管辖范围内的政府机构、公共组织、第三方部门和地方自治组织建立了多种协作关系。各成员州不仅要协调州际行为，而且还要协调州内行为，这些协调行动是复杂的，也是非常困难的。唯有多元利益相关群体之间的积极协作才能培养和维持它们联合管理共同资源的能力。

第六章　州际协议争端治理研究

尽管协作治理行动中具有合作精神和调节的氛围，但协作治理过程中也有争端、冲突和权力问题。实行多元利益主体基于自愿和信任基础上的流域水资源协作治理，其核心就是要协调和处理好多元主体间的复杂利益关系。协调和处理这种水资源分配中不同行政管辖区间利益关系的过程事实上体现为一种政治过程。政府间或组织间的利益关系在本质上是政治性的。在这种政府间相互作用的环境中进行有效的协作治理需要多元利益主体通过合作性博弈构建各种与争端和冲突管理有关的协调机制或治理机制。本章分析《里帕布里肯河流域协议》（RRC）实施过程中的州际水权争端以及为解决这种水权争端和冲突，协议各方是如何行动的。

第一节　州际流域水权争端治理的整体性安排

流域水权是一种客观存在的权利义务关系，只要有流域水资源的治理、开发和利用行为，就必然存在水权问题。水权是在水资源稀缺条件下，围绕一定数量水资源用益的财产权利。[①] 流域水权争端本质上是一种财产权利纠纷。争端和冲突解决机制是长期持久的河流水资源治理制度设计的一项重要原则。在美国《联邦宪法》框架内，解决州际水资源争端有三种基本机制。美国州际流域水权争端治理的机制在国家法治及实践中形成了一套整体性的制度安排（见表6-1）。

一　国会立法调控和联邦最高法院司法调节

一是国会立法调控；二是州际协议；三是联邦最高法院司法调节。州际竞争和利益的差异性是"确立单一的、统一的美国国会立法调控的一

[①] 王亚华：《水权解释》，上海三联书店2005年版，第32页。

个重要原因"①。联邦最高法院在解决州际争端和冲突中扮演了特别重要的角色,它"不控制所有的支配渠道和资源分配而能决定一项纷争"②。

表6-1　　　　跨州流域水权争端治理机制的整体性安排

争端管理机制	实施者	使用频率	交互作用成本
内部谈判和协商	各成员州 (流域协议管理委员会)	高	低
外部第三方调解	独立的第三方中立组织	中	中
简易审判 (诉讼和司法调解)	联邦最高法院特别仲裁官	低	高
无法律约束力的仲裁	独立的第三方仲裁官 或仲裁机构	低	中

资料来源:笔者整理。

新制度经济学认为,交易双方如果试图通过第三方的介入来协调彼此间关系,必然会使交易费用增加。由国会立法介入跨州流域水资源争端,不仅可能增加联邦对这一流域的控制,而且将削弱州在政治上的独立性。③ 由联邦最高法院介入跨州流域水资源争端可能引起法庭诉讼,而高额的诉讼费用可以高到让各州都不愿意承担的地步。无论是国会还是联邦法院介入,都代表联邦权力之手,都有可能造成一种压抑的政治氛围。而替代性的选择机制则是通过政府间谈判和协商,达成州际和解协议或由第三方调解达成调解协议。作为推动州际合作和解决州际争端的一种法律机制,州际协议也是避免或解决跨州水资源冲突的最为普遍的治理机制。④

二　政府间谈判、协商与州际协议

现代经济学的研究足以证明,通过内在化的协商和对话机制解决争端

---

① Ann O'M Bowman, "Horizontal Federalism: Exploring Interstate Interactions", *Journal of Public Administration Research and Theory*, Vol. 14, No. 4, 2004, pp. 535–546.

② [美] 文森特·奥斯特罗姆:《美国联邦主义》,王建勋译,上海三联书店2003年版,第198页。

③ 美国国会至今介入州际水资源分配争端的行动只有两次,一次是1928年加利福尼亚与亚利桑那之间的水资源争端,另一次是1990年加利福尼亚与内华达之间的水资源冲突。

④ Joseph Francis Zimmerman, *Interstate Cooperation: Compacts and Administrative Agreements*, Westport CT.: Greenwood Publishing Group, 2002, p. 119.

与冲突,总是能够在一定程度上实现博弈各方的效应最优化。《联邦宪法》授权各州通过有章可循的协商来讨论和解决争端,制定使争端各方都认可和接受的争端处理规则,通过政府间协商,围绕期望的结果达成共识。在州际河流水权争端中,希望避免联邦权力干预的州政府决策者可能更愿意制定减轻长期过度用水负面影响的水资源协作性管理规划。通过与其他共享共同地下水资源的州际协作行动,州和地方地下水资源管理者可以在将来避免更多强制性的联邦干预和规制。所以,各州更倾向按照《联邦宪法》规定,通过谈判和协商达成争端解决——州际协议。州际协议实际上是美国《联邦宪法》所希望促进的解决州际争端和冲突的一种方式,它在今天得到了全美各地的普遍认可和接受。各州对这一手段也有更多的偏好。

实际上,在水资源分配这一充满争端与冲突的领域,联邦最高法院通常建议各州通过协商和合作解决彼此的水资源争端和冲突。联邦最高法院认为这是代替法庭诉讼的一种更好途径。当然,如果谈判和协商的成本相对于有效结果过高时,并且不能有效地解决州际争端问题,为达到国家改善水资源配置的目的,最终需要动用某种科层机制——中央国家机器,往往诉诸法律程序,由国会颁布法律或联邦最高法院作出裁决,以此作为解决州际协作困境的机制。国会立法或法院裁决都属于外在执行机制。外在执行机制往往增强缔约伙伴的信心;它们还可以通过制定标准化交易条件而减少缔约当事人的信息成本和契约协商成本。[1]

三 仲裁和调解

仲裁者和调解者是对履约过程中的争端和冲突作出评判的独立个人或组织。在仲裁(Arbitration)过程中,在争端产生以前或以后,争端各方同意将争端交由一位局外中立的第三方去解决。中立的第三方通常是对争端的事项具有专业知识的一个人或几个人。仲裁机构不必一定是拥有实施权力的法庭。它可以是不偏袒任何一方的斡旋者或调停者,鼓励和推动争端各方达成共同满意的共识和协议。虽然争端各方可能迫于某些原因会尊重仲裁机构的决定,但仲裁机构可能不具备实施协议或裁决的正式权力,其作出的决定没有约束力,因而其解决争端和冲突的能力是有限的。像仲裁一样,调解(Mediation)是依靠中立的第三方来解决争端问题。但是

---

[1] [德] 柯武刚、史漫飞:《制度经济学:社会秩序与公共政策》,韩朝华译,商务印书馆2000年版,第246页。

调解者作出的决定没有约束力,其作用主要在于协调争端各方谈判,促进争端各方建设性的对话,促成争端各方达成妥协。裁决(Adjudication),主要依靠法官或行政官员作出对冲突各方都有约束力的决定。

对于流域治理中不同政府间的利益争端和纠纷问题,美国各州可以引入独立第三方调解,第三方调解范围主要是能够反映相关各方的意见和诉求。设置第三方的目的是为了更公平地解决政府间的争议。各方在流域治理中有利益关系的,在第三方中都应该得到反映和尊重,利益相关方都应该列到这个利益调解范围,通过协调关系来让政府间利益之争和纠纷清晰化,利于争端治理机制选择。如果流域内各州通过谈判和协商解决州际协议执行中的争端问题存在障碍,理性的州将会寻求更有效的解决机制,如"冲突与争端解决联合会"作为第三方调解。威廉姆森认为,借助第三方的帮助来调解纠纷,往往比诉讼法庭要来得有效。① 当流域内相关州无法通过流域管理委员会解决水资源争端时,这两个州开始寻求外部第三方私人实施机制来解决争端。

四 简易审判

简易审判包含了审判、仲裁和调解等多种因素在内。在简易审判程序中,首先,由争端各方简明扼要地把争端的事项提交给一位独立的仲裁官或审判官。仲裁官或审判官将举行听证会,调查和了解争端事项。其次,听证后,为了尽力达到公正的审判结果,争端各方的负责人开始谈判和协商讨论解决争端的办法。最后,如果争端各方的负责人经过谈判和协商达成调解协议,则需将协议提交仲裁官或审判官审查,经过审查,认可了调解协议后,仲裁官或审判官将调解协议提交法院批准。如果参与方中有对调解协议不满意的,则可请求正式的法律诉讼。然而,"法律诉讼永远不会产生一滴水"成为该行业的箴言。②

美国州际河流水权争端管理机制设计遵循了法治化基础上的多样性治理逻辑。跨州流域水权争端治理过程中政府间关系协调机制整体性安排呈现多样性的一个基本源泉是各种机制之间一定程度上存在着相互支持的互补性关系。这种互补性的存在意味着争端管理机制整体性安排的结构可以是协调一致和优化组合的。当冲突解决机制构想出纠正错误和重构安排的

---

① [美]O. E. 威廉姆森:《资本主义经济制度》,段毅才、王伟译,商务印书馆2004年版。

② [美]埃莉诺·奥斯特罗姆:《水与政治》,载[美]迈克尔·麦金尼斯《多中心治道与发展》,毛寿龙译,上海三联书店2000年版,第39—50页。

解决方案一致或者每一个人的处境都变得更好或者没有人的处境变得更糟时，这种机制就会促进经济福利。① 在里帕布里肯河流域水权争端解决过程中，科罗拉多州、堪萨斯州和内布拉斯加州三个州潜意识地将他们作为一个地区政治利益集团来协作行动，按照《联邦宪法》"协议"条款和河流协议管理委员会所制定的规章制度，通过谈判和协商达成解决用水争端的协议。当谈判和协商失败时，再选择其他解决机制，包括调解、仲裁和诉讼等。当然，不论选择什么解决机制，流域水资源的分配都将是一个非常困难、矛盾和消耗时间的过程。②

第二节 州际流域水权分配中的争端

一 水对于堪萨斯州的重要性

对位于下游的堪萨斯州来说，来自里帕布里肯河的水资源是非常重要的：首先，它对于堪萨斯西北部里帕布里肯河支流的用水户来说很重要，这些用水户主要依赖里帕布里肯河引水和取水；其次，它对于堪萨斯中部里帕布里肯河主要干流，包括堪萨斯州内波士特维克灌区（Bostwick Irrigation District）地表水和地下水的用水户来说非常重要；再次，里帕布里肯河是堪萨斯河的一个主要支流，而堪萨斯河为堪萨斯州多数人口供应水资源。地表水是当地的一个重要水源。随着地表水的枯竭和用水量的增加，储藏量大而洁净的地下水③逐渐成为里帕布里肯河流域水资源供应的一个重要来源，地下水是里帕布里肯河流域灌区及其农业用水户的主要水源。地下水实际上为该地区提供了90%以上农业用水。

与地表水相比较，地下水具有如下突出特点④：第一，地下淡水资源量比较丰富，特别是在干旱地区，地下水尤为重要，往往是仅有的水资

---

① ［美］文森特·奥斯特罗姆：《美国联邦主义》，王建勋译，上海三联书店2003年版，第199页。
② Frederick L. Zimmermann and Mitchell Wendell, *The law and use of interstate compacts*, Lexington KY: The Council of State Governments, 1976, p.54.
③ 地表水（Surface Water）是指存在于湖泊、河流和溪流中的水体。也就是说，在已知确切的地下渠道中流动的水被认为是地表水，而不以这种方式存在于地下的水则是"渗透水"，并被称作地下水（Ground Water）。要确定存在于地下的水是服从地表水法还是地下水法并非一目了然。
④ 王家枢：《水资源与国家安全》，地震出版社2002年版，第60—63页。

源；第二，大部分地下水埋藏深度大，供水和水质比较稳定，可以较好地预防污染；第三，地下水也是稳定的灌溉用水源，分布广，不易遭受蒸发损失，可利用程度高；第四，相对于地表水而言，地下水的补充速度相当缓慢，特别是深层地下水是一种不可再生的水资源，过度开采，必然导致水资源枯竭。一般来说，自然界并不存在独立于天然水循环的地下水，即任何地下水均与降水、地表水有直接补排关系，降水形成的径流，除大部分汇入河川径流外，还有一部分经过地表流动渗透和潜入地下形成地下水。与此同时，地下水又可以补给河流水流量。

美国的灌溉土地面积居世界第三，43%的灌溉土地由地下水来保证。根据美国地质调查局 1978 年发动的高平原区域含水层系统分析项目成果，美国高平原地区（包括科罗拉多州、堪萨斯州、内布拉斯加州、南达科他州、新墨西哥州和得克萨斯州）拥有美国 20% 的灌溉土地，1949 年以前，约 200 万英亩土地受益于地下水灌溉，到 1980 年，由地下水灌溉的土地增至 1400 万英亩，1949—1980 年灌溉用地下水抽水量由 49.36 亿立方米增至 222.12 亿立方米。[①]

二 "三个和尚"争水喝：水资源的政治性

当 1943 年三个州缔结 RRC 时，该协议只就地表水的分配作出规定，没有涉及地下水资源的分配规定。虽然后来三个州多次协商试图确定地下水权的分配问题，但由于分歧超过共识，这一问题一直被搁置。跨州流域水资源分配实质上是一种管辖区间的利益分配，是一个充满争端与冲突的非常复杂的管理过程，具有利益矛盾复杂化、尖锐化、消耗时间和协调困难等特点，处理不好可能会成为州际冲突的根源之一。里奇等人曾经指出，没有任何州际问题比州际河流水资源的利用产生过这么长久的争吵与残酷的对抗。[②] 设计适合水资源开发和使用的制度安排这个问题，被所有水系统的共享、流动资源特征大大复杂化了；……在共享、流动资源的使用者之间的高度相互依赖，会引起水资源开发制度安排的高度可能性的冲突和高度政治化。[③]

---

① 王家枢：《水资源与国家安全》，地震出版社 2002 年版，第 65 页。
② Richard H. Leach and Redding S. Sugg Jr., *The Administration of Interstate Compacts*, Baton Rouge LS: Louisiana State University Press, 1959, p.158.
③ [美] 文森特·奥斯特罗姆、埃莉诺·奥斯特罗姆：《水资源开发的法律和政治条件》，载 [美] 迈克尔·麦金尼斯《多中心治道与发展》，毛寿龙译，上海三联书店 2000 年版，第 51—71 页。

从1959年起，科罗拉多州、堪萨斯州和内布拉斯加州三个州已经在决定一个成员州水资源的利用是否超过 RRC 规定的分配量中是否包括地下水发生争论。① 堪萨斯州主张，地下水的利用应该包括在决定一个成员州水资源的利用是否超过该协议规定的分配量之中，因为地下水的开采通过从里帕布里肯河或其径流抽水，将在抽水区周围形成一个漏斗，造成地表沉降，这影响了里帕布里肯河地表水的流动，或者减少协议中确定的可利用的水源。并且由于地下水位的下降，抽水成本随着抽水上扬高度的增加而增加，因此每个人抽水都会增加其他人的抽水成本。② 如果无人对个人的抽水行动承担任何成本的话，则很容易导致地下水资源被不受限制地、连续地过度抽取，由此引致的消极外部性与流域内其他抽水者所要求的财产权利是相违背的。如果这种情形持续，流域系统中的占用者之间就可能会出现权利对抗。除非有解决权利对抗的有效机制对此加以控制和协调，否则这些对抗可能会上升为地区"水战"（Water Wars）。

上述争端就是公共池塘资源的占用外部效应，即由于某一自然资源过度采伐，导致获取每单位产出的成本上升。③ 任何公共池塘资源使用者都面临着一个集体行动的困境：在存在搭便车或者过度利用公共池塘资源以谋求私利之激励的情况下，如何实现持续可靠地利用公共池塘资源这一公共目标？不论资源的范围多么狭窄，或者与之相关的社群规模多么小，这在本质上都是一个政治问题。④ 在治理里帕布里肯河流域水资源争端过程中，三个州建立了怎样的政府间关系协调机制来解决河流水权争端？这些协调机制加强了区域政府间协作治理能力吗？

---

① The Kansas Department of Agriculture. No. 126, Original In The Supreme Court Of The United States: State of Kansas, Plaintiff, V. State Of Nebraska And State Of Colorado, Defendants（http://www.Ksda.gov/includes/document_center/interstate_water_issues/RRC_Docs/RR_Settlement_Stipulation 176. pdf）．

② ［美］埃莉诺·奥斯特罗姆：《公共事物的治理之道》，王建勋译，上海三联书店2000年版，第168页。

③ ［美］埃德勒·施拉格、威廉·布洛姆奎斯特、邓穗恩：《流量变化、储藏与公共池塘资源的自主组织制度》，载［美］迈克尔·麦金尼斯《多中心治道与发展》，毛寿龙译，上海三联书店2000年版，第145—188页。

④ ［美］迈克尔·麦金尼斯：《导言》，载［美］迈克尔·麦金尼斯《多中心治道与发展》，毛寿龙译，上海三联书店2000年版，第1—36页。

第三节 建设性地将争端转化为协作

合作或协调过程并非不存在争端或冲突,或者说,争端或冲突并非合作或协调的对立面。虽然过多的争端或冲突可能与合作或协调行动不一致,但它也可能有助于实现合作和协调。[①] 协作过程中的冲突源于成员方具有不同的利益目标和期望。[②] 为实现这些目标和期望,理性的参与方会选择与其目标和期望相一致的博弈策略。如果集体行动以一种互惠的方式得以执行,那么参与集体行动的组织将会持续或扩展他们的相互承诺;如果这些承诺没有以一种互惠的方式执行,那么参与集体行动的组织将会通过再次协商或减少他们的承诺采取纠正措施。[③] 那么,三个州在流域水权争端治理过程中又是选择怎样的行动策略呢?

一 协调机制:政府间协商（Intergovernmental Negotiation）

（一）协调的组织:RRCA

跨部门协作网络中的权威是由谈判桌上的许多利益相关者所共享的,在这些利益相关者中,任何一方都不可能具有完全解决他们所面临的问题的合法权威或资源。[④] 协商是协作性管理网络中的参与方就共同问题进行信息交流和对话沟通的机制。信息交流是协作性管理中的一种重要机制。它对于实现协作性公共管理的目标来说都是十分重要的,协作性管理者通过共享信息和知识增强他们之间的信任。[⑤] 在跨州河流水资源争端或冲突的情形下,必须充分利用业已建立的州际流域协作性管理网络展开建设性的博弈,达成对争端问题的一致性理解,促进行动者之间的利益协调与行

[①] Catherine Alter and Jerald Hage, *Organizations Working Together*, Newbury Park, California: SAGE Publications, 1993, pp. 86 – 87.

[②] John MBryson, Barbara C. Crosby and Melissa MiddletonStone, "The Design and Implementation of Cross-Sector Collaborations: Propositions from the Literature," *Public Administration Review*, Vol. 66, No. 1 (Supplement), December 2006, pp. 44 – 55.

[③] Ann Marie Thomson and James L. Perry, "Collaborative Process: Inside the Black Box", *Public Administration Review*, Vol. 66, No. 1 (Supplement), 2006, pp. 20 – 32.

[④] Robert Agranoff, "Inside Collaborative Networks: Ten Lessons for Public Managers", *Public Administration Review*, Vol. 66, No. 1 (Supplement), December 2006, pp. 55 – 65.

[⑤] John M. Bryson, Barbara C. Crosby and Melissa Middleton Stone, "The Design and Implementation of Cross-Sector Collaborations: Propositions from the Literature", *Public Administration Review*, Vol. 66, No. 1 (Supplement), December 2006, pp. 44 – 55.

动协作，从而共同促进州际协议的有效执行和争端的妥善解决。

在 RRC 实施过程中，为了把州际用水争端甚至冲突控制在一定的秩序范围之内，客观上需要其成员州通过信息交流和共享，增进相互信任，促成共同理解，产生协作动机，从而最小化州际争端和摩擦。在协议实施中，三个州共同建立了流域协调机构——RRCA，以促进流域内各成员方的信息交流和更有效的管理该协议。当 RRC 在执行过程中出现州际纠纷时，三个成员州起初主要通过 RRCA 促进他们之间的信息交流，促进参与方的有效沟通，改变某些参与方的立场和态度，来解决地下水的结算问题，并在1959年管理委员会第一份年度报告（First Annual Report）中开始结算各成员州每年从里帕布里肯河水道含水层抽取的地下水量。但该报告的结论是，抽取里帕布里肯河的地下水所造成的影响须有待于进一步研究和收集数据。

自这份年度报告公布以来，管理委员会在按照该协议恰当地处理地下水资源的问题上没能取得进展。特别是堪萨斯州和内布拉斯加州在这一问题上存在严重分歧。由于管理委员会的任何政策和法规的制定必须经过三个成员州委员全体一致同意才有效，因而管理委员会根本就没有解决堪萨斯州和内布拉斯加州两个州之间的争端，并且保留了1959年年度报告中提出的关于地下水的声明。实际上，由于堪萨斯州和内布拉斯加州两个州之间的水资源争端，管理委员会已经停止计算原始供水量（Virgin Water Supply）和各成员州遵守协议对分配河流水资源的限制。

到20世纪80年代早期，堪萨斯和科罗拉多已经开始停止在里帕布里肯河流域建造新的地下水灌区（Groundwater Irrigation）。然而，内布拉斯加州仍然继续许可其灌区和用水户在其境内里帕布里肯河流域打井抽水。从20世纪80年代中期开始，堪萨斯州就开始抱怨内布拉斯加州在几个低盆地没有认真遵守 RRC 中的水资源分配规定，过度抽取和使用里帕布里肯河流域的地下水资源，损害了堪萨斯州及其水用户的利益。[1] 堪萨斯州还认为，内布拉斯加州在里帕布里肯河流域无限制的地下水开发正在导致并很可能持续导致堪萨斯州无法得到充足的水资源。而内布拉斯加州政府则认为，堪萨斯州从里帕布里肯河流域得到的水资源总量已经超过协议规定的分配量。从20世纪80年代起，堪萨斯州与科罗拉多州和内布拉斯加州三个州之间漫长的水资源争端开始了。三个

---

[1] The Kansas Department of Agriculture, Republican River Compact background and litigation history（http://www.ksda.gov/interstate_ water_ issues/? cid = 847）.

州也曾经通过管理委员会进行了一系列艰难的谈判来处理这种地下水权争端。

（二）协商的结果：延期处理争端

在协商处理争端过程中，各参与方的基本目标是通过谈判、讨论和辩论解决，目的在于促进他们对争端问题的共同理解，使参与方形成集体行动的理念和程序，并对这种共同行动的理念和程序作出承诺和维护承诺。[①] 面对堪萨斯州不断指控内布拉斯加州由于在其边界内无限制地抽取地下水而导致过度用水，RRCA 在 1986 年 2 月 7 日召开特别会议，审查里帕布里肯河流域原始供水量和水资源的有益的利用的计算方法。[②] 这次会议就地下水和遵守协议问题，集中讨论了关于该协议最初目的的解释。

经过几天的讨论后，内布拉斯加州 RRCA 委员（Nebraska RRCA Commissioner）建议将地下水排除在里帕布里肯河流域原始供水量和水资源的有益的利用的计算外，而这是科罗拉多和堪萨斯两个州的委员所不同意的。但这三个成员州的委员同意继续进一步协商，并暂时延期制定里帕布里肯河流域原始供水量的计算方法。管理委员会委员还将这些州际争端问题交由工程委员会进一步调研，具体包括：（1）估算由分水岭处理和地下水抽取所导致的水资源的利用总量；（2）估算如何将地下水包含在里帕布里肯河流域原始供水量的计算当中；（3）基于过去的记录，并且不只是年度记录，计算新的水量分配，并与原始分配进行比较。[③]

二 协调机制：政府间调解（Intergovernmental Mediation）

（一）协调的组织：冲突与争端解决联合会

如果通过谈判和协商解决州际协议执行中的争端问题存在障碍，理性的成员州将会寻求更有效的解决机制。借助于第三方的帮助来调解纠纷并评价业绩，往往比法庭诉讼要来得有效。[④] 但这是"家丑"外扬，对博弈

[①] Robert Agranoff and Michael Mc Guire, *Collaborative Public Management: New Strategies for Local Governments*, Washingtong D. C.: Georgetown University Press, 2003, p. 180.

[②] Kenneth W. Knox, *The Allocation of Interstate Ground Water: Evaluation of the Republican River Compact As A Case Study*, Fort Collins, Colorado: Colorado State University, 2004, p. 157.

[③] Ibid., p. 159.

[④] ［美］奥利弗·E. 威廉姆森：《资本主义经济制度》，段毅才等译，商务印书馆 2004 年版，第 29 页。

各方来说都不是最佳选择。到1996年，当堪萨斯与内布拉斯加两个州通过流域管理委员会无法有效解决他们之间的水资源争端问题时，这两个州开始寻求外部第三方私人实施机制来解决他们之间的争端。这两个州在1996年年底与作为第三方私人调解组织的"冲突与争端解决联合会（Conflict and Dispute Resolution，CDR Associates）"[①]的克里斯·摩尔、麦克·哈蒂签订合同，由"冲突与争端解决联合会"协助和促进堪萨斯与内布拉斯加之间就里帕布里肯河水资源分配争端问题展开谈判和协商。

雇佣一个正式的独立的调停者，这样在原有的州际水权争端治理中增加了新的参与者，这种政府间调停者有时有助于推动州际争端的调解。为了保证该调停机制的有效性，作为第三方调停机构，冲突与争端解决联合会必须保持中立立场，使州际流域利益争端得到公平、公正解决。独立的第三方通常是对争端解决事项具有专业知识的个人或组织。外部的、非官方第三方调解组织提供的政府间调解服务能够保持客观中立性。当流域内相关州通过流域管理委员会或流域管理局无法有效解决利益争端时，外部第三方调解机制便是争端治理的一种选择。借助于第三方来调解纠纷，往往比法庭诉讼更能节约交易成本。

"冲突与争端解决联合会"作为独立第三方调解组织，协助和促进州政府间就流域治理问题展开谈判和协商。在美国，"冲突与争端解决联合会"是一个以解决冲突和争端为目标的专业性的社会中介组织，主要是提供冲突解决服务，决策支持，争端解决系统设计和培训。其提供的国内外服务集中在五大领域：国际和跨文化冲突解决；公共政策方案设计；环境与自然资源管理组织与工作场所冲突管理；协作性决策程序与争端解决系统；冲突管理培训项目。

（二）调解的结果：争端悬而未决

在RRC的实施过程中，"冲突与争端解决联合会"[②]发挥了作为一个独立性、非官方的第三方调解者的角色或者说"经纪人"组织（A Brokering Organizations）的作用，它在一定程度上支持和促进了里帕布里肯河

[①] "冲突与争端解决联合会"（Conflict and Dispute Resolution，CDR Associates）是一个以解决冲突和争端为目标的专业性的社会中介组织，主要是提供冲突解决服务、决策支持、争端解决系统设计和培训。其提供的国内外服务集中在五个项目上：国际和跨文化冲突解决；公共政策方案设计；环境与自然资源管理组织与工作场所冲突管理；协作性决策程序与争端解决系统；冲突管理培训项目。（http：//www. mediate. org/index. cfm）。

[②] Conflict and Dispute Resolution（CDR）（http：//www. mediate. org/index. cfm）.

流域水权争端调解过程中的州际合作。在"冲突与争端解决联合会"的调停下,经过14个月的谈判协商后,堪萨斯与内布拉斯加两个州的代表达成了一项解决他们之间争端的提案。但是,内布拉斯加州的用水户拒绝了这项初始解决提案。由于争端双方无法就设计和达成水权争端调解协议达成一致性理解,到1997年3月,两个州之间的谈判和协商中止了。①他们之间的水资源争端问题因此也一直悬而未决。借助第三方调解,仍然不能通过有效谈判和协商得出有效率的预期和结果,政府间调解机制失灵了。

三 协调机制:政府间诉讼(Intergovernmental Litigation)

实际上,在州际河流协议执行过程中,对于解决有关水资源的争端问题,三个成员州优先考虑是州际协议下的自主决策,协议通过协商但潜在受到求助于诉讼和立法活动的支持来达成。在协商一致性难以达成的情况下,引入带有一定强制性的协调机制就变得有必要。② 在许多情况下,政府间契约的有效执行要辅之以必要的外在强制机制,如法院。这三个州曾经通过独立的第三方调解和监督机制,包括由联邦最高法院来解决它们之间的水权纠纷。这是一种政治性的解决方法。虽然有时通过法院有助于解决州际僵局关系,但法院裁决并非一个有效的方式。因为由法院作为第三方来强制执行协议也可能是代价高昂和费时的,并有损争端各方的脸面。

(一)协调的组织:联邦最高法院

按照美国《联邦宪法》,联邦最高法院对州际冲突或司法案例享有排他性管辖权。堪萨斯在经过多年对内布拉斯加过度用水的抱怨和不能与内布拉斯加通过自主协商解决用水争端后,决定请求联邦最高法院解决这一州际争端。独立的司法机构是一种非常重要的制度实施机制,法院作出的司法裁决具有强制性和权威性。法院提供了决定一个潜在的配置性的法律问题——RRC是否限制其成员州利用地下水的一种法律机制。联邦最高法院以独立第三方身份,运用司法权调解内布拉斯加州和堪萨斯州之间的水权争端。

为了协议的承诺付诸实施,成员州有必要依赖向法院起诉的威胁。堪

---

① The Nebraska Department of Natural Resources, Republican River Basin Report of Preliminary Findings (May 20, 2003).
② 王亚华:《水权解释》,上海三联书店2005年版,第71页。

萨斯认为其与内布拉斯加的州际用水争端具有授权联邦最高法院行使其初始管辖权的足够重要性，并且还没有其他渠道能够有效解决这种州际冲突。[1] 1998年5月，堪萨斯州正式向美国联邦最高法院起诉内布拉斯加州违反了RRC，要求对内布拉斯加州内里帕布里肯河流域及其支流内数以千计的水井延期开发。[2] 因为该协议已经明确规定各州用水不能超过他们各自根据该协议的分配所得总量。

实际上，堪萨斯和内布拉斯加在一个临界性的法律问题上（A Threshold Legal Issue）存在分歧：RRC是否限制了其成员州利用地下水的权利。[3] 这是一个有关地下水的使用问题。堪萨斯州还宣称，内布拉斯加州所使用的水量超过了协议规定，并且剥夺了堪萨斯州享有的充分水权。具体而言，堪萨斯州提起这次起诉的原因主要有：第一，内布拉斯加没有限制在里帕布里肯河流域新的水井的开发，导致地下水超采问题严重。第二，内布拉斯加和科罗拉多两个州都没有限制从占里帕布里肯河流域面积2/3的下游的水井抽水的总量。并且记录显示，在20世纪八九十年代，内布拉斯加频繁地过度使用里帕布里肯河流支流的水资源分配数量[4]，导致这些年下游地下水量迅速减少，不能满足堪萨斯州内的农场主和用水户他们的水资源需要。里帕布里肯河流域的地下水是否由该协议调节是堪萨斯与内布拉斯加在这次争端中的主要分歧。内布拉斯加宣称，该协议并没有限制其成员州利用地下水的权利。实际上，美国多数州际河流协议仅仅分配有关地表水资源的供应，在邻州之间公平分配水资源的公式或体系中并没有包含地下水。

在地表水（Surface Water）之外，地下水也是水文循环的一部分，并且地表水与地下水是联系的。但是，地下水的使用权与地表水的使用权可

---

[1] The Kansas Department of Agriculture. No. 126, Original In The Supreme Court Of The United States: State of Kansas, Plaintiff, V. State Of Nebraska And State Of Colorado, Defendants (http://www.Ksda.gov/includes/document_center/interstate_water_issues/RRC_Docs/RR_Settlement_Stipulation 176.pdf).

[2] The Colorado Division of Water Resources, The Republican River Compact (http://water.state.co.us/wateradmin/republicanriver/rr_overview.asp).

[3] The Kansas Department of Agriculture. No. 126, Original In The Supreme Court Of The United States: State of Kansas, Plaintiff, V. State Of Nebraska And State Of Colorado, Defendants (http://www.Ksda.gov/includes/document_center/interstate_water_issues/RRC_Docs/RR_Settlement_Stipulation 176.pdf).

[4] The Kansas Department of Agriculture, Republican River Compact Enforcement (http://www.ksda.gov/includes/document_center/interstate_water_issues/RRC_Docs/RRCompactFS033108.pdf).

能并不相同。州与州之间针对地表水（指存在于湖泊、河流和溪流中的水体）的法律与针对地下水（指存在于地下水流域、含水层以及其他地面以下地方的水体）的法律可能不同。在开发一个普通地下水流域时，州之间相互竞争性用水常常可能导致地下水超采情况发生。一般来说，地下水（Ground Water）是利用水泵从水井里抽取。用水泵抽水将在抽水区周围形成一个下降漏斗，这种下降漏斗的影响以及由于抽取地下水造成地下水位的下降也是里帕布里肯河流域地下水争端涉及的一个重要内容。

在分析地下水时，为了全面了解相关水权，需要确定地下水流域的安全产量。地下水流域的安全产量是指在不降低可供利用的水资源总量的前提下，经过一定时间所能抽取的地下水的数量。安全产量可以通过抽取量与回灌量的比较计算得出。为了保证地下水流域处在安全产量的范围内，回灌量必须等于或超过地下水抽取量。如果超出安全产量的范围，地下水流域就被看作处于超采状态。在这种状态下，除了自身储水量的大量丧失外，还可能造成地表沉降和严重水质问题。

美国联邦最高法院在1999年1月19日正式受理被称为"堪萨斯诉内布拉斯加州和科罗拉多州（Kansas V. Nebraska and Colorado, No. 126, Original)"[1]的一场官司（如图6-1所示）。由于科罗拉多州是协议一方，所以自然也是这场官司的"被告"之一。1999年6月21日，联邦最高法院请内布拉斯加提出关于驳回地下水的利用是否由RRC所调节的动议。[2] 内布拉斯加州在1999年8月2日提议联邦最高法院不受理此案。内布拉斯加州认为[3]：

  RRC仅分配和调节里帕布里肯河流域地表水的使用，而堪萨斯的起诉要求涉及里帕布里肯河流域地下水的使用问题。

---

[1] The Colorado Division of Water Resources. No. 126, Original in the Supreme Court of the United States, State of Kansas, Plaintiff, V. State of Nebraska and State of Colorado, Defendants (http://www. water. state. co. us/wateradmin/republicanriver/RRFSS. pdf).

[2] The Nebraska Department of Natural Resources. Summary of Settlement Agreement. (http://www. dnr. ne. gov/Republican/SummaryAgreement. doc).

[3] Ibid..

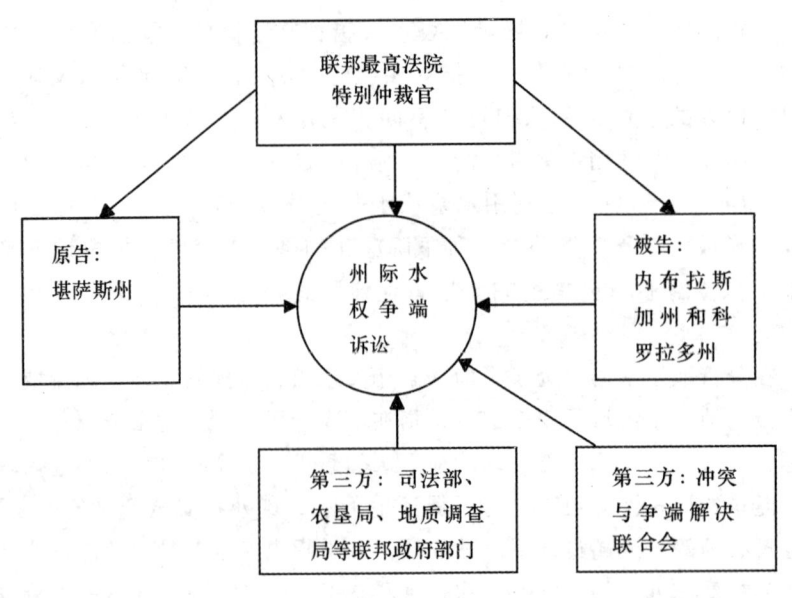

182　区域治理中政府间协作的法律制度

图 6-1　堪萨斯州诉内布拉斯加州和科罗拉多州（1998 年）

事实上，从河流水的自然特性来看，几乎所有的地表水，诸如河流、湖泊、沼泽、港湾等，都是与地下水相互作用的。随着土地与水资源开发强度的增加，已经愈来愈明显地发现，任何水源的开采，都将影响相关水源的水质和水量。例如，流入河流的地下水的污染可能就是地表水长期污染的结果，河流可能就是地下含水层的污染源。另外，在干旱期，地下水是维持水生物生存环境的主要基流水源。

联邦最高法院将"堪萨斯州诉内布拉斯加州和科罗拉多州"（Kansas V. Nebraska and Colorado, No. 126, Original）这一水资源争端案件交由一位特别仲裁官（Special Master）[1]主持听证会。在 1999 年 11 月 15 日，联邦最高法院任命特别仲裁官文森特·麦凯西克审理此案。[2]

由于 RRC 在一定程度上限制对该流域地下水的过度抽取，联邦最高法院特别仲裁官文森特·麦凯西克建议联邦最高法院否决内布拉斯加州请求

---

[1] 特别仲裁官（Special Master）最早是英国大法官法庭所任命的案件调查与仲裁官员，后来在美国殖民时代曾经运用由英国女王所任命的特别调查官来调查殖民地间争端问题。今天，特别调查官一般由美国联邦最高法院任免，这服务于多种目的，包括会计审计、损害估算等。参阅 Joseph Francis Zimmerman, *Interstate Disputes*: *The Supreme Court's Original Jurisdiction*, Albany NY: State University of New York Press, 2006, p. 43.

[2] The Nebraska Department of Natural Resources, Summary of Settlement Agreement（http://www.dnr.ne.gov/Republican/SummaryAgreement.doc）.

联邦最高法院不受理该案件的提议。根据文森特·麦凯西克的提议,联邦最高法院在 2000 年 6 月否决了内布拉斯加州的提议。虽然当该协议被批准生效后,协议实施者与管理者推迟将地下水包括在里帕布里肯河流域的水资源分配体系当中有将近 60 年,但在 2000 年,里帕布里肯河流域的地下水却成功地被由联邦最高法院任命的特别仲裁官文森特·麦凯西克要求整合进里帕布里肯河流域的水资源分配体系和该协议的执行与管理体系中。

如果各参与方不能就一个共同目标完全达成一致,他们也不可能会就下一步行动达成共识。[1] 到 2001 年 10 月,当里帕布里肯河流域的地下水争端问题确定后,来自堪萨斯、内布拉斯加和科罗拉多三个州的代表,以及美国司法部、内务部农垦局、地质调查局和陆军工程兵团的官员,在林肯市开始举行首次协商与调解会谈。每方各派一谈判队伍参与争端调解与协商会谈。出席会议的代表包括各成员州的管理委员会、工程委员会和工程顾问以及法律顾问。来自"冲突与争端解决联合会"的克里斯·摩尔、麦克·哈蒂两位专家也被聘请来促进堪萨斯、内布拉斯加和科罗拉多之间的谈判和协商。作为一种专业性和独立性的争端与冲突解决组织,"冲突与争端解决联合会"通过参与这三个州之间的谈判和协商,发挥了顾问和咨询作用。经过 2001 年 11 月、12 月的另外两次协商会议,为了促使堪萨斯州、内布拉斯加州和科罗拉多州三个州进入调解协商阶段,应这三个州的请求,联邦最高法院特别仲裁官文森特·麦凯西克同意将该案审理进程推迟至 2002 年 12 月 15 日。[2]

在冲突处理过程中,为了某种结果或某种期望的结果而进行协作,冲突各方需要作出一定的让步甚至牺牲,建立对他们所面临的问题的一致性认知和理解,形成协作行动的理念和程序。而如果各方都坚持己见,在预期结果上找不到共同点,因而各走各的路,则困难的协调问题便会产生,从而增加了解决冲突问题的困难。当公共管理者认识到他们各自的单独行动去解决某一公共问题可能失败时,他们最有可能努力促进他们之间的协作。[3] 假设博弈双方都有良好的动机,那么堪萨斯州和内布拉斯加州都能

---

[1] John M. Bryson, Barbara C. Crosby and Melissa Middleton Stone, "The Design and Implementation of Cross-Sector Collaborations: Propositions from the Literature", *Public Administration Review*, Vol. 66, No. 1 (Supplement), December 2006, pp. 44–55.

[2] The Nebraska Department of Natural Resources, Summary of Settlement Agreement (http://www.dnr.state.ne.us/Republican/Summaryagreement.docl).

[3] John M. Bryson, Barbara C. Crosby and Melissa Middleton Stone, "The Design and Implementation of Cross-Sector Collaborations: Propositions from the Literature", *Public Administration Review*, Vol. 66, No. 1 (Supplement), December 2006, pp. 44–55.

找到并实施最优策略。帕累托最优结果是在双方都"合作"的时候出现。当然，对于跨州集体行动悖论，成功的超越可能还需依赖于更为广阔的社会背景和环境。

在联邦政府官员的推动和协助下，三个成员州经过努力终于达成了一份对于各方利益来说比较公平和可行的争端解决方案。在2002年4月3日，堪萨斯、内布拉斯加和科罗拉多就一些主要问题初步达成协议，随后来自三个州的州长和首席检察官原则上签订了一项初步协议。联邦最高法院特别仲裁官文森特·麦凯西克承认了各方在协商过程中的承诺和信任，并授权三个州可以达成一项相互都能接受的最后解决方案。于是三个州再次举行调解会谈，总共经过长达17个月的谈判和协商，在2002年12月15日，堪萨斯与内布拉斯加和科罗拉多在科罗拉多州首府丹佛市签订了解决堪萨斯诉讼中所有要求的一项综合性的《最终协定条款》，并提交特别仲裁官文森特·麦凯西克审查。① 《最终协定条款》是三个州谈判和讨价还价的产物。其主要内容包括确保各州遵守协议规定，顾及水井开发对地表水的影响；暂停开发新的取水井；保障里帕布里肯河下游水的供应。作为调解协议内容的一部分，三个州同意在2003年1月之前采取联合模拟里帕布里肯河流域的地下水行动，从而建立和采用一种功能联合型的地下水模型（A Functional Joint Groundwater Model）。

内布拉斯加州首席检察官约翰·博宁当时曾经这样说：

> 这对于内布拉斯加人民来说是很高兴的一天。这一案件的调解方式将可以为目前涉及州际河流诉讼的其他州提供一种模式。②

对于内布拉斯加州来说，争端调解达到了多个目的。首先，调解协议规定了所有对水资源利益分配受损害的赔偿要求暂时搁置。其次，调解协议为内布拉斯加州在其州内任何地方利用其水资源保持了灵活性。再次，《最终协定条款》许可三个州根据每年平均所分配的水量，评估和监测各州遵守RRC和《最终协定条款》。最后，经过这次跨州流域水资源争端调解过程，内布拉斯加州自然资源部官员坚信，目前和以后由于里帕布里肯河流域地下水和地表水的使用所导致的协议争端，能够通过三个州之间

---

① The Nebraska Department of Natural Resources, Republican River Basin Report of Preliminary Findings (May 20, 2003) (http://www.dnr.ne.gov/Republican/RepRiverImplementation.html).

② The Nebraska Department of Natural Resources, Gov. Johanns: U. S. Supreme Court Approves Republican River Settle (May 19, 2003) (http://www.dnr.state.ne.us/legal/kansasvs.html).

谈判协商与联合行动计划予以消除和妥善解决。

就如当时的内布拉斯加州州长约翰斯所言：

> 让我们感到高兴的是，这场官司终于结束了，我们期待着与堪萨斯和科罗拉多建立一种伙伴关系，一起协作执行这一调解协议。①

时任堪萨斯州农业部水资源管理处首席工程师的戴维·波普曾言：

> 我确信，这一调解决定是实现我们基本目标的一种合理方案，同时可以避免向法院提起诉讼的不确定性、时间和各种费用。

显然，内布拉斯加州和堪萨斯州对于他们能够快速地达成水权争端解决协议表示基本满意。②

（二）诉讼的结果：达成调解协议

2003年4月15日，联邦最高法院特别仲裁官（Special Master）文森特·麦凯西克正式建议美国联邦最高法院同意和批准由堪萨斯州、内布拉斯加州和科罗拉多州达成的争端调解协议。2003年5月19日，联邦最高法院同意和批准了三个州所达成的《最终协定条款》（The Final Settlement Stipulation，FSS）。这标志堪萨斯州在这场旷日持久的州际水权诉讼中取得了初步胜利。

作为一种非常重要的实施机制，美国联邦最高法院在州际争端处理方面的司法权威是毋庸置疑的。联邦最高法院以法令的形式颁布《最终协定条款》，该法令允许堪萨斯州、内布拉斯加州和科罗拉多州都可从里帕布里肯河引水使用，堪萨斯、内布拉斯加和科罗拉多三个州共同改善里帕布里肯河流下游水资源供应效率的协作性行动框架。由此，水资源竞争在三个州之间确立了均衡的趋向。这些均衡的趋向是州际合作与协调的象征，这种合作和协调利用了第三方——联邦法院的斡旋者、推动者和监督者功能，通过多中心主体之间平等协商而非某一权力中心自上而下指令达成的。这既体现了州际协作的民主理念，也遵循了州际协作的法治原则。

---

① The Nebraska Department of Natural Resources, Gov. Johanns: U. S. Supreme Court Approves Republican River Settle (May 19, 2003) (http://www.dnr.state.ne.us/legal/kansasvs.html).
② The Nebraska Department of Natural Resources, Summary of Republican River Compact Litigation Settlement Brochure (http://www.dnr.ne.gov/Republican/RepRiverLitigation_Sm.pdf).

《最终协定条款》确立了里帕布里肯河流域水权分配和河流管理的许多重要原则,具体包括如下主要内容[①]:

1. 各州一致同意由美国最高法院通过规定和判决方式解决目前他们之间悬而未决的与里帕布里肯河流域水资源分配争端问题有关的诉讼;

2. 各州同意履行规定中的各项义务,由管理委员会管理该协议;

3. 根据联邦最高法院作出的规定和判决,各州同意搁置和放弃向其他州提出关于里帕布里肯河流域水资源使用的各种异议;

4. 各州一致认为,联邦最高法院的规定不能改变协议中规定的各州的权利和义务;

5. 各州根据协议保留其以后提出解释协议和请求强制执行协议中的规定的权利;

6. 在遵循协议和联邦最高法院规定的前提下,管理委员会将修改管理委员会结算程序(the RRCA Accounting Procedures);

7. 各州将为对方提供查阅和复制与里帕布里肯河流域水资源使用有关的记录,以及根据需要提供其他方面的材料,并在安排必要的核查方面加强州际合作;

8. 联邦最高法院批准的《最终协定条款》取代 2002 年 4 月 30 日三个州签订的《调解原则》(the Settlement Principles);

9. 在结案的六个月内,管理委员会应该修订其现行的规则和规章制度,并且有必要使这些规则和规章制度与规定与管理委员会的结算程序相一致;

10. 三个州一致同意,以后若再次遇到类似的争端问题,在提起诉讼之前,首先应提交至管理委员会讨论,通过州际谈判和协商,妥善解决争端。如果解决不了,可再请求仲裁机构仲裁。

在堪萨斯州与内布拉斯加州达成调解协议和联邦最高法院批准《最终协定条款》后,科罗拉多、堪萨斯和内布拉斯加三个州开始根据他们所达成的调解协议,通过积极行动实施和履行他们在 RRC 和《最终协定条款》中的有关承诺。三个州每年交换他们各自利用里帕布里肯河流

---

① The Nebraska Department of Natural Resources, Final Settlement Stipulations (December 15, 2002) (http://www.dnr.ne.gov/Republican/FinalSettlement3.pdf).

域水资源的数据运行联合地下水模型的信息。2003 年 8 月 22 日，管理委员会正式采用《最终协定条款》中包括地下水模型在内的流域水资源结算程序（RRCA Accounting Procedures）（见第五章第二节）。2003 年 10 月 20 日，根据特别仲裁官的最后报告，美国联邦最高法院正式宣布对堪萨斯和内布拉斯加之间的州际诉讼结案。① 从 1998 年 5 月到 2003 年 10 月，一场历时五年多之久的州际水权诉讼以司法调解协议的形式画上了句号。

从某种意义上讲，《最终协定条款》可视为一种协调机制，它使三个成员州对水权争端解决策略的选择得以达成一致，有助于他们避免因不相协调而带来的集体行动困境。当然，《最终协定条款》只是为解决里帕布里肯河流域以后的水资源争端和冲突提供了一种非约束性的仲裁机制。② 如果各州不能通过仲裁达成和约，也可以再次向联邦最高法院寻求解决办法。独立的司法机构和司法调解制度作为州际协议和其他契约的重要实施机制之一，其功能和作用对于协调州际关系和促进州际协议实施来说是非常重要的。但对诉讼成本的综合考量又让争端各方选择更为妥当的解决机制——简易审判机制。相对于正式的诉讼程序，这种简易审判机制速度更快，成本也更低。当然，要真正执行《最终协定条款》的各项规定并非易事，特别是要开发地下水模型，其开发、维护和信息收集与分析的成本都是非常高的。

里帕布里肯河州际用水争端让我们看到了流域水资源管理中多元主体间利益关系的复杂性，以及跨州区域协作治理过程中的权力与政治因素。就这次州际水权争端的最后解决来说，三个州作为流域水利益相关者通过广泛参与反映本州及其他方利益，在联邦政府、联邦最高法院和第三方调停机构"冲突与争端解决联合会"的支持和参与下，不遗余力地就水资源争端的解决方案进行协商、谈判乃至讨价还价。最后在独立的中间人——联邦最高法院的推动、和解与监督下，在一定游戏规则下通过合作性博弈，达成争端调解协议，这种争端调解所形成的协议并未打破原由 RRC 所确定的水利益分配格局。其结果不一定是谈判各方的最优解，但却是较优解或妥协解，这不仅有助于克服协作行动中的"囚徒困境"，还

---

① The Kansas Department of Agriculture. Republican River Compact Enforcement（http://www.ksda.gov/includes/document_center/interstate_water_issues/RRC_Docs/RRCompactFS033）.

② The Nebraska Department of Natural Resources, Final Settlement Stipulations（December 15, 2002）（http://www.dnr.ne.gov/Republican/FinalSettlement3.pdf）.

可以避免具有更高政治管辖权的外部机关——来自联邦政府的行政权、国会的立法权和联邦最高法院司法权的干预。这些表明，寻求在解决州际河流水权争端问题上达成调解协议的压力反映了在州一级通过谈判和协商解决争端问题的协作治理行动的重要性。

第四节 协作博弈中争端治理机制的多层化

一 里帕布里肯河流域新一轮水权争端

(一)"三个和尚"为水再争端（2007年底至2010年）

根据2002联邦最高法院批准的《最终协定条款》，2006年是测定内布拉斯加州是否遵守RRC和《最终协定条款》的第一年。根据堪萨斯州农业部水资源管理官员的计算，内布拉斯加在2005—2006年已经使用了82240英亩—英尺（约9984万立方米）水量，超过了《最终协定条款》中关于其在2005—2006年的水权使用总量。[①] 根据估算，一个拥有10万居民的城市可能要花10年时间才消耗这么多的水量。在堪萨斯州政府官员看来，内布拉斯加州在这些年间严重违反了2002年联邦最高法院同意的《最终协定条款》，通过大量抽取地下水，过度使用与堪萨斯州和科罗拉多州共同享有的里帕布里肯河流域水资源（具体见表6-2、表6-3、表6-4）。

内布拉斯加州境内居民的过度抽水行为给堪萨斯州带来了非常严重的负外部性，导致地处流域下游的堪萨斯西北部已经没有足够的水资源满足其境内波士特维克灌区（Bostwick Irrigation District）和其境内里帕布里肯河流域用水户的基本需要。从一定程度上讲，里帕布里肯河流域的水资源是促使科罗拉多、内布拉斯加和堪萨斯三个州走在一起的最终力量。2007年年底以来，里帕布里肯河流域三个成员州之间再次出现水资源争端。这次争端涉及上百万美金和几十万灌溉土地的利益。堪萨斯州决定再次为保障自己的水资源利益而战。

[①] The Kansas Department of Agriculture, Republican River Compact Enforcement（http://www.ksda.gov/includes/document_center/interstate_water_issues/RRC_Docs/RRCompactFS033108.pdf）.

表6-2 科罗拉多州的水资源平均分配量和有益的利用量（2003—2007） 单位：英亩—英尺

年份	分配量	估算的有益的使用量	调水量	净利用量
2003	21420	33470	—	-12050
2004	21540	33670	—	-12130
2005	25040	35460	—	-10420
2006	21260	31280	—	-10020
2007	24520	32850	—	-8330
平均	22760	33350	—	-10590

说明：调水量来自普拉特河，净利用量（Net）等于协议分配量加上引水量，再减去实际使用量。负号表明过度用水。

资料来源：The Nebraska Farm Bureau, Nebraska Implementation of LB 701 (http://www.nefb.org/archivej/uploads/FB%20news%20for%20Republican%20Basin%20June%202007.pdf)。

表6-3 堪萨斯州的水资源平均分配量和有益的利用量（2003—2007） 单位：英亩—英尺

年份	分配量	估算的有益的使用量	调水量	净利用量
2003	167780	48910	—	118870
2004	137450	38120	—	99330
2005	136820	44310	—	92510
2006	127230	55630	—	71600
2007	169830	60040	—	109790
平均	147820	49400	—	98420

资料来源：The Nebraska Farm Bureau, Nebraska Implementation of LB 701 (http://www.nefb.org/archivej/uploads/FB%20news%20for%20Republican%20Basin%20June%202007.pdf)。

表6-4 内布拉斯加州的水资源平均分配量和有益的利用量（2003—2007） 单位：英亩—英尺

年份	分配量	估算的有益的使用量	调水量	净利用量
2003	227580	262780	9782	-25418
2004	205630	252650	10386	-36634
2005	199450	253740	11966	-42324
2006	189390	233120	12218	-31512
2007	244390	235640	21933	30683
平均	213290	247590	13260	-21040

资料来源：The Nebraska Farm Bureau, Nebraska Implementation of LB 701 (http://www.nefb.org/archivej/uploads/FB%20news%20for%20Republican%20Basin%20June%202007.pdf)。

(二) 内布拉斯加州是否违反承诺

由于内布拉斯加州没有严格遵守 2002 年三个州所达成的调解协议和《最终协定条款》，根据《最终协定条款》中关于"在 2002 年 12 月 15 日以后，由于行动或条件的变化，各州保留其以后提出解释协议和请求强制执行 RRC、《最终协定条款》的权利"的有关规定，堪萨斯州在 2007 年 12 月 19 日再次对内布拉斯加州用水提出异议，并威胁将请求联邦最高法院下达禁令，除非内布拉斯州加减少从里帕布里肯河的引水量，并且支付其在过去过度使用的大量无法计算的水资源费用。①

堪萨斯州还认为，内布拉斯加州已经严重忽略其在《最终协定条款》(Final Settlement Stipulation, FSS) 中的义务，其所采取的履行州际协议的行动是不充分的，损害了堪萨斯州及其水用户的利益。堪萨斯州起诉内拉斯加州超量用水的行径在州际法案中是被允许的，因为内布拉斯加的确在 2005 年、2006 年两年时间内便已用掉 270 亿加仑（约 8 万英亩—英尺）水，这些水足可供一座拥有 10 万居民的城市使用 10 年。

信任是协作性公共管理的必要条件；协作行为的信任意味着一种义务，不对另一方的利益造成不必要的损害；这种对信任的义务对于协作性管理链条的统合非常重要。② 基于这种信任而实施的自我履约行为是州际协议实施的自愿性机制。由于环境和事件的不确定性以及协议的不完备性导致了协议在有些情况下不能将这种信任机制自我实施，或者说这种实施机制失灵。州际协议一般不会是完全自我履约式的。如果有成员州的态度和行为抑制了建设性的协作行动，其他成员州可以通过外部的协作性管理者来促成成员州间的建设性互动。或者，当成员州之间出现争端甚至冲突，并且无法通过成员州之间自主协商调和这些争端和冲突的时候，它可能需要通过某种形式的第三方上级权威组织监督其实施和执行，特别是发现有成员州的消极外部性行为给其他成员州的福利带来伤害时，为促进成员州之间协作行动，最大限度地预防协作链条的断裂。来自第三方的强制实施权力就显得非常必要，这种安排在联邦治理体制中是固有的，这个重要特性是对利益受损的州实施法律救济，那种利益受损是其他州的行动导致的消极外部性结果，诸如内布拉斯加州境内居民的抽水行为不利地影响

---

① Kansas Threatens to Sue Nebraska Over Use of a River (http://www.nytimes.com/2007/12/20/us/20water.html?_r=1&sq=Republican%20river%20compact&adxnnl=1&oref=slogin&scp=1&adxnnlx=1199894596-rouCPop/WKejEsOwuM17IQ).

② Robert Agranoff and Michael Mc Guire, *Collaborative Public Management: New Strategies for Local Governments*, Washingtong D. C.: Georgetown University Press, 2003, p. 182.

堪萨斯州居民的用水权益。

组织间争端治理的核心在于设计和选择有效的协调机制与政策工具。在里帕布里肯河流域权益纠纷和争吵依然的情形之下，各参与方必须充分利用业已建立的协作性公共管理机制，促使争端各方之间的对话和协商，加强协调行动，同时预防、最大限度地减少州际协作的各种障碍，由此降低协作性公共管理中的交互作用成本。那么，为应对和解决2007年年底以来的新一轮水权争端，三个州又做了什么呢？协商？调停？还是仲裁？无论他们选择何种协调机制，最终"协作的成功可能取决于各参与方的谈判和对关键问题的探讨，主要在于努力寻找对不同意见的创造性解决方案"①。

二　协调机制：政府间协商（Intergovernmental Negotiation）

（一）协调的组织：RRCA

组织间的信息交流可促进组织之间的对话和沟通，可以使组织之间的谈判和协商较为顺利；而谈判和协商的顺利进行又可促进组织之间的一致性理解和预期，进而促进协作行动。2007年12月19日，堪萨斯州通过邮件信函正式向内布拉斯加州提出用水异议。堪萨斯州农业部首席工程师、水资源管理处主管、堪萨斯 RRCA 委员（RRCA Commissioner）戴维·巴菲尔德12月19日在给内布拉斯加州自然资源部主管兼 RRCA 委员（RRCA Commissioner）安·布利德的信件中指出：

> 虽然目前最迫切需要做的是使内布拉斯加遵守协议，但对内布拉斯加的违反协议行为也需要适当的制裁。②

戴维·巴菲尔德还不断强调：

> 无论怎样，支付的费用的确是要达到数千万美元的。如果堪萨斯

---

① Judith EInnes. and David E. Booher, "Consensus Building and Complex Adaptive System: A Framework for Evaluating Collaborative Planning", *Journal of the American Planning Association*, Vol. 65, Autumn 1999, pp. 412-423.

② David W. Barfield, P. E. Remedy for Nebraska's violation of the Decree in Kansas v. Nebraska & Colorado, No. 126, Original, U. S. Supreme Court (http://www.ksda.gov/includes/document_center/interstate_water_issues/RRC_Docs/Remedy_NebraskaDecember2007_12_19Final.pdf).

州要求断绝灌溉用水，那将意味着为内布拉斯加州总灌溉土地120万英亩中的50万英亩土地上提供用水的水井将被全部关闭，而这些水井灌溉内布拉斯加州境内里帕布里肯河流域约120万英亩土地。①

戴维·巴菲尔德为此还提出了一套补救办法：

> 一是由联邦最高法院颁布一项关于内布拉斯加州违反联邦最高法院2003年司法裁决的命令；二是由联邦最高法院决定内布拉斯加州赔偿其在2005—2006年由于违反州际协议和联邦最高法院裁决，而给堪萨斯州带来的各种损失；三是关闭内布拉斯加州境内2.5英里以内的里帕布里肯河流域及其支流内的水井和地下水灌溉。另外，如果内布拉斯加州仍然不能或不想对其水用户的取水行为实施监控的话，那么由联邦最高法院任命一位特别仲裁官（Special Master）来调查和裁决此案则是非常必要的。如果内布拉斯加州在45天之内没有与堪萨斯州就此问题达成协议，堪萨斯州将把争端提交RRCA处理。如果争端不能通过RRCA解决，我们将请求联邦最高法院启动《最终协定条款》争端解决程序（FSS Dispute Resolution Procedure）。②

看来，堪萨斯州这次准备与内布拉斯加州对簿公堂。与此同时，堪萨斯州首席检察官兼州水资源分界限执行法案检察官保罗·莫里森给内布拉斯加州首席检察官约翰·博宁和州自然资源部主管安·布利德发出了信函。

保罗·莫里森在信件中这样指出：

> 毫无疑问，内布拉斯加在过去过度用水，违反了协议，如果内布拉斯加州不同意我们的赔偿要求的话，堪萨斯州将坚持继续上诉至联邦最高法院。除此之外，别无其他选择。③

---

① David W. Barfield, P. E. Remedy for Nebraska's violation of the Decree in Kansas v. Nebraska & Colorado, No. 126, Original, U. S. Supreme Court（http：//www.ksda.gov/includes/document_center/interstate_water_issues/RRC_Docs/Remedy_NebraskaDecember2007_12_19Final.pdf）.
② Ibid..
③ Kansas Threatens to Sue Nebraska Over Use of a River（http：//www.nytimes.com/2007/12/20/us/20water.html?_r=1&sq=Republican%20river%20compact&adxnnl=1&oref=slogin&scp=1&adxnnlx=1199894596-rouCPop/WKejEsOwuM17IQ）.

莫里森发言人阿诗力·安斯塔特这样说：

> 堪萨斯州的律师们仍在努力地计算着他们认为内布拉斯加州最终应该支付的费用。我不认为这有什么问题，他们早已超量用水了，我们相信我们的修缮办法是公平的，并且将开始将他们引入正轨。

莫里森在信件中还这样写道：

> 现在缺少的是一种决心，我们别无选择，但继续诉讼之道却是一定会坚持到底的。安斯塔特还说，堪萨斯州并没有对科罗拉多州提出类似要求的打算，那是因为科罗拉多州并没有违反当初的协议。

在内布拉斯加州，约翰·博宁看到了戴维·巴菲尔德的来信，信中提道：

> "解决这一争端过程中的另一个步骤。""他希望这一切可以不通过诉讼便可得到解决，与此同时他确信内布拉斯加州将得到承认，并不会受到堪萨斯州激烈言辞的影响。"

2008年2月4日，内布拉斯加州自然资源部主管兼RRCA委员（Nebraska RRCA Commissioner）安·布利德在给堪萨斯州农业部首席工程师、堪萨斯RRCA委员（RRCA Commissioner）戴维·巴菲尔德的回信中指出："内布拉斯加不同意堪萨斯的主张和要求。"[①] 因而，戴维·巴菲尔德在2008年2月8日给安·布利德和科罗拉多州RRCA委员迪克·沃尔夫的信中要求将争端提交RRCA解决，这是根据2003年《最终协定条款》中关于州际争端的解决机制的首要选择。

内布拉斯加州州长大卫·赫尼曼说：

---

① The Nebraska Department of Natural Resources. Nebraska Response to Kansas Dept. of Agriculture's Letter Regarding Remedy for Nebraska's Violation of the Decree in *Kansas v. Nebraska & Colorado*, No. 126, Original, U. S. Supreme Court（February 4, 2008）（http://www.dnr.ne.gov/legal/notices/Nebraska_ Response020408.pdf）.

内布拉斯加州和地区政府官员们都认为使用水源管理计划中的征税的办法将能解决堪萨斯关注的问题。我们想要让那些好的影响继续下去。①

从上面内布拉斯加州和堪萨斯州的通信联络可以看出,两个州实际上都表达了希望通过相互协商解决彼此的争端的意愿。合约各方在某一发展阶段对采取什么方式来处理未来可能发生的任何问题显性或隐性地达成一致。……而且,由于需要在合约中保持一定的弹性,一般或多或少地同意将对有关问题不断进行谈判与协商。② 这种协商过程是"典型的导向共识的网络决策过程……更重要的是,这一过程以建立能够带来新机会的集体权力为导向"③。通过争端各方之间的自主协商,更有可能以比法律程序解决更低的成本和更和气的方式解决争端。

2008年3月11—12日和4月11—12日,RRCA在堪萨斯城(Kansas City Missouri)召开会议④,会议的主要内容是协商解决堪萨斯州与内布拉斯加州之间的水权争端问题,协商各方已经以水资源管理为核心要素,把协商内容从主要的原则性协议层面转到了实施层次的具体任务。在2008年3月11—12日的会上,来自三个州的代表,包括堪萨斯州农业部首席工程师、堪萨斯州水资源管理处主管、RRCA委员戴维·巴菲尔德,科罗拉多州自然资源部主管、RRCA委员迪克·沃尔夫和内布拉斯加州自然资源部主管、RRCA委员安·布利德,深入讨论了堪萨斯州和内布拉斯加州之间的水权争端。与里帕布里肯河流域水资源利益有关的一些利益群体也派代表出席此次会议,包括里帕布里肯河流域水资源保护区(Republican River Water Conservation District,RRWCD)、科罗拉多农业保护联合会(Colorado Agriculture Preservation Association,CAPA)等。

内布拉斯加州代表安·布利德在两次会议上介绍了该州在2005—

---

① Kansas Threatens to Sue Nebraska Over Use of a River(http://www.nytimes.com/2007/12/20/us/20water.html?_r=1&sq=Republican%20river%20compact&adxnnl=1&oref=slogin&scp=1&adxnnlx=1199894596-rouCPop/WKejEsOwuM17IQ)。

② [美]埃里克·弗鲁博顿、[德]鲁道夫·芮切特:《制度经济学:一个交易费用分析范式》,姜建强等译,上海三联书店2006年版,第208页。

③ RobertAgranoff,"Inside Collaborative Networks: Ten Lessons for Public Managers",*Public Administration Review*,Vol.66,No.1(Supplement)December 2006,pp.55-65.

④ The Kansas Department of Agriculture. Republican River Compact Enforcement(http://www.ksda.gov/includes/document_center/interstate_water_issues/RRC_Docs/RRCompactFS033108.pdf)。

2006 年遵守 RRC 和《最终协定条款》的情况和以后的计划。而堪萨斯州的代表则认为，将保留在任何时候进入争端调解程序的权利。其中，地下水的开发是堪萨斯州与内布拉斯加州之间争端的核心。堪萨斯宣称，许多年来，内布拉斯加对里帕布里肯河流域地下水的开发，再加上地表水的使用，严重违背了 RRC 和《最终协定条款》中对于里帕布里肯河流域水资源分配的有关规定。① 而安·布利德则很乐观地认为内布拉斯加与堪萨斯之间的水资源争端能够通过他们之间的对话和协商解决，可以避免启动司法程序。

科罗拉多州的代表在 2008 年 3 月 11—12 日的会议上提出该州计划建造一个向堪萨斯西北部输水的水管工程，以协助该州履行该协议。科罗拉多州自然资源部副主管肯·诺克斯曾这样说：

> 科罗拉多意识到了该州遵守 RRC 和《最终协定条款》的能力和责任。②

堪萨斯州代表对科罗拉多州和内布拉斯加州为履行协议规定采取的行动予以积极回应，但认为还有许多具体问题需要妥善解决。堪萨斯州的态度非常明确，如果这次通过 RRCA 解决争端失败的话，将求助非法律约束力的仲裁手段。

（二）协商的结果：争吵依然

堪萨斯州农业部首席工程师、水资源管理处主管、RRCA 委员戴维·巴菲尔德告诉笔者：

> 现在我们还无法找到更合理的方式解决堪萨斯与内布拉斯加两个州之间的水资源争端，如果通过 RRCA 和两个州之间的谈判与协商不能解决，也许堪萨斯以后会再次向联邦最高法院起诉内布拉斯加。这将会是堪萨斯州的最后选择。③

---

① The Kansas Department of Agriculture, Republican River Compact background and litigation history（http://www.ksda.gov/interstate_ water_ issues/? cid = 847）.
② The Colorado Agriculture Preservation Association (CAPA), Republican River Compact Administration Special Meeting March 2008（http://coloradoagriculturepreservationassociation.com/news/Republican%20Compact%20Administration%20Special%20Meeting%20%20March202008.htm.）.
③ 访谈编号：DWB2008626。

而科罗拉多州自然资源部首席工程师、水资源管理处主管、RRCA委员迪克·沃尔夫则告诉笔者：

> 我们更希望能通过州际协议来解决目前这一地区的水资源争端问题，因为选择州际协议，可以让我们能够自主协商，克服来自联邦最高法院的压力。因为法庭诉讼对于争端各方来说都不一定是件好事，一是诉讼的交易成本巨大；二是诉讼可能伤害州际关系，并且家丑外扬，这对各方都不体面；三是诉讼不一定能够得到让各方都满意的结果。①

很显然，争端各方都希望通过政府间协商促成争端各方的建设性而非对抗性的交互行为，形成皆大欢喜的解决争端的共同行动方案。2008年5月16日，来自科罗拉多、堪萨斯和内布拉斯加三个州的水资源管理官员在林肯市召开会议，商讨解决堪萨斯和内布拉斯加之间的水权争端。② 争端双方都希望通过自主协商达成协议，尽量避免聘请仲裁官来调解双方的争执。然而，堪萨斯和内布拉斯加两个州的代表仍然没能解决双方在里帕布里肯河流域的用水争端。堪萨斯要求内布拉斯加承担违反协议的成本，向其赔偿约7200万美元的用水损失，并且关闭内布拉斯加州境内里帕布里肯河流域1.2英里之内的水井。这对于里帕布里肯河流域自然资源保护区来说是一个非常不现实的举动，因为这些地下水井足以灌溉内布拉斯加州境内里帕布里肯河流域60万英亩土地。由于在解决双方争端的政策方案无法达成一致性理解，最后出席此次会议的堪萨斯和内布拉斯加两个州的代表不欢而散。

三 协调机制：政府间仲裁（Intergovernmental Arbitration）

（一）协调的组织：无法律约束力的第三方仲裁官

虽然堪萨斯和内布拉斯加两个州通过自主协商无法消除它们对争端解决方案存在的很多分歧，但它们并没有放弃再次通过信息沟通和协商解决争端的计划，调动双方对协作解决争端的目标的理解和支持。显然，争端各方的目标和重点仍是与邻州达成协议，而且是在谈判桌上而非法庭上。

---

① 访谈编号：DW2008425。
② The Water Information Program. May 16, 2008—Water dispute likely headed to outside arbitrator（http://www.waterinfo.org/node/1807）.

不过，这次谈判是由独立的第三方仲裁机构来主持、推动、决策和监督。

2003 年联邦最高法院颁布的《最终协定条款》第 7 条款规定了通过仲裁解决州际争端的基本程序：

> 成员州今天遇到与 RRC 的管理，包括《最终协定条款》的实施和管理有关的争端和纠纷问题，只要成员州在其中存在实际利益，首先应将争端提交 RRCA，通过协商，促成争端得到妥善解决；
> 如果通过这种政府间协商工具不能有效解决争端，则有关成员州可以书面公告其他州，请求独立的仲裁机构对争端进行仲裁；
> 仲裁官（The Arbitrator）的资质条件包括：不是任一涉及争端州的雇员或机构，普遍精通争端中的原则问题，应揭示实质或潜在的利益冲突和现有或以前与受争端处理决定直接影响的个人或群体有关的契约和其他关系。[1]

为了启动州际水权争端仲裁过程，2008 年 4 月 3 日，堪萨斯州和内布拉斯加州根据《最终协定条款》，双方经过协商和合作，进一步明确了水权争端范围。

2008 年 4 月 17 日，堪萨斯州和内布拉斯加州各自向对方提交了仲裁官人选和资格条件。[2]

2008 年 4 月 28 日，堪萨斯州和内布拉斯加州的有关代表私下会谈或通过电话在仲裁官人选上达成一致，如果不能达成一致的话，两个州同意将争端提交冲突与争端解决联合会（Conflict and Dispute Resolution，CDR Associates）。[3]

2008 年 5 月 1 日，通过信件和电话协商，两个州正式确定了卡尔·杰黑尔作为主持这次水权争端的仲裁官。[4] 卡尔·杰黑尔当时居住在科罗拉多州，他与科罗拉多或堪萨斯州和内布拉斯加州都没有什么利益关系，被认为是一位中立的法官（Neutral Judge）。

---

[1] 参阅 Final Settlement Stipulations（December 15，2002）第 7 条款（VII），The Nebraska Department of Natural Resources. Final Settlement Stipulations（December 15，2002）（http://www.dnr.ne.gov/Republican/FinalSettlement3.pdf）。
[2] The Kansas Department of Agriculture. joint notice of arbitration（October 21，2008）（http://www.ksda.gov/includes/document_center/interstate_water_issues/RRC_Docs/JointNoticeofArbitration2008_10_21.pdf）.
[3] Ibid..
[4] Ibid..

根据《最终协定条款》的规定，确定仲裁官人选后，仲裁官应在七天内与各成员州举行首次会议，安排解决争端的议程，并且整个争端解决期限不应超过六个月。2008年5月12日，堪萨斯州和内布拉斯加州就争端仲裁事宜举行了有仲裁官卡尔·杰黑尔参加的首次会议。[1]

2008年8月6日，内布拉斯加州自然资源部主管兼RRCA委员（Nebraska RRCA Commissioner）布里安·塔尼康致信堪萨斯州农业部首席工程师、水资源管理处主管、RRCA委员戴维·巴菲尔德和科罗拉多州自然资源部首席工程师、水资源管理处主管、RRCA委员迪克·沃尔夫，并提出了内布拉斯加州关于计算里帕布里肯河地下水影响的新的方法。[2]

2008年8月14日，针对悬而未决的水权争端问题，来自科罗拉多、堪萨斯和内布拉斯加三个州的水资源管理官员在林肯市再次召开RRCA年度会议。[3] 由于堪萨斯在会上与科罗拉多和内布拉斯加没能就解决里帕布里肯河流域水资源分配中的州际争端问题找到令各方都可以接受的政策方案，堪萨斯州政府官员提出将可能选择独立的第三方机构采取无法律约束力的仲裁（Non-Binding Arbitration），作为解决该州与其他两个州之间水权分歧的第一步。言外之意，这一步不走或走不通的话，还有第二步。

2008年10月21日，三个州聘请卡尔·杰黑尔作为仲裁官，向各成员州和联邦政府有关部门发出了《仲裁联合公告》（Joint Notice of Arbitration）。根据《最终协定条款》中有关争端解决机制的规定，争端各方需要向联邦政府提供《仲裁联合公告》。《仲裁联合公告》的主要内容包括对争端范围的书面介绍和描述，向各州提供充分详细的材料，让各州理解争端和相关问题的实质性，以及向在争端中有实质性利益的其他州提供充分的信息，明确仲裁官应具备的解决争端所需要的技能。布里安·塔尼康、戴维·巴菲尔德和迪克·沃尔夫分别作为内布拉斯加州、堪萨斯州和科罗拉多州三个州的代表参与这次水权争端仲裁全过程，并邀请美国内务

---

[1] The Kansas Department of Agriculture. joint notice of arbitration (October 21, 2008) (http://www.ksda.gov/includes/document_center/interstate_water_issues/RRC_Docs/JointNoticeofArbitration2008_10_21.pdf).

[2] The Nebraska Department of Natural Resources. Analysis of Current Methods Used to Calculate Groundwater Impacts for the Republican River Compact (http://www.dnr.ne.gov/Republican/Transmittal_ConsumptiveUsePaper.pdf).

[3] The Water Information Program, August 21, 2008—Nebraska challenging compact accounting (Yuma Pioneer) (http://www.waterinfo.org/node/2235).

部农垦局、陆军工程兵团和自然资源管理局参与争端仲裁过程。[1]

2008年12月10日,仲裁官卡尔·杰黑尔在科罗拉多州首府丹佛市主持会议,听取三个州对水权争端法律问题的看法。每个州都对水权争端法律问题的看法不同,仲裁官最后将这些不同的看法综合为七个主要问题[2]:

问题1:内布拉斯加州关于改变RRC结算程序是这次争端解决的恰当议题(Proper Subject)吗?适用仲裁程序妥当吗?

问题2:从非联邦水库(Non-Federal Reservoirs)中蒸发出的水需要包含在RRC结算程序中吗?

问题3:目前的RRC结算程序分配由于水蒸发所导致的水资源损耗全部给堪萨斯州吗?如果是,应该如何分配由于水蒸发所导致的水资源损耗?

问题4:如果内布拉斯加州违反了RRC或2003年5月19日联邦最高法院批准的《最终协定条款》,对堪萨斯州造成了损害,那么内布拉斯加州需要服从由于藐视民事法庭罪(Civil Contempt of Court)的矫正措施吗?包括内布拉斯加州交还河流水资源所得作为金钱处罚,或者对堪萨斯州的任何损害赔偿都限于堪萨斯州所遭受的实际损害?

问题5:堪萨斯州提出的关于各州今后遵守RRC和《最终协定条款》的矫正方法是这次仲裁的恰当议题吗?美国联邦最高法院能够制定和指令各成员州今后遵守协议的矫正措施吗?

问题6:如果对内布拉斯加州在2005年和2006年两年间违反协议的指控是有根据的,那么堪萨斯州的用水权是在2005年和2006年两年间都遭受了损害?还是仅仅在2006年受到了损害?

问题7:内布拉斯加州提出的关于对头一年违反协议造成的损害进行信用支付作为决定下一年服从的问题是这次仲裁的恰当议题吗?

---

[1] The Kansas Department of Agriculture, joint notice of arbitration (October 21, 2008) (http://www.ksda.gov/includes/document_center/interstate_water_issues/RRC_Docs/JointNoticeofArbitration2008_10_21.pdf).

[2] The Colorado Agriculture Preservation Association. Arbitrator's Priliminary Decision On Legal Decisions (December 19, 2008) (http://coloradoagriculturepreservationassociation.com/Arbitration_12.19.08.htm).

根据《最终协定条款》的规定,仲裁应在最短的时间之内作出解决争端的决定,自争端方最后提交日期起,不超过60天。这次州际水权争端仲裁审理安排在2009年3月9—20日进行。在此之前,仲裁官(The Arbitrator)卡尔·杰黑尔已经形成了与水权争端有关的法律问题和仲裁条款的一些基本决定。对内布拉斯加州来说,最重要的一条就是该州将不必交还应该流向堪萨斯州而被内布拉斯加州用水户利用的水资源所带来的利益。上述任何损害的赔偿支付都是建立在堪萨斯州用水户遭受的实际损害的基础上。因此,将对堪萨斯州所提出的7200万美元损害赔偿要求削减100万—1000万美元。

2009年4月15日,三个州在科罗拉多州首府丹佛市举行仲裁听证会议,提供最后的证词和结案陈词。美国农垦局官员在仲裁听证会上指出,如果不对地下水利用实施限制和控制,里帕布里肯河流域的地表水将会减少,从长远来说,将导致内布拉斯加州更难遵守州际流域水权协议。只要地下水枯竭继续,就难以抵消由于不断抽取地下水所造成的缺水问题。仲裁官卡尔·杰黑尔在2010年7月正式作出仲裁决定,"内布拉斯加州遵守协议的问题是地下水而非地表水,从长远和近期来看,地下水使用必须减少到让内布拉斯加州足以能够履行协议的程度"[1]。这种仲裁结果对于争端各方都没有法律约束力,如果一方或多方对仲裁结果不满意或不服从,可能会将这种争端提交联邦最高法院解决。

在通过政府间协商无法解决水权争端的情形下,第三方私人仲裁机制往往首先被动用,它的存在和运用既可以有力地补充和促进州际协议实施中的治理工具,又节省了再次诉讼的交易成本。但这种私人仲裁机构作出的决策对争端各方都没有法律约束力(Non-Binding)。要进一步强化各方对履约的信心,契约必须提供更强有力的强制仲裁方式,这是一项使第三方的裁决对纠纷当事方都具有约束力的规定。[2] 当然,不具备法律约束力的私人仲裁与具备法律约束力的法院强制裁决这两种治理工具组合可以在这种协作性公共管理层面上形成一种均衡。[3]

---

[1] Kansas' Reply to Colorado's and Nebraska's Responses, July 20, 2010 (No. 126, Original).
[2] [德] 柯武刚、史漫飞:《制度经济学:社会秩序与公共政策》,韩朝华译,商务印书馆2000年版,第244页。
[3] 青木昌彦认为:"私人裁决和诉讼在个人层面上是替代品,但是它们的混合(混合策略组合)可以在社会层面上形成一种均衡。诉讼或私人裁决单独都不可能成为一种可持续的均衡结果。策略互补性的存在恰恰表明了多重均衡的可能性,即每个亚领域不同治理机制存在的合理性。"参见 [日] 青木昌彦《比较制度分析》,周黎安译,上海远东出版社2001年版,第89页。

(二) 仲裁的结果：结束争吵？还是继续争吵？

水是促使科罗拉多州、堪萨斯州和内布拉斯加州联合组织起区域协作治理行动的一种重要力量。为建构一个良好的、可持续发展的流域水资源利用和开发的秩序，近20年来，里帕布里肯河流域的三个州一直在努力创造利用联盟的智慧和技术解决它们所面临的流域水资源分配问题。虽然堪萨斯州和内布拉斯加州希望通过仲裁机制，尽快结束这场争端。笔者认为，这种仲裁的结果并不乐观，争端的最终解决可能依赖某个"中央机构"，例如，联邦最高法院。更常见的争端处理结果可能是依赖某个"中央机构"的调解，通过谈判和协商，达成调解协议，致力于走出权益博弈困境，指出在利用和开发干旱土地水资源上形成协作的理念和程序（如图6-2所示）。实际上，美国联邦最高法院在2010年7月同意了堪萨斯州在里帕布里肯河流域的水权请求，认为内布拉斯加州的过度用水行为违反州际河流分水协议。任何冲突解决机制都不能保证河流水资源争端得到完美的处理，但也难以设想这种跨越州的地域边界性的河流水资源分享系统能在没有这样的机制下能够维持下去。正因如此，州际河流水资源管理的制度安排才得以不断完善，以最大限度降低交易成本。

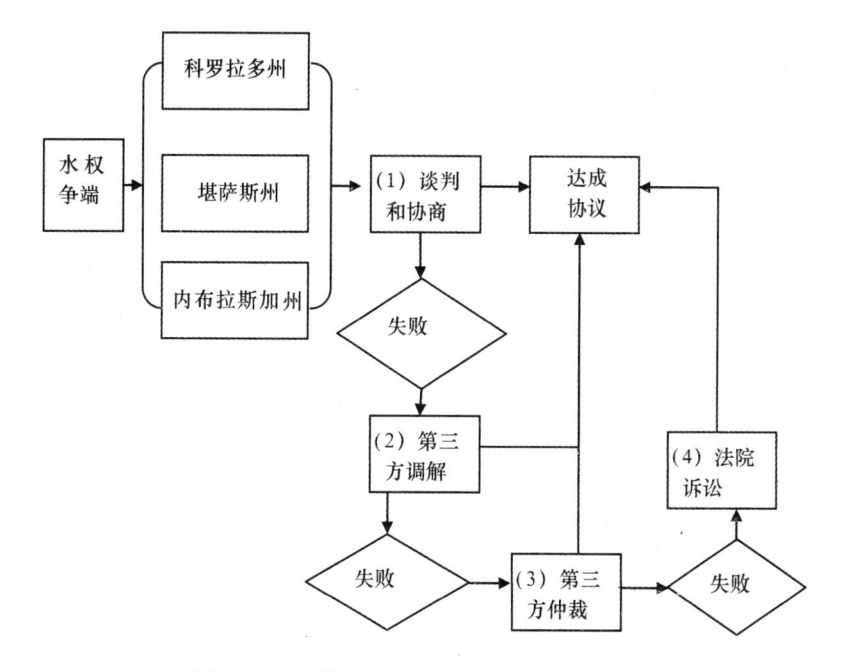

图6-2 里帕布里肯河流域水权争端治理过程

(三) 再次通过政府间协调机制解决流域水权争端

从2010年至2014年，堪萨斯州与内布拉斯加州和科罗拉多州围绕里帕布里肯河流域的水权分配问题继续发生争端。从实践中看，州际流域协议争端治理制度的选择具有路径依赖特征。2010年3月，堪萨斯州在联邦最高法院提起诉讼，要求强制执行《最终协定条款》，采取措施确保内布拉斯加州不再违反州际河流水权协议，并赔偿由于违反协议对堪萨斯州所造成的损害。[①]2010年10月，特别仲裁官帕格尔就内布拉斯加和科罗拉多两个州遵守州际流域水权协议问题作出了不具有约束力的仲裁。2011年4月，联邦最高法院下达命令受理堪萨斯州提起执行《里帕布里肯河流域协议》的请求和法院批准的《最终协定条款》的诉讼请求。最高法院特别仲裁官主持诉讼，并向最高法院报告和提出建议。[②]

2013年9月，《里帕布里肯河流域协议》管理委员会（Republican River Compact Administration，RRCA）第53次年度会议在堪萨斯州科尔比举行，讨论流域水权问题。2014年8月，《里帕布里肯河流域协议》管理委员会第54次年度会议在内布拉斯加州林肯市再次讨论州际水权争端问题。2014年10月，堪萨斯州、科罗拉多州和内布拉斯加州达成解决里帕布里肯河流域协议问题的共识，提出解决州际水权争端的方案。2014年11月，堪萨斯州、科罗拉多州和内布拉斯加州再次签署争端解决协议。三个州的水资源管理部门官员计划2015年1月继续开始进一步讨论流域水权争端解决方案实施的协调工作，并制订长期的解决方案。[③]

从里帕布里肯河流域水权争端治理的历史经验与发展趋势来看，在通过"协商、承诺和执行"重复交互行动解决水资源分配和利用问题的过程中，都伴随着在争端各方中间协商新的政治解决机制，持续地建构和再建构着州际河流协作性公共管理秩序。政治解决机制的任务就是把一个无益的敌对变成合作对付自然的游戏。堪萨斯州和内布拉斯加州之间水权争端是在谈判桌上众多回合的讨论、辩论、讨价还价和协商中得到最终解决的。这是典型的政府间利益博弈，通过这种博弈最大限度地解决了不同政府间的信息不对称和利益不对称问题。

有效的州际协作博弈达成之时也就是争端得到解决之时。而政府间谈

[①] Kansas brings Nebraska's Compact Violations to the U. S. Supreme Court（https：//agriculture. ks. gov/divisions-programs/dwr/interstate-rivers-and-compacts/republican-river-compact）.

[②] Ibid..

[③] Kansa Department of Agriculture. Historic Water Agreement signed between Kansas, Nebraska and Colorado, http：//www. agriculture. ks. gov/.

判和协商、仲裁和调解过程都失败之时也就是诉讼启动之时,但经验和智慧又会告诉它们寻求法庭诉讼又可能会是徒劳的。当然,在治理这种争端和冲突的过程中,它们通过对问题的共同认知和理解,学习和获得了有关协作和博弈的基本规则,通过相互考虑和协商,建立制度化的水权争端解决机制,各方也许展示了协调、联合和集体行动的行为模式,可以说充当着一种区域公共治理机制。

从 RRC 实施过程中的争端治理来看,协作治理模型对于州际协议实施中的激励、监督、执行和信息等问题都能给予科学的解释,从而保证了河流水资源的长期可持续性和高效管理的实现。流域公共管理是流域内不同利益主体为它们的生存和发展的需要而创造调节机制的艺术。这是一个永恒和普遍的问题。流域水资源争端解决是一个解决水权利益冲突的政治交易过程。在这个过程中,通过平等的规则调解争端和执行裁决,流域内水利益相关者都会通过相互作用,在协作过程中加入博弈,使各成员州可以充分表达和行使其权力,寻求促进他们自己的利益和目标。跨州流域水权争端治理机制的选择遵循动态交易成本最小化的路径。

在争端解决过程中,三个州曾经通过 RRCA 建立起来开放式的政府间协作治理机制,选择多层次的利益协调机制,不遗余力地就水资源争端解决方案进行协商和谈判,通过补充签订政府间调解协议来解决流域水权争端问题。内外部环境的变化及面临的新问题推动了流域协作治理安排的演化与可持续发展。美国各州在实践中选择和运用这些协调机制过程中遵循了区别性组合策略。多层次协调机制区域性组合运用可以在政府间关系制度层面上形成一种均衡。

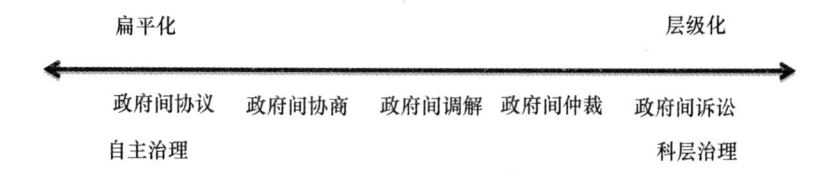

图 6-3 跨州流域治理中政府间协调机制的谱系

本章的分析表明,美国州际流域治理中政府间关系协调机制设计遵循了法治化基础上的多样性治理逻辑。从"政府间协议""政府间协商"到"政府间调解",再到"政府间仲裁""政府间诉讼",州际流域水权争端治理结构的层级化程度渐趋提高。州际流域治理中政府间关系协调的法律制度在实践中形成一个谱系(见图 6-3)。每种协调机制的选择必须与政府间关系问题的具体特性相适应或相匹配。上述五种协调机制都作为美国州际流域治理制度安排的复合体起着重要作用，形成一种开放、动态的政府间关系协调法律制度框架。这意味着有效的治理体系必须在一定的治理结构下转化为治理能力，这就是治理制度重要性的体现。

第七章　州际协议实施效果评估

当科罗拉多州、堪萨斯州和内布拉斯加州三个州采用州际协议解决里帕布里肯河流域水资源分配与管理问题时，政府间协议机制解决它们面临的水资源争端问题了吗？换言之，RRC 的预期目标实现了吗？这就涉及评估州际协议的实施效果，也即评估这种区域协作治理制度安排的绩效。绩效是可持续性网络协作的关键。[①] 评估州际协议的实施绩效就是发现和评价州际协议目标的实现情况。RRC 第 1 条规定的六个目标可以概括为四个方面：一是水资源有效和有益的最大化利用；二是公平分配流域水资源；三是促进州际合作，减少和消除州际争端与冲突；四是促进三个成员州与联邦政府的协作。本章将这些绩效目标转化为一系列绩效指标，评估 RRC 实施效果。

第一节　水资源有效和有益的最大化利用

水资源的可持续利用是流域管理的一个重要环节，也是流域管理的一个重要目标。本节选择两个结果指标（Outcome Measures）——地表水资源供应和地下水资源供应的开发，评估 RRCA 和三个成员州为实现里帕布里肯河流域水资源有效和有益的利用而采取的行动的绩效。

一　评估指标：地表水资源供应的开发

随着经济的迅速发展，里帕布里肯河流域三个州的需水量越来越大。从表 7-3 可以看出，里帕布里肯河流域地表水灌溉土地的面积在 20 世纪 40 年代 RRC 签订时大约 76283 英亩，到 2000 年，该地区的地表水灌溉面

[①] Robert Agranoff, "Inside Collaborative Networks: Ten Lessons for Public Managers", *Public Administration Review*, Vol. 66, No. 1 (Supplement), December 2006, pp. 55–65.

积增加到129830英亩。地表水灌溉面积的增加直接与联邦政府和这一流域的地表水灌区通过协作行动建立满足地表水充分供应的大容量水库和排水系统有关。[1] 虽然管理委员会和成员州没有实施直接与该流域地表水灌溉面积扩大有关的创建灌区行动或采取其他行动，但科罗拉多州、堪萨斯州和内布拉斯加州三个成员州通过管理委员会与联邦政府内务部农垦局协调，支持联邦政府在该流域建造以促进水资源有效和有益的利用为目标的地表水灌溉工程（见表7-1）。另外，地表水灌溉面积扩大的趋势还与联邦政府在该流域的投资有关。从1945年至1964年，联邦政府在里帕布里肯河流域建造了补充水资源供应的八座大型水库（见表7-2）。

表7-1　　　　　里帕布里肯河流域的地表水主要水道　　　　　单位：英亩

名称	河或支流	灌溉土地面积
卡伯特孙水道	弗里切曼支流	20990
米克尔水道	里帕布里肯河	16562
红威洛水道	红威洛支流	4877
巴特里水道	里帕布里肯河	6435
剑桥水道	里帕布里肯河	17297
阿密那水道	帕莱里支流	5764
那波尼水道	里帕布里肯河	1628
福兰克林抽水道	里帕布里肯河	2106
福兰克林水道	里帕布里肯河	11262
高级水道	里帕布里肯河	5972
县土地水道（内布拉斯加）	里帕布里肯河	1967
县土地水道（堪萨斯）	里帕布里肯河	42500
总计		137360

资料来源：Kenneth W. Knox, *The Allocation of Interstate Ground Water: Evaluation of the Republican River Compact As A Case Study*, Fort Collins, Colorado: Colorado State University, 2004, p. 134。

---

[1] Kenneth W. Knox, *The Allocation of Interstate Ground Water: Evaluation of the Republican River Compact As A Case Study*, Fort Collins, Colorado: Colorado State University, 2004, p. 142.

表7-2　　　　　里帕布里肯河流域的水库和水坝　　　单位：英亩—英尺

名称	所在河或支流	建造时间	容量
波尼水坝和水库	里帕布里肯河南支流	1948—1951	170600
特顿水坝和斯瓦森湖	里帕布里肯河	1949—1953	246291
恩得思水坝和水库	弗里切曼支流	1947—1951	72958
红威洛支流和大巴特湖	红威洛支流	1960—1962	85070
麦迪森支流水坝	麦迪森支流	1948—1949	88420
诺顿水坝和凯斯湖	帕莱里支流	1951—1964	134738
哈南县水坝和湖	里帕布里肯河	1950—1952	814111
拉威尔水坝和水库	白石支流	1955—1957	86131

资料来源：Kenneth W. Knox, *The Allocation of Interstate Ground Water：Evaluation of the Republican River Compact As A Case Study*, Fort Collins, Colorado：Colorado State University, 2004. p. 132。

表7-3　　　　　里帕布里肯河流域地表水灌溉土地数量　　　单位：英亩

时间	科罗拉多州	堪萨斯州	内布拉斯加州
1940	4763	1620	69900
1950	4763	2297	86599
1960	4763	2297	146489
1970	4763	13040	144884
1980	4763	13038	130479
1990	4763	12067	119414
2000	4763	11216	113851

资料来源：The Republican River Compact Administration（RRCA）, Republican River Compact Administration Groundwater Model（http：//www.republicanrivercompact.org/v12p/index.html）。

二　评估指标：地下水资源供应的开发

在 RRC 签订以后，该流域的地下水资源供应开采量迅速增加。当时该地区大约有59口地表水井灌溉27291英亩土地。[①] 到2000年，大容量的灌溉水井增加到26275口，灌溉面积超过260万英亩。实际上，到20世纪60年代，里帕布里肯河流域地下水的开采量相对较小，从70年代起，地下水井数量快速增加（见表7-4）。

---

① Kenneth W. Knox, *The Allocation of Interstate Ground Water：Evaluation of the Republican River Compact As A Case Study*, Fort Collins, Colorado：Colorado State University, 2004, p. 143.

表7－4　　　　　里帕布里肯河流域地下水灌溉田亩和
　　　　　　　　登记的水井数量（1940—2000）　　　单位：英亩，口

时间	科罗拉多州 水井	科罗拉多州 灌溉田亩	堪萨斯州 水井	堪萨斯州 灌溉田亩	内布拉斯加州 水井	内布拉斯加州 灌溉田亩
1940	33	767	18	1479	8	25045
1950	125	9562	64	3819	98	113514
1960	411	49808	501	48152	3710	332100
1970	2681	358895	1829	186811	6578	525372
1980	4082	571987	4166	349266	13790	1355950
1990	4102	541307	4326	393227	15421	1436374
2000	4110	567720	4439	428304	17726	1605714

资料来源：Kenneth W. Knox, *The Allocation of Interstate Ground Water: Evaluation of the Republican River Compact As A Case Study*, Fort Collins, Colorado: Colorado State University, 2004, p.136。

从20世纪80年代至今，科罗拉多州和堪萨斯州在其各自境内实施限制新的地下水井开采许可规制，因而这两个州在该流域的地下水开采量基本上保持了稳定。而在内布拉斯加州境内，地下水开采量持续增加。地下水具有公共池塘资源特性，如果单个成员州自私地过度攫取这种公共池塘资源，以至于破坏了资源长期可持续性利用，那么"公地悲剧"就会发生，这将对流域内各成员州的共同利益带来毁灭性损失。到2002年，联邦最高法院颁布《最终协定条款》，宣布在内布拉斯加州里帕布里肯河流域自然资源区（Natural Resource Districts）暂停开发新的取水井后，内布拉斯加州在该地区抽取的地下水才有所减少。

为实现里帕布里肯河流域水资源的最有效利用，该地区的个体用水户显然知道利用地下水灌溉庄稼的价值和效率。自协议签订以来，大约有2.62万口大容量水井用于灌溉该地区260万英亩的农作物。虽然自2002年《最终协定条款》颁布，特别是在2003年实施将地下水抽取导致的水量减小包括在RRCA结算程序中的地下水模型后，该流域新的地下水井的开发有所减少，但堪萨斯州在2007年年底再次抗议内布拉斯加州过度抽取里帕布里肯河的地下水，违反了RRC和《最终协定条款》中的有关规定，而RRCA作为该协议管理机构（The Administrative body）没有解决堪萨斯州与内布拉斯加州之间水权争端的关键——地下水的开采。

第二节　促进流域水资源公平分配

在科罗拉多州、堪萨斯州和内布拉斯加州三个州之间公平分配里帕布里肯河流域水资源是 RRC 的基本目标，并且确保实现这一基本目标的方法或分配制度应以一种公正的方式按照公平对待所有成员州的原则来执行。本节根据两个结果指标——水资源分配体系的复杂性和水资源分配体系的强制执行，评估 RRCA 和三个成员州为实现里帕布里肯河流域水资源的公平分配而采取的行动或绩效。

一　评估指标：水资源分配体系的复杂性

三个成员州在 1943 年签订的 RRC 主要集中在有关地表水资源（Surface Waters）的分配问题上，换句话说，该协议没有将与地表水相连的该地区的地下水包含在该协议的水资源分配体系中。其水权分配规定是建立在里帕布里肯河流域每年可供应的水的总量基础上的。由于当时里帕布里肯河的水资源冲突主要发生于上游与下游之间，且流域水资源总量尚有余裕，因而该协议只确定上游诸州与下游诸州之间的水权分配方案，以保障下游州的用水量。

然而，里帕布里肯河流域每年的供水量是变化的，从 1943 年至今，该地区许多年份都是干旱季节（Water Short Year），干旱对河水的影响是非常大的。这些因素将影响该协议的有效执行。实际上，过去半个多世纪的变化趋势表明里帕布里肯河流域水资源将越来越少，而随着人口的增长以及用水量的急剧上升，水资源越来越成为该地区一种最宝贵的自然资源，该地区已经出现了水危机，不仅严重制约着该地区经济的发展，而且威胁着该地区人们的日常生活。

水资源的有限供给和该地区各州用水量的无限需求之间的矛盾致使州际用水争端不可避免。实际上，由于意识到里帕布里肯河沿岸的水井对地表水量确实具有重要影响，在 1998 年堪萨斯州起诉内布拉斯加州以前，RRCA 曾经多次谈论是否将该地区的地下水包含在里帕布里肯河流域的年度原始供水量中。但由于堪萨斯州和内布拉斯加州在这一问题上存在分歧，RRCA 决定推迟将地下水包含在该协议的分配体系中。而 2002 年联邦最高法院颁布的《最终协定条款》实际上已经将地下水包含在里帕布里肯河流域的年度原始供水量的结算中，并且三个州已从 2003 年 7 月开始利用地下水模型定量分析抽取地下水所导致的水资源耗用情况。地下水模型在强调水资源的有限性时，为了对水资源进行有效的管理，将地表水与地下水作为一个整体，对这两种水资源进行联合管理，以便能够提供可持续的水源，避免地下水开发过程中引发的不利影响。随着对地下水系统了解的加深，可以在一定程度上降低整个流域水资源管理的不确定性，并有助于提高水资源的利用率。

显然，将1943年三个州缔结RRC时确立的水资源分配体系与目前的分配体系比较，该协议确立的水资源分配体系的复杂性已经取得了重要突破。然而，地下水是否应该包含在该协议分配体系中至今仍是堪萨斯州与内布拉斯加州之间争端的关键所在。2007年年底以来，里帕布里肯河流域的地下水资源争端最终将可能促使堪萨斯州再次提起州际诉讼来解决争端。

二 评估指标：水资源分配体系的强制执行

跨州流域水资源分配协议实际上可以看成一种共有信念的自我维持和协作管理系统，对协议规定的广泛认同是任何协议得以顺利执行的基础。通过州际协议实现跨州流域水资源的配置，其约束机制主要是协议中的契约机制，以及违反这种契约的惩罚机制。如何整合流域众多用水户和相关利益主体的观点，培育其对水资源分配协议的共有信念，是RRC执行过程中遇到的最大挑战。水资源分配政策一直是一个政治问题。[①] 而利益是政治过程中各方角力的焦点。近20年来，该协议的执行过程非常曲折，州际水利益博弈非常激烈。

堪萨斯州RRCA委员（Kansas RRCA Commissioner）戴维·巴菲尔德在2007年7月曾言，"认为内布拉斯加在将来会遵守协议并不是很有道理"。[②] 自2007年年底以来，戴维·巴菲尔德开始不断向内布拉斯加州RRCA委员指控该州过度利用里帕布里肯河的水资源，严重违反了协议规定和《最终协定条款》中的承诺。为此，RRCA委员自2008年3月以来，多次召开试图解决堪萨斯州与内布拉斯加州之间用水争端的协商会议。

州际协议的成功依赖于有效的管理与执行，特别是成员州之间的协作。如果没有有效的管理框架，州际协议的执行效果可能很有限。自

---

① Stephen C. Sturgeon, *The politics of Western water: the congressional career of Wayne Aspinall*, Arizona, Tucson: University of Arizona Press, 2002, p. 15.

② The Water Information Program, July 29, 2007—Trouble double for Nebraska as it prepares for water meeting (http://www.waterinfo.org/node/666).

1959年RRCA作为州际协议的管理机构创建以来，该委员会没有颁布任何行政命令或对协议中的规定实施强制执行。并且，该委员会没有专门的工作人员。其强制执行权力的缺乏归结为该协议条款中没有包含强制执行协议的规定。作为强制执行行动的一种替代，RRCA只是作为一种政府间协商机构发挥其有限的作用，而始终不能有效解决里帕布里肯河流域的州际水资源争端。

第三节 解决州际争端和促进州际礼让

跨州河流水资源争端与冲突普遍存在于水资源开发与利用过程中，已成为危及州际关系和谐稳定，制约地区经济发展的重要因素。而州际协议的一个基本目标就是通过州际协作，为实现州际河流水资源争端与冲突的缓解乃至解决提供基本思路。本节从三个结果指标——决定或行政决策，平等或统一规则，调停、仲裁或诉讼行动，评估RRCA和三个成员州为实现州际协作和解决州际争端而采取的行动或绩效。

一 评估指标：决定或行政决策

这里主要以RRCA所作出的决定或行政决策作为评估三个成员州之间礼让关系和解决州际争端的指标之一。RRCA每年召开若干次会议，三个成员州都派代表团出席。各州代表通常在会上交换各自执行和履行协议的情况，会议结束时，委员会一般会发布会议公报，必要时还通过三个成员州的全体一致决策，联合作出与该协议相一致的有关决定和制定有关规章制度。在适用于现代公共管理的治理工具的转型过程中，协作安排制定的决策可能是更好的决策。[1] 如果对多个成员州政府来说，许多政策环境中政策制定和战略的基本问题和挑战是共同主导行动过程，传达符合社会利益多样性的政策产出，那么一个费力地，甚至是痛苦地接受这种考验的政策决定肯定是最好的决策。

肯·诺克斯曾经对RRCA1959—2001年所作出的决定或行政决策进行过评估，他发现在103项决定中，有87项决定获得了管理委员会委员全

---

[1] Robert Agranoff and Michael Mc Guire, *Collaborative Public Management: New Strategies for Local Governments*, Washingtong D. C.: Georgetown University Press, 2003, p. 191.

体一致支持，剩下 16 项未获通过。① 他还发现，这些未获支持的决定直接与对将地下水包含在 RRC 水资源分配体系中的争论有关，其中 1987—1995 年有 12 项决定未获全体一致通过，由于三个成员州忙于准备州际诉讼，管理委员会在 1996—1998 年没有作出过任何决定。②

自 1959 年至今，RRCA 所讨论的主要议题是将地下水包含在该协议的水资源分配体系中。例如，由于堪萨斯州和内布拉斯加州之间的分歧，RRCA 曾经作出推迟将地下水包含在该协议的水资源分配体系中，并且指派工程委员会（Engineering Committee）调查地下水资源的可利用情况和抽取地下水对里帕布里肯河及其支流带来的影响。而当管理委员会作出的决定或行政决策不能满足获得三个成员州全体一致同意这一协作决策标准时，三个成员州就可能需要借助外部协调机制，如通过独立的第三方调解机构或法院来解决州际争端问题。

二 评估指标：平等或统一规则

科罗拉多、堪萨斯和内布拉斯加三个州管理它们各自境内水资源的制度和规则超出本书的研究范围。然而，为了评估里帕布里肯河流域地下水资源的规制一致性，有必要考虑这三个州用于各自境内水资源管理的法律体系和地下水井许可条件的基本原则。这三个成员州的水资源管理法律体系不尽相同，主要体现为针对地表水的法律与针对地下水的法律体系不同，但各州之间仍然存在很大的相似性。这种相似性很大程度上是由地理环境或气候上的相似（或差异）决定的。

科罗拉多州依赖"优先专用权原则"（the Doctrine of Prior Appropriation）管理其境内的地表水和地下水权。③ 优先专用权原则，即按开发利用的"时间先后顺序"来确定谁享有用水权，即对同一水源的不同用户，按谁先用、谁就拥有较大的用水权，也就是说，谁先将一定量的水用在"有益的利用"上，谁就可以继续享有用水权。这种水法制度允许那些最先出现的汲水者抽取地下水，而无论最终使用是在何地。科罗拉多州还在 1957 年颁布《地下水管理法》（Ground Water Act），推行水权许可制度，要求所有地下水井用水户必须到该州水资源管理处登记他们的水井，同时还规定所有新开采的地下水井专用权人必须到该州水资源管理处申请水井

---

① Kenneth W. Knox, *The Allocation of Interstate Ground Water: Evaluation of the Republican River Compact As A Case Study*, Fort Collins, Colorado: Colorado State University, 2004, p.166.
② Ibid., p.167.
③ 访谈编号：JW2008523。

许可证。① 该州自然资源部首席工程师（The State Chief Engineer）负责管理其境内所有地表水和地下水。具有准司法机构特性的科罗拉多地下水委员会（Colorado Ground Water Commission, GWC）对地下水的抽取享有管理权力。

堪萨斯州在1945年颁布了《水资源专用权法》（*Kansas Water Appropriation Act*），使该州水资源管理体系由"滨岸使用权"（Riparian Doctrine）制度向"优先专用权"（the Doctrine of Prior Appropriation）体系转变。② 该法案将堪萨斯州境内的所有地表水和地下水整合到"优先专用权"体系中。该州农业部首席工程师（The State Chief Engineer）负责管理其境内所有地表水和地下水资源。

内布拉斯加州在1895年就已经颁布采用"优先专用权"体系管理地表水权的立法。③ 但该州对地下水实行相关权（Correlative Rights）制度。按照这种制度，所有土地所有者对其拥有的土地下面的地下水流域都有抽取和利用地下水资源的权利，他们的这种权利是等同和相互关联的，所以称为"相关权"。④ 1957年，该州也颁布立法，规定基于信息需要，对所有灌溉水井实行登记制度。1997年，该州颁布《地下水管理与保护法》（*Ground Water Management and Protection Act*），将管理和调节地下水的权力授予地方自然资源区（Natural Resource Districts）⑤，如内布拉斯加州西南部里帕布里肯河流域上、中、下游三个自然资源区（Republican River Natural Resources Districts, NRD）。该州自然资源部首席工程师（The State Chief Engineer）负责其境内所有地表水的管理和所有地下水井的登记，但地下水的管理权力被赋予了地方自然资源区。

三 评估指标：调停、仲裁或诉讼行动

从里帕布里肯河流域管理实践来看，科罗拉多、堪萨斯和内布拉斯加三个州协作管理该流域水资源的许多努力不是很成功。或者说，这种不同政治管辖区间的协作治理没有很好地达到预期目标和理想效果。对于州际

---

① Kenneth W. Knox, *The Allocation of Interstate Ground Water: Evaluation of the Republican River Compact As A Case Study*, Fort Collins, Colorado: Colorado State University, 2004, p. 170.
② Ibid., p. 132.
③ Ibid., p. 171.
④ 访谈编号：JW2008523。
⑤ The Nebraska Department of Natural Resources, Republican River Basin Report of Preliminary Findings (May 20, 2003).

协议实施过程中出现的争端和纠纷，必须加以妥善解决。但争端和纠纷不可能从根本上被消除，只能通过相关利益主体间的协作来减少争端和调解纠纷，并最大限度地促进和增加州际合作。

从20世纪80年代起，堪萨斯州就开始抱怨内布拉斯加州境内里帕布里肯河流域用水户过度抽取和使用地下水资源，导致该流域水流量大大减少，损害了堪萨斯州境内用水户的利益。堪萨斯州还在1988年RRCA年度会议上提出了水资源短缺时期有效管理该地区水资源的方案和结算水资源利用、原始供水量的方法，以及如何处理里帕布里肯河许多支流过度用水的情形。① 由于成员州之间的分歧，RRCA无法通过全体一致决策解决堪萨斯州提出的政策议题，但这些议题曾经作为正式声明被记录在管理委员会的年度会议报告中，并在实际上成为1998年堪萨斯州起诉内布拉斯加州和科罗拉多州的导火线。

随着在将地下水包含在该协议分配体系中这一问题上的分歧不断，RRCA委员已经充分了解过当时其他州际河流诉讼（Interstate River Litigation）。其中20世纪80年代有两场州际河流水权诉讼引起了他们的高度关注：一是内布拉斯加州诉怀俄明州（Nebraska v. Wyoming, No. 108 Original）②；二是堪萨斯州诉科罗拉多州（Kansas v. Colorado, No. 105 Original）。③ 三个州的水资源管理官员关注这些诉讼中的法律主张和司法判决，为执行RRC和解决州际用水争端提供了指导和帮助。

堪萨斯州和科罗拉多州根据他们在阿肯色河流域诉讼中的经验（Kansas v. Colorado, No. 105 Original）④，主张将地下水包含在RRC确立的水资源分配体系中。1995年，美国联邦最高法院支持特别仲裁官（A Special Master）在"堪萨斯州诉科罗拉多州"案件中的报告，主张开凿在冲积层（the Alluvium）的水井影响了地表水流量，因而必须减少或停止抽取地下水资源。⑤ 这一司法裁决促使内布拉斯加州听取和了解州际河流诉讼中发生的一切。显然，这种方式非常耗时且成本非常高，并且最终

---

① Kenneth W. Knox, *The Allocation of Interstate Ground Water: Evaluation of the Republican River Compact As A Case Study*, Fort Collins, Colorado: Colorado State University, 2004, p. 174.
② Joseph Francis Zimmerman, *Interstate Disputes: The Supreme Court's Original Jurisdiction*, Albany NY: State University of New York Press, 2006, pp. 112 – 116.
③ Ibid., pp. 122 – 125.
④ 堪萨斯州和科罗拉多州在1949年签订了《阿肯色河流域协议》（Arkansas River Compact of 1949）。
⑤ Joseph Francis Zimmerman, *Interstate Disputes: The Supreme Court's Original Jurisdiction*, Albany NY: State University of New York Press, 2006, pp. 122 – 125.

结果可能不如努力促使争端各方走到谈判桌前,通过协商和合作达成合理的解决方案。①

1995年年底,堪萨斯州与内布拉斯加州开始通过 RRCA 进行谈判和协商。到1996年,两个州聘请冲突与争端解决联合会(Conflict and Dispute Resolution,CDR Associates)作为第三方调停者,协助和促进这两个州之间的谈判与协商。在这种调停失败后,堪萨斯州在1998年5月向联邦最高法院起诉内布拉斯加州违反了该协议。② 联邦最高法院派特别仲裁官负责审理这场州际河流诉讼,同时促进州际谈判。2003年5月19日,联邦最高法院批准科罗拉多、堪萨斯和内布拉斯加三个州通过谈判和协商达成的调解协议——《最终协定条款》(The Final Settlement Stipulation,FSS)明确将地下水包含在 RRC 的分配体系中。这场诉讼实际上以堪萨斯州的胜利暂时告终。

自2002年堪萨斯州与内布拉斯加州和科罗拉多州达成水资源争端调解协议以来,三个成员州每年在 RRCA 会议上交换各自利用里帕布里肯河水资源的大量数据和信息,并且每年更换联合的地下水管理模型。这表明,只有在一份州际协议的执行信息得到及时和准确传播时,执行主体之间才能形成一种公开透明的竞争与博弈氛围,才能有效地监测协议执行,降低州际协议执行过程中的各种不确定性,提高州际协议执行的效率。

然而,到2007年12月,堪萨斯州再次指控内布拉斯加州违反了 RRC 和《最终协定条款》,并威胁将请求联邦最高法院下达禁令,除非内布拉斯加州减少从里帕布里肯河的引水量,并且支付其在过去几年过度使用水资源给堪萨斯造成的损失费用。③ 内布拉斯加州 RRCA 委员布里安·塔尼康在2008年7月致信堪萨斯州农业部首席工程师、水资源管理处主管、RRCA 委员戴维·巴菲尔德,表示内布拉斯加州不同意里帕布里肯河流域年度原始供水量的结算方法,并且对堪萨斯州要求内布拉斯加州赔偿约7200万美元的用水损失和关闭内布拉斯加州境内里帕布里肯河流域1.2英里之内的所有抽水井的主张持有异议。实际上,在内布拉斯加州看来,

---

① Kenneth W. Knox, *The Allocation of Interstate Ground Water: Evaluation of the Republican River Compact As A Case Study*, Fort Collins, Colorado: Colorado State University, 2004, p. 176.
② The Colorado Division of Water Resources, The Republican River Compact (http://water.state.co.us/wateradmin/republicanriver/rr_overview.asp).
③ Kansas Threatens to Sue Nebraska Over Use of a River (http://www.nytimes.com/2007/12/20/us/20water.html?_r=1&sq=Republican%20river%20compact&adxnnl=1&oref=slogin&scp=1&adxnnlx=1199894596-rouCPop/WKejEsOwuM17IQ).

现有的确定里帕布里肯河流域年度原始供水量和水资源的有益的利用的结算方法需要修正，关闭其境内里帕布里肯河流域 1.2 英里之内的所有抽水井对地方用水户来说是不现实的，也可能是无法接受的。但堪萨斯州以"除非满足我们的要求，否则决不放弃上法庭"作为对内布拉斯加州主张的回应。

在州际区域协作治理网络中，各参与州需要通过协商和合作方式，综合选择多样性的治理工具或治理机制，将各参与方组合成一个协作整体，形成协同的行动进程，解决好协调问题，达成共识和承诺，以最恰当地解决州际争端和矛盾。自 2008 年年初以来，为调节新一轮水权争端，尽管堪萨斯州与内布拉斯加州努力通过 RRCA 举行无数次谈判、协商和讨价还价，最终还是失败了。这两个州同意由独立的第三方私人仲裁方来解决他们之间的水权争端。虽然仲裁过程处于正在进行时，但争端各方对仲裁的最终结果都不是很乐观。

从上面的分析得知，在 1943 年该协议签订后的许多年间，三个成员州虽然能够协作执行和实施协议，但自 20 年代 90 年代尤其是近几年来，州际调停、诉讼和仲裁行动均没能避免。这三个州之间可谓正经历一场非常复杂的用水争端，已经聘请独立的第三方仲裁官来处理这种争端。这三个州究竟如何才能找到令各方都满意的合作性地解决争端的政策方案呢？它们究竟如何采取协作性的博弈行动呢？这也许最终取决于三个州对他们各自利益的计算。

这三个州最终必须决定它们想要如何公平分配里帕布里肯河流域的水资源和如何使所制定的决策促进这种水资源的公平分配。但资源分配从来就不是非常容易的。也许这三个州目前都还没有找到解决这一问题的最佳答案或能为各方所接受的方案。现实生活中任何一项制度安排的设计和运行都存在一定的交易费用，理性的决策者一般选择那些最适于处理所面临交易问题的制度安排。更准确地说，在任何情况下，它们都会从可供选择的制度安排中，选择那些能使交易费用最小化的制度安排。[①] 科罗拉多州自然资源部水资源管理处副主管肯·诺克斯告诉笔者，他们已经决定由一位独立第三方仲裁官（Arbitrator）来解决科罗拉多、堪萨斯、内布拉斯加三个州之间的水权争端。然而，即使达成调解协议，执行调解协议还需付出执行、管理和监督的成本。而如果仲裁不能满意地解决用水争端的话，

---

① [新] 穆雷·霍恩：《公共管理的政治经济学：公共部门的制度选择》，汤大华等译，中国青年出版社 2004 年版，第 25 页。

则可以请求联邦最高法院介入。

第四节 促进成员州与联邦政府的协作

促进成员州与联邦政府协作管理和联合开发里帕布里肯河流域的水资源是 RRC 的重要目标之一。本节根据两个结果指标（Outcome Measures）——流域水资源有效利用的推进和防洪，评估 RRCA 和三个成员州为促进成员州与联邦政府的协作所采取的行动或绩效。

一 评估指标：流域水资源有效利用的推进

在 1943 年 RRC 签订之前，科罗拉多州、堪萨斯州和内布拉斯加州与联邦政府间的协作行动基本局限于有关该流域水流信息的共享，并且这些信息是由在该流域开展技术和地质调查的联邦政府机构提供的。该协议签订后，联邦政府通过提供拨款和投资，在里帕布里肯河流域建造水利工程。该流域的八座联邦水库（Eight Federal Reservoirs）是 RRCA 与联邦政府之间协作性工作关系的一个重要体现。[1] 所有水库的储水总容量大约为 170 万英亩—英尺，满足了该地区灌溉、城市、休闲、工业和其他用水需求。这些水利工程促进了流域水资源的有效利用。

另外，美国内务部农垦局和地质调查局的代表自 2003 年以来参加地下水模型技术委员会，协助科罗拉多州、堪萨斯州和内布拉斯加州设计 RRCA 地下水模型（RRCA Groundwater Model）。地下水模型建构和测定过程中所使用的各种数据和信息由三个州和联邦政府有关部门以一种合意的方式提供和共享。[2] 从一定意义上说，这种地下水模型是由来自三个州和联邦政府有关部门的技术专家通过协作性的行动建构和测定的。[3] 三个成员州和联邦政府机构通过地下水模型技术委员会共享里帕布里肯河流域的水资源信息，有助于通过政府间信息交换、沟通和反馈，监测用水情况，完善水资源管理的手段，最大化水资源的有益的利用。这种多元利益

---

[1] Kenneth W. Knox, *The Allocation of Interstate Ground Water: Evaluation of the Republican River Compact As A Case Study*, Fort Collins, Colorado: Colorado State University, 2004, p. 182.

[2] The Nebraska Department of Natural Resources, Republican River Basin Report of Preliminary Findings (May 20, 2003).

[3] The Republican River Compact Administration (RRCA), Republican River Compact Administration Groundwater Model (http://www.republicanrivercompact.org/v12p/index.html).

主体间的协作促进了一种跨州流域协作治理网络的发展,能够和有助于培养与维持流域内各州的综合治理能力,协调流域治理中的政府间关系。

二 评估指标：防洪

在 RRC 签订之前,里帕布里肯河流域基本上没有任何防洪设施。1935 年里帕布里肯河的一次严重洪灾曾经导致 100 余人死亡,这促使 RRCA 和联邦政府在里帕布里肯河流域的八座联邦水库工程建造上着重防洪和控制灾害,并建造了许多洪水防御池 (Flood Protection Pools)。

同时,美国国会在 1936 年颁布了《洪水控制法》(The Flood Control Act of 1936),对州和地方政府建造防洪设施提供联邦贷款和投资。国会的这一立法行动为联邦政府在里帕布里肯河流域建造大型防洪水库提供了巨额资金支持。目前,美国联邦政府在里帕布里肯河流域的八座水库的储水量超过 100 万英亩—英尺,约为 12 亿立方米。自 1943 年以来,这八座大容量水库已经成功地预防和阻止了各种洪涝灾害的毁灭性影响,增强了该地区的防洪能力。有关水库工程预防的洪水灾害损失情况见表 7-5。

表 7-5 里帕布里肯河流域水库工程预防的洪水灾害损失 (1943—2002)

单位：美元

水坝和水库	所在河或支流	累计总金额
波尼水坝和水库	里帕布里肯河南支流	2682000
特顿水坝和斯瓦森湖	里帕布里肯河	3274000
恩得思水坝和水库	弗里切曼支流	19063000
红威洛支流和大巴特湖	红威洛支流	2555000
麦迪森支流水坝	麦迪森支流	4865000
诺顿水坝和凯斯湖	帕莱里支流	3952000
哈南县水坝和湖	里帕布里肯河	150064000
拉威尔水坝和水库	白石支流	146057000
总计		332512000

资料来源：Kenneth W. Knox, *The Allocation of Interstate Ground Water: Evaluation of the Republican River Compact As A Case Study*, Fort Collins, Colorado: Colorado State University, 2004, p.188。

本章通过评估 RRC 实施效果,可以发现跨州流域水资源分配协议执行中成功与不成功的因素,为履行其作为跨州流域管理机构的基本职责,

RRCA 所采用的决策过程,以及在州际河流水资源分配体系中包含地下水,并且知道该协议已经基本实现其预期目标(具体见表 7-6)。从总体上看,RRC 促进了该地区水资源有效和有益的最大化利用、三个成员州与联邦政府间的协作关系,但在促进流域水资源公平分配和解决州际争端与促进州际礼让等方面的效果欠佳。评估该协议的实施效果表明,协作在进行利益协调的州中往往是互利的;与竞争或对抗相比,协作常常为参与合作的各州创造出更多的可取结果。本章的分析丰富了我们对作为一种区域公共事务协作治理机制的州际协议的认识。

表 7-6 RRC 的执行效果评估

主要目标	绩效指标	实现效果
水资源有效和有益的最大化利用	地表水资源供应的开发	H
	地下水资源供应的开发	H
促进流域水资源公平分配	水资源分配体系的复杂性	L
	水资源分配体系的强制执行	L
解决州际争端和促进州际礼让	决定或行政决策	M
	平等或统一规则	M
	调停、仲裁或诉讼行动	L
促进成员州与联邦政府的协作	流域水资源有效利用的推进	H
	防洪	H

说明:H、M、L 分别表示该指标效果实现程度的高、中、低。

第八章 美国州际协议的辩证分析

  任何根据一套有限的预设和概念建构一种秩序体制的特定社会都只能探索出一种有限范围的可能性。

——奥斯特罗姆

第一节 州际协议的治理功能评价

  广泛的州际协作构成了当代美国联邦制的一个重要特征，尤其是在新联邦主义背景下，随着联邦政府公共管理改革的持续推进，联邦公共管理职能向州和地方的下移，州政府的公共管理职能扩大，客观上促进了州际协作和跨州区域自主治理的发展，这有助于建构州际区域协作治理网络。奈斯认为，当代州际协作行动的出现有许多重要原因[1]：第一，许多社会问题并不是限定在单个州的范围之内。在这种情况下，单个州行动可能不足以解决这些问题。实际上，除了阿拉斯加州和夏威夷州之外，各州均至少与另外一州接壤，这就更需要发展协调、互利、合作的州际关系。第二，单个州的行动可能产生外溢效应，这种行动可能为其他州带来一些成本和收益。单个州不考虑这些外溢效应的结果是导致政策扭曲和失灵。第三，州际合作行动促使各州解决上述问题，而不需要联邦政府介入。合作性的跨州行动将会提出有效的解决策略。而以解决区域问题为内容的州际合作可以通过州际协议得以实现。[2] 就如马斯特尔等人所言，州际协议是

---

[1] David CNice, "Cooperation and Conformity among the States", *Polity*, Vol. 16, No. 3, 1984, pp. 494 – 505.

[2] Marian ERidgeway, *Interstate Compacts: A Question of Federalism*, Carbondale, Illinois: Southern Illinois University Press, 1971, p. 16.

现代美国政府治理的公理之一①，在美国政府治理体系中发挥着越来越重要的作用。

一 构建跨州统一法律制度框架，促进州际协作治理法治化

联邦主义和与之相联系的政府间关系网络是美国国家治理体制的一个根本特征。② 在美国联邦治理体制环境下，各州按照《联邦宪法》"协议"条款确立的宪治原则，通过政府间谈判和协商，自愿签订州际协议，构建以治理跨州共同问题或推动共同政策议程为目标的跨州区域协作治理的基本法律制度框架。这是真正意义上的州际区域法治协作治理，是相互独立的政治管辖区政府主体就他们所面临的共同问题的合作立法，是建构州际协作治理秩序的基本形式，推进了跨州区域公共事务治理法治化。

州际区域法治协作的主要目的是相互独立的政治管辖区对他们所面临的共同问题采取立法协作行动，形成州际协作的理念和程序，设计统一的行为规则和制度规范，创造州际协作秩序运行的法治基础，实现跨州区域法治治理一体化，推动州际协作治理行动的制度化与规范化。州际协作对于联邦制的有效治理是非常重要的。③ 通过州际协议所构建起来的跨州区域法治协作治理制度框架，为州际协作行动创造了激励和约束的结构，减少了由跨州市场交易、分工发展和资源流动所带来的交易成本，一定程度上解决了各州所面临的由于国家的发展与领土的扩大和工业化、市场化、城市化所带来的区域公共问题，创造了州际区域公共事务协作治理的法治基础。

州际协议是美国联邦治理体制下的一项伟大发明和政治设计。今天，美国各州仍然在思考如何通过州际协议实现跨州区域治理法律制度创新，推动跨州区域政府间关系治理秩序的法治化和一体化。人们会逐渐认识到，作为组织跨州区域协作治理行动的一种制度安排，州际协议之所以一直存在于美国联邦治理体制中，一定程度上是因为美国《联邦宪法》为其构建了完备的法律制度框架，使其能够在相对稳定和可预期的制度环境中解决各州所面对的共同问题，并通过强有力的独立的联邦司法体系保障

---

① Master Richard and Oppenheim Elizabeth, "Interstate Compacts: A Useful Tool for Power Sharing Among the States", *Policy and Practice*, Vol. 64, No. 1, 2006, pp. 24 – 29.

② David B. Walker, *The Rebirth of Federalism: Slouching toward Washington*. Chatham, New Jersey: Chatham House Publishers, 1995, p. 35.

③ Andrew, Skalaban, "Policy Cooperation among the States: The Case of Interstate Banking Reform", American Journal of Political Science, Vol 37, No2, 1993, pp. 415 – 428.

州际协议的实施与执行，在一定程度上有助于减少跨州区域共同事务的治理成本，从而能够利用它来为各州的共同利益服务。

二 构建州际协作治理机制，推动跨州公共事务治理区域化

治理跨州区域公共问题，求助于国会或联邦最高法院，可能会导致州丧失对决策过程的控制和主导权，因为国会或联邦最高法院通过的最后决定可能使州际争端中的任何一个州都不满意。[1] 在美国各州看来，治理州际区域共同事务，不必依赖中央机构，他们可以选择自组织的治理方式。州际协议被认为是解决州际边界和其他争端，促进各州通过联合行动解决包括从区域经济发展和资源保护到社会管理与公共服务和教育文化卫生等跨州区域公共问题的一种强有力的合作机制。在过去几十年间，州际协议在范围上趋向于更多的"区域性"，作为一种区域公共管理机制已经风靡全美国，有力地推动了当代美国跨州区域主义的发展——就是多个州基于区域基础而一起努力解决共同面临的复杂问题。

今天，美国各州仍在思考如何通过构建州际协作治理秩序来组织和推动区域发展政策与公共管理创新。过去、现在和将来，美国州一级的许多公共政策和项目都是通过州际协议所组建的区域公共治理网络进行执行和管理。这种区域公共治理网络提供了跨州政府间交易互动的平台，其主要功能是加强不同地区政府间在一些跨州区域重大事务上的协调与合作，包括界定边界、重大基础设施建设、跨州流域水资源管理、环境污染共同防治、区域经济发展、共同资源合作开发和资源共享等领域。

就组织结构模式来说，州际公共管理机构一般采取委员会制组织结构形式，依靠各成员州的经费资助维持基本运转，同时也有些州际公共管理机构通过提供服务和产品收取一定费用。这种州际区域公共管理网络既促进了州际关系协调，推动了跨州资源共享和利益整合，强化了州际协作治理的组织制度基础，又降低了跨州大都市区域公共物品与服务生产活动的交易成本。当然，州际协议并非治理跨州区域问题的"万灵药"（Panacea）。由州根据州际协议创建的跨州区域治理机制也提出了法律、行政和财政上的一系列问题。

---

[1] David C. Nice, *Federalism: The politics of Intergovernmental relations*, New York CT: St. Martin's, Inc, 1987, p.126.

三 在一定程度上摆脱科层控制，增强州际区域治理自主化

作为一种跨州区域协作治理机制，州际协议的运作过程实际上就是协议成员之间按照美国《联邦宪法》"协议"条款所确立的民主的"游戏规则"进行博弈和协作的过程，州际协议确实使美国各州真正享受到了"自治"与"协作"。州际协议坚持这种承诺，即各州在没有联邦政府干预的条件下解决他们自己的问题，有利于州摆脱联邦政府的科层控制。这不仅加强了各州的主权和集体行动，也在一定程度上可以避免联邦政府的权力干预。借助这种州际协作治理机制，州在改变其过分依赖联邦的传统治理格局，转而朝着增加州的自主治理能力和构建跨州区域公共管理网络的方向发展。

现代州际协议是美国联邦制的一种振兴[①]，各州在这种体制中对于州际问题可能只保护它们的主权权威，从而在一定程度上各州可通过州际协议共享主权和共同合作。这种州际互动行为的环境不是建立在一个中央权威基础之上，而是基于横向联系网络；并且不可能以单个州的目标为导向，而是以多个州的共同利益和目标为导向。通过州际协作，每一个成员州在保持自己的权威的同时，与其他成员州一起在某种程度上联合进行决策和集体执行行动，共同治理它们面临的共同事务或推动共同的政策议程，追求可能实现的利益空间。

今天美国各州更愿意通过州际协议采取跨州集体行动来治理区域共同事务。各州政府不能坐等联邦政府采取行动解决问题，各州必须创造它们自己的公共领导能力。[②] 目前，州际协议已经不仅局限于治理跨州问题，一些州政府还通过横向联合形成政治力量，对联邦政府的公共决策产生影响。随着州际协议的广泛运用和进一步发展，可以预见美国州际关系的基本发展趋向应是逐步消解州与联邦"一对一"的博弈格局，建立州与联邦"多对一"的博弈关系体制，建构起"多元一体"的政府间关系模式，形成跨州区域制度化的集体行动、多中心治理、彼此合作和相互依存的新型州际关系格局。这种治理结构的发展有力推动着联邦制的重塑。可以肯定，21世纪应该可以见证美国联邦体制将通过促进各州间政策和谐化的

[①] The Council of State Governments (National Center for Interstate Compact, NCIC) 2004, Introduction and Overview of Interstate Compacts, (http：//www.csg.org/programs/ncic/documents/Overview.pdf) .

[②] Dale Krane, "The Middle Tier in American Federalism: State Government Activism During the Bush Presidency", Publius: The Journal of Federalism, 2007, Vol 37, No 3: 453-477.

联合互惠行动的州际协议而被不断重组。① 这是当代美国联邦制发展过程中的一个新课题。

四 贯彻契约责任的意识形态，保障州际关系民主化

美国联邦主义也许是一种最为持久的政府间协作管理模型。契约性是美国联邦治理体制设计的一种基本理念。美国联邦制中的核心观念也就是依赖订立契约和把"我们自己联合在一起"的程序形成自治的关系社群。美国社会的公共秩序建构正是植根于在上帝面前相互订立圣约以建立民治国家的观念以及在遭遇未来紧急情况时根据这种观念行动的相互承诺。源于圣经传统的圣约思想与建构民治国家的思想相连；订立圣约及把"我们自己联合在一起"的方式将以法案、条例及宪法等公正而平等的法律形式体现出来。② 这种契约性的联邦主义精神贯彻到了联邦治理体制的各个方面，并作为法律上的设计来使用，以推动相互独立的政治单位能够组织协作和联合治理的公共秩序。

作为一种契约式治理机制，州际协议的谈判、协商和缔结一般都建立在参与方的忠诚对话和共同做好事情的意愿基础之上，联邦主义精神中的契约责任思想往往会被灌输到各参与方中，从而指导、规范和约束各参与方的行为选择。当人们学会处理与他们共享的彼此依存相连的集体组织的问题时，现代民主社会就会出现。③ 作为一种自愿性合作形式，州际协议行为依赖于美国社会中的圣约思想所滋养的社会资本的存在。这些社会资本包括信用、普遍互惠的规范和参与网络，推动着有组织的和制度性的州际协调与协作，增强了州与州之间建立共识和一致性理解的能力，也提高了跨州协作行动中的民主、公平与效率，因为它们减少了背叛的动力，最大限度地排斥了不确定性，为一种有意义的、可持续发展的州际协作治理秩序的建构提供了基本模式。

五 创建州际协议机构，实现联邦治理结构多元化

美国州际协议的一个重要特色就是，在联邦制基本政治架构下，各州政府在自愿基础上通过缔结州际协议创建各类州际区域公共管理机构——

---

① Joseph Francis Zimmerman, *Interstate Cooperation: Compacts and Administrative Agreements*, Westport CT, Greenwood Publishing Grou, 2002, p. 218.
② [美] 文森特·奥斯特罗姆：《美国联邦主义》，王建勋译，上海三联书店2003年版，第56页。
③ 同上书，第16—17页。

州际协议机构（Interstate Compact Agencies）。如，纽约新泽西港务管理局（The Port Authority of New York and New Jersey, PANYNJ, 1921 年）①，俄亥俄河流域水质卫生委员会（The Ohio River Valley Water Sanitation Commission, 1948 年）②，《里帕布里肯河流域协议》管理委员会（Republican River Compact Adminitration, RRCA, 1959 年），特拉华河流域管理委员会（Delaware River Basin Commission, DRBC, 1961 年），跨州税收委员会（Multistate Tax Commission, MTC），南部成长政策局（Southern Growth Policies Board, 1971 年）③，中西部区域高等教育委员会（Midwestern Higher Education Commission, MHEC, 1991 年）④，《州际应急管理互助协议》委员会（Emergency Management Assistance Compact, EMAC, 1996 年）等。

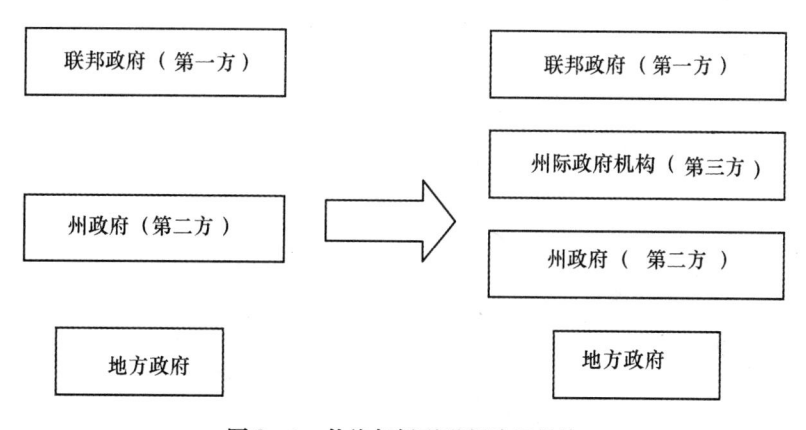

图 8-1 传统与新型联邦治理结构

上述这种州际协议机构创立了强大的政府间公共管理网络，发展执行和监督协议实施的行政管理机制，建立协调州际关系和推动跨州区域协作的机制，并频繁地活动于各州之间，促进信息交换和共享，建立彼此的联

---

① The Port Authority of New York and New Jersey, History of the Port Authority（http://www.panynj.gov/AboutthePortAuthority/HistoryofthePortAuthority/）.
② The Ohio RiverValley Water Sanitation Commission（ORSANCO）, About ORSANCO（http://www.orsanco.org/orsa/default.asp）.
③ The South Carolina Legislature, Southern Growth Policies Agreement（http://www.scstatehouse.net/code/t13c013.htm）.
④ The Midwestern Higher Education Commission（MHEC）, About MHEC（http://www.mhec.org/index.asp? pageID=page_43.htm）.

系，增加信任和合作，对于化解州际矛盾和促进州际合作起到了十分重要的作用，对于其所设计针对的问题的解决作出了重要贡献。目前，这种州际公共管理机构在美国的政府管理模式中占有重要位置，成为在美国被广泛接受和熟悉的一种政府组织模式。①

布恩格尔认为②，在1921年以前，美国的政府可以界定为两层"准独立的结构"——联邦政府和州政府；1921年以后，美国政府体制中增加了一层新的治理机构——州际协议机构，在性质上，它既不是联邦的机构，也不是州的机构。那么，州际协议机构如何融入美国双重主权的政治现实环境？一些学者认为，由于州际协议机构在性质上既不是联邦政府机构，在范围上也不是州政府机构，而是美国联邦制下的一种新的治理方式，联邦政府治理和州政府治理分别为第一方、第二方治理方式，而州际协议将是第三方治理方式。③

从一定意义上说，美国政府治理结构中的这种微妙变化导致了以后许多类似区域公共管理机构的出现，带动了美国国内区域治理结构的再造和转型，进而推动传统联邦治理结构向现代联邦治理结构转变（见图8-1）。在过去80余年间，美国州际协议管理机构的大量出现，为促进跨州区域公共问题的解决提供了新机遇，也对理解美国联邦治理体制的设计提出了新挑战。

六 治理州际争端与冲突，促进州际关系秩序化

在美国联邦制下，州际合作（Cooperative）、冲突（Conflictive）、竞争（Competitive）是普遍存在的，也是州际关系发展的动力，但无休止的州际争端、矛盾甚至冲突会使州际关系走向不和谐，最终威胁联邦的政治稳定与和谐。从一定意义上说，美国国家治理体系早期的变迁发展历史，

---

① Richard H. Leach and Redding S. Sugg Jr, *The Administration of Interstate Compacts*, Baton Rouge LS: Louisiana State University Press, 1959, p. 229.

② Buenger Michael, Interstate Compact Law: Interstate Compact Agencies and the 11th Amendment. National Center for Interstate Compacts（http://csg-web.csg.org/programs/ncic/documents/Connections-Spring2007.pdf.）.

③ Richard H. Leach and Redding S. Sugg Jr, *The Administration of Interstate Compacts*, Baton Rouge LS: Louisiana State University Press, 1959, p. 214; Broun, Caroline, N., Buenger, Michael, L., McCabe, Michael, H., Masters, Richard, L., The Evolving Use and the Changing Role of Interstate Compacts: A Practitioner's Guide. American Bar Association, 2007. 15. United States Government Accountability Office. Interstate Compacts: an overview of the structure and governance of environment and natural resource compacts, [Washington, D. C.]: U. S. Govt. Accountability Office, 2007. 5.

当然也包括今天和明天的发展历史，乃是一部包含州际冲突、竞争和合作的历史。横向州际竞争与合作是美国州际关系中一对极为重要的矛盾关系。州际协议为州际争端和冲突的解决提供了一种最强有力的合作机制。美国各州可以利用州际协议寻找一条有效平衡和协调州际利益关系，促进州际关系和谐发展的公共治理之道。

以《里帕布里肯河流域协议》（RRC）为例，对于州际协议实施过程中出现的各种争端和纠纷，三个成员州既可以在现有州际关系框架内通过谈判、对话和协商、沟通就争端与纠纷问题进行讨论和辩论，或者求助于第三方调解和联邦最高法院解决，经过长时间的合作性博弈，逐渐形成相对成熟稳定、兼顾各方利益的流域水资源争端解决方案。虽然州际争端和纠纷不可能从根本上被消除，但相关利益主体间就它们的争端和纠纷问题进行对话和协商，充分利用多样化的争端和冲突管理机制，这本身就展示了州与州之间的信任、一致和协调，最大限度地减少了州际关系中的不和谐因素，为联合解决州际争端和纠纷创造了机会，也推进了跨州区域公共治理行动。其中的内在逻辑，在原有协议所确定的水资源利益分配格局的基础上，完善现有水资源的分配制度，并采取了一种促进州水关系、人水关系、州际关系和谐的流域公共治理体系和治理能力现代化模式。

总之，从美国的经验来看，在推动跨州区域公共事务协作治理方面，州际协议是一种有着非常重要意义的政府间关系协调的法律制度安排。州际协议治理机制的不断发展将有助于重塑美国联邦治理体制，再造联邦治理结构，使联邦与州之间的管理责任与资源分配更加均衡，使州与州之间可以找到在跨州区域层面建构协作性公共治理关系社群的制度工具，这对于无论塑造一个和谐的政治联邦，还是创造一个健康的经济联邦，都具有十分重要的意义。

第二节 州际协议的治理生态分析

由于中美两个国家的历史渊源、文化传统、国家结构、政治体制、经济制度等错综复杂因素的影响，构成了中美两个国家国内政府间关系模式的多样性特色，但仔细梳理美国州际协议治理实践，可以为我国国内政府间关系制度创新提供一些经验借鉴和启示。州际协议在其治理实践基础的作用下形成了非常独有的美国特色。"他山之石，可以攻玉。"虽然目前中国的省际合作协议仍处于起步阶段，但无疑可以通过学习和借鉴美国州际协议来大力推进这一区域政府间协作治理实践的进行。在考虑借鉴美国州际协议的基本经验之前,需要从比较公共管理和治理生态角度审视美国州际协议的普适性空间。"橘生淮南则为橘,生于淮北则为枳"。公共管理不是存在于真空之中,公共管理的改革与发展受到公共治理生态环境因素的影响和制约。达尔在《公共行政科学的三个问题》中强调了公共行政与其社会生态环境的重要关系。他认为:

> 没有理由设想公共行政学的一个原理在每个民族国家中具有同样的效用,或公共行政实践在一国的成功必然在另一个社会、经济和政治环境不同的国家中也能获得成功。一个特定的民族国家体现了许多历史事件、创伤、失败和成功的结果,这些结果反过来又形成了特殊的习惯、风俗、惯常的行为类型、世界观和"民族心理"。不能认为公共行政能够摆脱这些条件的影响,或者公共行政以某种方式独立于或脱离于公共行政赖以发展的社会环境和文化。[1]

任何国家治理制度设计必须立足本国国情。习近平总书记曾经指出,"一个国家选择什么样的治理体系,是由这个国家的历史传承、文化传统、经济社会发展水平决定的,是由这个国家的人民决定的"[2]。对于一个社会文化条件合适的行政活动和行政关系不一定适应于另一个社会。因而行政分析应当从生态学的观点出发。[3] 从政治生态理论来看,州际协议的形态和模式的形成与演化,其动力归根结底来自于它的"生态环境"。谈论美国州际协议是否有效率,不能孤立地止于州际协议本身,需基于生态治理视角全面观察和思考美国州际协议所处的社会政治、经济和文化生态环境,是否有利于州际协议治理功能作用的充分发挥。

一 州际协议的政治生态

在试图通过学习和借鉴美国州际协议,构建理性的中国省际协议的制度框架的努力中,对中美两种国家治理结构形式的深入了解是必须进行的

---

[1] [美]罗伯特·达尔:《公共行政科学的三个问题》,《国外政治学》1987年第4期,第46—50页。
[2] 《习近平在省部级主要领导干部学习贯彻十八届三中全会精神全面深化改革专题研讨班开班式上发表重要讲话强调:完善和发展中国特色社会主义制度 推进国家治理体系和治理能力现代化》,《人民日报》2014年2月18日第1版。
[3] 王沪宁、竺乾威:《行政学导论》,上海三联书店1988年版,第26—27页。

基础性研究。政治制度界定了政治行为赖以产生的框架。[1] 联邦主义是政府间关系的政治背景，因为政府间关系形成于联邦制。[2] 联邦制是美国政治制度的中心特征之一。美国联邦制的一个主要特点，就是它强调宪法制度设计。联邦宪法确立了美国国内政府间关系的永久特征。[3] 按照联邦制发明者的理想设计，美国联邦制是由若干个具有自治能力的政治实体（即州）在共同认可的政治框架下结合组成的一种政治实体。两百多年来，联邦制为美国国内政府间关系的稳定发展提供了基本政治制度框架，为州际协议的发展提供了一种合法性政治资源。研究联邦制，将有助于我们反观单一制。唯有在充分研究和比较的基础上，我们才有现实的依据，说为何州际协议在美国联邦制下能够顺利运转，为何省际协议在中国单一制下存在这样那样的问题。

单一制代表了国家整体对于各个区域单位的统治属性，联邦制代表了权力的分散和区域单位的自主性。在当今中国单一制下，中央与地方之间关系是一种集权调控型关系，是一种现代政党领导下的新型中央集权与地方分权有机结合的现代社会主义国家治理制度。[4] 中央政府集中和掌握了所有的权力和权威资源，并在全国范围内通过科层制自上而下贯彻其法令和政策，地方政府的权力和权威源自中央政府或受制于中央政府。在联邦制下，联邦政府和州之间不是严格意义上的中央与地方的关系，而是在各自规定的权限范围内都享有最高权力，均享有对人民的直接管辖权，相互之间不得进行任何干涉。当今美国联邦与州之间关系就属于典型的分权协作型关系。事实上，一个现代化国家的有效治理需要这两种因素的有机综合。一个现代化国家既需要通过中央政府掌控必要的政治、经济、文化和社会资源，推动国家政治治理体系的一体性，以促进不同地区之间的交往、社会公平正义和人民福利的平等，也需要积极培育地方政府扩大其调控地区公共事务的综合能力，推动地方公共治理体系的自主性，以提升地方政府的发展能力和地区公共事务的整体治理效能。

---

[1] James G. March and Johan P. Olsen, *Rediscovering Institutions: The Organizational Basis of Politics*, New York NY: The Free Press, 1989, p. 18.

[2] Deil S. Wright, *Understanding Intergovernmental Relations*, Pacific Grove, California: Brooks/Cole Publishing Company, 1988, p. 15.

[3] Shafritz, Jay M., and Russell, E. W., *Introducing public administration*, Pearson/Longman, 2000, p. 163.

[4] 胡鞍钢等：《中国国家治理现代化》，中国人民大学出版社2014年版，第192页。

(一) 国家主义(国家性)和契约主义(联邦性)的双重倾向

州际关系的和谐稳定是确保联邦制顺利运转的前提和基础。为促进州际关系和谐稳定,美国的立国者们通过创设宪法秩序,促进联邦治理制度变迁,选择和设计了包括州际协议在内的一系列促进州际合作的法律原则和机制。从宪法上设计使一项州际协议合法有效,必须国会同意是为了确保州际协议不会侵占联邦的政治特权而保护联邦政府的利益。[1]《联邦宪法》"协议"条款的制度设计具有国家主义和契约主义双重倾向,也就是美国州际协议的立宪选择原则既反映了契约因素,也体现了国家因素。这实际上就是麦迪逊在《联邦党人文集》第三十九篇中分析的美国宪法中的联邦性要素和国家性要素。[2] 麦迪逊认为,政府似乎具有一种混合的性质,所表现的联邦性特征至少和国家性特征一样多。拟议中的宪法严格说来既不是一部国家宪法,也不是一部联邦宪法,而是两者的结合。其基础是联邦性的,不是国家性的;在政府一般权力的来源方面,它不是联邦性的,部分是国家性的;在行使这些权力方面,它是国家性的,不是联邦性的;在权力范围方面,它又是联邦性的,不是国家性的。最后,在修改权的方式方面,它既不完全是联邦性的,也不完全是国家性的。[3]

麦迪逊所称的"联邦性"要素可以合理地置换为"契约性"要素。从这一方面来看,《联邦宪法》"协议"条款在立宪选择层次既通过授权各州可以缔结州际协议体现其联邦性,也通过规定各州缔结州际协议需要国会的批准体现其国家性。在集体选择层次和具体操作层次,各州在尊重联邦的权威和权力的前提下,可以根据《联邦宪法》"协议"条款,共同参与联邦政府决策和政策的实施,并在不损害联邦利益和权力的前提下,行使各自享有的自治权,联合治理跨州区域边界问题和公共事务。这种依法自治又趋向于联邦性。

(二) 授权激励与限权约束的有机统一

美国各州尽管管辖区大小和人口规模差异很大,制度创立和法规体系也不尽相同,但各州在法律地位上是完全平等的,都是联邦的基本组成单位。美国是一个地域辽阔复杂的国家,也是一个移民国家,不同的种族、民族和宗教把不同的文化和道德价值带到社会、经济和政治中。如果在地

---

[1] Zimmerman, Joseph Francis, *The Silence of Congress: State Taxation of Interstate Commerce*, Albany, NY: State University of New York Press, 2007, p.179.

[2] [美]汉密尔顿、杰伊、麦迪逊:《联邦党人文集》,程逢如等译,商务印书馆2006年版,第192—198页。

[3] 同上书,第198页。

方没有有利于表达分歧和满足不同需要的机制，对这样一个国家实行民主管理会困难得多。分配给州的权力常常被称为"州权"，"州权"观念基于的前提是，地方观念或地方性是重要的，人们愿意信任他们有能力控制的政府——州和地方政府。和国家政府相比，人民本能地感到州政府能够满足这一要求。这种信念解释了为什么大多数美国人仍然希望州和地方政府控制那些影响他们每天生活的建制，如警察、学校和医院等，但同时坚持，公民权应该全国一致，而不应该因州而异。

因此，美国《联邦宪法》"协议"条款在国家立宪选择层次通过授权各州经过国会同意，可以自愿达成州际协议，能够满足州通过跨州集体选择层次治理多样性和复杂化的地方公共经济问题的需要，有助于发展民主与促进自治，增强民主政府的人民性。当然，《联邦宪法》在授权委托州通过缔结州际协议治理地方公共事务的同时，也在预防这种授权委托可能带来的危险性，因而委托人——联邦需要限制、约束和监督代理人——州必须依法行使这种授权。这一切都遵循了美国国内政治生活的一条基本逻辑：分权与制衡的原则，即授予权力（激励）与限制权力（约束）有机结合。

（三）多元法律秩序与一元法律秩序的协调整合

作为政治共同体的联邦制国家同样是法律共同体。联邦制法律共同体容纳了多元的法律秩序，但作为一个共同体，仍然需要避免和减少多元法律秩序之间的冲突给一个国家内部的社会交往带来的不便以及对共同体造成的损害。因此，联邦制同样需要寻求多元法律秩序之间的调和，以及维持作为共同体底线的法律秩序的一元性。在协调国内政府间关系的法治发展路上，美国早期的政治家们注意到创建独立的联邦司法机构的必要。实际上，制宪者们在当时已经清楚地意识到州际争端的严重性，并且希望授权联邦最高法院来降低这种州际争端所带来的痛苦。[1]

从一定意义上说，法院特别是联邦最高法院是美国联邦主义治理体系的调节者，没有法院的调节，联邦主义体制几乎不可能成功运转；没有联邦最高法院对联邦宪法的解释，1787 年出台的美国《联邦宪法》可能早已成了历史。[2] 作为一种非常重要的制度实施机制，美国联邦最高法院在

---

[1] Robert Granville Caldwell, "The Settlement of Inter-State Disputes", *The American Journal of International Law*, Vol. 14, No. 1, 1920, pp. 38 – 69.

[2] Joseph Francis Zimmerman, *Interstate Disputes: The Supreme Court's Original Jurisdiction*, Albany, NY: State University of New York Press, 2006, p. 63.

州际协议缔结和执行等方面的司法权威是毋庸置疑的。通过由一个联邦最高法院对包括州际协议在内的全国所有的法律问题发表最终性的结论，联邦制可以有效地协调多元法律秩序，使分散的法律秩序在一个法律共同体之内保持内在的一致性。可以认为，美国联邦制下独立的司法体系对于联邦制具有非常重要的功能，联邦制通过独立的司法体系来有效实现了对多元法律秩序的调控与协调。

美国联邦制下的州际关系不仅建立在明确而广泛的《联邦宪法》制度基础之上，而且都努力通过宪法化、制度化和程序化的州际协作机制来协调跨州区域法律秩序，解决州际争端和矛盾。《联邦宪法》关于州际关系的制度框架不但为州际协作提供了有效的法律激励与控制，降低州际协作与博弈的成本，而且妥善化解了不同州和地区之间的潜在矛盾，使州际关系至今能在《联邦宪法》制度框架内保持相对稳定，从而在宪法体制上保障了贯穿北美大陆的共同市场的建立与发展。历史实践表明，这种宪政体制的有效实施为美洲大陆保障了长达两个多世纪的和平、繁荣与稳定。如果没有联邦主义的这种宪政制度安排，美国今天所取得的这些巨大成就是不可想象的。

二 州际协议的经济生态

在其发展早期，州际协议并不没有被广泛使用。从1776—1900年，州际协议主要用于解决相邻两州之间的边界问题。20世纪以来，以1921年《纽约新泽西港务局协议》为标志，州际协议开始广泛地运用于其他领域，如河流水资源管理、生态环境保护、州际交通桥梁、高速公路和铁路网络、港口管理、渔业资源管理、农业、跨州食品销售与市场监管、区域高等教育、能源开发和保护、区域经济发展、跨州大都市区基础设施、跨州市场交易和商贸行为、州际税收、刑事管辖、公共安全与应急管理，等等。究竟是什么力量和因素推动了州际协议被如此广泛地利用呢？联邦制既是一个政治联盟，更是一个经济联盟，是政治联盟与经济联盟的有机统一；政治联邦制是美国州际协议发展的政治生态，经济联邦制是州际协议发展的经济生态，美国国内统一大市场的形成和发展是美国州际协议得到广泛利用和发展的经济背景，这种经济因素是州际协议得到快速发展的根本因素。

（一）州际商务立法与国内统一大市场的建立

美国国会在1887年颁布了消除各州之间的商贸壁垒的《州际商务

法》(Interstate Commerce Act of 1887)。① 这是国会对州际经济关系的第一次重要立法。《州际商务法》主要是针对当时私营铁路在垄断经营的情况下对不同地区、不同顾客征收不同费用的情况，通过法律制度来营造一个公平竞争的市场环境。该法案不仅限制铁路公司"对不同的人、不同的地方、不同的商品之间采取不公正的差别待遇"，主张公平竞争；而且，禁止在市场销售上的跨州垄断。至1890年，美国国会通过了世界上第一个现代反垄断法——《谢尔曼反托拉斯法》（Sherman Antitrust Act of 1890）。该法案禁止"任何以托拉斯形式或其他形式的联合、共谋，用来限制州际间或与外国之间的贸易或商业"。以《州际商务法》和《谢尔曼反托拉斯法》为基准，加上此后的众多相关法律，联邦政府有效地利用法治手段铲除跨州经济贸易壁垒，为各州之间低成本、大规模实现工业化和国内统一大市场的形成提供了可能。

在19世纪下半期直至20世纪初，随着美国全国性铁路网的建设，以铁路为骨干的全国性交通系统的建立，使全美国四通八达，大大加速了工业化、市场化和城市化的进程，推动着跨州分工深化和市场交易复杂化，国内市场的规模和深度迅速扩张，各州在经济上的相互依存性不断增强。在这些市场通道的联结网，城市特别是大都市区发展成为商品生产和交换的基地，形成了一个全国性的商品生产市场、交换市场体系和全国性的消费市场，最终促进了国内统一大市场的形成与发展。

（二）国内统一大市场建立与州际区域立法协作

市场经济快速发展和统一大市场的力量越来越要求经济资源和生产要素配置突破刚性的行政管辖区边界，消除行政管辖区边界所造成的市场分割和市场壁垒，实现经济要素的自由流动和合理配置。而州与州之间法律及有关地域管辖权的不确定性将阻碍州际商务的发展。各州希望州之间法律不一致的问题可以通过州际法制协作和州际法律一体化获得解决，即构建与这种统一大市场相适应的州际共同法律秩序，制定一致的，无壁垒、无障碍的经济贸易规则，以促进州际的资金、技术和人才自由流动，贸易商业往来以及科学技术交流。这种情形为州际协议的发

---

① 根据该法案，美国国会为规制铁路行业而成立了联邦规制机构——"州际商务委员会（Interstate Commerce Commission，ICC）"。这被认为是美国作为现代规制国家崛起的起点。州际商务委员会主要负责对跨州铁路运营实施检查和监管，包括安全、运价、对铁路业务的公平使用等（第12条）。如铁路公司拒绝服从州际商务委员会的决定，则该委员会可向联邦最高法院提出控诉（第13条）。到1995年12月29日，存在108年的州际商务委员会被美国国会正式解散。

展提供了一种合法性经济资源，促使各州加强州际立法协作来统一协调各方利益关系。换言之，美国国内统一大市场形成及随之而来的跨州市场交易一体化最终导致州际经贸法律体系向一体化、同一化和整体化方向发展。州际协议是推进州际立法协作和州际经贸法律体系同一化的主要形式。这使美国州际关系的性质和重要性在20世纪初期发生了巨大变化。这是推动美国州际协议从20世纪初期开始得到广泛应用和快速发展的重要背景。

在财政联邦主义背景下，各州政府作为理性"经济人"参与市场的动力大大增强，州际经济竞争也逐渐被强化。实际上，联邦制下美国各州都有一种内在诱因去参与州际经济竞争。[1] 国内统一大市场的形成并没有减少州际经济竞争，甚至州际贸易利益冲突有不断加剧的趋势。各州为了维护自身的利益，纷纷采用各种贸易壁垒的手段，人为限制或阻碍生产要素跨州自由流动。如一些州的警察以检查食品为由，阻止其他州的农产品进入本州，以维护本州农产品的生产和销售；州政府利用职权对本州企业给予各种照顾，而对其他州在本地的企业则在发放执照、征税及其他各种管理上百般刁难。各州在边界、流域水资源分配和水污染治理、税收和其他方面存在冲突。由于各州拥有差不多完全的税收自主权，所以竞争相当激烈。由于过于强调各州自身利益，一些州甚至采取过度的税收竞争行为，来抢占资源，吸引资本、技术和人力资源。当各州都理性地通过制定各种优惠政策，来吸引联邦政府的基础设施建设、国内和国际工业企业、服务业、旅游业，州际竞争是普遍的。[2] 所有这些都使州际关系协调的必要性更加迫切。这种关系协调通常是通过州际协议机制来实现的。

（三）"三化"进程中的社会问题与跨州区域公共事务治理协作

自19世纪末以来，伴随美国进入市场化、工业化社会以及城市化进程的加快，区域经济和社会问题日益凸显，许多地方性问题变成了区域性和全国性公共问题。例如，流域水环境污染、地方经济发展失衡、资源分配不平衡、区域共同资源开发和利用等一系列问题，单个州已无力解决这些问题，而需要其他州特别是邻州的积极协作。在这种背景下，州际协议作为州际合作机制为治理这些跨州区域问题提供了一种基本制度框架。在

---

[1] Joseph Francis Zimmerman, *Interstate Relations*: *The Neglected Dimension of Federalism*, Westport CT: Praeger, 1996, p. 153.

[2] Joseph Francis Zimmerman, *Interstate Cooperation*: *Compacts and Administrative Agreements*, Westport CT, Greenwood Publishing Group, 2002, p. 3.

这种情形下，许多州纷纷通过各种州际协议加强州际区域合作，并创建跨州区域公共管理机构（Interstate Regional Public Authority），治理跨州外部性、共同资源和集体行动问题等。[1]

例如，1950年美国国会通过《联邦民防法》（The Federal Civil Defense Act of 1950），授权联邦民防局长协助和促进各州缔结能为各州之间提供相互防卫和救灾援助的法律框架的州际民防协议。到20世纪50年代早期，所有州都签订了《民防与灾难协议》（Civil Defense and Disaster Compact）。该协议授权各州缔结双边或多边州际协议，从而为州际灾难互助提供基本法律制度框架。与此同时，20世纪50年代以来，美国本土不断遭受自然灾害的侵袭，如1954年飓风黑兹尔（Hazel）、1955年飓风戴安娜（Diana）、1957年飓风奥德丽（Audrey）、1960年蒙大拿地震和飓风多娜（Donna）、1961年飓民卡拉（Carla）、1974年中西部龙卷风等，这些自然灾难直接推动了州际应急管理协作发展。当时美国许多州长指责联邦政府机构对这些灾难没有作出及时的应急反应。自然或人为灾难可能影响到多个管辖区。这就需要多个管辖区合作应对他们面临的共同问题。在灾难情况下，受灾难影响的州通常要向其他州寻求资源援助。一些州提出通过签订州际互助协议来着力提高他们自己的应急管理能力。1967年，美国东部和中西部州长会议批准《国民警卫队互助协议》（National Guard Mutual Aid Assistance Compact）。该协议的主要目的在于促进紧急或灾难状态下州际国民警卫队资源共享，促进国民警卫队的灵活部署和最大化国民警卫队的应急行动效能，然而它始终没有得到国会的批准。[2] 1974年，肯塔基、路易斯安那和印第安纳三个州达成《州际应急管理与灾难协议》。

1979年卡特总统根据全美州长联合会（National Governors' Association）关于协助各州应对各种自然和核灾难的建议，发布行政命令，组建联邦应急管理署（Federal Emergency Management Agency，FEMA），作为联邦政府应急管理的决策与协调机构，规定联邦应急管理署署长对州际突

---

[1] Joseph J. Spengler, "The Economic Limitations to Certain Uses of Interstate Compacts", The American Political Science Review, Vol. 31, No. 1, 1937, pp. 41–51; Nice David C., "State Participation in Interstate Compacts", Journal of Federalism, Vol. 17, No. 2, 1987, pp. 69–83.

[2] Amy C. Hughes, "Homeland Security: Interstate Mutual Aid", Spectrum: The Journal of State Government, Vol. 77, No. 4, 2004, pp. 16–29.

发事件防御合作负有鼓励、审查和协调的责任。① 1988年国会通过的《司徒亚特·麦金莱—罗伯特 T. 斯塔福法》(Stewart Mc Kinney-Robert T. Stafford Act) 规定："联邦应急管理署署长应该协助和促进各州协商和签订州际协议，审查这些州际协议的内容和条件，协助和协调这些协议下的各种行动，援助和协助各州促进应急准备互惠的立法。"② 到1989年，经国会同意，密西西比、密苏里和田纳西三个州签署《州际地震应急管理协议》。该协议是美国历史上首个州际地震应急管理合作协议，其主要目的是为应对地震或由地震所引发的动乱所导致的紧急或灾难事件，促进州际互助协作。

1992年8月24日，佛罗里达州南部迈阿密地区遭受了安德鲁飓风 (Hurricane Andrew) 的破坏性袭击。当安德鲁飓风登陆时，虽然佛罗里达州州长诺顿和其他人预先被告知安德鲁飓风可能摧毁该州大部分地区，但是诺顿向该州公众保证：州政府有能力处理这场飓风危机，并且可以不求助联邦政府。然而，这场飓风摧毁了8万户居民房屋。在这些受害者中，有30万人无家可归，61人死亡，几千英亩的农作物被严重毁坏，经济损失达31亿美元。联邦应急管理署和佛罗里达州政府都因为对受飓风影响的社区的要求作出缓慢而无效的回应而受到公众和社会的广泛批评。这场飓风灾难使佛罗里达州政府认识到即使有联邦资源援助，受灾州还需要向其他州请求资源援助。

1992年9月，即安德鲁飓风过后一个月，美国南部州长联合会 (Southern Governor's Association，以下简称SGA) 召开年会讨论飓风所带来的严重灾难，并强调加强州际区域应急管理协作。在区域基础上跨组织和跨辖区边界调动资源需要参与者之间协作行动。③ 佛罗里达州州长诺顿建议SGA所有成员创建供各州向受灾州提供援助的正式合作机制。SGA讨论了诺顿的政策建议，决定缔结应急管理合作协议。1993年8月17

---

① "9·11"事件后，美国联邦政府对国家应急管理体制进行了反思和重组。美国国会在2002颁布了《国土安全法》(The Homeland Security Act of 2002)。2003年1月，美国国土安全部 (Department of Homeland Security, DHS) 正式成立，建立了相应的组织机构，包括对联邦应急管理署进行改组并纳入新成立的国土安全部，在原有联邦政府应急救灾指挥中心的基础上设立国土安全运行中心（日常总值班机构）。其中，联邦应急管理署是国土安全部中最大的部门之一，署长由总统任命，可直接向总统报告。

② The Emergency Management Assistance Compact (EMAC) Website, Emergency Management Assistance Compact (EMAC) Operations: Final Pre-Course Reading Assignment (http://www.emacweb.org/? 305).

③ Louise K. Comfort, "ManagingIntergovernmentalResponsestoTerrorismandOtherExtremeEvents", Publius: The Journal of Federalism, Vol. 32, No. 4 (2001), pp. 29–49.

日，来自东南部16个州——阿拉巴马、阿肯色、特拉华、佛罗里达、佐治亚、肯塔基、路易斯安那、马里兰、密西西比、密苏里、北卡罗来纳、南卡罗来纳、奥克拉马、田纳西、得克萨斯、弗吉尼亚等州州长和波多黎各、美属维尔京群岛的代表，在 SGA 年会上签署《南部区域应急管理互助协议》（Southern Regional Emergency Management Assistance Compact，以下简称 SREMAC）。SREMAC 力图确保其成员州在应急或灾难时刻可以获取充分的救助资源，保障公众安全和快速地恢复受灾州的基础设施。它在一定程度解决了应急反应中当人力和物力资源跨州边界共享时候所出现的许多问题。[1] 在随后一些灾难事件的应对与处置中，SREMAC 被证明是基本成功的。SREMAC 得到了美国联邦应急管理署的赞同和支持，为 EMAC 产生提供了范例。联邦应急管理署试图促使南部以外的其他州也缔结类似的州际合作协议。

1995 年 1 月，SGA 决定 SREMAC 成员向全美任何州开放，即允许其他州加入该协议。上述成员范围扩大了的州际互助协议被称为《州际应急管理互助协议》（EMAC）。实际上，EMAC 所有条款出自 SREMAC。1996 年美国国会批准 EMAC，使其正式成为 EMAC 所有成员州的法律和联邦的法律（Public Law 104-321），这是自 1950 年《民防与灾难协议》之后由美国国会批准的一项全国性救灾协议。任何欲加入 EMAC 的州，首先必须由该州立法机关批准通过，然后由该州州长签署，这样 EMAC 就自动成为该州的法律，该州政府及其公民必须遵守和履行协议条款。自 1996 年以来，各州积极加入 EMAC。同时，各类重大灾难事件扩大了 EMAC 成员网络，各州尝到了 EMAC 的甜头。纽约州长帕塔基在 2001 年"9·11"恐怖事件后的第六天签署加入 EMAC 的立法文件。

EMAC 的前提假设很简单：没有任何政府——地方、州或联邦具有应对所有灾难的所有资源；州际协作比每个州单独行动更有效率。EMAC 产生于在紧急或灾难情形下跨州援助和协调应急资源的需要这一基本目的，并以促进其成员州在紧急或灾难状态下加强合作与共享资源为基本价值导向，以维持在灾难时刻促进各种资源在成员州之间有效共享和提高各州应对和处置各类突发灾难事件的能力的体制为主要使命。EMAC 第 1 条规定了两个基本目标：第一，在管理由受灾难影响之州的州长正式宣布的任何

---

[1] U. S. Government Accountability Office (GAO), Emergency Management Assistance Compact: Enhancing EMAC's Collaborative and Administrative Capacity Should Improve National Disaster Response, GAO-07-854. June 2007 (http://www.gao.gov/new.items/d07854.pdf).

紧急或灾难事件方面，为参与该协议的州之间提供互助，而不管这些紧急或灾难是自然灾害、技术危险、人为灾难、短缺资源的民用应急方面、社区骚乱、动乱或敌人的攻击；第二，为成员州或成员州地方政府所开展的使用任何援助设备和人员模拟演习的与应急管理有关的演练、测验或其他训练，提供相互合作，包括利用州国民警卫部队。

三 州际协议的文化生态

　　文化观念影响和塑造人的行为选择，影响国家治理制度建设。为了降低国家治理成本，统治者需要发展出一种服务于它的文化意识形态。要形成一种新的治理制度的设计，不仅仅需要表层的经济基础和制度环境为条件，还需要深层的思想观念文化的支撑。即使是完善的法制，而且为全体公民所赞同，要是公民们的情操尚未经习俗和教化陶冶而符合政体的基本精神，这终究是不行的。① 美国州际协议的成功似乎与美国社会中一种适当的文化观念和精神基础有着密切联系。从历史发展的角度讲，州际协议是在契约思想观念基础上自发产生，并随政治、经济和社会生态环境的变迁而逐渐演化的，是在历史渐进演化基础上构建的一种政府治理制度。

（一）契约文化观念与州际协议的发育

　　美国人民在较早时期开始的社会基层和地方政府中的契约式自治活动，培育出了有利于美国民主治理制度成长的观念文化因素——包括契约、自治和共享治理、规则等，这些思想观念含有对社会和政治关系的姿态和态度的含义，潜移默化地塑造着美国社会的政治文化，影响和指导美国人民的政治行为的选择，促进人们在建构社会治理秩序时强调协作和协商而非科层控制和对抗，即将这种契约观念转化为管理公共事务的制度安排。在许多方面，州际协议机制的发展能力与美国社会中契约、联合自治和共享治理等思想观念从文化上得到社会化和内化的程度直接相关。伊拉扎认为，从最广泛的意义上讲，契约关系是建立在根本的协议基础上的联邦制中的一种基本关系。② 契约实际上也是联邦主义制度设计的一种政治文化基础。伊拉扎曾经这样指出：

　　　　联邦制原则源于这样的思想，即组成联邦的各成员单位——各

---

① [古希腊] 亚里士多德：《政治学》，吴寿彭译，商务印书馆1963年版，第275页。
② Daniel J. Elazar, "The Shaping of Intergovernmental Relations in the Twentieth Century", *Annals of the American Academy of Political and Social Science*, May 1965, Vol. 359, pp. 10–22.

自治实体可以自由地进入永恒的但却是有限的政治联盟中,以达到共同的目标和保护这些权力,同时又维护了它们各自的完整性。……联邦制思想本身依赖于这样的原则,即政治的和社会的公共机构及其他们之间的关系是通过契约、合同或其他合同式的体制最完美地建立起来的,而不是或者是除了简单的有机体的增长之外得以建立的。①

(二) 合法性文化资源与州际协议的发展

公共治理的绩效和质量与一个社会的"公共精神"之间存在密切联系。社会资本的存量,如信任规范和网络,往往具有自我增强性和可累积性。自愿性合作依赖于社会资本的存在。② 联邦制来自于创建共同体的人民之间形成的契约或联盟关系的思想,这种契约思想转化成了美国联邦主义政治制度设计的一个基本原则。从本质上说,"联盟"这个术语意味着一种契约和关系。一种联盟式的约定是一种伙伴关系,由契约建立,并受契约制约。联盟内部的关系反映了一种特殊的契约式的权力分享。在契约思想和联盟文化的引导下,联盟内部的政治单位可以通过订立契约,就治理他们的共同事务在某些原则的基础上达成一致性理解和共识,这些基本原则被认为是永远真实可靠的。

基于这些基本原则所建立的各种各样的契约关系,使实现共同目标的大规模政府间合作和集体选择成为可能,从而使建立他们自己的政治生活的框架与秩序成为可能。而伴随契约观念的强化和信任传播关系网的扩展,促使更多的州不断构建州际法律制度规范来参与州际协作,建立州际协作治理网络——订立契约及把"我们自己联合在一起"的程序形成自治的关系社群。这正是美国联邦制中的核心价值观念。③ 这种核心价值观念为美国州际协议的发育、成长和发展提供了一种合法性文化资源,为美国州际协议顺利发展提供了一种非正式制度安排。这是我们在学习和借鉴美国州际协议经验时需要认真注意的问题,即在推进正式制度建设时,必须不断加强非正式制度建设,强化相关治理主体对政府间契约机

---

① [美] 丹尼尔·伊拉扎:《联邦主义探索》,彭利平译,上海三联书店2004年版,第40页。
② [美] 罗伯特·D. 帕特南:《使民主运转起来:现代意大利的公民传统》,王列、赖海榕译,中国人民大学出版社2015年版,第228页。
③ [美] 文森特·奥斯特罗姆:《美国地方政府》,井敏、陈幽泓译,北京大学出版社2004年版,第56页。

制的合法性信仰。否则，即使能从国外借鉴良好的正式规则，如果本土的非正式规则因为惰性而一时难以变化，新借鉴来的正式规则和旧有的非正式规则势必产生冲突。其结果，借鉴来的制度可能既无法实施又难以奏效。[①]

美国州际协议诞生于美国独特的政治、经济、文化和社会环境。任何根据一套有限的预设和概念建构一种秩序体制的特定社会都只能探索出一种有限范围的可能性。[②] 美国州际协议的环境与制度框架，与中国省际协议所面临的环境和制度框架的差异无疑是非常大的，其差异也并非可以通过本书的分析便可以理解。在国家结构形式上，美国实行联邦制，中国实行单一制；在行政领导体制上，美国实行完整制，中国实行分离制；在中央与地方权力分配关系上，美国实行分权协作制，中国实行集中调控制。这些差异性决定了州际协议是不具有可复制性的，但不具有可复制性并不排斥我们学习和借鉴美国州际协议，人们在差异性中可以努力寻找和发现共性。

在这个学习型时代和学习型社会，标杆学习（Benchmarking）是一种非常有效的发展工具。设计和发展国家治理制度，必须注重历史和现实、理论和实践、形式和内容有机统一。只有扎根本国土壤、汲取充沛养分的制度，才最可靠，也最管用。[③] 学习和借鉴他国公共管理的经验不是盲目地"进口"，而必须立足于本国特定的"历史—社会—文化"综合生态环境，从生态学的角度探索我国国内政府间关系治理体系和治理能力现代化的基本路径。这要求我们立足于对中国特殊的公共行政生态环境的认知和理解，以开放和包容的思想对待美国州际协议的经验，学习和借鉴在美国联邦制下发生的这种建构公共治理秩序的伟大实验的成功经验，通过比较、鉴别和有选择性的吸收，健全和完善中国的省际协议，这是我们借鉴美国州际协议经验的现实选择。

通过本章的分析可知，美国州际协议治理的成功之处在于将联邦制中的国家主义与契约主义、授权激励与限权约束、分权与制衡、民主与法治有机统一，为美国人民通过自治和联合方式构建州际区域公共治理关系社群提供了一种法律制度选择。本章在分析美国州际协议治理绩效的法律制

[①] [日] 青木昌彦：《比较制度分析》，周黎安译，上海远东出版社 2001 年版，第 2 页。
[②] [美] 文森特·奥斯特罗姆：《美国联邦主义》，王建勋译，上海三联书店 2003 年版，第 225 页。
[③] 习近平：《在庆祝全国人民代表大会成立 60 周年大会上的讲话》，《人民日报》2014 年 9 月 6 日第 2 版。

度设计的同时，也关注了历史—社会—文化维度的作用，明确了州际协议经验的普适性局限，丰富了我们对州际协议作为美国联邦制政治环境下重要的区域公共管理法治机制的认识。

第九章 美国州际协议对中国的借鉴

> 没有理由设想公共行政学的一个原理在每个民族国家中具有同样的效用，或公共行政实践在一国的成功必然在另一个社会、经济和政治环境不同的国家中也能获得成功。
>
> ——达尔

第一节 我国省际政府间协议的现状

我国包括省际协议在内的区域政府间协作实践亟须构建新的公共治理制度框架，要完善政府间关系协调的顶层设计和法律制度设定，通过制度供给、制度导向、制度创新来解决制度空白、制度缺陷和制度冲突。学习、借鉴和吸收美国州际协议法律机制的成功经验，是推动我国省际协议发展的一种手段。纵使中美两国的政治体制存在很大差异，但两国在发展经济过程中都遇到一些相同的社会问题，这就可以学习和借鉴美国在处理类似问题上的法律机制。当然，美国的州际协议模式本身还不能简单地等同于我国目前出现的省际协议。我国的省际协议要真正走向像美国州际协议那样成功的政府间法治化协作治理实践，目前还有许多关键工作要做。我国省际协议若要学习和借鉴美国州际协议的成功经验，首先需要对当前省际区域合作协议的现状与问题进行科学分析和判断，在此基础上寻找和提出借鉴美国州际协议经验的思路与方法。

一 省际区域协作治理的背景

1978年以来我国启动市场取向的改革开放，随着中央逐渐向省级地方政府下放部分权力，省级地方政府逐步成为相对独立的利益主体。这对国家治理体系中影响深远的一个重要方面就是政府间权责利关系的变革和调整。在区域经济空间治理方面，市场化、工业化、城镇化、区域化等深刻地改变了中国的地区经济空间结构，打破了行政区行政时期的政府间竞合关系与行政权力运行逻辑，一个新型的区域地理空间结构正在形成。行政区划的变革打破了既有行政区行政的阈限；城镇化和信息化冲破了城乡之间的藩篱，经济区域化、城市群的发育呼唤建立跨区域政府间协作治理体系以统筹区域发展。①

市场经济倡导生产要素跨区域自由流动，以实现资源优化配置。党的十四大报告要求"各地区都要从国家整体利益出发，树立全局观念，不应讲求自成体系，竭力避免不合理的重复引进，积极促进合理交换和联合协作，形成地区之间互惠互利的经济循环新格局"。党的十四届三中全会通过的《中共中央关于建立社会主义市场经济体制若干问题的决定》指出："建立全国统一开放的市场体系……规范市场行为，打破地区、部门的分割和封锁，反对不正当竞争，创造平等竞争的环境，形成统一、开放、竞争、有序的大市场。"党的十六大报告再次强调"健全统一、开放、竞争、有序的现代市场体系。创造各类市场主体平等使用生产要素的环境。打破行业垄断和地区封锁，促进商品和生产要素在全国市场自由流动"。地区市场封锁的问题凸显了中央与地方、国家局部利益与整体利益、地方利益与地方利益之间的博弈。

在实行市场经济后，在中央与地方关系上的一个重要问题就是存在地方保护主义，所以跨越省的市场交易有许多障碍。② 在行政区经济的运行机制下，省级行政区间的企业竞争渗透着强烈的"非理性"经济行为。各省级政府出于自身经济利益的驱动，都尽可能地竞相发展税大利高的产业，进一步强化了中国长期以来在区域经济发展中普遍存在的重复布局、结构雷同等现象。③ 实际上，一个区域内的不同经济单位有很多共同点，良性合作则能形成规模经济和品牌效应，恶性竞争则会导致互相压制两败俱伤；也有很多不同点，整合起来则能形成优势互补的产业格局，但也有可能因缺乏共同目标而成为区域协作的绊脚石。地方各级政府有令不行、

---

① 国务院 1986 年 3 月发布的《关于进一步推动横向经济联合若干问题的规定》指出，横向经济联合"是社会化大生产的必然趋势，是对条块分割、地区封锁的有力冲击"。用现在的眼光来看，国务院有意通过横向联合冲击作为行政性垄断的条块分割和地区封锁，有效率的横向联合应是一种"统筹区域发展"的良好形式。
② 辛向阳：《大国诸侯：中国中央与地方关系之结》，中国社会出版社 2008 年版，第 290 页。
③ 杨小云、张浩：《省级政府间关系规范化研究》，《政治学研究》2005 年第 4 期。

越俎代庖、自作主张、目光短浅等缺陷是区域政府间关系混乱的主要原因。地方保护主义考验国家整合治理能力。如果地方政府能够从地区长期发展的角度考虑，区域间的合作与协调则是局部利益实现的必然选择；如果地方政府能够转换角色，则可以成为促进区域协调发展的重要力量。

我国幅员辽阔，但区域发展十分不平衡，区域发展差距还在不断扩大，制约着我国现代化发展以及社会的长治久安。为了缩小区域间差距，统筹协调区域发展，优化资源配置，很多省市之间都开展了经济联合，纷纷签订政府间合作协议，欠发达地区承接发达地区的先进技术，发达地区依靠欠发达地区的优势资源，等等，通过产业转移、优势互补等途径，促使我国地区发展战略从非均衡发展战略走向整体开发、均衡发展。区域之间横向协作联系网络的不断加深，政府是重要先导者，区域政府间协作所需的环境更需要政府来营造，由此，政府间协作至关重要。我国各地方政府所实施的一系列协作治理行为，推动了地方政府间关系再造。

2000年以来，我国先后启动实施西部大开发、振兴东北老工业基地和促进中部地区崛起的区域协调发展战略，中央政府加大了向这三个区域重点领域的政策倾斜，改善了当地的基础设施条件和投资环境，提高了当地的公共服务水平，并在一定程度上增强了这些区域经济增长的动力。同时，东部沿海地区依靠自身的经济基础，大力推进自主创新，加快产业结构的优化升级，积极参与国际分工，不断提升区域的综合竞争力，继续保持领先发展势头。区域发展应当是一个健康持续协调发展的过程，区域政府治理机制在这一过程中起着至关重要的作用。在区域政府间关系协调过程中，"囚徒困境"所导致的局部利益与总体利益间的矛盾是单纯的科层制和市场机制难以解决的问题，必须构建区域协调发展的政府间网络治理机制。强大的网络是一种坚实的社会资本，有助于推进社会集体行动，提高组织间协调的绩效。

2003年9月党的十六届三中全会提出"统筹区域发展"。2004年3月国务院政府工作报告提出"统筹区域协调发展。要坚持推进西部大开发，振兴东北地区等老工业基地，促进中部地区崛起，鼓励东部地区加快发展，形成东中西互动、优势互补、相互促进、共同发展的新格局"。2005年国务院《关于加强经济社会发展规划的指导意见》强调加强区域规划的编制，国家主要编制的范围是"跨省区的规划，重点城市群的规划和重点生态保护区的规划"。在这样的背景下，我国"十一五"规划纲要首次提出了健全区域协调发展的"四大互动机制"：健全市场机制，打破行政区划的局限，促进生产要素在区域间自由流动，引导产业转移。健全合作机制,鼓励和支持各地区开展多种形式的区域经济协作和技术、人才合作,形成以东带西、东中西共同发展的格局。健全互助机制,发达地区要采取对口支援、社会捐助等方式帮扶欠发达地区。健全扶持机制,按照公共服务均等化原则,加大国家对欠发达地区的支持力度。这些都是推进行政区内部政策向区域公共政策转变的制度基础。到2006年,我国基本上形成了推进西部大开发、振兴东北地区等老工业基地、促进中部地区崛起、鼓励东部地区率先发展的区域发展总体战略。《中华人民共和国国民经济和社会发展第十二个五年规划纲要》则提出:"推进京津冀、长江三角洲、珠江三角洲地区区域经济一体化发展,打造首都经济圈。"2015年3月国务院政府工作报告提出"拓展区域发展新空间。统筹实施'四大板块'和'三个支撑带'战略组合"。所谓"四大板块"发展战略,一是坚持把西部大开发放在区域发展的优先位置;二是深入实施振兴东北地区等老工业基地战略;三是加大实施中部地区崛起战略力度;四是支持东部地区率先发展。所谓"三个支撑带"战略,一是启动实施京津冀协同发展战略;二是制定实施《关于依托黄金水道推动长江经济带发展的指导意见》和《长江经济带综合立体交通走廊规划(2014—2020年)》;三是发布《推动共建丝绸之路经济带和21世纪海上丝绸之路的愿景与行动》。

当前新一轮全球化更是加速和加深了区域化和区域竞争,凸显了地区(地域)竞争的重要性,而这种竞争在形态上已不再是传统意义上的资源禀赋等比较优势的竞争,更多的表现为区域"竞争优势"层面上的竞争。由此便自然衍生出一个重要话题:为了取得这种独特的区域竞争优势,打造区域的整体竞争力,以区域政府为核心的区域公共管理主体"应该做什么"和"怎么做"呢?这需要区域政府摈弃传统的相互对抗性的政府间关系思维,发展相互信赖、集体行动和互利合作的政府间关系,创新区域协同发展的治理体制机制,开发跨边界协作治理风险和危机的能力,构建协调性、制度化、合法化和功能化的跨边界区域公共治理范式,推进国家区域治理体系和治理能力现代化。

在中国,跨区域发展失衡问题已经成为中国未来经济可循环发展、政治变革和社会稳定最重要的影响因素之一,使中国现代化转型发展进程面临极为复杂的挑战。应对这一挑战,不仅需要推进区域公共治理体制机制改革创新,合理界定和规范地方政府的公共治理职能,落实区域发展总体战略,创新区域治理模式,健全区域协调互动机制,更需要重塑社会主义市场经济体制下的区域政府间关系协调的法律制度框架,奠定提高区域公共治理绩效的制度基础。党的十八届三中全会通过的《中共中央关于全面深化改革若干重大问题的决定》指出"着力清除市场壁垒，提高资源配置效率和公平性。清理和废除妨碍全国统一市场和公平竞争的各种规定和做法，严禁和惩处各类违法实行优惠政策行为，反对地方保护，反对垄断和不正当竞争。……正确处理中央和地方、全局和局部、当前和长远的关系，坚决维护中央权威"。党的十八届四中全会通过的《中共中央关于全面推进依法治国若干重大问题的决定》指出"推进各级政府事权规范化、法律化，完善不同层级政府特别是中央和地方政府事权法律制度"。这标志着在全面深化改革进程中，如何正确处理中央与地方关系和地方与地方关系已经成为推进国家治理体系和治理能力现代化的一个重大问题。

二 省际政府间协议的现状

2000年8月，浙江和黑龙江两省签订《关于促进两省粮食购销及经营合作的协议》。这是改革开放以来，我国第一份由不同地区政府部门签署的省级政府间协议。2004年6月3日，泛珠三角区域政府行政首长在广州签署了首项政府间协议——《泛珠三角区域合作框架协议》，这是中国迄今为止规模最大、范围最广的区域经济合作的正式启动，标志着当前中国最大的区域政府间合作框架协议正式形成。该协议的签订对于促进港澳与内地建立更紧密经贸合作关系，扩大内地省区对内对外开放，加快增强区域整体实力和竞争力，实现区域经济社会繁荣发展，具有重要的现实意义和战略意义。至今，泛珠三角区域政府签订的各类合作协议总共超过60份。

2006年7月17日，吉林省、辽宁省、黑龙江省正式签署《东北三省政府立法协作框架协议》[①]，这个举动开了中国省际区域性立法协作框架的先河，率先打破政府立法隔阂，尝试横向间的协作立法，用以消弭区域间冲突。这也表明我国国土空间未来发展更加注重跨省区域协作，中国经济空间格局将从过去的以省区为基础的"行政区经济"转向跨省区边界的区域经济，相应的政府间管理模式将从基于行政区划界限的"行政区行政"转向跨管辖区边界的区域协作治理。

随着省际区域合作协议的广泛运用，国内一些市级政府间也越来越通过协议开展区域公共事务治理。例如，2009年3月19日，广州市市长张广宁和佛山市市长陈云贤分别代表两市在佛山签署了《广佛同城化建设

---

① 刘峰：《东北三省首推政府立法协作》，《人民日报》2006年7月18日第10版。

合作框架协议》。① 根据这份协议的要求，广佛两地将在创新行政管理体制、拓宽合作领域、促进两地要素资源自由流动、优化配置效率等方面更加紧密融合，全面构建城市规划统筹协调、基础设施共建共享、产业发展合作共赢、公共事务协作管理的一体化格局。2011年9月8日，厦门、漳州、泉州三市市长在厦门签署《厦漳泉大都市区同城化合作框架协议》，标志着"闽南金三角"同城化进程提速。厦漳泉大都市区同城化近期目标为：实施一批重大同城化交通项目，若干公共服务信息平台建成投入使用，部分领域社会公共服务实现一体化，资源要素市场一体化建设有序推进，产业发展分工协作机制初步建立。《厦漳泉大都市区同城化合作框架协议》提出，由厦门市牵头，三市联合成立规划编制工作小组，编制完成厦漳泉大都市区同城化发展总体规划，启动编制综合交通、制造业、现代物流、旅游、信息化、基本公共服务、生态及环境保护等九个同城化专项规划或专题研究。国内这种地方政府与地方政府之间的横向合作协议机制，不仅有利于促进政府间合作常态化、促进区域公共事务共同治理，而且也有利于减缓区域经济社会发展的不平衡，从而推动整个区域经济社会的协同发展。

当代竞合理论认为，在共同利益的驱动下，地方政府可以通过优势互补、资源整合和联合分工，采取竞争合作的方式达到帕累托最优，实现从"单赢"到"多赢"的局面。在经济市场化、经济区域化、区域经济一体化潮流中，传统的以行政区行政为基础的藩篱式或栅栏式政府间关系已远远落伍于时代的发展要求，取而代之的是以多元主体跨越行政管辖区边界互动的协作性或网络型政府间关系。近年来，在国内区域经济一体化进程中，为促进"区域经济合作"的意愿所推动的各区域省级政府，将或多或少被自然而然地引向迅速达成省际协议。为了解决区域经济协调发展问题和协调区域经济发展过程中的政府间关系，目前国内长三角、泛珠三角、京津冀、中部、西部和东北老工业基地等地区正在自发生成和示范"省际协议"治理模式。从一定程度上说，目前国内的区域合作主要是通过这种政府间协议机制实现的。这种政府合作协议机制为省际区域公共治理实践提供了非常初步的运作平台。

根据国务院批复《长江中游城市群发展规划》，2015年4月，湖北和湖南签署《长江中游城市群战略合作协议》，就进一步深化交流合作，合

---

① 付昱：《广佛同城化签订框架协议四大领域率先同城化探索》，2009年3月20日，南方报业网（http://www.nanfangdaily.com.cn/ttxw/200903200001.asp#）。

力"共建中三角、打造第四极"达成高度共识。湖北、湖南将重点加强城镇发展合作、交通建设合作、产业发展合作、现代农业合作、水利建设合作、商贸市场合作、生态环保合作、文化旅游合作、教育医疗卫生合作。两省将建立会商决策机制、协调推动机制、执行落实机制。从全国来看，跨省城市群之间的协调都对于促进区域经济转型升级和推进新型城镇化具有战略意义。国内跨区域城市群协同发展中所涌现的一系列政府间协议将为地方政府在区域协调发展中调整和创新政府及政府部门间合作治理机制创造新的范例，也对纵深推进我国区域经济一体化产生积极影响。目前国内的各种类型的省际协议是地方政府间的自愿合作治理创新。它是若干个地方政府基于共同面临的公共事务问题和经济发展难题，依据一定的协议、章程或合同，将资源在地区之间共享、交换或重新分配组合，以获得最大的经济效益和社会效益的活动。其在本质上是对地方政府间关系的一种有限度调整，核心在于利益的共享。随着这种区域协调互动机制建设的推进，通过政府及政府部门间的行政协议等制度创新来真正促进区域合作与协调，为区域政府间协作提供行动机制，将会成为国内区域政府间关系发展的重要特点，也是区域公共治理模式发展的新方向。

党的十八大以来，基于对未来中国改革开放和科学发展稳定大势的深入思考和系统谋划，习近平总书记提出和推动了许多新的区域发展战略构想和战略举措，如21世纪"海上丝绸之路"和"丝绸之路经济带"建设、京津冀协同发展等，为传统区域经济发展和区域协调发展新机制的理论和实践赋予了全新的内涵，注入了鲜活的动力。区域协调发展就是要以"内外联动、协同发展"的理念为指引，以全球视野和战略思维来推进新时期区域协同发展，打破传统的以行政区划为界限的分割式治理体系，构建区域整合式公共治理体系，建设区域统一大市场。

京津冀地区是国家首都、国际交往中心所在地，是展示国家治理体系和治理能力现代化的窗口。2014年2月26日，习近平总书记在听取京津冀协同发展专题汇报时[1]，强调京津冀要打破"一亩三分地"发展思维，实现京津冀协同发展，是面向未来打造新的首都经济圈、推进区域发展体制机制创新的需要，是探索完善城市群布局和形态、为优化开发区域发展提供示范和样板的需要，是探索生态文明建设有效路径、促进人口经济资源环境相协调的需要，是实现京津冀优势互补、促进环渤海经济区发展、

---

[1] 《习近平在听取京津冀协同发展专题汇报时强调：优势互补 互利共赢 扎实推进 努力实现京津冀一体化发展》，《人民日报》2014年2月28日第1版。

带动北方腹地发展的需要，是一个重大国家战略，要坚持优势互补、互利共赢、扎实推进，加快走出一条科学持续、协同发展的路子来。习近平总书记将京津冀区域协同发展上升为国家战略，并对三地政府间协作提出具体要求。中央成立了京津冀协同发展领导小组和专家咨询委员会。2015年4月30日，中共中央政治局召开会议，审议通过《京津冀协同发展规划纲要》。会议指出，推动京津冀协同发展是一个重大国家战略。战略的核心是有序疏解北京非首都功能，调整经济结构和空间结构，走出一条内涵集约发展的新路子，探索出一种人口经济密集地区优化开发的模式，促进区域协调发展，形成新增长极。要坚持协同发展、重点突破、深化改革、有序推进。要严控增量、疏解存量、疏堵结合调控北京市人口规模。要在京津冀交通一体化、生态环境保护、产业升级转移等重点领域率先取得突破。要大力促进创新驱动发展，增强资源能源保障能力，统筹社会事业发展，扩大对内对外开放。要加快破除体制机制障碍，推动要素市场一体化，构建京津冀协同发展的体制机制，加快公共服务一体化改革。

三　省际协议存在的问题

政府间关系的变革一开始就与国家治理紧密地联系在一起。我国现行政府间关系模式发轫于新中国成立之初，是当时促进国家整合、重建社会秩序、恢复经济发展的制度选择，单一制的国家结构决定了政府间关系的基本格局。此后，政府间关系经历了在集权与分权之间来回摇摆的历史演变过程。国内政府间关系体制的这种国情决定了目前我国省际协议处于起步发展阶段，其存在的问题和制度困境值得我们深思。公共治理包括制度、组织与管理、技术三个层面。[1]下面从公共治理的三个层面综合分析我国省际协议治理机制存在的主要问题。

（一）制度层面法治框架不够健全

由于制度在国家治理中更具根本性、全局性、稳定性和长期性[2]，所以，党的十八大报告提出："必须以更大的政治勇气和智慧，不失时机深化重要领域改革，坚决破除一切妨碍科学发展的思想观念和体制机制弊端，构建系统完备、科学规范、运行有效的制度体系，使各方面制度更加成熟更加定型。"在统筹区域发展进程中，区域公共治理制度安排对区域

---

[1] Lynn, Laurence E. Jr., Heinrich, Carolyn J., and Hill, Carolyn J., *Improving Governance: A New Logic for Empirical Research*, Washington D. C., Georgetown University Press, 2001, pp. 35 - 36.

[2] 《邓小平文选》第2卷，人民出版社1994年版，第333页。

乃至整个国家和社会的全面协调可持续发展具有非常重要的影响作用。特别应加强促进区域协调发展的立法探索，逐步形成一套完整的区域发展法律、法规体系。[①] 通过建立区域协作治理的法律体系，为区域政府间关系协调提供法律依据，强化法治在国家治理中的地位和作用，维护省际政府间合作协议的权威性和稳定性。通过完备的法律体系，以立法来规范区域政府间的合作关系，消除区域政策执行过程中的随意性和主观性。通过立法制约，运用具有法律依据的政策工具和协调手段，建立起具有法律效力的行动规则，规范和约束地方政府权力运行。这是建立区域协调发展长效机制的重要保障。

我国区际契约行政机制产生的社会历史条件的特定性，决定了它具有自己鲜明的特点。省际协议其实是一种政府间契约行政机制。所谓契约行政，是指在我国政府主导的区域合作模式下，政府作为区域合作的主要参与方，通过签订各种形式的政府间契约如"规划纲要""合作框架协议""合作宣言""合作意见""合作备忘录"等来推动政府间合作的一种区域行政方式。[②] 这种政府间契约行政机制目前还缺乏相应的法律制度建构，使区域协作治理行动难于制度化和具有约束力。由于各级地方政府具有不同的利益考虑，地方政府之间的合作也夹杂着竞争与对抗，因而，合作的基本要求需要立法设定，法律应是地方政府之间合作的基本保障。[③]

目前，我国宪法和地方组织法中关于政府间协议的具体规定和条例几乎是空白，法律只明确了各级政府对其辖区内事务的管理及上级机关在跨辖区事务中的角色，而没有涉及跨区域地方政府间合作的问题。我国还没有《政府间关系协调法》或《政府间合作法》，也没有类似美国《联邦宪法》"协议"条款的法律规定，缺乏保障省际协议争端解决程序公正的法治机制。我国宪法仅规定"中央和地方的国家机构职权的划分，遵循在中央的统一领导下，充分发挥地方的主动性、积极性的原则"，并授权国务院规定中央和省、自治区、直辖市国家行政机关的具体职权划分。实践中多以文件形式处理政府间关系，缺乏必要的法律权威和约束力，容易导致事权频繁上收下放，一些领域事权安排存在一定的偶然性和随意性，增加了各级政府间博弈机会与谈判成本，制度的可预期性、稳定性不足。[④]

区域治理中政府间关系协调的法律制度建设的目的在于创造稳定可持

---

① 范恒山：《我国促进区域协调发展的基本经验》，《人民日报》2014年4月1日第7版。
② 杨爱平：《区域合作中的府际契约：概念与分类》，《中国行政管理》2011年第6期。
③ 薛刚凌：《论府际关系的法律调整》，《中国法学》2005年第5期。
④ 楼继伟：《推进各级政府事权规范化法律化》，《人民日报》2014年12月1日第7版。

续健康发展的区域市场秩序、社会秩序和管理秩序。《中共中央关于全面深化改革若干重大问题的决定》提出"建设统一开放、竞争有序的市场体系,是使市场在资源配置中起决定性作用的基础。必须加快形成企业自主经营、公平竞争,消费者自由选择、自主消费,商品和要素自由流动、平等交换的现代市场体系,着力清除市场壁垒,提高资源配置效率和公平性"。区域内地方各级政府的职责和作用在于提供区域市场健康运转的制度基础和公共服务设施,政府间协议便是一种治理制度。而政府间关系协调的法治框架缺位导致包括省际协议在内的政府间关系协调机制的法律效力弱。从目前省际协议条款中的权利义务逻辑结构上看,这种协议的法律规则性不强,条款内容具有原则性、政策性和宣言性特点,缺乏明晰的权利义务约束力。这些问题的存在,往往使区域政府间协议缺乏法治的保障,出现处理政府间争议无章可循的尴尬局面。因而,更多时候是靠政治权力或领导者意志来协调政府间关系和处理地区争端。一些地方甚至利用法规实行地方保护主义,对全国统一开放、竞争有序地市场秩序造成障碍,损害区域法治统一。

实现政府间关系法治化,是推进国家治理体系和治理能力现代化的必然要求。国家治理现代化的实质是国家治理制度化。制度构造了人们在政治、社会或经济方面发生交换的激励结构,制度变迁决定了社会演进的方式。[①] 要保证政府间关系理性化发展,必须将政府间关系纳入法律制度框架之中,通过立法、执法和司法程序来规范和调节政府间权责利关系,避免随意性和不稳定性。国内有学者提出首先构建区域协调发展的法制基础[②]:(1)修改宪法,加入促进区域经济社会协调发展、调控区域差距的条款;(2)制定中央与地方关系法,明确中央政府与地方政府各自的事权和财权关系划分,避免政府间关系紊乱和随意的权利侵蚀现象;(3)制定国家区域开发方面的法律,如西部开发法、东北老工业基地振兴法等;(4)整合现有的相关区域发展机构,如"国务院扶贫办""国务院西部大开发办"和国务院部委机关中与地区开发有关的机构,设置专门的区域协调机构(区域公共管理委员会)。建议在人大设立区域发展委员会(立法机构)、国务院设立国家地区开发署(行政执行机构)等区域发展的权威机构。同时,借鉴欧盟国家网络化治理结构的特点,中央的区

[①] [美]道格拉斯·C.诺思:《制度、制度变迁与经济绩效》,刘守英译,上海三联书店1994年版,第3页。

[②] 陈瑞莲:《欧盟国家的区域协调发展:经验与启示》,《政治学研究》2006年第3期。

域协调机构必须充分吸收地方代表，反映地方的利益诉求，构建民主化、科学化的区域政策。

在现行行政区划和地方权限的基础上，目前的省际协议，是推进我国区域经济一体化和协调地区间利益关系的明智选择，所要努力的是如何进一步强化和完善与其相关的宪法和法律制度框架问题，建立针对地方保护主义的法治化治理框架。在中国，中央政府有责任依法辖制省际贸易，这种职能定位与省际贸易的自然属性有关：省际贸易就其定义而言就是跨辖区的，单个地方政府本身不能有效处理跨辖区的事务。涉及中国的情况，应对现行宪法、竞争法、行政法以及其他有关法规进行修订和增补。[①] 通过国家治理层面的法律制度设计，完善转型期我国政府间协议治理机制，从关系型合约转向法治型合约，促进政府间协议治理走向法治化和规范化，重构政府间合作共赢的和谐关系。

（二）组织层面管理机构不够健全

中国的区域政府间合作治理过程，由于受人治行政、"行政区行政"、集权体制、全能政府、扭曲市场经济等诸多因素的影响，一直难以有完善的制度基础、设计精细的区域管理框架以及具有可操作性的治理工具、有效的区域治理监督与评估机制等，也难以通过建立起区域合作治理的制度化管理手段，以形成具有法律效力的政府间合作与区域协调关系，无法有效解决地区间存在的信息不对称、利益不对称和资源不对称。健全区域政府间协调互动机制，要求区域政府在设计和应用公共事务治理制度规则上积极合作——也就是我们所说的治理机构一体化——能够通过发挥地区比较优势、减少区域交易成本、允许新的供应商进入市场以增加区域市场的竞争力。

美国州际协议的重要经验之一，就是通过组织机构设计，建立执行和管理协议的专门机构，由管理机构具体负责执行协议和监督各成员州履行协议，实施专业化、规范化和精细化管理。目前国内省际协议的组织形式相对较为松散和简单化，没有一套制度化的决策机制、执行机构与监督机构，也没有建立起一套功能性的组织机构，这在一定程度上削弱了协议的执行力。目前的省际协议，就其表现形式上看，类似于一种新的法律形式。但是，这些协议的条款内容又具有很强的宣言性和政策性特征，缺乏法律上的权利义务规定，缺乏专门的执法机构和协调机构，这削弱了协议

---

① 张千帆、[美] 葛维宝：《中央与地方关系的法治化》，译林出版社 2009 年版，第 230—231 页。

的法律约束力和执行力,进而影响了协议的实施效果。从官僚组织视角看,现代政府组织结构(纵向和横向)碎片化和官僚机构间的竞争导致机构间信息共享和沟通中存在条块分割困难等问题,增加了政府机构应对区域公共事务治理问题的脆弱性,进而影响区域公共治理效能。

依据西方国家整体政府治理的理念和机制,未来的省际区域合作治理要采用交互的、协作的和一体化的公共治理制度安排与政策工具,促使各种公共治理主体(政府、社会组织、私人组织以及政府内部各层级与各部门等)进行协同活动的"联合"工作。① 通过区域政府组织结构整合、信息资源整合、业务整合以及责任重构,以跨部门协同的工作机制、多元整合的组织结构、追求整体治理价值的理念,充分运用整体政府所蕴含的丰富的治理资源和体制力量,着力推进我国区域合作治理体系与治理能力现代化。

(三)技术层面操作机制不够健全

超大规模的社会主义中国,所面临的国家治理难题超乎想象,异常复杂。这个东方巨人是靠中央、地方"两个积极性"治理国家和治理地方的。② 在我国现代化建设、改革和发展的各个历史时期,中央政府偏好通过经济区域规划与政策的设计来推动省区关系协调。在我国省际关系演进的过程中,中央政府的主要职责是为省际关系走向协调提供博弈基本规则。在新中国成立后至改革开放前的这段时期,受"全国一盘棋"和"政治挂帅"的影响,省区关系协调主要是中央层面关注的政治经济问题。在新中国成立初期,最重要的协调省区关系的指导方针是毛泽东1956年在《论十大关系》中有关"沿海工业和内地工业的关系""中央和地方的关系"的论述。③ 新中国成立以来,中央政府的经济区划在协调省际区域经济,推动跨省区域经济一体化方面发挥了重要作用。

党的十一届三中全会以来的市场化改革推动和加速了我国经济的跨省区域化发展进程。这得益于中央和地方"两个积极性"的充分调动与积

---

① 蒋敏娟:《从破碎走向整合——整体政府的国内外研究综述》,《成都行政学院学报》2011年第3期。
② 胡鞍钢等:《中国国家治理现代化》,中国人民大学出版社2014年版,第193页。
③ 《中国区域协调发展的战略思想》,发端于毛泽东在《论十大关系》中提出的"正确处理沿海和内地关系"的战略思想,《论十大关系》一共讲了十个问题,即重工业和轻工业、农业的关系,沿海工业和内地工业的关系,经济建设和国防建设的关系,国家、生产单位和生产者个人的关系,中央和地方的关系,汉族和少数民族的关系,党和非党的关系,革命和反革命的关系,是非关系,中国和外国的关系。十大关系是我国社会主义建设中必须正确处理的各种矛盾的关系。

极发挥。在一个一体化、多层次的国家机构体系中,中国必须使纵向（从中央到地方的协作）和横向（某个地区内的协作）的要求相互配合。① 中央政府将根据优势互补、整体协调的原则,通过实施宏观调控和国家发展战略规划,对各个区域经济进行规划、指导和管理,根据不同区域的资源状况、发展潜力、地区优势实行有区别的区域发展政策,并保证区域发展政策的稳定性和连续性。在市场经济的驱动下,跨省经济区域形成的原动力来自利益,特别是邻省之间经济互补是跨省区域经济发展的重要动力之一。省际区域经济关系发展到一定程度,在市场自发力量的基础上,需要借助政府的有效干预,这样才能使省际区域经济关系走向可持续发展。从制度经济学的视角看,对于一个从计划经济体制向市场经济转型的国家而言,区域之间的协调发展不仅是一个经济发展问题,更重要的是一个国家的治理体制的演化问题。②

然而,在现行政治经济制度框架下,区域内地方政府既是地区政治功能的责任主体,又是区域经济功能的责任主体。"双重责任主体"身份使地方政府始终存在依据行政区划和各种行政手段追求自身辖区利益最大化的可能性,选择行政权力干预区域生产要素和资源自由流动,制造行政壁垒和区域市场分割。这就使地方政府间形成了一种非市场化的政治经济竞争,扩大了区域政府间的利益争端和冲突。区域内地方横向政府间不存在上下级关系,因而缺乏科层治理体制的约束和监督。中央政府未能为国内的区域政府间协议及时提供有效的法律制度保障,也就是说,目前我国的省际协议还没有被法律化和制度化。

在中国,政府之间不能相互起诉,不能由此形成一些判例和规则,解决涉及地方保护主义的纠纷,并为以后的纠纷处理形成可供参照的先例。③ 实际上,国内省际合作协议仍属于一种松散型契约,没有形成具体的法治框架和稳定的推进机制,特别是政务信息共享机制不健全,契约的有效实施变得困难,使政府间协议缺乏执行力和约束力。省际协议在具体操作实践中也会存在这样那样的问题,如协议内容空洞、责任条款缺失、注重条条框框、效力不明确、缺乏具体执行手段和实施机制、相关政策协调工具残缺不全等,因而,在具体实施过程中,这些协议的作用有效发挥

---

① [美]李侃如:《治理中国:从革命到改革》,胡国成、赵梅译,中国社会科学出版社2010年版,第188页。
② 殷存毅:《区域协调发展:一种制度性的分析》,《公共管理评论》2004年第2期。
③ 张千帆、[美]葛维宝:《中央与地方关系的法治化》,译林出版社2009年版,第222页。

也就受到了很大限制。

由于上述问题，不仅直接制约着省际协议的功能、效率和效果，限制了其作用的进一步发挥，而且也影响到跨区域合作治理在我国的发展前景。这一问题目前还没有得到中央和地方、理论界和学术界应有的重视和彻底的解决。

第二节 借鉴美国州际协议的基本思路

现阶段，如何强化和完善省际协议，在我国目前并无相应的宪法和法律依据，只能就现实问题和理论原理加以探索。中国和美国的政府间关系体制不一样，但协调政府间关系和治理区域公共事务所面临的许多问题都一样，就是如何通过政府间协作（横向和纵向）提供优质、高效的公共物品和公共服务。美国《联邦宪法》"协议"条款和州际协议的成功实践为我国宪法相关内容的出台提供了许多有益的经验和借鉴。任何国家治理制度设计必须立足本国国情。习近平总书记曾经指出："照抄照搬他国的政治制度行不通，会水土不服，会画虎不成反类犬，甚至会把国家前途命运葬送掉。只有扎根本国土壤、汲取充沛养分的制度，才最可靠、也最管用。"[1] 学习和借鉴美国州际协议的治理经验，不可能也不应该去完全移植美国州际协议治理模式，经验主义和教条主义都是不可取的，而应是遵循具体问题具体分析的原则，在学习中比较，在比较中鉴别，通过学习、比较和鉴别，从国家治理体系和治理能力现代化顶层设计角度，健全政府间关系调节的法治体系，从体制机制上推进省际政府间协议机制法律化，进而构建一种符合中国独特的发展风格的区域政府间协议治理模式。

一 国家性与地方性双重原则紧密结合

在任何国家，国家治理结构都是基于一定的历史—社会—文化—生态环境综合条件的发展而成的。国家治理结构规范着政府间权力分配和整个社会的资源配置。在美国联邦制政治环境下，《联邦宪法》"协议"条款将契约主义（联邦性）和国家主义（国家性）双重原则很好地结合在一起，从而很好地处理了联邦与州之间和州与州之间的权力平衡关系。在我

---

[1] 习近平：《在庆祝全国人民代表大会成立60周年大会上的讲话》，《人民日报》2014年9月6日第2版。

国单一制政治环境下,必须从国家宪法高度为省际协议立法,当然需要当政者统筹考虑如何平衡好一个中央政府(国家性)与由多个地方政府(地方性)通过政府间协议所形成的区域政府利益集团之间的关系,即"一对多"的关系,其实质是如何协调好国家整体利益与地方局部利益的关系。通过建立这种国家治理制度,解决中央与地方关系面临的信息不对称和权力不对称问题,充分发挥中央和地方"两个积极性",大幅度降低国家治理和地方治理"两个成本"。[1]

从利益集团的政治经济学来看,密切的区域经济合作,就会在合作的地方政府间形成各种共同利益和共同的默契;当它们在与中央"讨价还价"时,它们就会以整体的形式,借助整体的力量来制约中央。[2] 中央政府在处理这种"一对多"关系中的基本职责是在不同的地方政府间建立和维持一种良性的区域合作治理秩序,既要通过提供激励性制度投资,推动地方政府间合作更为自主、活跃、密切和有为,又要通过实施约束性政治调控,防止地方政府间合作走向失控、失序、失衡和失范,进而影响和威胁中央政府权威。当然,如何从法律制度和体制设计上构建处理这种错综复杂的政府间关系的基本框架,所需要的不仅仅是理论家的热情和思想,更需要的是当政者的政治勇气和战略智慧。

无论处理联邦性原则与国家性原则的关系,还是协调国家性与地方性原则的关系,实质上都是如何在政府间分配权力资源的问题。在中国这个超大规模社会中,国家性永远是第一位的,其次才是地方性。而国家性的实现靠中央政府的力量和权威来保障,而中央政府的力量和权威又在很大程度上依赖于其所能够掌握和运用的政治资源。笔者认为,为了预防地方政府利用区域合作协议形成抗衡中央政府的地区利益集团,在为省际协议立法时,既要积极赋予地方政府根据实际需要缔结省际协议的权力,又务必赋予中央政府(如全国人大及其常委会)审查、批准和监督省际协议的绝对权力。美国《联邦宪法》对国会立法机关管辖、最高法院司法管辖比较明确的划分,对抑制州际协议冲突的产生,限制州际协议冲突的内容范围,起了较大的作用。

我国是单一制国家,涉及国家主权、促进经济总量平衡和区域协调发展、保障要素自由流动、维护生态环境安全等领域的事务,必须完整集中到中央,减少委托事权,以加强国家统一管理,确保法制统一、政令统

---

[1] 胡鞍钢等:《中国国家治理现代化》,中国人民大学出版社2014年版,第193页。
[2] 林尚立:《国内政府间关系》,浙江人民出版社1998年版,第361页。

一、市场统一。① 我国可以借鉴美国州际协议宪法制度设计思路，强化中央政府的宏观调控能力和协调作用，推进中央政府宏观治理机制法治化，是因为中央政府可以作为超脱于地方政府间利益争端的公正裁判，从而在地方政府的博弈结构中起信息沟通与冲突裁判的作用。② 换言之，省际政府间协议治理机制立法所促进和带来的地方政府间合作应是中央可控型的合作。在这方面，可以借鉴美国州际协议的法律制度设计经验，加快我国国内政府间关系法治化协调制度体系的顶层设计，由国家宪法赋予省级政府缔结省际协议的有限选择权，建立有效治理跨行政管辖边界公共问题的区域集体行动制度体系——在不同行政管辖区环境下运作的整合性、协调性治理制度。

国民经济是地区经济的总和。只有实现地区经济持续健康发展，才能最终实现国民经济持续健康发展。因此，必须充分发挥各地方作为国家经济发展主体的作用。为了使地方发展符合国家战略方向和整体发展要求，中央各部门应发挥统筹、调控、引导作用。③ 健全调节政府间关系的法治体系，是加快建设法治政府的必然要求，是全面推进依法治国的必然要求。我国政府应在有关的法律、法规中加入"为促进区域经济社会协调发展，调控区域差距，除了与宪法、法律和行政法规相冲突，或者可能侵犯中央政府权力和损害国家利益等影响国家政治平衡的情形下，地方各级政府有权缔结行政协议，鼓励和促进不同地区间缔结行政协议"及"明确省（区）际协议的法律效力"等条文，以明确省际协议对缔约各方的法律约束力。同时，应当从宪法层面探讨省际协议与全国人大的批准的关系。同时，既要赋予地方政府自主解决协议争端的权力，又务必赋予中央政府司法机构（如最高人民法院）调解地方之间协议争端的独立的司法权以及必要时强制执行协议的权力。总之，国家性与地方性双重原则的结合要求在为省际协议立法时，既要有利于调动地方政府的积极性，更要保障中央政府的权威性。

2009年1月，中央公布了《珠江三角洲地区改革发展规划纲要（2008—2020年）》（以下简称《纲要》），提出了"珠江三角洲地区与香港、澳门和台湾地区进一步加强经济和社会发展领域合作的规划，到2012年区域一体化格局初步形成，粤港澳经济进一步融合发展。到2020

---

① 楼继伟：《推进各级政府事权规范化法律化》，《人民日报》2014年12月1日第7版。
② 陈瑞莲：《区域公共管理导论》，中国社会科学出版社2006年版，第170页。
③ 范恒山：《我国促进区域协调发展的基本经验》，《人民日报》2014年4月1日第7版。

年把珠江三角洲地区建成粤港澳三地分工合作、优势互补、全球最具核心竞争力的大都市圈之一"。《纲要》还提出了"推进珠江三角洲区域经济一体化、推进粤港澳更紧密合作、深化泛珠江三角洲区域合作"的政策建议。可以预见，为推进《纲要》的实施，粤港澳三地政府间、泛珠江三角洲区域的省级政府间今后会签署更多的合作协议。为了增强这些协议的法律效力，建议中央政府下一步的工作重点应是在法治层面做好推进《纲要》有效实施的文章，在宪法中确立推进包括《纲要》在内的一系列国家层面的区域发展战略有效实施的宪治原则，既要授予地方充分享有必要量的权力资源，又要确保中央必须掌控必要量的权力资源，确保中央促进区域发展战略的政策资源大幅度地转向地方时，既坚持和体现地方的局部性，又贯彻和维护国家的全局性。这正是政府间关系法治化构建的重要方面。

二 信赖保护原则与权利公平性原则有机结合

协议是一种承诺（Commitment），协议各方彼此的信任程度是非常重要的，而对这种信任的法律保护显得非常必要和重要。信赖保护原则是根据法律的安定性原则和民法的诚实信用原则逐步确立起来的，目的在于维护法律秩序的安定性和保护社会成员的正当利益。美国《联邦宪法》为州际协议的运行提供了信赖保护原则，这有助于激励各州严格遵守和履行协议，约束各州背弃和违反协议的行为。《联邦宪法》第4条第3款（"充分信任与信用条款"）规定，"各州对于他州的公共法令、记录和司法程序，应予充分信任和信用。国会得以法律规定各州法令、档案与司法程序之验定方法及其效力"。《联邦宪法》第4条第2款规定，每一州的公民得享受各州公民的特权和豁免。"各州对于该州辖区内的任何人，皆不得拒绝给予法律上的平等保护。"

美国《联邦宪法》这些规定为各州公民间的平等待遇与自由而有秩序地流动提供了宪法保证。同时，州际协议一经国会批准，即对各成员州的立法机关、行政机关、司法机关和所有公民都具有法律约束力，州政府及其公民都必须严格遵守州际协议的条款。作为被各成员州可以强制执行的一种法律，州际协议超越了与之相冲突的各成员州所有其他法规；一旦参加州际协议，没有所有成员州一致或多数同意，任何成员州都不能随意单方面修改、变更或者撤销州际协议。

美国联邦最高法院在1959年的一次司法解释中主张"州际协议从本

质上说是一种契约"①。这种契约关系受《联邦宪法》"契约"条款（Article I, Section 10）保护，即"任何一州，都不能通过法律来损害契约义务"。如果有成员州违反或没有兑现协议的承诺，则被违反的州可以向州立法院或联邦最高法院诉讼，或者通过其他独立的第三方机构调解，寻求权益保护和救济。美国联邦最高法院在协调州际关系方面的功能和权威都是非常强大的。它对包括"协议"条款在内的《联邦宪法》的维护、捍卫和阐释，既保证了州与联邦、州与州之间关系的稳定，使联邦制下政府间关系有制、有衡和有序，又通过这些司法行动维护了法治的原则和宪法的权威，保障了联邦制下法治秩序的总体协调与和谐运行。

美国的州际协议治理制度是一种典型的宪法模式，经过成员州立法机关批准的州际协议就具有法律效力，即各成员州的权力、法律地位及它们之间的利益关系，由《联邦宪法》和州际协议法律明确加以规定。美国拥有50个法律各异的州，它在解决州际协议法律冲突方面的这些经验是极为丰富的，强调了《联邦宪法》所确立的一元法律秩序协调和整合各州宪法所形成的多元法律秩序，即"一"对"多"的总体协调与平衡，保障了多而不乱、多而有序。这对我国解决省际协议法律冲突问题和地区间经济、社会管理政策与制度方面的相互打架、分割和冲突等问题很有借鉴价值。省际协议实质上是对参与协议的各成员的责、权、利确立一套规则。那么，要进一步提升我国省际协议的法制化水平和解决不同地区间政策和制度方面的相互打架、分割和冲突等问题，能否在这方面加以补充和完善呢？这里其实涉及政府间协议的合法性问题。

破解政府间协议的合法性问题，要贯彻现代公共治理理念和依法行政原则，加强促进我国区域政府间关系协调发展的立法探索，逐步形成一套完整的区域协调发展法律、法规体系，推进政府间关系法治化。可以借鉴美国《联邦宪法》，在我国宪法中规定"充分信任""各省法律和政治地位平等""平等互利""契约保护"等基本原则，在立宪选择层次确立国内省际关系应该是政治权和法律地位平等的关系，为解决省际区域法律冲突提供法律依据，提出基本的限制性要求，进而最大限度地改变政治和经济资源在区域空间上的分配不均衡格局，促进区域基本公共服务均等化。同时，政府间协议中各项条款在制度设计、执行、监管等环节也要努力实现精细化、制度化和规范化。

---

① Zimmerman Joseph Francis, *Interstate Cooperation: Compacts and Administrative Agreements*, Westport CT, Greenwood Publishing Group, 2002, p. 40.

独立的司法机构是宪法制度的重要实施机制,这种实施机制健全与否是评价一个国家宪法制度是否健全的重要指标。借鉴美国联邦最高法院制度设计的成功经验,我国最高人民法院应当在通过司法途径解释省际协议方面发挥促进者、推动者和监督者的作用。按照《中共中央关于全面推进依法治国若干重大问题的决定》提出的"探索设立跨行政区划的人民法院和人民检察院,最高人民法院设立巡回法庭,审理跨行政区域重大行政和民商事案件"改革思路,可以考虑由最高人民法院设立跨省级行政区划的司法机关协调处理跨行政区划乃至跨境利益争端案件,保障司法机关独立公正地处理地区间争端,维护法律公正实施,保障区域法治秩序。2014年12月2日,中央全面深化改革领导小组第七次全体会议审议通过了《最高人民法院设立巡回法庭试点方案》,最高人民法院在广东省深圳市设立第一巡回法庭,巡回区为广东、广西、海南三省区;在辽宁省沈阳市设立第二巡回法庭,巡回区为辽宁、吉林、黑龙江三省。最高人民法院巡回法庭的设立,将在跨区域案件管辖方面迈出实质性的重要一步。

三 可管理性原则与操作性原则的密切结合

美国州际协议的一个重要特色和经验就是,在联邦制基本政治架构下,各州政府在自愿基础上通过缔结州际协议创建各类州际协议机构(Interstate Compact Agencies),作为执行和管理协议的专门机构。如,纽约新泽西港务管理局[1]、俄亥俄河流域水质卫生委员会[2]、RRCA等。这些州际协议机构建立了一套精密化的组织结构(一般为委员会制,Board of Commissioners)、决策机制、权力运行机制、人事管理机制、财务机制、冲突解决机制、外部联络机制和监督机制等。这种跨州区域公共管理机构的设置,使州际协议的成员州为了实现州际区域公共事务治理的一体化,既通过这种州际协议机构促进利益协调与整合,尊重和保障其成员州的利益和其他利益相关者的权益,又通过这种州际协议机构实现跨州区域公共事务治理法制化和制度化,使州际区域协作有法律和制度上的保证。

其中,纽约新泽西港务管理局模式在这方面无疑是非常成功的。纽约新泽西港务管理局由纽约州和新泽西州在1921年根据《纽约新泽西港务管理局协议》(*New York—New Jersey Port Authority Compact*)组建,这两

---

[1] The Port Authority of New York and New Jersey, History of the Port Authority(http://www.panynj.gov/AboutthePortAuthority/HistoryofthePortAuthority/).

[2] The Ohio RiverValley Water Sanitation Commission(ORSANCO),About ORSANCO(http://www.orsanco.org/orsa/default.asp).

个州政府授权港务管理局经营、建设和管理纽约港（其位置大体上是以自由女神像为中心向四周辐射25英里范围）。[1] 纽约新泽西港务管理局的使命是：确定和满足纽约、新泽西两州州际大都市区商业、居民和游客的交通基础设施的需求，为这一地区人口和货物的流动提供最高质量、最有效率的运输系统、港口贸易设施与服务，提供进入北美其他地区和全世界的贸易通道，增强纽约新泽西大都市区的经济竞争力。[2]

纽约新泽西港务管理局的组织结构如图9-1所示。由12名委员组成（由纽约州和新泽西州各选派6位选民）的港务管理局委员会是纽约新泽西港口的最高决策机构，对港口的发展与经营管理拥有最终决策权和监督权，负责定期审议港口的发展和经营管理方针、政策。[3] 同时，港务管理局委员会任命一位行政首脑——执行总裁（The Executive Director）专门负责执行港务管理局委员会制定的各项政策，负责港口运营和管理港口日常事务。[4] 纽约新泽西港务管理局虽是一个州际公共管理机构（Interstate Public Authority），但其所采用的承担责任的方式却是私人企业的经营方式[5]，有权筹措资金、进行基础工程的统一建设，以及规划、管理、协调港口发展。

纽约新泽西港务管理局的主要职能是负责港口的规划与建设、港口公用设施管理与维护、港内安全（含海监、海事、公安、引航）保障、装卸质量及环境保护等，同时负责与装卸公司签订码头租赁合同并收取租金和有关规费。纽约新泽西港务管理局自收自支，财政自主，不依赖于政府的预算，不向政府纳税，没有征税的权力，也不上缴利润，获利部分全部用于港口的进一步建设和发展。港务管理局享有很大的经营管理自主权和土地使用权，不仅管港区、码头，还管火车站、机场、水下隧道和汽车站；不仅管运输，而且负责管理港区内的两座贸易大厦。目前，纽约新泽西港务管理局拥有1万余名雇员，是美国东北部地区最重要，也是最繁忙的交通枢纽。纽约新泽西港务管理局以企业家精神的理念来建设、经营和

---

[1] The Port Authority of New York and New Jersey, History of the Port Authority（http://www.panynj.gov/AboutthePortAuthority/HistoryofthePortAuthority/）.

[2] The Port Authority of New York and New Jersey Mission（http://www.panynj.gov/AbouttheP-ortAuthority/）.

[3] The Port Authority of New York and New Jersey, Governance.

[4] Ibid..

[5] Sidney Goldstein, "An Authority in Action: An Account of the Port of New York Authority and Its Recent Activities", *Law and Contemporary Problems*, Vol. 26, No. 4, 1961, pp. 715 - 724.

管理港口，贯彻企业化、市场化、社会化和多元化战略，通过跨地区整合和聚集优势资源、技术和信息，以应对市场的需求与挑战。纽约和新泽西两个州跨越行政管辖区边界建立港务协作性公共管理机构，通过区域合作实施港务管理一体化的做法值得我们学习借鉴。

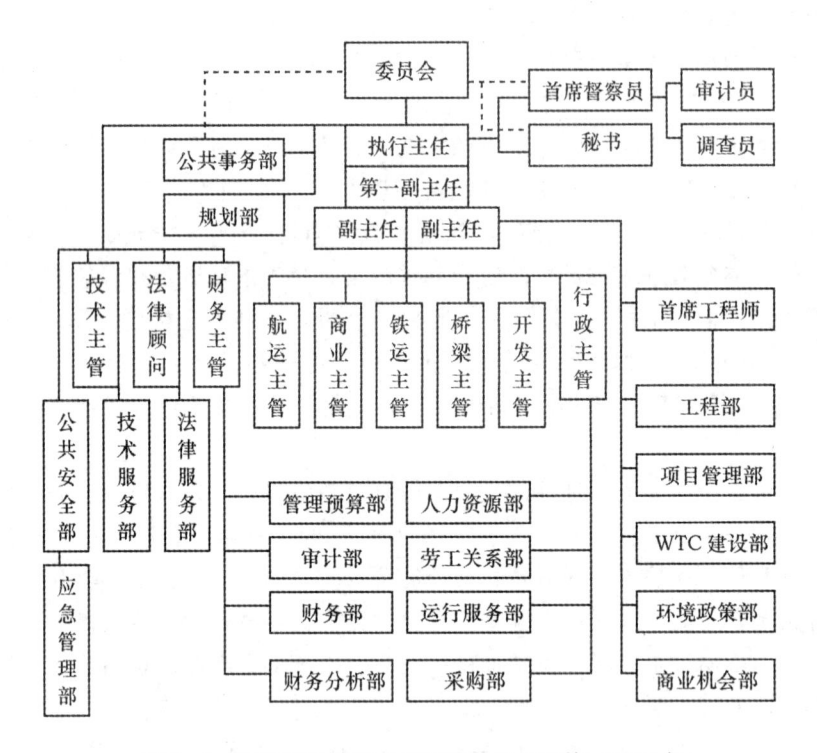

图 9-1 纽约新泽西港务管理局的组织结构（2007 年）

说明：两位副主任，其中一位负责资本项目管理，另一位负责港口营运。WTC（World Trade Center）建设部，为世贸中心建设部，负责世贸中心纪念馆的建设与管理。

资料来源：The Port Authority of New York and New Jersey, Annual Reports（Year 2007）（http://www.panynj.gov/AboutthePortAuthority/InvestorRelations/AnnualReport/pdfs/2007_Annual_Report.pdf）。

包括纽约新泽西港务管理局在内的美国许多州际协议机构都创立了执行协议的行政管理机制，建立协调州际关系和推动跨州区域协作的机制，并频繁地活动于各州之间，促进信息交换和共享，建立彼此的联系，增加信任和合作，对于化解州际矛盾和促进州际区域公共治理起到了十分重要的作用。这种跨州区域公共管理机构促进了相关利益主体和行政部门之间政务信息互联互通，而跨区域、跨部门信息共享和沟通有助于区域内利益主体之间保持信息对称性，促进资源整合和优化配置，实现区域协同治理行动。

当前推动我国省际关系协调的公共治理制度创新，要求中央政府和省级政府共同研究如何推进省际区域协作治理体系和治理能力的一体化建设，制定差别化的区域发展政策，将其纳入一个统一的区域治理制度框架、管理机构和操作程序。《中共中央关于全面推进依法治国若干重大问题的决定》提出"依法全面履行政府职能。完善行政组织和行政程序法律制度，推进机构、职能、权限、程序、责任法定化"。从行政组织法律制度建设角度讲，当前需要通过区域协调发展的组织机构法治化建设，着力构建促进区域公共事务协作治理的坚实制度基础。借鉴美国州际协议管理机构的做法，可以根据当前我国省际协议涉及的具体领域成立专门的执行机构和行政管理机构，设置科学合理的组织结构，配置适当的工作人员和行政资源，建立相应的决策、财务、监督、评估和争端解决机制，健全跨地区跨部门政务信息共享平台，打破区域发展中的信息壁垒，推动全面贯彻落实相关协议，提高协议的执行力和作用力。在这方面，可以学习借鉴美国州际协议治理中第三部门参与协调和斡旋政府间关系的做法。

以粤港澳区域合作为例，《珠江三角洲地区改革发展规划纲要（2008—2020年）》明确提出："推进粤港澳更紧密合作。创新合作方式，加强与港澳协调沟通，推动经济和社会发展的合作。支持粤港澳三地在中央有关部门指导下，扩大就合作事宜进行自主协商的范围。鼓励在协商一致的前提下，与港澳共同编制区域合作规划。"在此之前，粤港澳三地为推进区域合作和一体化进程，签署了许多合作协议，但没有专门的机构来管理这些协议。无论是推进粤港澳更紧密合作和珠江三角洲区域经济一体化，还是深化泛珠江三角洲区域合作，要将分散的行政区域聚合成为协作整体，政府间协议机制只是形成区域合作的基础。但在这个基础上，要纵深推动区域协作治理体制平台的建立，要有一个完善的组织管理机构和操作机制来保证区域一体化政策措施的有效执行、监督和评估以及政策实施过程中的争端处理。否则区域一体化就只能是一种对话性的交流，而不能形成合力，不能真正实现实质性的区域一体化。粤港澳三地可以组建"粤港澳区域委员会"，作为协调粤港澳区域有效竞争的决策机制，并辅之以相关的制度设计和组织架构。

比如，正在兴建中的港珠澳大桥的营运与管理就可以参照纽约新泽西港务管理局模式，由香港、广东、澳门三方通过协商签订《港珠澳大桥协议》，联合组建港珠澳大桥管理局，成立由三方代表组成的大桥管理局委员会或董事会作为营运和管理大桥的最高决策机构。考虑中央将对港珠澳大桥主体工程出资50亿元，中央政府相关部门可派员参加大桥管理局委员会或董事会，中央政府甚至可作为协议成员方参与签订《港珠澳大桥协议》。由协议规定大桥管理局的主要职责，并设计相应的组织结构，建立领导、决策、人事、财务、审计监督和争端处理机制等精密化的公共行政管理运行机制。港珠澳大桥管理局前期可实行政府主导营运，后期则实行市场主导营运，推行企业化、产业化和多元化经营与管理，自营自治，财政自主。

　　本章分析表明，在我国无现存历史经验的情况下，如果我们能借鉴美国州际协议的成功做法，将对顺利解决我国目前日益突出和迫切的省际区域法制协调与冲突问题大有裨益。当然，美国社会中的各种治理技艺并非我们借鉴的唯一方式。在学习美国社会中发生的这种公共治理制度建构经验的时候，要从比较公共管理和行政生态学角度思考这种治理制度赖以发育和发展的政治、经济和文化生态环境，如果我们要学习和借鉴这种治理制度，则必须思考：我国具有这种治理制度发育和发展的生态环境吗？如果不具备，那么这种在美国政治生态环境中成长的公共治理机制就具有明显的普适性局限，我们绝不能盲目"进口"，而应立足当前我国"历史—社会—文化"生态环境的特殊性，在明确我国省际协议与美国州际协议在国家治理制度生态环境差异性的基础上，参考美国州际协议经验，推动我国区域协同发展中政府间关系治理制度的自主创新。

第十章 结论与思考

> 如果人类公共事务的整个制度安排能够根据多中心而非一个中心的原理组织起来,那么我们能够建构不再依赖一种单一权力实现和谐的社会。
>
> ——奥斯特罗姆

第一节 研究结论

一 通过案例解读了区域公共事务协作治理模型

本书从理论与实践两个层面研究美国州际协议,以里帕布里肯河流域协议(RRC)为例,比较具体地解读了区域公共事务协作治理模型:基于共同河流水资源的相互依存性,来自不同政治管辖区的行动者——科罗拉多州、堪萨斯州和内布拉斯加州围绕共同水资源权益议题,构建流域协作治理的基本制度安排,通过"协商—承诺—执行"重复系列交互行动,将跨州边界的行动者、权力、利益、制度、机构和组织积极联系起来,在此基础上产生了一种流域协作治理体系。这意味着有效的治理体系必须在一定的治理结构下转化为实际治理能力,这就是治理制度重要性和有效性的体现。

流域内各州引入协商民主治理机制,通过州际协议联合治理流域公共事务,意味着:第一,这种协作产生更大的收益;第二,每个参与州都能够从这种协作中获益,即对这种协作所产生的收益的分配是合理的,所以,参与协作的行动者需要一种共赢的合作方式。必要时,它们还需要以满意的方式解决争端与冲突。州际流域协议治理案例解释了州际政府间协作治理关系是如何由各成员州建构和发展的,以及为何和如何通过重复博弈行动渐进演化。同时也说明了联邦制跨州区域公共事务协作治理过程中混合着争端、冲突和竞争的复杂因素。

基于对里帕布里肯河水权争端解决历程的回顾与理解，我们可以认识州际协作治理过程是利益博弈过程。合作博弈依赖于一个有约束力的协议，其实质是通过协议，通过对话与协商，通过重复博弈，消除信息不对称，博弈方对备选方案对自己和对方的影响都充分了解，有促进合作的意识并进行集体博弈。[①] 因此，合作博弈策略的选择和相关治理机制的设计就显得相当重要和关键。就州际协作博弈（Interstate Collaborative Game）来说，一方面是州以资源或利益共享为中心，多元利益主体在既定的制度框架内展开合作与讨价还价的过程；另一方面，也是州政府从争端治理机制整体性安排中选择和利用各种争端/冲突治理机制，并构建流域公共治理网络的过程。州际协议从本质上说是协作各方通过共同学习所表达的合作契约。在州际协议签订和执行过程中，协作承诺达成的必要条件是各方之间存在利益相互依存性，而充分条件是协作各方能够通过共同学习和合作性博弈，达成一致性理解，形成协作理念和行动。

同时，这种跨行政管辖区域政府间合作博弈过程体现了一种组织间共同学习过程（Interstate Collaborative Learning），一方面是州与州在特定的历史条件环境下和法律制度框架内共同学习和形成协作理念与行为的过程。通过这种共同学习，形成对问题的集体认知，美国州政府遵循立宪选择层次确立的宪治原则在跨州集体选择层次上表达和行使他们建立自治秩序的权利。另一方面是受协作主体思维方式和经验的影响。

二 州际争端治理机制的多层化和法治化

有效治理州际协议实施过程中的权益争端问题，需要选择和设计多样化的治理制度安排——政府间关系协调机制。本书中的案例研究表明，在州际协议实施过程中，州际争端/冲突治理的三种基本模式均作为州际区域公共事务协作治理制度安排的复合体都起着重要作用。跨州流域水权争端治理机制的选择遵循动态交易成本最小化的路径。跨州区域协作治理的基本路向在于降低州际关系协调和州际区域公共事务治理中的交易费用，这必然会诉诸制度设计和制度创新，通过健全和完善跨州区域利益生产机制、分配机制和协调机制，并在新的制度框架中推动组织创新以有效地推

[①] 彭宗超等：《合作博弈与和谐治理：中国合和式民主研究》，清华大学出版社 2013 年版，第 98 页。

动和强化州际协作。从这个角度讲，区域政府间协作其实也是制度创新过程，这使州政府间关系协调机制呈现多层化和法治化特征。

就法律意义上的州际协议而言，必须考虑的是在联邦制中这种政府间协议的运行和调整所涉及的交易费用安排。基于交互作用成本等多种因素的综合考量，以及在跨州流域协议制度框架下长期较固定的协议各方、策略行为的可相互观察以及谋求长期稳定利益的特性，使各成员州会通过谈判和协商，作出更接近长期协作的动态博弈，而不是非合作静态博弈，并达成对争端解决机制的一致性选择。当承诺（一致性预期）不能有效履行或协议各方对他们所面临的问题不能达成一致性理解时，州际协议实施过程将面临困难问题，并影响未来的协作行动。这种情况要求构建一种能使问题内在化的协调和治理机制。从里帕布里肯河流域州际水权争端的解决过程来看，争端各方围绕它们的权益，通过交互作用并达成一致性行动去有效解决它们之间的共同问题，他们在这种解决权益争端的过程中自发地发展出解决争端的机制和程序——州际争端与冲突治理模式。关于美国跨州流域水权争端治理模式，本书归纳为三种基本机制（见表10-1）。

表10-1　　　　　　　州际争端与冲突治理的基本模式

	内部	外部
官方	（1）"内部—官方"解决机制：成员州立法、行政和司法机关，州际协议机构 例如：通过RRCA协商解决争端	（3）"外部—官方"解决机制：国会、联邦最高法院和联邦政府 例如：联邦最高法院特别仲裁官审理州际争端诉讼（Suits）。
非官方	—	（2）"外部—非官方"解决机制：社会中介调解组织/仲裁机构 例如：通过"冲突与争端解决联合会"来促进州际谈判和协商

资料来源：笔者整理。

（一）"内部—官方"解决机制

这种冲突处理机制是指将争端或纠纷提交至州际协议机构或由各成员州通过集体协商、谈判和联合决策解决。相比较而言，"外部—官方"解决机制具有一定优势，也为绝大部分州际协议纠纷的解决所采取，其在制度上通过引入独立的第三方官僚权威机构，能在一定程度上保证协议纠纷解决过程的公开透明和公平公正，从而在协议各方之间客观地、合理地分配州际协议义务与权利。"内部—官方"解决机制在州际协议纠纷治理中发挥重要作用。例如，案例中三个州通过 RRCA 展开州际谈判和协商解决州际争端。由这种州际政府间协调机制来解决州际协议纠纷，可以克服外来干预、约束和控制，它需要协议各方在没有外部监督的情况下自觉、自愿协调和一致行动。当然，这种解决机制的交易成本可能是非常大的，需要耗费时间和精力来不断协商和博弈。

（二）"外部—非官方"解决机制

如果州际争端和纠纷无法自行通过内部谈判途径解决，争端各方可以求助外部非官方的第三方调解或仲裁。这种冲突处理机制是指由独立的第三方非官方性中介机构调解州际协议中的争端与纠纷。当州际协议执行和实施过程中遇到不测事件，或产生争端和纠纷时，成员州可能都无权或无法有效解决，而依托一个由协议事先规定的第三方，比如案例中的"冲突与争端解决联合会（CDR Associates）"等，依据一定的程序和方式解决州际协议中的争端或纠纷；根据这种争端解决机制，州际协议争端或纠纷的解决完全交由独立的第三方调解、处理或仲裁。作为中间人的第三方有减少争端各方信息沟通成本、促进争端各方合作的作用。这种冲突处理模式的缺陷是非官方机构作出的决定可能不具有强制性，从而对争端各方可能缺乏或根本就没有法律约束力，并且这种独立的非官方机构通常不能强制各方执行争端处理决定。

（三）"外部—官方"解决机制

这种冲突处理机制是指由独立的第三方官僚权威机构调解州际协议中的纠纷。当协议实施过程中遇到不测事件，或产生纠纷时，成员州都无权或无法解决，而依托一个协议事先规定的第三方，比如国会、联邦最高法院或联邦政府等，依据一定的程序和方式来解决州际协议中的争端或纠纷；在该机制中，协议争端或纠纷的解决完全交由第三方调解、处理或裁决。实际上，由于州际协议是各州之间的法律契约，所以根据联邦宪法和《司法条例》的规定，成员州之间由协议的签订和实施等引起的州际诉讼通常都在联邦最高法院进行。根据联邦宪法，最高法院是联邦治理体制中的"三权机关"之一，有权独立调解州际争端和利益冲突。

从里帕布里肯河流域水权争端解决来看，联邦最高法院有时扮演仲裁者这样更积极的角色，以法令形式宣布一个解决争端的方案，有时甚至判定谁对谁错。在此过程中，作为一种解决州际争端和冲突的权威安排，联邦最高法院扮演恢复州际合作秩序的角色，联邦最高法院具备的这种特殊功能对于美国州际协议的发展具有重要的意义，对各州在宪法、法律制度和协议框架中进行有规则的互动发挥了重要的枢纽作用。书中的案例也说明了美国联邦政府和联邦最高法院在解决州际争端和冲突过程中发挥了斡旋者、推动者和监督者的重要作用。但另一方面，依靠联邦政府和最高法院来解决州际争端和强制执行法律，这有可能造成一种压抑和紧张的政治氛围，增加了解决州际争端的交易成本。

美国州际流域协议治理中的集体行动制度在实践中形成了一个基本谱系。从"政府间协议""政府间协商"到"政府间调解"，再到"政府间仲裁""政府间诉讼"，州际流域协议争端治理结构的层级化程度渐趋提高。"政府间协议""政府间协商""政府间调解""政府间仲裁"和"政府间诉讼"都作为跨州区域公共事务协作治理制度安排的复合体起着重要作用。这意味着有效的治理体系必须在一定的治理结构下转化为实际治理能力，这就是治理制度重要性和有效性的体现。节省人们在政治、社会或经济方面发生交换的交易成本正是制度的主旨和效果。① 本书从制度视角分析就是对州际争端治理机制的不同绩效进行比较分析，从中发现美国州际政府间协作治理法律制度的建构逻辑，法律制度设计的一个重要出发点就是选择能最大限度地降低交易成本的治理机制。本书的研究进一步揭示出州际协议治理机制这一美国联邦制下最重要的跨州区域协作机制的确切内涵是为了最大限度降低跨州区域公共事务治理的交易成本。

尽管州际协议实施过程中存在各种争端和矛盾，但各成员州实际上都有维持协议合作关系的愿望，而不允许拆散这种关系，目的在于不想牺牲这种协作性管理链条所带来的收益。这正是寻求交易成本节约的结果。里帕布里肯河流域的州际水权争端解决实践表明，在寻求解决州际河流水权争端问题上达成调解协议的压力，反映了在跨州区域层面通过谈判和协商等内在化的协调机制解决跨州区域争端和利益冲突问题的重要性。法治国家政府间在权责划分出现争议需要调整时，一般是有比较规范化、程序化和制度化的正式机制。美国州际协议争端治理便是这方面的成功典范。

三 区域协作治理过程中的政治

作为一种制度安排，州际协议引导着其成员州和其他利益相关者为履

---

① [美] O. E. 威廉姆森：《资本主义经济制度》，段毅才等译，商务印书馆2004年版，第8页。

行它们的承诺朝某一共同的目标和方向行动，并通过协调其成员州和其他利益相关者的信念控制和调节成员州和其他利益相关者的行动。组织间关系协调是政治管理的一个重要组成部分。① 这在美国联邦治理体制下更是如此。在州际协议签订与执行过程中，州政府机构在协商、承诺和执行组成的一个重复系列行动中，不仅必须与其他成员州政府机构协调，而且要与联邦政府有关机构协调，还要与其管辖范围内的政府机构、公共组织、第三部门以及地方居民进行协调。协调组织间关系不是免费的，需要花费时间、精力和资源等治理成本。通过分析 RRC 的签订与实施过程，我们看到了这种协调的难度和困境。协调和解决这种权益争端的过程不是狭隘的冲突管理技术的选择过程，而是一个复杂的政治过程，权力、权利和政治因素在其中起着重要影响。

在讨论流域水资源政策的时候，由于国家目标和地方利益的多重性，中央政府应该确立一种新的政府关系的路径，也就是一种协调的路径。协调是流域水资源管理的关键。而流域水资源管理的核心问题就是权力、规则和责任的和谐，包括区域协调和联邦机构之间的协调。② 美国州政府间关系协调绝不是一个理性问题，而是一种非常强烈的政治练习，包括网络和利益群体聚合中的谈判和协商。这种协调的政治特性主要反映在利益相关者的权利要求方面。而且，即使当来自联邦政府的权力是协调州际争端问题的主要反应机制时，介入争端管理过程的州政府部门间和相关利益群体间仍然存在讨价还价和协商。这正是将协商民主作为一种公共治理方式引入流域治理过程。

调未来的流域治理途径将是整合的、整体性和可持续的流域管理途径（Integrated, Holistic and Sustainable Watershed Management）。这种流域管理途径运用多目标决策分析（Multi-objective Decision-Making Analysis）框架，解决不同利益相关者之间的冲突，整体性地管理流域资源，提高公众对流域议题的认知，通过扩大公众参与开发整体性可持续流域管理机制。这种管理途径是动态的、基于流域的、具有社会包容性的，并且能满足所

---

① [美] 格罗弗·斯塔林：《公共部门管理》，陈宪等译，上海译文出版社 2003 年版，第 19 页。
② Neil S. Grigg, "New Paradigm for Coordination in Water Industry", *Journal of Water Resources Planning and Management*, 1993, 119 (5): 572–587.

有利益相关者的需求。① 本书的研究也表明了一个基本的公共治理原理：跨行政管辖区域公共事务的有效治理，不是简单地通过国家和中央权力的扩张和干预来完成的，相反，是通过国家和中央权力的适当调控、不同行政管辖区间的制度性协作治理行动以及这两者的相互配合来实现。

四　州际流域协议治理的启示

（一）州际河流协议与美国区域协作治理的成功制度实践

在美国跨州河流治理的许多文献中，一个永久的话题就是，作为一组自愿合约的州际协议，在州际集体选择层次通过构建有效率的协作治理机制，可以对河流公共治理问题作出积极反应。自愿的、非科层式政府间法律协议可以更为有效地解决州际河流水资源问题。这种协作治理制度安排既是加强各州联系与协作的主要方式，也是解决州际分歧、冲突和矛盾的重要机制。流域水资源公共治理是不同部门间协作努力的结果，需要构建跨区域、跨部门协作治理机制。治理跨行政管辖区的流域水环境问题，有必要打破固有的行政管辖界限，强调政府治理角色的转换，构建区域协作治理制度框架。换句话说，在区域层面上，流域公共治理主体在水资源综合治理议题上必须充分合作，发扬团队协作精神，组建跨区域流域公共治理团队。从这个意义上说，州际流域协议是一种通过政府间自主治理，有效降低交易成本的制度设计。

跨州流域公共治理中政府间关系协调其实是一种政府间网络管理（Intergovernmental Network management），这种网络管理确立了政府组织间关系框架中处理流域公共事务，从《联邦宪法》到州际合作治理制度框架等方面设计了一系列治理工具，促进具有不同目标的政府间行动者的行为相互协调，实现合作博弈与和谐治理。这种网络管理的工具有：一是法律工具（Legal Instruments），包括国会立法、法院诉讼、司法裁决、仲裁、调停、州际协议、行政命令、禁止、规制等；二是经济工具（Economic Instruments），包括财政拨款、财政激励、转移支付、损害赔偿、产权交易、契约和合同等；三是沟通工具（Communicative Instruments），主要有信息交换、协商和信息技术等。

在美国联邦主义背景下，"州际河流协议"作为跨州流域公共治理的

---

① Aregai Tecle, Peter F. Ffolliott, Malchus B. Baker Jr., Leonard F. DeBano, Daniel G. Neary and Gerald J. Gottfried, "Future Outlook of Watershed Management", *Journal of the Arizona-Nevada Academy of Science*, 2003, 35 (1): 81-87.

一种重要机制具有广泛吸引力和生命力，现实国情为"州际河流协议"的实践提供了重大机遇，而联邦主义倡导的民主与自治原则又可以给"州际河流协议"带来更多的发展空间。美国州际河流协议的成功经验，即把州际自治制度和协作治理模式、契约主义（联邦性）与国家主义（国家性）进行了有机的结合。这样，在一系列相关制度的配套作用下，使州际区域公共事务协作治理机制得到了深化和细化，跨州层面的州际协作治理能力得到了提升和强化。州际流域协议是一个有着非常丰富与复杂的谈判、协商、决策和管理多元利益的制度安排，是一个非常值得研究的公共管理领域。里帕布里肯河流域的水资源管理实践只是当今美国跨州流域公共治理中的一个缩影。目前，类似这种以契约为基础、以"对话、协商和合作"为特征的州际河流协作治理机制，在美国国内流域公共治理领域发挥出奇妙作用。笔者期待类似 RRC 的跨行政区流域水资源公共治理实践案例将不断进入我们的学习与研究视野。

（二）政府间协议机制与我国流域公共治理现代化

在 20 世纪末期和过去十年间，全球生态环境变革推动了政府治理模式转型。政府治理制度经历了从机械治理向生态治理（Ecological Governance）转型，生态治理强调多元利益主体间的相互关联性、自组织能力和所有自然生态系统的共同演化动态型。[①] 一个国家要在全球化的后现代世界复杂环境中实现有效治理，就越来越需要认识到采纳"生态观"的重要价值，推动政府治理模式从传统工业文明时代向生态文明时代转型。党的十八大报告提出"把生态文明建设放在突出地位，融入经济建设、政治建设、文化建设、社会建设各方面和全过程"。这就要求政府构建体现现代生态治理价值诉求的公共治理新模式。

流域治理是一个国家生态治理的重要方面。治水，历来是兴国安邦的大事。我国是世界上江河众多的国家，七大江河流域面积占全国 45.5%，工农业总产值占全国 91.2%，在国民经济发展和国土资源的开发治理中有十分重要的地位。但是，我国流域开发治理还很落后，流域经济发展还存在很多问题。流域公共治理是以政府为主体，通过一些复杂的机制、过程、关系和制度对流域涉水公共事物进行综合管理，以实现流域福利的最大化。流域治理中政府间关系协调源自流域区和行政区的分割。流域区和行政区是两种不同性质的区域划分，前者是以河流为中心，由分水线包围

---

① Robertson, Peter J. and Choi, Taehyon, "Ecological Governance: Organizing Principles for an Emerging Era", *Public Administration Review*, 2010, 70 (s1), pp. 89–99.

的区域,是一个从源头到河口的完整、独立、自成系统的水文单元;后者是指为实现国家的行政管理、治理和建设,对领土进行合理的分级划分而形成的区域。同一流域往往流经几个不同的行政区,而一个行政区也可能包含几个不完整的流域区。① 水危机表面上是资源环境危机,实质上反映了一种公共治理的危机,反映了我国流域公共治理在制度安排上存在非常突出的问题,即水资源和水环境管理的条块分割,流域管理和区域行政管理之间以及地区和地区之间缺乏协调,无法解决跨部门、跨地区和影响多个利益主体的复杂涉水问题和冲突。② 碎片化的流域治理结构导致流域内利益相关者各自为政的治理行动,无法形成整体治理合力。另外,当前我国流域水环境问题呈现出区域性、生态性、系统性特征。流域水环境污染属于典型的"区域公共性污染",具有开放性、传染性、混合性、扩散性、外溢性,必须依靠区域内相关利益主体多元协作治理,一地很难"独善其身"。这对国家治理也提出了新的挑战。

  时代转型与变革要求构建现代化的国家治理体系和治理能力。推进国家治理体系和治理能力现代化,就是要适应时代变化,既改革不适应实践发展要求的体制机制、法律法规,又不断构建新的体制机制、法律法规,使各方面制度更加科学、更加完善,实现党、国家、社会各项事务治理制度化、规范化、程序化。③ 对于处于转型发展期的中国来说,通过多元主体协作创新,在此过程中积极开发现代民主治理的政治资源,有助于扩大国家治理体系的总体能量。这是实现国家治理体系和治理能力现代化转型的必然要求。有效应对水资源危机的根本出路在于水资源的治道变革,必须寻求市场经济、全球化和信息化条件下的新型治水模式,水资源的治理模式必须转型。④ 治理制度设计是跨行政区流域协作治理中最重要的问题。这就随之提出了一系列亟待回答的科学问题:使跨行政区流域协作治理有效性的治理机制有哪些?如何科学合理设计跨行政区流域协作治理的治理机制安排,实现流域治理主体之间均衡博弈?协作治理机制设计的激励因素和约束条件有哪些?怎样通过激励机制设计来促进跨行政区流域协作治理?

---

① 陈瑞莲、刘亚平:《区域治理研究:国际比较的视角》,中央编译出版社2013年版,第273页。
② 陈瑞莲等:《中国流域治理研究报告》,上海人民出版社2011年版,第3页。
③ 习近平:《切实把思想统一到党的十八届三中全会精神上来》,《人民日报》2014年1月1日第2版。
④ 王亚华:《水权解释》,上海三联书店2005年版,第6页。

我国的河流多数为跨行政区域河流。囿于行政区划制度刚性约束等原因，流域管理和区域行政管理之间以及地区和地区之间缺乏协调，位于河流上下游之间的省与省、市与市、县与县之间水环境管理矛盾频发。科层治理结构与环境管理属地化使现行流域水环境治理"碎片化"问题严重，形成"多龙治水"现象，区域之间的利益矛盾凸显，也不利于改善流域水环境质量。因此，必须找出这些问题的成因并提出有效的治理对策。根据我国《水法》《水污染防治法》及其他有关法律和规范性法律文件的规定，我国现行的流域管理体制，是一种"统一管理与分级、分部门管理相结合"的管理体制。按照这种管理体制，理应是以流域统一管理为主，部门管理和行政区域管理为辅。然而，在我国流域管理的实践中却形成了国家与地方条块分割，以河流流经的各行政区域管理为主，各有关管理部门各自为政，"多龙管水、多龙治水"的分割管理状态。[①]

建立和完善跨区域流域治理协调机制成为我国推进区域治理体系和治理能力现代化的重要议题。当前我国流域治理进入了以全面改善环境质量为目标的新阶段，客观上迫切需要提出一套流域水环境公共治理的理论框架与内容体系，并针对流域水环境质量安全问题提出切实可行的解决方案。前水利部部长汪恕诚认为，流域管理体制改革的核心是建立起政府宏观调控、流域民主协商、准市场运作、用水户参与管理的权威、高效、协调的真正意义上的流域管理委员会。[②] 2011 年中共中央一号文件《中共中央国务院关于加快水利改革发展的决定》指出："完善流域管理与区域管理相结合的水资源管理制度，建立事权清晰、分工明确、行为规范、运转协调的水资源管理工作机制。进一步完善水资源保护和水污染防治协调机制。"2012 年 1 月，国务院出台的《关于实行最严格水资源管理制度的意见》提出："进一步完善流域管理与行政区域管理相结合的水资源管理体制，切实加强流域水资源的统一规划、统一管理和统一调度。"

政府间权责的制度化配置通常与一个国家的治理体制相适应。现代国家治理要求科学界定各级政府公共权力边界，并实现各级政府公共权力的合理配置和规范运行。推进各级政府事权规范化、法律化，是推进国家治理体系和治理能力现代化的必然选择。党的十八届四中全会提出"社会主义市场经济本质上是法治经济"。随着社会主义市场经济的发展和完

---

① 陈瑞莲、刘亚平：《区域治理研究：国际比较的视角》，中央编译出版社 2013 年版，第 272—273 页。
② 汪恕诚：《再谈人与自然和谐相处》，《中国水利报》2004 年 4 月 17 日。

善，依法治国、建设法治政府的推进和国家治理现代化的发展，中央与地方及地方各级政府间权责关系制度化、法治化和规范化日益成为亟须解决的重大现实课题。通过完善立法、明确事权，推进各级政府事权规范化、法律化，加快形成分工合理、权责一致、运转高效、法律保障的国家权力纵向配置体系与运行机制，是形成合理的行政秩序、市场秩序和社会秩序的基本前提，是推进国家治理体系和治理能力现代化的重要内容和必然要求。[①]目前，我国国家治理体制下中央与地方政府间关系的总体特征是党领导下"条块分割"的管理模式。横向地方政府间关系是中央与地方权力资源配置关系的体现。长期以来，我国流域管理体制并未突破藩篱式或栅栏式管理格局，忽视了对流域水资源管理体制的创新和治理方式的变革。现有行政分割、地方各自为政和部门保护主义，以及相关法律制度框架不健全已成为我国流域水资源开发和利用、水生态环境治理的最大障碍。

例如，目前我国各大流域没有类似美国的河流管理协议和流域公共管理机构，我国流域管理机构主要是由水利部统一行政授权，难以有效协调省际间的水资源纠纷。而美国的州际河流协议公共管理机构，例如，RRCA可以根据该协议规定和三个成员州授权，处理流域内的任何水资源问题。在建设资源节约型和环境友好型社会的今天，学习美国州际河流协议治理的实践，借鉴其成功经验，对于我们探索我国流域水资源治理体系和治理能力现代化具有重要现实意义。

中国独特的水情问题已成为生态文明建设的短板。水利部资料显示，我国人均水资源量仅为世界人均水平的1/4，全国年平均缺水量高达500亿立方米。水危机已经渗透到国民经济社会发展各领域，特别是水污染问题非常严重。2015年4月16日，国务院正式印发《水污染防治行动计划》，十条35项具体措施，向水污染宣战，"到2020年，地下水污染加剧趋势要得到初步遏制，全国地下水质量极差的比例控制在15%左右"。"水十条"坚持系统治理和改革创新理念，按照"节水优先、空间均衡、系统治理、两手发力"的原则，从健全自然资源用途管制制度、健全水节约集约使用制度、建立资源环境承载能力监测预警机制、实行资源有偿使用制度、实行生态补偿制度发展环保市场、建立吸引社会资本投入生态环境保护的市场化机制和推进政府、企业、公众协同共治等方面，加快推进水环境质量持续改善。

在新的历史阶段，社会主义生态文明建设的大力推进、区域协调发展

---

① 楼继伟：《推进各级政府事权规范化法律化》，《人民日报》2014年12月1日第7版。

战略规划的密集出台、市场化机制的不断完善为重点流域公共治理提供了重要机遇，创造了有利的条件。同时，由于发展方式的转变和生活方式的变革，工业化、信息化、城镇化和农业现代化的加速，重点流域治理也面临着严峻挑战。针对我国跨行政区域流域治理存在的困境，理论界和学术界也提出了很多改革思路。诸如通过行政区划改革实现由单一的流域管理机构实施综合治理和整体治理等。多元主体协同共治，是国家治理体系和治理能力走向现代化的重要标志。笔者认为，考虑到目前我国河流水资源管理的现状，借鉴美国州际协议的经验，在我国河流水资源公共管理中引入协作治理理念和方式既是必要的也是可行的。

从复杂社会的生态学角度讲，跨区域流域公共治理体系和治理能力现代化必然要求构建开放性、包容性、民主化的区域治理结构，形成区域内公共部门、私人部门、非营利部门之间的伙伴网络关系，以及相关利益群体和公众的广泛参与，将协商民主要素引入区域发展决策过程，使各方利益诉求能够得到反映和尊重，提升区域公共事务治理的合法性基础，以现代公共治理理念。构建跨行政区域流域公共治理体系，需要注意如下两个问题：

一是处理好流域内不同政府间的关系，组建政府间协调机构。推进我国流域治理中政府间关系体制现代化转型，必然要求从法制建设和组织建设层面优化政府间关系协调的治理机制，在法治轨道上推进政府间关系协调体系和协调能力现代化。要坚持协同治理原则，通过优化政府组织结构，进一步完善流域内不同政府间合作治理中的民主协商机制，加强流域各方的对话与协商，加大合作力度，协调解决有关问题，提高流域协同治理能力。流域内政府间关系体制应适应公共治理能力现代化发展的需要。现代公共治理主张通过整合相关利益主体的力量来整体管理公共事务，必然要整合区域内不同政府的力量，通过纵向和横向的协调整合，消除区域政策抵触的状况，有效利用稀缺资源，使某一政策领域的不同利益主体相互协作，避免各自为政的状况出现。

二是培育和支持流域内民间社会组织和群众自治组织发展，吸纳和发挥民间社会参与流域治理的资源和智慧。社会组织是现代公共治理的重要主体。党的十八届三中全会提出"激发社会组织活力。正确处理政府和社会关系，加快实施政社分开，推进社会组织明确权责、依法自治、发挥作用。适合由社会组织提供的公共服务和解决的事项，交由社会组织承担"。《国务院关于创新重点领域投融资机制鼓励社会投资的指导意见》（国发〔2014〕60号）提出"通过水权制度改革吸引社会资本参与水资源开发利用和保护。加快建立水权制度，培育和规范水权交易市场，积极探索多种形式的水权交易流转方式，允许各地通过水权交易满足新增合理用水需求。鼓励社会资本通过参与节水供水重大水利工程投资建设等方式优先获得新增水资源使用权"。

推进流域公共治理创新，建立流域内政府部门与社会组织之间的合作治理关系，提高社会组织和流域内公众参与流域公共事务治理的能力，发挥社会组织对流域治理的参与作用，形成政府社会协同治水兴水合力。这就要求流域治理模式从注重单一主体行政管理向多元主体共同治理转变，将流域管理与区域管理有机整合，以推进流域治理体系和治理能力现代化为方向，加强流域治理顶层设计和整体规划，建立流域水资源一体化治理制度框架和组织机构，流域水资源分配协作决策机制，流域内公众、社会组织和私人部门多元主体公共参与机制，流域水权争端管理机制和利益协调机制。

第二节　结束语与思考

本书提供一种将跨行政管辖区域协作治理的实证案例与理论整合起来的方式，深入研究美国州际协议的历史演变和发展以及实践运行机理，有一定的社会实践应用价值和理论创新价值。通过典型案例，证明了作为区域公共事务协作治理制度安排的州际协议的重要价值和意义。本书的研究结果表明，在美国，州际协议是一个非常复杂和丰富的领域。虽然这个领域还有太多的空白和值得探索的地方，但它的广泛运用足以表明其已经成为当代美国国内跨州区域公共治理的一种重要的法治化机制。美国州际协议研究的政治和行政意义在于：借鉴美国合理的政府间协议治理的法律制度因素，完善转型期我国政府间协议治理机制，从关系型合约转向法治型合约，促进政府间协议治理走向法治化和规范化，重构政府间合作共赢的和谐关系。

良法是善治之前提，法治是国家治理体系和治理能力的重要依托。美国联邦体制实现其目标的成功之处部分依赖于所确立的宪法机制和程序保证了州与其他州和联邦政府和谐一致地工作。[1] 美国州际协议的成功之处

---

[1] Joseph F. Zimmerman, "Interstate cooperation: The roles of the State Attorneys General", Publius: *The Journal of Federalism*, 1998, 28 (1), pp. 71–90.

在于其精密化的宪法制度设计,充分贯彻了联邦制中国家主义(国家性)与契约主义(联邦性)、授权激励与限权约束、分权与制衡、民主与法治、自治与共治等基本原则。美国州际协议是掺杂了多种因素长期发展形成的。州际协议作为一种政府间协作的法律制度,其成长深深扎根于美国的社会土壤。设计和发展国家政治制度,必须注重历史和现实、理论和实践、形式和内容有机统一。要坚持从国情出发、从实际出发,既要把握长期形成的历史传承,又要把握走过的发展道路、积累的政治经验、形成的政治原则,还要把握现实要求,着眼解决现实问题,不能割断历史,不能想象突然就搬来一座政治制度上的"飞来峰"。[①] 本书从比较公共管理和行政生态学视角,分析州际协议的生态环境,指出我国学习和借鉴州际协议的治理经验时,应遵循具体问题具体分析的原则,坚持从我国国情和经验借鉴的效果出发审视美国州际协议的普适性空间,清楚地认识到州际协议是美国特有的"历史—社会—文化"综合生态环境的产物,具有明显的普适性局限,是不具有可复制性的,我们绝不能盲目"进口",而应立足当前我国"历史—社会—文化"综合生态环境的特殊性,在学习中比较,在比较中鉴别,通过学习、比较和鉴别,在明确我国省际协议与美国州际协议在国家治理制度环境和实践基础上的差异性的基础上,在差异性中寻找和发现共同性,参考美国的经验实现自主创新,构建一种符合中国国情的独特的发展风格的跨区域政府间协作治理模式。

  本书的案例分析,首先,对区域协作治理过程中的争端/冲突治理机制和协调机制的研究有重要意义,并且说明了区域公共事务协作治理的政治维度,以及协作方之间达成一致性承诺和履行承诺过程中存在一定的交易费用,这将有助于我们深化对美国州际协议的思考和理解,特别是当我们将州际协议还原为一种合同结构时,则对这种合同的治理机制的思考和研究或许将会是一个非常有探讨价值的问题。本书的研究进一步揭示出州际协议治理机制这一美国联邦制下最重要的跨州区域协作机制的确切内涵是为了最大限度降低跨州区域公共事务治理的交易成本。同时书中的案例研究对于拓展协作治理的知识基础和丰富协作治理的研究范围都具有重要意义。其次,从协作联邦主义(Collaborative Federalism)制度演化的视角分析美国州际协议的历史演变,从协作治理视角研究州际协议的谈判、签订和执行,这为我们观察和理解美国国内政府间关系提供了一种新的理论

---

① 习近平:《在庆祝全国人民代表大会成立60周年大会上的讲话》,《人民日报》2014年9月6日第2版。

视角。长期以来,二元联邦主义(Dual Federalism)①、合作联邦主义(Cooperative Federalism)②和竞争联邦主义(Competitive Federalism)③曾经是解释美国联邦制下政府间关系的三个基本理论。

协作联邦主义强调政府间利益共同性,但并不排斥政府间利益的竞争和博弈,而是主张通过政府间协作解决他们的共同问题,倡导建设性而非破坏性的博弈行为来协调政府间的利益竞争。本研究中的案例足以说明这点。实际上,上述理解美国国内政府间关系的三个理论在解释某些问题时存在缺陷。二元联邦主义关注纵向联邦与州之间的关系,并没有提供考察州际关系的视角。④ 竞争联邦主义模型侧重横向州际关系。合作联邦主义虽然同时关注联邦与州之间的关系和州际关系,但仍存在一些不足之处。而协作联邦主义理论则可以很好地整合二元联邦主义、竞争联邦主义和合作联邦主义三个基本理论,从而有助于增强该理论在美国国内政府间关系问题上的解释力,这对于我们更全面地观察和理解政府间关系或许会有更多的启发性作用。

州际协议在当今美国州政府治理中的作用和影响越来越大。国内以前对该领域关注不多,但随着中国改革开放和新型城镇化的快速发展,地区之间、地方政府之间的利益关系日趋复杂,迫切需要加强区域政府间协作治理体系和治理能力现代化建设。本研究提出了改善我国区域公共事务协作治理的多层次机制分析框架,以及进一步健全我国省际政府间协议的法律制度创新构想,要完善政府间关系治理的顶层设计和法律制度设定,通过制度供给、制度导向、制度创新来解决制度空白、制度缺陷和制度冲突。本书在一定重要意义上属于目前国内在美国州际政府间关系领域的一

---

① 一般认为,"二元联邦主义",又称"双重联邦制",是对美国自1789年至20世纪30年代联邦制发展模式的概括,特指联邦和州各自在宪法规定的权限范围内行使权力,各负其责,互不干涉的政治模式,美国学者又称之为"分层蛋糕"式联邦主义(Layer-cake Federalism)。参阅 Deil S. Wright, *Understanding Intergovernmental Relations*, Pacific Grove, California: Brooks/Cole Publishing Company, 1998, pp. 65 – 67。
② 自罗斯福"新政"开始,合作联邦主义迅速发展。在合作联邦主义下,各个层级的政府在履行其特定职能时不是相互隔离和相互独立的,相反,呈现为相互连接和相互合作的关系。参阅 Deil S. Wright, *Understanding Intergovernmental Relations*. Pacific Grove, California: Brooks/Cole Publishing Company, 1988, pp. 65 – 66。
③ 作为一种市场模型,竞争联邦主义设想,对于政府来说,存在消费者和纳税人通过在最能满足他们政策偏好的政府管辖区域居住或落户,从而根据他们愿意支付的成本自由选择他们所偏爱的公共物品和服务的市场领域。
④ Joseph Francis Zimmerman, *Interstate Disputes: The Supreme Court's Original Jurisdiction*, Albany NY: State University of New York Press, 2006, p. 155。

项创新研究,这正是本研究的主要贡献和重要价值所在。

由于作者理论水平和分析能力的不足,本书只是对美国州际协议的历史演变和实践运行机理的分析、归纳和概括,难免会在取舍的过程中表现出一定的主观性和倾向性,这对于本书整体的研究思路都会产生一些影响。因此,本研究所展示给读者的有关美国州际协议的历史发展过程和实践运行状况可能只是美国州际协议复杂现实的一方面,所归纳和概括的有关美国州际协议的基本特色也可能仅是美国州际协议全部特征中的一部分。仁者见仁,智者见智。如果换一个视角,再来观察美国州际协议,人们很可能会发现美国州际协议治理过程中的其他一些特点或规律,相应地也可能会发现对推进我国区域公共治理体系和治理能力现代化具有学习和借鉴意义的"知识"。

从理论和实践两方面来说,美国州际协议都是一个非常值得研究的领域。受作者学识和研究时间的限制,本书只是对美国州际协议的初步研究,尚有许多相关的理论与实践问题需要进一步的思考和分析,本研究的未来之路非常广阔,也更希望美国州际协议及跨州区域公共事务协作治理将会吸引更多人的关注和思考。作者希望本书有助于相关领域的研究者和实践者了解美国州际协议和跨州区域公共事务协作治理,也希望书中关于学习和借鉴美国州际协作治理经验的分析,能够对我国区域协同发展中政府间关系协调和区域治理的法律制度创新具有借鉴价值。

参考文献

著 作

[1] 王沪宁、竺乾威：《行政学导论》，上海三联书店1988年版。
[2] 林尚立：《国内政府间关系》，浙江人民出版社1998年版。
[3] 俞可平：《治理与善治》，社会科学文献出版社2000年版。
[4] 胡鞍钢等：《中国国家治理现代化》，中国人民大学出版社2014年版。
[5] 张千帆、[美]葛维宝：《中央与地方关系的法治化》，译林出版社2009年版。
[6] 郑永年：《中国的"行为联邦制"：中央—地方关系的变革与动力》，东方出版社2013年版。
[7] 辛向阳：《大国诸侯：中国中央与地方关系之结》，中国社会出版社2008年版。
[8] 陈振明：《公共管理学》，中国人民大学出版社2005年版。
[9] 陈瑞莲：《区域公共管理导论》，中国社会科学出版社2006年版。
[10] 陈瑞莲：《中国流域治理研究报告》，上海人民出版社2011年版。
[11] 陈瑞莲、刘亚平：《区域治理研究：国际比较的视角》，中央编译出版社2013年版。
[12] 彭宗超等：《合作博弈与和谐治理：中国合和式民主研究》，清华大学出版社2013年版。
[13] 王家枢：《水资源与国家安全》，地震出版社2002年版。
[14] 王亚华：《水权解释》，上海三联书店、上海人民出版社2005年版。
[15] 陈向明：《质的研究方法与社会科学研究》，教育科学出版社2000年版。
[16] [古希腊]亚里士多德：《政治学》，商务印书馆1963年版。
[17] [法]托克维尔：《论美国的民主》上卷，商务印书馆1991年版。

[18] [美] 道格拉斯·C. 诺思：《经济史上的结构和变迁》，商务印书馆 1992 年版。

[19] [美] R. 科斯、A. 阿尔钦、D. 诺斯：《财产权利与制度变迁——产权学派与新制度学派译文集》，上海三联书店 1994 年版。

[20] [美] 曼瑟尔·奥尔森：《集体行动的逻辑》，上海三联书店 1995 年版。

[21] [美] 戴维·奥斯本、特德·盖布勒：《改革政府：企业精神如何改革着公营部门》，上海译文出版社 1996 年版。

[22] [美] 伯纳德·施瓦茨：《美国法律史》，中国政法大学出版社 1997 年版。

[23] [美] 文森特·奥斯特罗姆：《挑战政策分析家和民主社会的认识问题》，载 [美] 迈克尔·麦金尼斯《多中心治道与发展》，上海三联书店 2000 年版。

[24] [美] 罗伯特·帕特南：《使民主运转起来》，江西人民出版社 2001 年版。

[25] [美] 詹姆斯·M. 布坎南、戈登·塔洛克：《同意的计算——立宪民主的逻辑基础》，中国社会科学出版社 2000 年版。

[26] [美] 埃莉诺·奥斯特罗姆：《公共事物的治理之道》，上海三联书店 2000 年版。

[27] [美] 迈克尔·麦金尼斯：《导言》，载 [美] 迈克尔·麦金尼斯《多中心治道与发展》，上海三联书店 2000 年版。

[28] [美] 埃莉诺·奥斯特罗姆：《水与政治》，载 [美] 迈克尔·麦金尼斯《多中心治道与发展》，上海三联书店 2000 年版。

[29] [美] 文森特·奥斯特罗姆、埃莉诺·奥斯特罗姆：《水资源开发的法律和政治条件》，载 [美] 迈克尔·麦金尼斯《多中心治道与发展》，上海三联书店 2000 年版。

[30] [美] 埃莉诺·奥斯特罗姆：《长期持久灌溉制度的设计原则》，载 [美] 迈克尔·麦金尼斯《多中心治道与发展》，上海三联书店 2000 年版。

[31] [美] 埃德勒·施拉格、威廉·布洛姆奎斯特、邓穗恩：《流量变化、储藏与公共池塘资源的自主组织制度》，载 [美] 迈克尔·麦金尼斯《多中心治道与发展》，上海三联书店 2000 年版。

[32] [澳] 欧文·E. 休斯：《公共管理导论》，中国人民大学出版社 2001 年版。

[33] [日] 青木昌彦：《比较制度分析》，上海远东出版社 2001 年版。

[34] [美] 罗伯特·帕特南：《使民主运转起来：现代意大利的公民传统》，中国人民大学出版社 2015 年版。

[35] [美] V. 奥斯特罗姆：《制度分析与发展的反思——问题与抉择》，商务印书馆 2001 年版。

[36] [美] 詹姆斯·N. 罗西瑙：《没有政府的治理——世界政治中的秩序与变革》，江西人民出版社 2001 年版。

[37] [美] 戴维·罗森布鲁姆、罗伯特·克拉夫丘克：《公共行政学：管理、政治和法律的途径》，中国人民大学出版社 2002 年版。

[38] [美] 尼古拉斯·亨利：《公共行政与公共事务》，中国人民大学出版社 2002 年版。

[39] [美] 文森特·奥斯特罗姆：《美国联邦主义》，上海三联书店 2003 年版。

[40] [美] 道格拉斯·C. 诺思：《经济史中的结构与变迁》，上海三联书店 2003 年版。

[41] [美] 格罗弗·斯塔林：《公共部门管理》，上海译文出版社 2003 年版。

[42] [英] 简·莱恩：《新公共管理》，中国青年出版社 2004 年版。

[43] [美] O. E. 威廉姆森：《资本主义经济制度》，商务印书馆 2004 年版。

[44] [美] 文森特·奥斯特罗姆等：《美国地方政府》，北京大学出版社 2004 年版。

[45] [新] 穆雷·霍恩：《公共管理的政治经济学：公共部门的制度选择》，中国青年出版社 2004 年版。

[46] [美] 丹尼尔·伊拉扎：《联邦主义探索》，上海三联书店 2004 年版。

[47] [美] 罗伯特·K. 殷：《案例研究设计与方法》，重庆大学出版社 2004 年版。

[48] [美] 汉密尔顿、杰伊、麦迪逊：《联邦党人文集》，商务印书馆 2006 年版。

[49] [美] 罗伯特·阿格拉诺夫、迈克尔·麦圭尔：《协作性公共管理：地方政府新战略》，北京大学出版社 2007 年版。

[50] Alter, Catherine, and Hage, Jerald, "Organizations Working Together", Newbury Park, California: SAGE; 1993.

[51] Aucoin, James, *Water in Nebraska: use, politics, policies*, Nebraska, Lincoln: University of Nebraska Press, 1984.

[52] Agranoff, Robert, and McGuire, Michael, *Collaborative Public Management: New Strategies for Local Governments*, Washingtong, D. C.: Georgetown University Press, 2003.

[53] Anderson, James E., *Public Policymaking: An Introduction*, Boston, Maryland: Houghton Mifflin Company, 2000.

[54] Bard, Erwin Wilkie, *The Port of New York Authority*, New York, NY: AMS Press, 1968.

[55] Barton, Weldon V., *Interstate Compacts in the Political Process*, Chapel Hill, North Carolina: the University of North Carolina Press, 1967.

[56] Benton, J. Edwin, and Morgan, David R., *Intergovernmental relations and Public policy*, Westport, Connecticut: Greenwood Press, 1986.

[57] Breton, Albert, *Competitive Governments: An Economic Theory of Politics and Public Finance*, Cambridge, New York: Cambridge University Press, 1996.

[58] Broun, Caroline N., Buenger, Michael L., McCabe, Michael H, Masters, Richard L, "The Evolving Use and the Changing Role of Interstate Compacts: A Practitioner's Guide", American Bar Association, 2007.

[59] Bosso, Christopher J., Portz, John H., and Tolley Michael C. 2000. American Government: Conflict, Compromise, and Citizenship. Boulder, CL: Westview Press.

[60] Coase, R. H., "The Nature of the Firm: Influence", In The Nature of the Firm, Williamson, Oliver E., Winter, Sidney G (ed.), New York, NY: Oxford University Press, 1991.

[61] Dye, Thomas R., *American Federalism: Competition Among Government*, Lexington, KY: Lexington Books, 1990.

[62] Elazar, Daniel J., *Cooperative Federalism*, In Competition among States and Local Governments: Efficiency and Equity in American Federalism, Kenyon, Daphne A, and Kincaid, John. Washington, D. C: The Urban Institute Press, 1991.

[63] Fairfield, Roy P., *The Federalist Papers: A Collection of Essays Written in Support of the Constitution of the United States*, Garden City, New

York: Anchor Books, 1966.

[64] Frederickson, H. George, and Smith, Kevin B. , *The Public Administration Theory Primer*, Cambridge, Maryland: Westview Press, 2003.

[65] Gadot, Eran Vigoda. , Managing Collaboration in Public Administration: The promise of Alliance among Governance, Citizens, and Businesses, Westport, Connecticut: Praeger, 2003.

[66] Gary, Andrew, Jenkins, Bill, and Leeuw, Frans, "Collaborative Government and Evaluation: The Implications of a New Policy Instrument," In Collaborations in Public Services , Gary, Andrew, Jenkins, Bill, Leeuw, Frans, Mayne, John (ed.) . New Brunswick, NJ: Transaction Publishers, 2003.

[67] Gerston, Larry N. , *American Federalism: A Concise Introduction. Armonk*, NY: M. E. Sharpe, 2007.

[68] Goldsmith, Stephen, and Eggers, William D. Governing By Network: The New Shape of the Public Sector. Washington, D. C. : The Brookings Institution, 2004 .

[69] Greene, Jack P. , Negotiated Authorities: Essays in Colonial Political and Constitutional History. Charlottesville, Virginia: The University Press of Virginia, 1994.

[70] Kammen, Michael G. , The United States: An Experiment in Democracy, New Brunswick, New Jersey: Transaction Publishers, 2001.

[71] Kamensky, John, Burlin, Thomas J. , and Abramson Mark A. Networks and Partnerships: Collaborating to Achieve Results No One Can Achieve Alone. In Collaboration: Using Networks and Partnerships, Kamensky, John M, and Burlin, Thomas J (ed.) . Lanham, Maryland: Rowman & Littlefield Publishers, 2004.

[72] Keith L. , Dougherty, Collective action under the Articles of Confederation, Cambridge, New York: Cambridge University Press, 2001.

[73] Kenneth W. Knox, The Allocation of Interstate Ground Water: Evaluation of the Republican River Compact As A Case Study, Fort Collins, Colorado: Colorado State University, 2004.

[74] Kickert, W. J. M. , and Koppenjan, J. F. M. , *Public Management and Network Management: An Overview.* In Managing Complex Networks: Strategies for the Public Sector. Kickert, Walter J. M, Klijn, Erik-

Hans, and Koppenjan, Joop F. M (ed.). Thousand Oaks, California: SAGE Publications, 1997.

[75] Kichert, W. J. M, et al., *Introduction: A Management Perspective on Policy Networks*. In Managing Complex Networks: Strategies for the Public Sector. Kickert, Walter J. M, Klijn, Erik-Hans, and Koppenjan, Joop F. M (ed). Thousand Oaks, California: SAGE Publications, 1997.

[76] Kincaid, John, "The Competitive Challenge to Cooperative Federalism: A Theory of Federal Democracy", In Competition among States and Local Governments: Efficiency and Equity in American Federalism, by Daphne A. Kenyon and John Kincaid. Washington, D. C: The Urban Institute Press, 1991.

[77] Leach, Richard H., and Sugg, Jr, Redding S., The Administration of Interstate Compacts, Baton Rouge, LS: Louisiana State University Press, 1959.

[78] Linder, Stephen H., and Peters, B. Guy. 1998. "The Study of Policy Instruments: Four Schools of Thought". In Public Policy Instruments: Evaluating the tools of Public Administration. Peter, B. Guy, Van Nispen, Frans K. M (ed.), 33 - 45. Northampton, Maryland: Edward Elgar.

[79] Linden, Russell M., Working Across Boundaries: Making Collaboration Work in Government and Nonprofit Organizations. San Francisco, California: Jossey-Bass, 2002.

[80] March, James G., and Olsen, Johan P., Rediscovering Institutions: The Organizational Basis of Politics. New York, NY: The Free Press, 1989.

[81] Mayne, John, Wileman, Tom, and Leeuw, Frans. "Networks and Partnering Arrangements: New Challenges for Evaluation and Auditing", In Collaborations in Public Services, Gary, Andrew, Jenkins, Bill, Leeuw, Frans, Mayne, John (ed.). New Brunswick, NJ: Transaction Publishers, 2003.

[82] Nice, David C., *Federalism: The politics of Intergovernmental relations*. New York, CT: St. Martin's, Inc, 1987.

[83] Nice, David C., and Grosse, Ashley, Innovation in Intergovernmental Relations, In Sound Governance: Policy and Administrative Innova-

tions, Farazmand, Ali (ed.), Westport, CT: Praeger, 2004.

[84] North, Douglass C., *Institutions, Institutional Change and Economic Performance*. New York, NY: Cambridge university Press, 1990.

[85] Onuf, Peter. S., The Origins of The Federal Republic: Jurisdictional Controversies in the United States. Philadelphia, PS: University of Pennsylvania Press, 1983.

[86] Powell, Walter W., Neither Market Nor Hierarchy: Network Forms of Organization. In Markets, Hierarchies and Networks: The Coordination of Social Life, Thompson, Grahame et al (ed.). Newbury Park, California: SAGE, 1991.

[87] Ridgeway, Marian E., Interstate Compacts: A Question of Federalism. Carbondale, Illinois: Southern Illinois University Press, 1971.

[88] Shafritz, Jay M., and Russell, E. W. 2000. Introducing public administration. New York, New York: Pearson/Longman.

[89] Smith, Kevin B., and Licari, Michael J. 2006. Public Administration: Power and Politics in the Fourth Branch of Government. Los Angeles, CA: Roxbury Publishing Company.

[90] Sturgeon, Stephen C., The politics of Western water: the congressional career of Wayne Aspinall. Arizona, Tucson: University of Arizona Press, 2002.

[91] Thursby, Vincent V., Interstate Cooperation: A Study of the Interstate Compact. Washington, D. C: Public Affairs Press, 1959.

[92] Timm, M. H., State and Local Government in the United States. Huntington, NY: Nova Science Publishers, 2001.

[93] Walker, David B. 1995, The Rebirth of Federalism: Slouching toward Washington. Chatham, New Jersey: Chatham House Publishers..

[94] Wekesser, Carol. 1994, Water: Opposing Viewpoints. California, San Diego: Greenhaven Press, Inc.

[95] Woodside, Kenneth B. 1998, "The Acceptability and Visibility of Policy Instruments". In Public Policy Instruments: Evaluating the tools of Public Administration. Peter, B. Guy, Van Nispen, Frans K. M. (ed.), 162 – 181. Northampton, Maryland: Edward Elgar.

[96] Wright, Deil S., Understanding Intergovernmental Relations. Pacific Grove, California: Brooks/Cole Publishing Company, 1988.

[97] Wright, Deil S., Conclusions: Federalism, Intergovernmental Relations, and Intergovernmental Management—Conceptual Reflections, Comparisons, and Interpretations. In Strategies for Managing Intergovernmental Policies and Networks, Edited by Gage, Robert W, and Mandell, Myrna P. New York, NY: Praeger Publishers, 1990.

[98] Wright, Deil S., and Krane, Dale. Intergovernmental Management. In International Encyclopedia of Public policy and Administration. Shafritz, Jay M (ed.), Boulder, Colorado: Westview Press, 1998. 1162 – 1168.

[99] Yin, Robert K. Case Study Research: Design and Methods. 2nd edition. Thousand Oaks, California: SAGE Publications, 1994.

[100] Zimmerman, Joseph Francis. Contemporary American Federalism: The Growth of National Power. Westport, CT: Praeger, 1992.

[101] Zimmerman, Joseph Francis. Interstate Relations: The Neglected Dimension of Federalism. Westport, CT: Praeger, 1996.

[102] Zimmerman, Joseph Francis. Interstate Cooperation: Compacts and Administrative Agreements. Westport, CT. Greenwood Publishing Group, 2002.

[103] Zimmerman, Joseph Francis. Interstate Economic Relations. Albany, NY: State University of New York Press, 2004.

[104] Zimmerman, Joseph Francis. Interstate Relations Trends. The Book of the States: 2005 Edition. Lexington, KY: The Council of State Governments, 2005: 36 – 41.

[105] Zimmerman, Joseph Francis. Interstate Disputes: The Supreme Court's Original Jurisdiction. Albany, NY: State University of New York Press, 2006.

[106] Zimmerman, Joseph Francis. The Silence of Congress: State Taxation of Interstate Commerce. Albany, NY: State University of New York Press, 2007.

[107] Zimmermann, Frederick L., and Wendell, Mitchell. 1951. The interstate compacts Since 1925. Chicago: The Council of State Governments.

[108] Zimmermann, Frederick L., and Wendell, Mitchell. 1976. The law and use of interstate compacts. Lexington, KY: The Council of State Governments.

论 文

[1] 于安:《政府活动的合同革命》,《比较法研究》2003 年第 1 期。

[2] [美] 罗伯特·达尔:《公共行政科学的三个问题》,《国外政治学》1987 年第 4 期。

[3] Acar, Muhittin, Guo, Chao, and Saxton, Gregory D., Managing Effectively in a Networked World, *The Public Manager*, 2007, 36 (2): 33 – 38.

[4] Agranoff, Robert, and Lindsay, Valerie A., Intergovernmental Management: Perspectives from Human Services Problem Solving at the Local Level, *Public Administration Review*, 1983, 43 (3): 227 – 237.

[5] Agranoff, Robert, and McGuire, Michael, Multinetwork Management: Collaboration and the Hollow State in Local Economic Policy, *Journal of Public Administration Research and Theory*, 1998, 8 (1): 67 – 91.

[6] Agranoff, Robert, Managing within the Matrix: Do Collaborative Intergovernmental Relations Exist? *Publius: The Journal of Federalism*, 2001, 31 (2): 31 – 56.

[7] Agranoff, Robert, and McGuire, Michael, American Federalism and the Search for Models of Management, *Public Administration Review*, 2001, 61 (6): 671 – 679.

[8] Agranoff, Robert, Inside Collaborative Networks: Ten Lessons for Public Managers, *Public Administration Review*, 2006, 66 (Supplement 1 December): 55 – 65.

[9] Bosso, Christopher J., Portz, John H., and Tolley Michael C., American Government: Conflict, Compromise, and Citizenship, Boulder, CL: Westview Press, 2000.

[10] Ann O'm. Bowman, Horizontal federalism: Exploring interstate interactions, *Journal of Public Administration Research and Theory*, 2004, 14 (4): 535 – 546.

[11] Bryson, John M., Crosby, Barbara C., and Stone, Melissa Middleton, The Design and Implementation of Cross – Sector Collaborations: Propositions from the Literature, *Public Administration Review*, 2006, 66 (Supplement 1 December): 44 – 55.

[12] Buenger, Michael. 2007, Interstate Compact Law: Interstate Compact

Agencies and the 11th Amendment. National Center for Interstate Compacts. http: //csg-web. csg. org/programs/ncic/documents/Connections-Spring 2007. pdf.

[13] Caldwell, Robert Granville, The Settlement of Inter-State Disputes, *The American Journal of International Law*, 1920, 14 (1): 38 – 69.

[14] Conlan, Tim, From Cooperative to Opportunistic Federalism: Reflections on the Half-Century Anniversary of the Commission on Intergovernmental Relations, *Public Administration Review*, 2006, 66 (5): 663 – 676.

[15] Cooper, Terry L., and Bryer, Thomas A., Meek, Jack W., Citizen-centered collaborative public management, *Public Administration Review*, 2006, 66 (Supplement 1): 76 – 88.

[16] Crihfield, Brevard, and Reeves, H. Clyde, Intergovernmental Relations: A View from the States, *Annals of the American Academy of Political and Social Science*, 1974, 416 (Nov): 99 – 107.

[17] Dinan, John, and Krane, Dale, The State of American Federalism, 2005: Federalism Resurfaces in the Political Debate, *Publius: The Journal of Federalism*, 2006, 36 (3): 327 – 374.

[18] Donovan, William J., State Compacts as a Method of Settling Problems Common to Several States, *University of Pennsylvania Law Review and American Law Register*, 1931, 80 (1): 5 – 16.

[19] Edwards, Frances L., Businesses Prepare Their Employees for Disaster Recovery, *The Public Manager*, 2007, 36 (4): 67 – 72.

[20] Elazar, Daniel J., Federal—State Collaboration in the Nineteenth-Century United States, *Political Science Quarterly*, 1964, 79 (2):248 – 281.

[21] Elazar, Daniel J., The Shaping of Intergovernmental Relations in the Twentieth Century, *Annals of the American Academy of Political and Social Science*, 1965, 359 (May): 10 – 22.

[22] Engdahl, David E., Construction of Interstate Compacts: A Questionable Federal Question, *Virginia Law Review*, 1965 (6): 987 – 1049.

[23] Florestano, Patricia S., Past and Present Utilization of Interstate Compacts in the United States, *Publius: The Journal of Federalism*, 1994, 24 (4): 13 – 25.

[24] Frankfurter, Felix, and Landis, James M., The Compact Clause of the

Constitution: A Study in Interstate Adjustments, *The Yale Law Journal*, 1925, 34 (7): 685 - 758.

[25] Frederickson, H. George, The Repositioning of American Public Administration, PS: *Political Science and Politics*, 1999, 32 (4): 701 - 711.

[26] Ingram, Helen M., The Political Economy of Regional Water Institutions, *American Journal of Agricultural Economics*, 1973, 55 (1): 10 - 18.

[27] Caldwell, Robert Granville, The Settlement of Inter-State Disputes, *The American Journal of International Law*, 1920, 14 (1): 38 - 69.

[28] Goldstein, Sidney, An Authority in Action: An Account of the Port of New York Authority and Its Recent Activities, *Law and Contemporary Problems*, 1961, 26 (4): 715 - 724.

[29] Grad, Frank P., Federal-State Compact: A New Experiment in Co-operative Federalism, *Columbia Law Review*, 1963, 63 (5): 825 - 855.

[30] Hackathorn, Douglas, and Master, Steven, Bargaining and the Sources of Transaction Costs: The Case of Government Regulation, Journal of Law, Economics, and Organization, 1987, 3: 69 - 98.

[31] Innes, Judith E., and Booher, David E., Consensus Building and Complex Adaptive System: A Framework for Evaluating Collaborative Planning, *Journal of the American Planning Association*, 1999, 65 (Autumn):412 - 423.

[32] Kearney, Richard C, and Stucker, John J., Interstate Compacts and the Management of Low Level Radioactive Wastes, *Public Administration Review*, 1985, 45 (1): 21 - 220.

[33] Kettl, Donald F., Managing Boundaries in American Administration: The Collaborative Imperative, *Public Administration Review*, 2006, 66 (Supplement1, December): 10 - 19.

[34] Krane, Dale, American Federalism, State Governments, and Public Policy: Weaving Together Loose Theoretical Threads, *PS: Political Science and Politics*, 1993, 26 (2): 186 - 190.

[35] Krane, Dale, The State of American Federalism, 2003 - 2004: Polarized Politics and Federalist Principles, *Publius: The Journal of Federalism*, 2004, 34 (3): 1 - 53.

[36] Krane, Dale, The Middle Tier in American Federalism: State Government Activism During the Bush Presidency, *Publius: The Journal of*

Federalism 37 (3) 2007 Summer): 453 - 477.

[37] Leach, Richard H., Interstate Authorities in the United States, *Law and Contemporary Problems*, 1961, 26 (4): 666 - 681.

[38] Leach, Willam D. Collaborative Public Management and Democracy: Evidence from Western Watershed Partnerships, *Public Administration Review*, 2006, 66 (Supplement 1 December): 100 - 110.

[39] Master, Richard, and Oppenheim, Elizabeth, Interstate Compacts: A Useful Tool for Power Sharing Among the States, *Policy and Practice*, 2006, 64 (1): 24 - 29.

[40] McGuire, Michael, Collaboration Public Management: Assessing What We Know and How We Know It, *Public Administration Review*, 2006, 66 (Supplement 1 December): 33 - 43.

[41] Mountjoy, John J. Interstate Compacts, http://www.csg.org/programs/ncic/documents/NASS-July2006.ppt.

[42] McGuire, Michael, Intergovernmental Management: A View from the Bottom, *Public Administration Review*, 2006, 66 (5): 677 - 679.

[43] Mountjoy, John J., Promoting State Solutions to State Problems: National Center for Interstate Compacts, http://www.csg.org/programs/ncic/documents/Connections Spring 2005.pdf.

[44] Nice, David C., Cooperation and Conformity among the States, *Polity*, 1984, 16 (3): 494 - 505.

[45] Nice, David C., State Participation in Interstate Compacts, *Publius: The Journal of Federalism*, 1987, 17 (2): 69 - 83.

[46] O'Leary, Rosemary, Gerard, Catherine, and Bingham, Lisa Blomgren, Introduction to the Symposium on Collaborative Public Management, *Public Administration Review*, 2006, 66 (Supplement 1 December): 6 - 9.

[47] O'Toole, Laurence J., Treating Networks Seriously: Practical and Research-Based Agendas in Public Administration, *Public Administration Review*, 1997, 57 (1): 45 - 52

[48] Ring, Peter Smith, and Van De Ven, Andrew H., Developmental Process of Cooperative Interorganizational Relationships, *Academy of Management Review*, 1994, 19 (1): 90 - 118.

[49] Sabatier, P. A., Top-down and Bottom-up Approaches to Implementation Research: A Critical Analysis and Suggested Synthesis, *Journal of*

Public Policy, 1986, 6 (1): 21 - 48.

[50] Schechter, Stephen L., On the Compatibility of Federalism and Intergovernmental Management, *Publius: The Journal of Federalism*, 1981, 11 (2): 127 - 141.

[51] Skalaban, Andrew, Policy Cooperation among the States: The Case of Interstate Banking Reform, *American Journal of Political Science*, 1993, 37 (2): 415 - 428.

[52] Smith, Zachary A., Federal Intervention in the Management of Groundwater Resources: Past Efforts and Future Prospects, *Publius: The Journal of Federalism*, 1985, 15 (1): 145 - 159.

[53] Spengler, Joseph J., The Economic Limitations to Certain Uses of Interstate Compacts, *The American Political Science Review*, 1937, 31 (1): 41 - 51.

[54] Stinson, Howard R., Western Interstate Water Compacts, *California Law Review*, 1957, 45 (5): 655 - 664.

[55] Stever, James A., Adapting Intergovernmental Management to the New Age of Terrorism, *Administration & Society*, 2005, 37 (4): 379 - 403.

[56] Susan Welch, and Cal Clark, Interstate Compacts and National Integration: An Empirical Assessment of Some Trends, *The Western Political Quarterly*, 1973, 26 (3): 475 - 484.

[57] Thomson, Ann Marie., and Perry, James L., Collaborative Process: Inside the Black Box, *Public Administration Review*, 2006, 66 (Supplement 1): 20 - 32.

[58] Thurmaier, Kurt, and Wood, Curtis, Interlocal Agreements as Overlapping Social Networks: Picket-Fence Regionalism in Metropolitan Kansas City, *Public Administration Review*, 2002, 62 (5): 585 - 595.

[59] Weber, Edward P., and Khademian, Anne M., From Agitation to Collaboration: Clearing the Air through Negotiation, *Public Administration Review*, 1997, 57 (5): 396 - 410.

[60] Weinfeld, Abraham C., What Did the Framers of the Federal Constitution Mean by Agreements or Compacts? *The University of Chicago Law Review*, 1936, 3 (3): 453 - 464.

[61] Welch, Susan, and Clark, Cal, Interstate Compacts and National Inte-

gration: An Empirical Assessment of Some Trends, *The Western Political Quarterly*, 1973, 26 (3): 475 – 484.

[62] Zimmerman, Joseph Francis, Introduction: Dimension of Interstate Relations, *Publius: The Journal of Federalism*, 1994, 24 (4): 1 – 11.

其 他 文 献

[1] Buenger, Michael. Interstate Compact Law: Interstate Compact Agencies and the 11th Amendment. National Center for Interstate Compacts. http://csg-web. csg. org/programs/ncic/documents/Connections-Spring2007. pdf.

[2] David W. Barfield, P. E. Remedy for Nebraska's violation of the Decree in Kansas v. Nebraska & Colorado, No. 126, Original, U. S. Supreme Court. http://www. ksda. gov/includes/document_center/interstate_water_issues/RRC_Docs/Remedy_NebraskaDecember2007_12_19Final. pdf.

[3] Kansas Threatens to Sue Nebraska Over Use of a River. http://www. nytimes. com/2007/12/20/us/20water. html?_r=1&sq=Republican%20river%20compact&adxnnl=1&oref=slogin&scp=1&adxnnlx=1199894596-rouCPop/WKejEsOwuM17IQ.

[4] The Colorado Division of Water Resources (Office of the State Engineer). Colorado River compact. http://water. state. co. us/wateradmin/compacts/coloradocompact. pdf.

[5] The Colorado Division of Water Resources. The Republican River Compact. http://water. state. co. us/wateradmin/republicanriver/rr_overview. asp.

[6] The Colorado Division of Water Resources. Republican River Compact Agreement. http://water. state. co. us/wateradmin/republicanriver. asp.

[7] The Colorado Division of Water Resources. Republican River Compact Administration: Procedures and Reporting Requirements (December 15, 2002). http://water. state. co. us/wateradmin/republicanriver/docs/Appendix_C_RRCA_Accounting_Procedures. pdf.

[8] The Colorado Agriculture Preservation Association (CAPA). Republican River Compact Administration Special Meeting March 2008. http://coloradoagriculturepreservationassociation. com/news/Republican%20Compact%20Administration%20Special%20Meeting%20%20March202008. htm.

[9] The Colorado Agriculture Preservation Association. Arbitrator's Priliminary Decision On Legal Decisions (December 19, 2008). http://coloradoagriculturepreservationassociation.com/Arbitration_ 12.19.08.htm.

[10] The Council of State Governments (National Center for Interstate Compact, NCIC). 2004. Introduction and Overview of Interstate Compacts. http://www.csg.org/programs/ncic/documents/Overview.pdf.

[11] The Delaware River Basin Commission (DRBC): Delaware River Basin Compact. http://www.state.nj.us/drbc/regs/compa.pdf.

[12] The Delaware River Basin Commission (DRBC). DRBC Overview. http://www.state.nj.us/drbc/over.htm.

[13] The Interstate Council on Water Policy (ICWP). National Water Policy Charter. http://www.icwp.org/about/about.htm.

[14] The Interstate Council on Water Policy (ICWP). "Interstate Water Solutions for the New Millenium", (February 2006). http://www.icwp.org/ic/interstatecomm.htm.

[15] The Interstate Council on Water Policy (ICWP). "Interstate Water Solutions for the New Millenium " (February 2006). http://www.icwp.org/ic/interstatecomm.htm.

[16] The Kansas Department of Agriculture. Kansas V. Nebraska and Colorado No. 126, Original Chronology (June 30, 2003). http://www.Ksda.gov/includes/document_ center/interstate_ water_ issues/RRC_ Docs/KvNCCChronology172.pdf.

[17] The Kansas Department of Agriculture. No. 126, Original in the Supreme Court of the United States: State of Kansas, Plaintiff, v. State of Nebraska and State of Colorado, Defendants. http://www.Ksda.gov/includes/document_ center/interstate_ water_ issues/RRC_ Docs/RR_ Settlement_ Stipulation 176.pdf.

[18] The Kansas Department of Agriculture. joint notice of arbitration (October 21, 2008), http://www.ksda.gov/includes/document_ center/interstate_ water_ issues/RRC_ Docs/JointNoticeofArbitration2008_ 10_ 21.pdf.

[19] The Kansas Department of Agriculture. Federal projects in the basin. http://www.ksda.gov/interstate_ water_ issues/? cid = 847.

[20] The Kansas Department of Agriculture. Republican River Compact background and litigation history. http://www.ksda.gov/interstate_ water_

issues/? cid =847.

[21] The Kansas Department of Agriculture. Republican River Compact Enforcement. http：//www. ksda. gov/includes/document _ center/interstate_ water_ issues/RRC_ Docs/RRCompactFS033108. pdf.

[22] The Kansas Department of Agriculture. Republican River Compact Enforcement. http：//www. ksda. gov/includes/document _ center/interstate_ water_ issues/RRC_ Docs/RRCompactFS033.

[23] Kansas Threatens to Sue Nebraska Over Use of a River. http：//www. nytimes. com/2007/12/20/us/20water. html? _ r = 1&sq = Republican% 20river% 20compact&adxnnl = 1&oref = slogin&scp = 1&adxnnlx = 1199894596-rouCPop/WKejEsOwuM17IQ.

[24] The Kansas Department of Agriculture. joint notice of arbitration (October 21, 2008), http：//www. ksda. gov/includes/document _ center/interstate _ water_ issues/RRC_ Docs/JointNoticeofArbitration 2008_ 10_ 21. pdf.

[25] The Lower Republican Natural Resources District (LRNRD). About LRNRD. http：//www. lenrd. org/about. htm.

[26] TheMidwestern Higher Education Commission (MHEC). About MHEC. http：//www. mhec. org/index. asp? pageID = page_ 43. htm.

[27] The Middle Republican Natural Resources District. Interlocal Cooperative Agreement. http：//www. mrnrd. org/downloads/coalition/interlocal_ Agreement. pdf.

[28] The Nebraska Department of Natural Resources. Final Settlement Stipulations (December 15, 2002). http：//www. dnr. ne. gov/Republican/FinalSettlement3. pdf.

[29] The Nebraska Department of Natural Resources. Republican River Basin Report of Preliminary Findings (May 20, 2003), http：//www. dnr. ne. gov/Republican/RepRiverImplementation. html.

[30] The Nebraska Department of Natural Resources. Analysis of Current Methods Used to Calculate Groundwater Impacts for the Republican River Compact. http：//www. dnr. ne. gov/Republican/Transmittal_ ConsumptiveUsePaper. pdf.

[31] The Nebraska Department of Natural Resources. Republican River Compact Document, http：//www. dnr. ne. gov/Republican/RepublicanCompactDocument. pdf.

[32] The Nebraska Farm Bureau Federation. October 2007 Republican River Basin Newsletter. http://www.nefb.org/search.aspx? search_string = + Republican + River + compact.

[33] The Nebraska Library Commission. Republican River Compact Administration Engineering Committee Report (June 9, 2004). http://www.nlc.state.ne.us/epubs/i3785/a001-2004.pdf.

[34] The Nebraska Department of Natural Resources. Funds Available to Reduce Irrigation in RR Basin. http://www.dnr.ne.govEQIP/EQIPRepublican rIVER-Factsheet2006.PDF.

[35] The Nebraska Farm Bureau. Nebraska Implementation of LB 701. http://www.nefb.org/archivej/uploads/FB%20news%20for%20Republican%20Basin%20June%202007.pdf.

[36] The Nebraska Department of Natural Resources. Republican River Basin Report of Preliminary Findings (May 20, 2003). http://www.dnr.ne.gov/Republican/RepRiverImplementation.html.

[37] The Nebraska Department of Natural Resources. Summary of Settlement Agreement. http://www.dnr.ne.gov/Republican/SummaryAgreement.doc.

[38] The Nebraska Department of Natural Resources. Final Settlement Stipulations (December 15, 2002). http://www.dnr.ne.gov/Republican/FinalSettlement3.pdf.

[39] The Nebraska Department of Natural Resources. Gov. Johanns: U.S. Supreme Court Approves Republican River Settle (May 19, 2003), http://www.dnr.state.ne.us/legal/kansasvs.html.

[40] The Nebraska Department of Natural Resources. Summary of Republican River Compact Litigation Settlement Brochure。http://www.dnr.ne.gov/Republican/RepRiverLitigation_Sm.pdf.

[41] The Nebraska Pulse Political Blog. Nebraska River farmers in lurch with water lawsuit. http://www.nebraskapulse.com/2008/01/19/republican-river-famers-in-lurch-with-water-lawsuit/.

[42] The Nebraska Pulse Political Blog. Republican River suit moves to trial court. http://www.nebraskapulse.com/2008/01/31/republican-river-suit-moves-to-trial-court/.

[43] The Nebraska Farm Bureau. Republican River Basin Newsletter (June 2008). http://www.nefb.org/archivej/uploads/NE%20fb%20rEP

UBLICAN%20River%20Baisn%202008. pdf.

[44] Nebraska Water Users Inc (NWU). Nebraska Water Users Inc. Republican Basin Issues. http://www.nebraskawaterusers.com/issues/issue-rb/index.html.

[45] The Nebraska Farm Bureau. Nebraska Implementation of LB 701. http://www.nefb.org/archivej/uploads/FB%20news%20for%20Republican%20Basin%20June%202007. pdf.

[46] The Nebraska Department of Natural Resources. Nebraska Response to Kansas Dept. of Agriculture's Letter Regarding Remedy for Nebraska's Violation of the Decree in Kansas v. Nebraska & Colorado, No. 126, Original, U. S. Supreme Court (February 4, 2008). http://www.dnr.ne.gov/legal/notices/Nebraska_Response020408. pdf.

[47] The Ohio River Valley Water Sanitation Commission (ORSANCO). The Ohio River Valley Water Sanitation Compact. http://www.orsanco.org/orsa/compact1.asp.

[48] The Ohio River Valley Water Sanitation Commission (ORSANCO). About ORSANCO. http://www.orsanco.org/orsa/default.asp.

[49] The Ohio River Valley Water Sanitation Commission (ORSANCO). Commissioners. http://www.orsanco.org/orsa/comm.asp.

[50] The Ohio River Valley Water Sanitation Commission (ORSANCO). ORSANCO By-Laws (Revised June 6, 2002). http://www.orsanco.org/orsa/Docs/ByLaws/bylaws. pdf.

[51] The Ohio River Valley Water Sanitation Commission (ORSANCO). Water Quality Protection. http://www.orsanco.org/watqual/default.asp.

[52] The Ohio River Valley Water Sanitation Commission (ORSANCO). The Pollution Control Standards Revision 2006. http://www.orsanco.org/watqual/standards/stand.asp.

[53] The Port Authority of New York and New Jersey. History of the Port Authority. http://www.panynj.gov/AboutthePortAuthority/HistoryofthePortAuthority/.

[54] The Port Authority of New York and New Jersey. Governance, http://www.panynj.gov/AboutthePortAuthority/Governance/.

[55] The Port Authority of New York and New Jersey. Annual Reports (Year 2007). http://www.panynj.gov/AboutthePortAuthority/InvestorRela-

tions/AnnualReport/pdfs/2007_ Annual_ Report. pdf.

[56] The Potomac River Fisheries Commission (PRFC). Maryland and Virginia Potomac River Compact of 1958. http: //www. prfc. state. va. us/commission/commission. htm.

[57] The Potomac River Fisheries Commission (PRFC). History and Mission Statement of the PRFC. http: //www. prfc. state. va. us/index. htm#NOAA%20Acknowledgement.

[58] The Potomac River Fisheries Commission (PRFC). History and Mission Statement of the PRFC. http: //www. prfc. state. va. us/index. htm#NOAA%20Acknowledgement.

[59] The Republican River Compact Administration (RRCA). What is the RRCA? http: //www. republicanrivercompact. org/about. html.

[60] The Republican River Compact Administration (RRCA). Republican River Compact Administration Groundwater Model. http: //www. republicanrivercompact. org/v12p/index. html.

[61] The Republic River Compact Administration (RRCA). RRCA Accounting Procedures And Reporting Requirements (Revised January 12, 2005). http: //www. Republicanrivercompact. org/2003/RRCA _ accounting_ procedures_ Jan_ 12_ 2005. pdf.

[62] The Republican River Conservation District (RRWCD). RRWCD Information. http: //www, republicanriver. com/information. asp.

[63] The South Carolina Legislature. Southern Growth Policies Agreement. http: //www. scstatehouse. net/code/t13c013. htm.

[64] The Topeka Capital-Journal Online Network. Battle Over Republican River tax set to begin. http: //www. cjonline. com/stories/012408/bre_ water. shtml.

[65] The Upper Republican Natural Resources District. Governance. http: //www. urnrd. org/index_ files/page1941. htm.

[66] The U. S. Supreme Court Center. Virginia v. Tennessee, 148 U. S. 503 (1893). http: //www. supreme. justia. com/us/148/503/.

[67] United States Government Accountability Office. Interstate Compacts: an overview of the structure and governance of environment and natural resource compacts. [Washington, D. C.]: U. S. Govt. Accountability Office, 2007.

[68] The Water Information Program. July 29, 2007—Trouble double for Nebraska as it prepares for water meeting. http: //www. waterinfo. org/node/666.

[69] The Water Information Program. September 22, 2007—Irrigators organize CAPA to fight well shutdowns. http: //www. waterinfo. org/node/830.

[70] The Water Information Program. May 16, 2008—Water dispute likely headed to outside arbitrator. http: //www. waterinfo. org/node/1807.

[71] The Water Information Program. August 21, 2008—Nebraska challenging compact accounting (Yuma Pioneer). http: //www. waterinfo. org/node/2235.

[72] Civics Online. The Interstate Commerce Act of 1887. http: //www. civics-online. org/library/formatted/texts/interstate_ commerce. html.

[73] The Center for the Advancement of Capitalism. The Sherman Antitrust Act of 1890. http: //www, capitalismcenter. org/Advocacy/Antitrust/Other_ Resources/Sherman_ Act. htm.

[74] The Council of State Governments. 1977. Interstate Compacts, 1783 - 1977 (Lexington, KY: Council of State Governments, CSG).

[75] The Council of State Governments. 2003. Interstate compact and agencies (Lexington, KY: Council of State Governments, CSG).

[76] National Center for Interstate Compact, Solutions for States: Interstate Compacts as a Tool (Lexington, KY: Council of State Governments, CSG, 2003).

[77] The Council of State Governments. 2003. Interstate compact and agencies (Lexington, KY: Council of State Governments, CSG).

[78] The Council of State Governments (National Center for Interstate Compact, NCIC). 2004. Introduction and Overview of Interstate Compacts. http: //www. csg. org/programs/ncic/documents/Overview. pdf.

[79] United States Government Accountability Office. 2007. Interstate Compacts: an overview of the structure and governance of environment and natural resource compacts. [Washington, D. C.]: U. S. Govt. Accountability Office.

[80] U. S. Government Accountability Office (GAO). Interstate Compact: An Overview of the Structure and Governance of Environmental and Natural Resource Compacts, GAO - 07 - 519. April 2007. http: //www. gao. gov/

new. items/d07519. pdf.

[81] U. S. Government Accountability Office (GAO). Emergency Management Assistance Compact: Enhancing EMAC's Collaborative and Administrative Capacity Should Improve National Disaster Response, GAO - 07 - 854. June 2007. http: //www. gao. gov/new. items/d07854. pdf.

附录一 《里帕布里肯河流域协议》(RRC)

37 - 67 - 101. Ratification, purpose, and articles of compact.

The general assembly hereby ratifies the compact between the states of Colorado, Kansas, and Nebraska, designated as the "Republican River Compact", signed in the city of Lincoln, state of Nebraska, on the 31st day of December, A. D. 1942, by M. C. Hinderlider, commissioner for the state of Colorado; George S. Knapp, commissioner for the state of Kansas; Wardner G. Scott, commissioner for the state of Nebraska, which said compact is as follows:

Republican River Compact

The states of Colorado, Kansas, and Nebraska, parties signatory to this compact (hereinafter referred to as Colorado, Kansas, and Nebraska, respectively, or individually as a state, or collectively as the states), having resolved to conclude a compact with respect to the waters of the Republican River Basin, and being duly authorized therefor by the Act of the Congress of the United States of America, approved August 4, 1942, (Public No. 696, 77th Congress, chapter 545, 2nd Session) and pursuant to acts of their respective legislatures have, through their respective governors, appointed as their commissioners:

M. C. Hinderlider, for Colorado
George S. Knapp, for Kansas
Wardner G. Scott, for Nebraska

who, after negotiations participated in by Glenn L. Parker, appointed by the President as the representative of the United States of America, have agreed upon the following articles:

Article I

The major purposes of this compact are to provide for the most efficient use of the waters of the Republican River Basin (hereinafter referred to as the "Basin") for multiple purposes; to provide for an equitable division of such waters; to remove all causes, present and future, which might lead to controversies; to promote interstate comity; to recognize that the most efficient utilization of the waters within the Basin is for beneficial consumptive use; and to promote joint action by the states and the United States in the efficient use of water and the control of destructive floods.

The physical and other conditions peculiar to the Basin constitute the basis for this compact, and none of the states hereby, nor the Congress of the United States by its consent, concedes that this compact establishes any general principle or precedent with respect to any other interstate stream.

Article II

The Basin is all the area in Colorado, Kansas, and Nebraska, which is naturally drained by the Republican River, and its tributaries, to its junction with the Smoky Hill River in Kansas. The main stem of the Republican River extends from the junction near Haigler, Nebraska, of its North Fork and the Arikaree River, to its junction with Smoky Hill River near Junction City, Kansas. Frenchman Creek (River) in Nebraska is a continuation of Frenchman Creek (River) in Colorado. Red Willow Creek in Colorado is not identical with the stream having the same name in Nebraska. A map of the Basin approved by the commissioners is attached and made a part hereof.

The term "Acre-foot", as herein used, is the quantity of water required to cover an acre to the depth of one foot and is equivalent to forty-three thousand, five hundred sixty (43,560) cubic feet.

The term "Virgin Water Supply", as herein used, is defined to be the water supply within the Basin undepleted by the activities of man.

The term "Beneficial Consumptive Use" is herein defined to be that use by which the water supply of the Basin is consumed through the activities of man, and shall includewater consumed by evaporation from any reservoir, canal, ditch, or irrigated area.

Beneficial consumptive use is the basis and principle upon which the allocations of water hereinafter made are predicated.

Article III

The specific allocations in acre-feet hereinafter made to each state are derived from the computed average annual virgin water supply originating in the following designated drainage basins, or parts thereof, in the amounts shown:

  North Fork of the Republican River drainage basin in Colorado, 44,700 acre-feet;
  Arikaree River drainage basin, 19,610 acre-feet;
  Buffalo Creek drainage basin, 7,890 acre-feet;
  Rock Creek drainage basin, 11,000 acre-feet;
  South Fork of the Republican River drainage basin, 57,200 acre-feet;
  Frenchman Creek (River) drainage basin in Nebraska, 98,500 acre-feet;
  Blackwood Creek drainage basin, 6,800 acre-feet;
  Driftwood Creek drainage basin, 7,300 acre-feet;
  Red Willow Creek drainage basin in Nebraska, 21,900 acre-feet;
  Medicine Creek drainage basin, 50,800 acre-feet;
  Beaver Creek drainage basin, 16,500 acre-feet;
  Sappa Creek drainage basin, 21,400 acre-feet;
  Prairie Dog Creek drainage basin, 27,600 acre-feet;

The North Fork of the Republican River in Nebraska and the main stem of the Republican River between the junction of the North Fork and Arikaree River and thelowest crossing of the river at the Nebraska-Kansas state line and the small tributaries thereof, 87, 700 acre-feet.

Should the future computed virgin water supply of any source vary more than ten (10) per cent from the virgin water supply as hereinabove set forth, the allocations hereinafter made from such source shall be increased or decreased in the relative proportions that the future computed virgin water supply of such source bears to the computed virgin water supply used herein.

Article IV

There is hereby allocated for beneficial consumptive use in Colorado, annually, a total of fifty-four thousand, one hundred (54, 100) acre-feet of water. This total is to be derived from the sources and in the amounts hereinafter specified and is subject to such quantities being physically available from those sources:

North Fork of the Republican River drainage basin, 10, 000 acre-feet;
Arikaree River drainage basin, 15, 400 acre-feet;
South Fork of the Republican River drainage basin, 25, 400 acre-feet;
Beaver Creek drainage basin, 3, 300 acre-feet; and

In addition, for beneficial consumptive use in Colorado annually, the entire water supply of the Frenchman Creek (River) drainage basin in Colorado and the Red Willow Creek drainage basin in Colorado.

There is hereby allocated for beneficial consumptive use in Kansas, annually, a total of one hundred ninety thousand, three hundred (190, 300) acre-feet of water. This total is to be derived from the sources and in the amounts hereinafter specified and is subject to such quantities being physically available from those sources:

Arikaree River drainage basin, 1, 000 acre-feet;

South Fork of the Republican River drainage basin, 23,000 acre-feet;

Driftwood Creek drainage basin, 500 acre-feet;

Beaver Creek drainage basin, 6,400 acre-feet;

Sappa Creek drainage basin, 8,800 acre-feet;

Prairie Dog Creek drainage basin, 12,600 acre-feet;

From the main stem of the Republican River upstream from the lowest crossing of the river at the Nebraska-Kansas state line and from water supplies of upstream basins otherwise unallocated herein, 138,000 acre-feet; provided, that Kansas shall have the right to divert all or any portion thereof at or near Guide Rock, Nebraska; and In addition there is hereby allocated for beneficial consumptive use in Kansas, annually, the entire water supply originating in the Basin downstream from the lowest crossing of the river at the Nebraska-Kansas state line.

There is hereby allocated for beneficial consumptive use in Nebraska, annually, a total of two hundred thirty-four thousand, five hundred (234,500) acre-feet of water. This total is to be derived from the sources and in the amounts hereinafter specified and is subject to such quantities being physically available from those sources:

North Fork of the Republican River drainage basin in Colorado, 11,000 acre-feet;

Frenchman Creek (River) drainage basin in Nebraska, 52,800 acre-feet;

Rock Creek drainage basin, 4,400 acre-feet;

Arikaree River drainage basin, 3,300 acre-feet;

Buffalo Creek drainage basin, 2,600 acre-feet;

South Fork of the Republican River drainage basin, 800 acre-feet;

Driftwood Creek drainage basin, 1,200 acre-feet;

Red Willow Creek drainage basin in Nebraska, 4,200 acre-feet;

Medicine Creek drainage basin, 4,600 acre-feet;

Beaver Creek drainage basin, 6,700 acre-feet;

Sappa Creek drainage basin, 8,800 acre-feet;

Prairie Dog Creek drainage basin, 2, 100 acre-feet;

From the North Fork of the Republican River in Nebraska, the main stem of the Republican River between the junction of the North Fork and Arikaree River and the lowest crossing of the river at the Nebraska-Kansas state line, from the small tributaries thereof, and from water supplies of upstream basins otherwise unallocated herein, 132, 000 acre-feet.

The use of the waters hereinabove allocated shall be subject to the laws of the state, for use in which the allocations are made.

Article V

The judgment and all provisions thereof in the case of Adelbert A. Weiland, as state engineer of Colorado, et al. v. The Pioneer Irrigation Company, decided June 5, 1922, and reported in 259 U. S. 498, affecting the Pioneer irrigation ditch or canal, are hereby recognized as binding upon the states; and Colorado, through its duly authorized officials, shall have the perpetual and exclusive right to control and regulate diversions of water at all times by said canal in conformity with said judgment.

The water heretofore adjudicated to said Pioneer Canal by the district court of Colorado, in the amount of fifty (50) cubic feet per second of time is included in and is a part of the total amounts of water hereinbefore allocated for beneficial consumptive use in Colorado and Nebraska.

Article VI

The right of any person, entity, or lower state to construct, or participate in the future construction and use of any storage reservoir or diversion works in an upper state for the purpose of regulating water herein allocated for beneficial consumptive use in such lower state, shall never be denied by an upper state; provided, that such right is subject to the rights of the upper state.

Article VII

Any person, entity, or lower state shall have the right to acquire necessary property rights in an upper state by purchase, or through the exercise of the power of eminent domain, for the construction, operation and maintenance of storage reservoirs, and of appurtenant works, canals and conduits, required for the enjoyment of the privileges granted by Article VI; provided, however, that the grantees of such rights shall pay to the political subdivisions of the state in which such works are located, each and every year during which such rights are enjoyed for such purposes, a sum of money equivalent to the average annual amount of taxes assessed against the lands and improvements during the ten years preceding the use of such lands, in reimbursement for the loss of taxes to said political subdivisions of the state.

Article VIII

Should any facility be constructed in an upper state under the provisions of Article VI, such construction and the operation of such facility shall be subject to the laws of such upper state.

Any repairs to or replacements of such facility shall also be made in accordance with the laws of such upper state.

Article IX

It shall be the duty of the three states to administer this compact through the official in each state who is now or may hereafter be charged with the duty of administering the public water supplies, and to collect and correlate through such officials the data necessary for the proper administration of the provisions of this compact. Such officials may, by unanimous action, adopt rules and regulations consistent with the provisions of this compact.

The United States geological survey, or whatever federal agency may succeed to the functions and duties of that agency, in so far as this compact is concerned, shall collaborate with the officials of the states charged with the administration of this compact in the execution of the duty of such officials in the collection, correlation, and publication of water facts necessary for the proper administration of this compact.

Article X

Nothing in this compact shall be deemed:

(a) To impair or affect any rights, powers or jurisdiction of the United States, or those acting by or under its authority, in, over, and to the waters of the Basin; nor to impair or affect the capacity of the United States, or those acting by or under its authority, to acquire rights in and to the use of waters of the Basin;

(b) To subject any property of the United States, its agencies or instrumentalities, to taxation by any state, or subdivision thereof, nor to create an obligation on the part of the United States, its agencies or instrumentalities, by reason of the acquisition, construction, or operation of any property or works of whatsoever kind, to make any payments to any state or political subdivision thereof, state agency, municipality, or entity whatsoever in reimbursement for the loss of taxes;

(c) To subject any property of the United States, its agencies or instrumentalities, to the laws of any state to any extent other than the extent these laws would apply without regard to this compact.

Article XI

This compact shall become operative when ratified by the legislature of each of the states, and when consented to by the Congress of the United States by legislation

providing, among other things, that:

(a) Any beneficial consumptive uses by the United States, or those acting by or under its authority, within a state, of the waters allocated by this compact, shall be made within the allocations hereinabove made for use in that state and shall be taken into account in determining the extent of use within that state.

(b) The United States, or those acting by or under its authority, in the exercise of rights or powers arising from whatever jurisdiction the United States has in, over and to the waters of the Basin shall recognize, to the extent consistent with the best utilization of the waters for multiple purposes, that beneficial consumptive use of the waters within the Basin is of paramount importance to the development of the Basin; and no exercise of such power or right thereby that would interfere with the full beneficial consumptive use of the waters within the Basin shall be made except upon a determination, giving due consideration to the objectives of this compact and after consultation with all interested federal agencies and the state officials charged with the administration of this compact, that such exercise is in the interest of the best utilization of such waters for multiple purposes.

(c) The United States, or those acting by or under its authority, will recognize any established use, for domestic and irrigation purposes, of the waters allocated by this compact which may be impaired by the exercise of federal jurisdiction in, over, and to such waters; provided, that such use is being exercised beneficially, is valid under the laws of the appropriate state and in conformity with this compact at the time of the impairment thereof, and was validly initiated under state law prior to the initiation or authorization of the federal program or project which causes such impairment.

IN WITNESS WHEREOF, the commissioners have signed this compact in quadruplicate original, one of which shall be deposited in the archives of the department of state of the United States of America and shall be deemed the authoritative original, and of which a duly certified copy shall be forwarded to the governor of each of the states.

Done in the city of Lincoln, in the state of Nebraska, on the 31st day of December, in the year of our Lord, one thousand nine hundred forty-two.

  M. C. Hinderlider Commissioner for Colorado
  George S. Knapp Commissioner for Kansas
  Wardner G. Scott Commissioner for Nebraska

I have participated in the negotiations leading to this proposed compact and propose to report to the Congress of the United States favorably thereon.

Glenn L. Parker Representative of the United States

资料来源: The Colorado Division of Water Resources (Office of the State Engineer). Republican River Compact. http://water.state.co.us/wateradmin/compacts/rrcompact.pdf。